AI 경제

THE ECONOMY AI

로봇 시대의 일자리와 복지

AI 경제

| 로저 **부틀** 지음 **이경식** 옮김 |

Sejong
세종연구원

인공지능이 가져다줄
경제의 미래

이 책을 쓰게 된 배경은 아주 단순하다. 지난 3년 동안 나는 로봇의 확산과 인공지능artificial intelligence, AI 분야의 발전이 머지않아 우리가 사는 사회와 경제에 엄청난 충격을 몰고 올 것이라는 말을 거의 압도당할 정도로 수도 없이 들었다. 그리고 이 문제에 대해 심각하게 고민하는 사람과 기업도 많이 만났다. 이들 가운데 몇몇은 걱정이 얼마나 많던지, 심지어 공황 상태에 빠져 있기도 했다. 이렇게 걱정하는 사람 가운데는 인공지능 분야에서 선도적인 지위에 있는 기업과 관련된 사람들도 포함되어 있었다. 이들은 인공지능이 인류에게 가져다줄 충격을 깊이 걱정하면서도 그런 마음을 드러냈다간 경력에 해가 될지 모른다는 생각에 감히 입을 열지 못하고 있었다.[1]

내가 보기에는 이것이 우리 시대 경제 분야의 가장 큰 쟁점들 가운데 하나임이 분명하다. 게다가 머지않아 이 문제는 경제적인 차원을 넘어 사회적으로도 가장 큰 쟁점으로 떠오를 전망이다. 실제로 이 문제는 우리가 지금 우려하는 다른 모든 문제를 압도하는 위협이 되고 있다. 서리 대학교 교수이자 영국과학협회 회장인 짐 알칼릴리Jim Al-Khalili는 최근 들어, "기후변화, 세계적인 빈곤, 테러, 전염병 그리고 길항미생물저항성anti-microbial resistance˹ 등을 포함해" 인류가 맞닥뜨리고 있는 다른 모든 거대 쟁점들보다 인공지능이 더 중요하다는 말을 계속해서 하고 있다.[2] 기후변화나 테러보다 더 심각하다는 그의 순위 매김이 맞든 틀리든 간에 이런 판단은 로봇과 인공지능이 전적으로 나쁜 것처럼 보이게 만든다. 그런데 실제로는 많은 사람이(흥미롭게도 알칼릴리조차) 로봇과 인공지능이 인류에게 편익을 가져다줄 엄청난 잠재력을 가지고 있다고 생각한다.

그래서 나는 좋은 것이든 나쁜 것이든 간에 로봇과 인공지능이 우리에게 가져다줄 것이 무엇인지 궁금했으며 어떤 결과가 빚어질지 알고 싶었다. 이런 나의 바람과 탐구의 결과물이 바로 이 책이다.

1년 넘는 동안 이 문제를 붙잡고 씨름한 끝에, 제법 많은 걸 알게 되었다. 그러나 독자가 염두에 둬야 할 점은, 내가 최근 새롭게 안 지식 때문에 '편협한 시야에 사로잡힌 괴짜 덕후geek'가 되어버린 것 아닐까 걱정하지 않아도 된다는 것이다. 천지 분간을 못 할 정도로 방향을 잃어버리지는 않았으니까 말이다.

나는 애초에 이 분야에 관한 지식이 그다지 많지 않은 상태에서 이

˹ 생장을 억제하는 성질에 견디는 미생물의 저항성.

주제에 접근했다. 그만큼 불리했다는 말이다. 내가 인공지능 분야의 저작에 푹 빠져들기 전에는 내 아이들이 나를 기술공포증 환자쯤으로 여겼다. 내가 세운 캐피털이코노믹스Capital Economics 직원들도 아마 이런 판단에 전적으로 동의했을 것이다. 내가 가진 강점이라고는 경제학 지식 및 경제학 관련 쟁점들에 대해 평생 생각하고 글을 써온 경험뿐이었다.

그러나 이것이 이 주제의 밑바탕에 깔린 기술적인 문제들을 이해하는 데는 전혀 직접적인 강점이 되지 않았다. 그랬기에 기술 분야 전문가들이 말하는 온갖 것 앞에서 당황하고 혼란스러울 수밖에 없었다. 이제는 그래도 상당한 이해 수준에 다다랐다고 말할 수 있지만, 로봇공학과 인공지능 분야 전문가들이 말하는 것을 제대로 알아들으려고 그동안 정말 많은 시간 진땀을 흘리며 고생했다.

기술적 측면의 사전지식과 이해가 없었다는 사실이 애초의 약점을 상쇄해주는 '간접적인' 강점이 될 수는 없을까? 어쩌면 오히려 그게 이 책에서는 강점이 될지도 모른다. 적어도 그 바람에 나는, 이 주제에 관한 한 어리벙벙한 상태인 대부분의 독자와 동일한 출발점에서 시작해야만 했으니까 말이다.

'로봇'이니 '인공지능'이니 하는 단어가 등장할 때마다 기술 거품의 파도가 우리를 뒤덮어 쓸어버리는 것 같다. 이 주제를 다루는 기사나 저작물을 읽는다는 것은 모호함과 경이로움 그리고 '기술'이라는 제단에 바치는 신앙심의 바닷속에 풍덩 뛰어드는 것이나 마찬가지다. 정확하지 않고 모호한 말들, 늘어지고 흐물흐물한 개념들, 생경한 추정들, 도무지 알아들을 수 없는 전문 용어들, 그리고 전망과 목표의 부족 (그런데 이 모든 것은 얄밉게도, '어차피 너희는 나와 피할 수 없이 맞닥뜨려야 할 걸?'이라는 분위기로 포장되어 있다) 속에서 익사할 위험을 감수해야 한다.

그러나 오늘날의 기술 세상에서 지금, 정말 놀라운 어떤 일이 일어나고 있다. 이것은 디지털화 현상이 증가한다든가, 나노 기술과 생체공학, 3차원 인쇄(3D 프린팅)가 발전한다든가 하는 것뿐만 아니라 로봇과 인공지능 분야에서도 마찬가지다. 기술혁명을 가능하게 해주는 여러 요소 가운데 인공지능이 단연 두드러진다. 인공지능은 가장 큰 편익을 가져다줄 수 있지만, 동시에 개개인의 인간 및 전체 사회에 가장 위협적인 존재가 될 수도 있다. 왜냐하면 인공지능은 인간 영역의 깊은 곳까지 침투하며 인간이라는 것이 무엇인지, 그리고 우리가 장차 어떤 존재가 될 것인지 등에 대해 근본적인 여러 질문을 제기하기 때문이다. 적어도 그렇게 보인다.

내가 여기서 할 일은 폭주하는 기술 거품을 일단 이기고 살아남은 다음, 이 책의 독자들도 그 거품 속에서 익사하지 않을 것임을 입증할 뿐만 아니라, 이 과장의 바닷속에 있는 수많은 진실 덩어리를 건져내 우리의 미래를 전망할 수 있는 여러 함의를 찾아내는 것이다.

우리가 찾아낼 수 있는 함의는 매우 다양하다. 인공지능 전문가들은 자기 영역을 순전히 기술적인 분야에만 한정하지 않는다. 그들은 경제학, 사회 구조, 정치학, 심지어 인생의 의미까지도 망라해 곳곳에 포진하고, 개인과 기업과 정부에 당혹스러우며 끔찍할 수도 있는 결론들을 내놓는다.

개인과 기업과 정부라는 이 세 집단 ⌐은 당면한 중대한 문제들을 놓고(무엇을 해야 할지는 차치하고) 무엇을 생각해야 할지조차 알지 못해 당혹해한다. 경제학자가 활용될 수 있는 지점이 바로 여기에 있으며, 또한 그렇게 될 수 있으리라고 나는 기대한다. 물론 나의 성장 배경과 교육과 경험이 정말로 도움이 될지 어떨지는 결국 독자가 판단해야겠지만 말이다.

그러나 한 가지 분명하게 일러두건대, 이 책을 통해 로봇공학 및 인공지능 기술 분야의 세부적인 사항이나 본질적인 특성에 대한 커다란 깨달음을 얻지는 못할 것이다. 이런 방면의 지식이나 깨우침을 원한다면 다른 책을 찾아봐야 한다. 이 책은 로봇과 인공지능이 가져다줄 경제적 결과를 다룬다. 로봇과 인공지능에 영향을 받을 수도 있는 '어떤 사람'에게 그것들이 가져다줄 결과를 선명하게 일러주는 게 내가 하고자 하는 시도다. 그 발전을 어떻게 여길지에 대한 선명함과 무엇을 할 것인가 하는 선택에 대한 선명함, 이것이 내가 독자에게 전달하고자 하는 목표다. 그런데 이 쟁점들은 너무 중대하므로 사실 그 '어떤 사람'은 '모든 사람'이 될 수밖에 없다.

이 쟁점들은 너무 복잡하며 지금 단계에서 미래를 예단할 수 없는 온갖 종류의 것과 서로 얽혀 있으므로, 내가 아무리 많은 선명함을 제시한다고 하더라도 확실한 건 아무것도 없을 수 있다. 미래를 살짝 들여다본다고 하더라도 그것은 앞에 어떤 형상들이 놓여 있는지 한번 슬쩍

⌐ 경제학에서 이들은 경제를 구성하는 세 주체다.

보고 최대한 이해하려고 노력하는 것일 뿐이다.

내가 내놓은 다른 책들도 마찬가지지만, 나는 이 심오한 불확실성이 아무것도 말하지 않고 아무것도 행동으로 실천하지 않는 것에 대한 변명이 될 수 있다고는 생각하지 않는다. 어쨌거나 모든 사람은 미래에 대한 어떤 관점을 근거로 이런저런 의사결정을 내려야 한다. 이것은 기업이나 정부뿐 아니라 개인도 마찬가지다. 우리는 불확실성에서 벗어날 수 없으며 모든 것이 명확해질 때까지 모든 의사결정을 미룰 수도 없다. 우리는 우리가 할 수 있는 한도 안에서 최선의 선택을 해야만 한다.

이 책을 쓰려고 조사하고 집필하는 과정에서 많은 사람으로부터 도움을 받았고 그만큼 빚을 졌다. 로버트 앨리버, 앤서니 코라키스, 줄리언 제소프, 개빈 모리스, 조지 드 네메스케리키스, 데니스 오브라이언, 알리아 사모크발로바, 크리스토퍼 스몰우드, 마틴 웨버, 제프리 우드가 초고를 읽고 논평해주었다. 이분들에게 고마운 마음을 전한다. 그리고 오스트리아 통제은행OeKB 주최로 2018년 12월 빈에서 열린 원탁토론 참가자들에게도 고마운 마음을 전한다.

모넬리 홀해리스가 연구조사 관련 작업을 해주어 원고를 쓰는 일이 한결 쉬웠는데, 그와 함께할 수 있었던 게 나로서는 행운이다. 캐피털이코노믹스의 많은 직원이 관련 자료며 도표들을 제공해주었고, 그 밖의 다른 사람들도 결정적인 논평을 해주었다. 특히 앤드루 케닝엄, 마크 프래그넬, 비키 레드우드, 니키다 샤 그리고 닐 시어링에게 고마운 마음을 전한다. 또 캐피털이코노믹스가 최근 몇 년 동안 발표한 몇몇 연구 논문의 결과를 이 책에 실을 수 있도록 허락해주어 고맙게 생각한다. 특히 1장의 주제들을 다루는 데 큰 도움이 되었다.

비서 홀리 잭슨은 원고 관리는 물론 캐피털이코노믹스에서의 활동이나 내가 관련된 다른 모든 활동에서 올바르게 나아갈 수 있도록 가치를 따질 수 없을 만큼 소중한 역할을 해주었다.

비록 마지막으로 언급하지만, 내가 느끼는 고마운 마음은 결코 마지막이 될 수 없는 사람들이 있다. 내 가족이다. 내가 온전히 이 책의 원고를 쓰는 데 집중할 수 있도록 참아준 내 가족에게 이번에도 역시 큰 빚을 졌다.

이 책에 있을 수 있는 모든 실수는 전적으로 저자인 나의 책임이다.

로저 부틀,

2019년 3월, 런던에서

:차례:

로봇 시대

"그것은 〈배틀스타 갤럭티카 Battlestar Galactica**〉** ʃ **로 보이기보다는
'로마의 몰락'으로 보인다."**

_ 데이비드 건켈(기술철학자)[1]

**"오늘날을 살아가는 사람들의 삶에서 가장 슬픈 측면은,
사회가 지혜를 수집하는 속도보다
과학이 지식을 수집하는 속도가 더 빠르다는 사실이다."**

_ 아이작 아시모프(SF 작가)[2]

로봇과 인공지능에 거품을 물고 열광하는 사람들은 새로운 혁명이 우리의 삶을 어떻게 바꿔놓을지 온갖 이야기를 쏟아낸다. 이런 변화가 좋은 것인지 나쁜 것인지는 대개 명확하지 않다. 이런 사람들이 쓴 글에서 내가 읽는 내용은 대개 두 개의 서로 다른 전망이 뒤섞여 있다. 하

ʃ 미국 드라마. 진화된 사이보그 군단이 인간이 사는 행성을 통째로 파괴해버린 후, 살아남은 사람들이 우주선을 타고 새로운 행성을 찾아가는 이야기를 다룬다.

나는 우리 모두가 끔찍한 미래를 맞을 것이라는 전망이다. 사람이 만들어낸 로봇이 사람 위에 군림하면서, 사람은 가난에 허덕이고 인간의 자존감은 땅에 떨어지며, 심지어 인간이 소멸하고 말 것이라는 비극적인 전망이다. 다른 하나는 그 혁명이 우리 모두를 부유하게 해주며 사람을 단조롭고 힘든 노동에서 해방시켜줄 것이라는 전망이다.

로봇과 인공지능에 내포된 함의를 논의하는 과정에서 기술 분야의 배경을 가진 많은 저자는 거시경제학과 공공정책 분야로까지 논의의 지평을 넓혀왔다. 예를 들어 저술가이자 인공지능 선지자인 케일럼 체이스Calum Chace는 인공지능을 어떻게 바라보는지 살펴보자.

> 인간을 대체한 기계가 인간보다 더 효율적이며, 기계는 기하급수적인 속도로 끊임없이 개선되고 있다. 그러나 점점 더 많은 사람이 일자리를 잃음에 따라 필연적으로 수요가 감소하고, 이렇게 감소한 수요는 효율성 덕분에 가능해진 가격 하락을 상쇄하고 말 것이다. 따라서 경기후퇴는 필연적이며, 이 문제가 너무 심각한 수준으로 발전해 결국 무슨 일이 일어나고야 말 것이다.[3]

마이크로소프트 창업자인 빌 게이츠Bill Gates를 비롯한 선도적인 기술 분야 기업가들과 블랙홀을 비롯해 많은 것을 발견한 저명한 과학자 스티븐 호킹Stephen Hawking을 비롯한 많은 과학자가 이와 비슷한 견해를 피력했다.[4]

그러나 몇몇 냉소주의자들은(솔직하게 말해 이 사람들은 대부분 인공지능 전문가 집단에 속하지 않는다) 그 모든 것이 지나치게 과장되었다고 생각하며, 로봇과 인공지능의 확산으로 우리가 맞고 있는 경제적·사회적 변화들은 본질적으로 과거에 있었던 변화에 비해 그다지 큰 가치가 없거나 산업혁명 이후 우리가 줄곧 경험해왔던 여러 변화의 연장선에서 인류에게 매우 유익할 것이라고 생각하는 것 같다. 어떤 사람들은 인공지능의 확산에 대한 논란을 지나친 호들갑이라고 생각한다. 그래서 한 차례 우스꽝스러운 해프닝으로 끝난 Y2K 컴퓨터 버그를 놓고 벌였던 온갖 떠들썩한 소동을 상기시킬 뿐이라며 이 논란을 일축한다.

◆ 미래를 바라보는 다섯 가지 관점 ◆

조심스럽게 말하면, 이 쟁점은 결코 해소된 게 아니다. 로봇과 인공지능이 지배하는 미래의 우리 운명에 대한 서로 다른 관점은 다음과 같이 간략하게 요약할 수 있다.

- ○ 아무것도 달라지지 않는다.
- ○ 근본적으로 나빠진다.
- ○ 근본적으로 좋아진다.
- ○ 재앙이 닥친다.
- ○ 영원한 삶의 열쇠다.

제각기 다른 이 다섯 가지 미래관을 돌파해 바람직한 어떤 경로를 열어나가는 것이 이 책의 주된 목적이다. 논의를 시작하는 이 지점에서 내 생각을 미리 말할 수도 없고 그렇게 해서도 안 된다. 그래서 앞의 세 가지 가능성은 다음에 이어지는 장들에서 살펴볼 주제로 미뤄둘 것이다. 그러나 네 번째와 다섯 번째 가능성에 대해서는 여기에서 간략하게 말해야 할 것 같다.

이 주제를 다룬 저작에 익숙하지 않은 사람에게는, 네 번째와 다섯 번째의 미래관을 묘사하기 위해 내가 선택한 단어들, 즉 '재앙'과 '영원한 삶의 열쇠'가 지나친 과장으로 여겨질 것이다. 그러나 그 주제에 파고들어 본 적 있는 사람이라면 누구나 고개를 끄덕일 것이다. 기술 분야 전문가들은 일단 인공지능이 인간 수준으로 발전하고 나면, 그다음에 인간을 초월하는 인공지능의 출현은 거의 필연적이라고 주장한다. 디지털 뇌는 무한하게 복제될 수 있으며, 인간의 뇌와 다르게 복제 속도가 한층 가속화될 수 있다.

이런 전망은 AI 혁명이 인류의 마지막 발전이 될 수도 있다는 발상으로 이어진다. 우리가 인간보다 위대한 인공지능을 창조하면, 이 인공지능은 한층 더 똑똑해서 결국 우리 인간의 통제를 벗어나는 인공지능을 만들 것이고, 이 과정이 계속 반복될 것이라는 말이다. 이런 완전히 새로운 지능 형태들에 우리는 (설령 그들에게 거치적거리는 걸림돌이 되지는 않는다고 하더라도) 열등한 존재일 뿐만 아니라 가치 없는 존재가 될 것이고, 그러면 그들은 우리를 파괴하기로 결정할 수도 있다는 논지다. 스티븐 호킹은 2014년 BBC에서 다음과 같이 말했다. "온전한 인공지능의 발전은 인간 종족의 종말을 가져올 수 있다."[5]

비슷하게, 케임브리지 대학교의 저명한 과학자이자 영국 왕실 천문학자인 마틴 리스Martin Rees는 인공지능이 슈퍼지능을 획득하는 지점을 '우리의 마지막 시간'이라고 불렀다. 그는 인간의 지능이 세상을 지배하는 기간을 눈 한 번 깜짝이는 순간으로 바라본다.[6]

인공지능의 어떤 형태가 인간보다 더 똑똑해지는 시점을 '특이점Singularity'이라고 한다. 이런 일이 일어날 때면 거기에 따르는 결과는 개인 차원을 훌쩍 뛰어넘을 것이다. 영국 임페리얼 칼리지의 인지로봇 과학자 머리 샤나한Murray Shanahan은 많은 인공지능 전문가가 가지고 있는 견해를 다음과 같이 요약했다.

> 비유를 들어 말하면, 기하급수적인 기술 발전이 우리가 지금 당연하게 여기는 온갖 인간적인 것이 종말을 고할 수밖에 없는 어떤 극적인 변화를 만들어내는 바로 그 시점에 인류 역사에서의 어떤 특이점이 나타날 것이다. 우리가 당연하게 여기는 기관들이나 제도들(즉 경제, 정부, 법률, 국가)은 지금과 같은 모습으로는 살아남지 못할 것이다. 가장 기본적인 인간적 가치들(즉 생명의 존엄성, 행복 추구, 선택의 자유)도 다른 것으로 대체될 것이다.[7]

그러나 특이점의 세상이 인류에게 완전히 부정적이지는 않다. 인공지능 분야의 대가인 미래학자 레이 커즈와일Ray Kurzweil은 정반대로 바라본다. 그는 인간과 인공지능의 융합을 전망하면서, 인공지능이 자기 자신을 비물질 형태로 효과적으로 '업로드'할 수 있게 함으로써 영원한 삶을 보장한다고 바라본다[8](나는 이것이 우리 모두에게 보다 더 긍정적인 전망이라고 생각한다. 그렇지 않은가? 사람에 따라 생각이 다르겠지만, 개인적으로는 인공지능의 어떤 형태로 '업로드'된다는 발상이 내 마음에 딱 들지 않는다).

나와 비슷한 어떤 사람에게는 심지어 '업로드'와 불멸의 영원한 삶이라는 전망 없이도, 인공지능의 역량이나 특이점 이후 인류의 운명을 다룬 글을 읽는 것만으로도 공상과학소설처럼 보이는 세상에 떨어지는 것이나 마찬가지다. 그런데도 나중에 에필로그에서 보여주겠지만, 나는 그런 생각들을 포기하지 않는다. 어떻게 포기할 수 있겠는가? 스티븐 호킹이나 마틴 리스와 같은 우리 시대 위대한 과학자들이 진지하게 그런 생각을 했는데, 내가 어떻게 감히 그 사람들의 전망에 반대하며 그들을 깎아내릴 수 있겠는가 말이다.

그러나 나는 공상과학소설 같은 특이점의 세상과 경제에 지금 당장의 효과를 발휘하는 로봇공학과 인공지능의 그날그날 발전 사이에 불일치가 존재한다는 사실을 심각하게 의식한다. 이런 불일치 상황은 자기의 이익을 추구하는 기업과 개인에게 그리고 공익을 추구하는 정부에 적절한 의사결정을 내리라고 요구한다.

특이점은 개인과 기업과 정부가 내리는 의사결정에 어떤 영향을 주게 될까? 특히 인공지능 분야 전 세계 선도적인 과학자들과 사상가들 대부분과 연줄을 가지고 있는 '문화 기획자' 존 브록만John Brockman은, 이 세 부문에서 현재 이루어지는 의사결정들은 다가오는 혁명적 변화에 강력하게 영향을 받아야 한다고 생각한다. 예컨대 그는 다음과 같이 밝혔다. "인류 역사상 가장 거대한 사건을 향해 아무런 준비도 하지

않은 채 달려가는 것은 그저 멍청한 짓일 뿐임을 깨닫는 데는 굳이 슈
퍼지능⌐ 기능을 갖춘 인공지능이 되지 않아도 된다."⁹

그리고 캘리포니아 대학교 컴퓨터과학 교수인 스튜어트 러셀Stuart
Russell은 특이점에 대비하지 못하면 제자리걸음을 하거나 심지어 돌이
킬 수 없는 뒷걸음질을 칠 것이라고 주장해왔다. 이런 맥락에서 그는
다음과 같이 주장했다. "만일 우리가 우리보다 훨씬 발전한 외계 문명
으로부터 앞으로 60년 뒤에 자기들이 지구에 도착할 것이라는 무선 신
호를 받았다고 치자. 이때 당신은 어깨를 으쓱하면서 '아직 60년이나
남았는데 뭘'이라고 말하지 않을 것이다. 자식이 있는 부모라면 특히
더 그런 말을 하지 못할 것이다."¹⁰

나는 이 견해에 강력하게 반대한다. 외계인이 보낸 그 '무선 신호'를
바탕으로 중요한 의사결정을 서둘러 내리지 않을 것이라는 말이다. 우
선 나는 그 메시지가 정말 외계 문명에서 보낸 것인지 알아볼 것이며,
메시지의 원본 내용이 외계인 발신자의 행동을 정확하게 예고하는 것
인지 아니면 가상의 사건을 예측하는 것인지 알아볼 것이다. 물론 만
일 이것이 최초의 '메시지'라면 그와 관련된 이전 기록은 존재하지 않을
것이다. 아무튼 나는 잔뜩 경계할 것이다. 게다가 나는, 영화감독 오슨
웰스Orson Welles가 허버트 조지 웰스Herbert George Wells의 미래주의 소설
『우주전쟁The War of the Worlds』⌐⌐을 라디오 드라마로 각색해서 1938년

⌐ 인간의 능력을 훨씬 뛰어넘는 초지능.
⌐⌐ 웰스의 이 소설은 1898년에 발표되었다.

10월 30일 화성에서 온 외계인들이 뉴저지를 침공했다는 내용으로 방송해 수천 명의 미국인을 공포의 도가니로 몰아넣었던 그 유명한 사건을 잘 알고 있으니까 말이다.

그다음에, (오슨 웰스나 허버트 조지 웰스와 같은 사람이 있었지만, 그런데도) 만일 내가 그 메시지가 믿을 만하다고 판단할 경우, 아마도 나는 우리가 무엇을 할 수 있을지 곰곰이 생각할 것이다. 전쟁을 준비할 것인가, 아니면 대대적인 환영 행사를 준비할 것인가? 그런데 그 메시지는 자기들이 200년 뒤에 온다고 했을 수도 있고, 아니면 심지어 500년 뒤에 온다고 했을 수도 있다. 그들이 지구에 오겠다고 한 시점이 얼마나 임박해 있는지 혹은 먼 미래의 일인지에 따라 우리가 해야 할 일이 완전히 달라질 수 있다.

실제 우리 현실에서 특이점이 멀지 않다고 주장하는 사람들은 과학이 지구보다 발전한 외계 문명에서 온 존재가 아니라 지구에 존재하는 광신적인 극단적 열광주의자들이다. 그리고 그들의 열정을 놓고 볼 때 그들이 옳다고 판명되더라도, 그들이 잘못되었음을 입증할 근거는 충분하다(그 근거는 이 책의 마지막 부분에서 얘기할 것이다).

그리고 언제 그 일이 닥칠 것인가 하는 시점의 문제가 중요하다. 인공지능의 힘이 급성장하고 있으며 저항할 수 없다고 믿는, 앞에서 언급했던 마틴 리스는 기계가 아마도 '수백 년 안에' 인간을 따라잡을 것이라고 주장해왔다. 불가능성에 대해서는 신경 쓸 필요가 없다. 만일 특이점의 세상이 리스가 믿는 것처럼 수백 년 뒤에 온다고 하더라도, 인류는 그보다 훨씬 이전에 핵전쟁, 소행성 충돌, 전염병 혹은 오로지

하늘만이 알고 있는 그 어떤 것으로 인해 끝장날 수도 있다. 혹은 어쩌면 그런 일이 일어나기 전에 인류가 어떤 방식으로든 구원을 얻을지도 모른다.

우주적인 차원에서 보면 수백 년이라는 시간은 찰나의 순간일 수 있다. 그러나 개인으로서는 더 말할 것도 없고 공공정책 입안자에게는 무한하게 먼 시간이 될 수 있다. 특이점에 초점을 맞춘다는 것은, 하루하루 긴급한 현안 쟁점들을 처리해야 하는 의사결정권자들을 잘못 인도하는 것이 된다. 이 긴급한 현안 쟁점들은 수백 년의 먼 미래가 아니라 우리에게서 불과 몇 년밖에 떨어져 있지 않은 가까운 미래와 관련된 것이다. 사실 하루하루는 금방 수십 년이 되고 수백 년이 되겠지만, 미래의 알 수 없는 어느 시점에 있을 특이점에 대비할 목적으로 우리의 삶과 공공정책의 틀을 완전히 새롭게 짜는 것은 비싼 값을 치러야 하는 어리석은 행동일 수 있다. 게다가 오히려 이런 장기적인 대책은 가까운 미래에 일어날 수 있는 로봇과 인공지능 분야 발전을 모호하게 만들어, 결국 우리는 코앞의 미래에 놓여 있는 어떤 것을 아무런 대비도 못 한 채 위험하게 맞을 수도 있다.

그래서 이 책의 맨 앞에서 나는 중요한 결정을 내렸다. 특이점의 세상과 그것이 내포하는 모든 함의를 다루는 부분을 뒤로 보낸 것이다. 아마도 당신은 세상의 종말과 영원한 삶의 약속도 필연적으로 이 책 뒷부분에 있을 거라고 생각할 것이다. 정확한 추측이다. 이 책이 담고 있는 모든 내용은 가까운 미래에 관한 것, 즉 로봇과 인공지능이 지금보다 더 중요해지긴 하겠지만 인류가 인공지능에 의해 소멸되기는커

녕 따라잡히지도 않는 세상에 관한 것이다.

그러나 그렇다고 해서 로봇과 인공지능이 경제와 사회에 미치는 영향을 무시하거나 가볍게 여겨도 된다는 뜻은 아니다. 그것들이 가져다줄 변화는 심대할 것이다. 우리가 특이점을 향해 나아갈 수도 있고 아닐 수도 있다. 그러나 우리가 AI 경제를 향해 나아가고 있음은 분명하다. 이 책은 AI 경제가 인류에게 어떤 모습일지 탐구한다.

◆ 용어 및 정의 ◆

모든 것이 빠른 속도로 발전하는 분야에서는 분석적인 쟁점들을 둘러싸고 늘 용어나 정의에 관한 까다로운 질문들이 있게 마련이다. '로봇'과 '인공지능'이라고 말할 때 이것을 우리는 무슨 뜻으로 이해해야 할까? '로봇'이라는 단어는 체코의 공상과학 작가 카렐 차페크Karel Čapek가 1920년에 발표한 희곡 『로섬의 보편로봇Rossum's Universal Robots』에서 처음 나온 것으로 사람들은 알고 있다. 이 단어의 언어학적 뿌리는 의무적인 노동을 뜻하는 'robota'와 봉사를 뜻하는 'robotrick'에 있는 것 같다.[11]

어원이 무엇이든 간에 '로봇robot'이라는 단어는 단지 언어뿐만 아니라 우리의 상상력 안으로 들어왔다. 로봇은 자연스럽게 하나의 머리와 두 팔과 두 다리를 가진 인간의 모습을 한 금속성 형상으로 우리 앞에 나타났다. 그러나 우리가 '로봇'이라고 부르고 싶어 하는 많은 것의 모습이 모두 이렇지는 않다. 굳이 인간처럼 보일 필요도 없고 인간처럼 행동할 필요도 없이, 특정한 방식으로 정확하게 행동하게끔 프로그램될 수 있는 기계장치를 로봇이라고 생각해야 마땅하다. 나는 형상이나 외모가 어찌 되었든 간에 이런 장치를 모두 의미하는 것으로 '로봇'이라는 단어를 사용한다.

'인공지능'이라는 단어는 1955년 미국 다트머스 칼리지 수학 교수 존 매카시John McCarthy가 처음 만들었다. 그는 MIT와 벨연구소, IBM에 있던 동료들과 함께 "언어를 사용하고 추상적인 개념을 만들며 인간이 풀게 되어 있는 온갖 종류의 문제를 풀고 스스로 개선할 수 있는 기계를 만드는 방법을 찾아내는 작업"에 착수했다.[12]

존 브록만은 '인공지능'이라는 단어가 도움이 되지 않는다고 주장해왔는데, 그는 '설계된 지능designed intelligence'이라는 단어를 선호한다. 브록만의 주장이 타당하든 그렇지 않든 간에 '인공지능' 혹은 AI라는 단어는 이미 저작물과 공론의 장에 확고하게 뿌리 내린 상태이므로, 이제 와서 용어를 다른 것으로 바꾼다는 것은 혼란스럽기만 할 뿐 전혀 도움이 되지 않을 것이다. 그러므로 나는 '인공지능'이라는 단어를 고집한다.

이런 선택으로 명명법과 관련된 문제가 해결되긴 하지만, 정의와 관련해서는 까다로운 몇몇 쟁점이 여전히 남는다. 실제로 평범한 기계들과 로봇 사이의 경계선, 로봇과 인공지능 사이의 경계선은 명확하지 않다. 식기세척기가 로봇일까? 통상적으로 사람들은 식기세척기를 로봇이라고 부르고 싶어 하지 않을 것이다. 하지만 그 이유가 식기세척기는 사람의 형상을 하고 있지 않으며 이동하지 않기 때문일까? 동일한 맥락에서, 우리가 일상적으로 로봇이라고 인정하는 것에 인간이 할수 있는 특정할 일을 하도록 프로그래밍할 때, 이것은 거기에 일정한 수준의 지능을 주입하는 것 아닌가? 그러니까 사실상 그 로봇은 '인공지능'이나 다름없지 않은가?

사실 이 주제와 관련해서는 로봇의 요소라든가 인공지능의 자격이라든가 로봇과 인공지능 사이의 연결 등을 따지는 저작물이 매우 많다. 나는 여기에서 개념 정의와 관련해 가타부타하면서 독자의 머리를 복잡하게 만들고 싶지 않다. 그 저작물들에 관심을 가지는 사람들을 이 책으로 초대한다.[13] 이 책 전체에서 나는 그 모든 것을 지칭하는 표현으로 '로봇과 인공지능'이라는 표현을 자주 사용한다. 그러니 독자는 굳이 인공지능 관련 전문 사전을 뒤적이거나 정확한 정의와 경계선에 대해 심각하게 고민하지 말고 내가 의도하는 의미를 곧이곧대로 받아들이면 좋겠다.

◆ 이 책의 목적 ◆

경제학자들이 이 책에 흥미를 느끼고 파고들면 좋겠다고 기대하지만, 기본적으로 나는 경제학자들이 아니라 지적인 관심을 가진 일반독자를 대상으로 이 책을 썼다. 어떤 독자들에게는 로봇과 인공지능의 확산에 따라 제기된 쟁점들을 살펴보는 것이 순전히 호기심이나 흥미 차원일 수 있다. 그러나 많은 독자에게 이 책의 주제는 미래에 대한 몇몇 주요한 불안감의 핵심을 파고들 것이며, 그들이 의사결정을 내릴 필요가 있는 것들과 관련된 핵심적인 문제들을 해결해줄 것이다. 이 사람들의 범위 안에는 로봇공학과 인공지능 분야, 그리고 이런 것들에 민감하게 영향을 받는 분야에 몸담은 사람들이 포함된다. 이 책의 목적은 사람들이 미래에 대한 자신감을 드높이면서 의사결정을 이해하고 의사결정 과정을 개선하도록 도움을 주는 것이다.

개인 차원에서는 핵심적인 쟁점들이 자기가 하는 일을 중심으로 해서 제기되겠지만, 여가시간이나 은퇴 이후의 생활, 부모의 의무 등과 관련된 중요한 쟁점들도 있다. 예를 들면 다음과 같은 것들이다.

○ 현재 가지고 있거나 가지려고 하는 일자리 종류의 미래가 밝을까, 아니면 소멸의 길을 걸어가고 있을까, 그것도 아니면 그 중간쯤일까?

○ 취업 능력을 극대화하고 미래에 더 많은 소득을 올리려면 어떤 종류의 기술을 습득하고 개발해야 할까?

○ 자발적이든 비자발적이든 간에 일자리 없이 얼마나 기다려야 할까?

○ 일자리를 가지고 있다 하더라도 노동시간이 두드러지게 짧아지는 것은 아닐까?

○ 지금보다 훨씬 이른 나이에 은퇴 이후의 삶을 맞이해야 하는 것 아닐까?

○ AI 경제 시대에 일과 여가시간 모두에 잘 준비하도록 아이들을 가르치려면 부모가 어떻게 해야 할까?

기업가 차원에서 보면 기본적인 질문은 동일하더라도 초점이 조금 달라진다. 그 쟁점들을 예로 들면 다음과 같다.

○ 새로운 시대에는 어떤 기업 활동의 미래가 밝을까, 로봇과 인공지능의 효과로 어떤 기업 활동들이 소멸할까, 그리고 양극단의 가운데 지점에 있는 기업 활동으로는 어떤 것이 있을까?

○ 어떤 활동 분야에서 로봇과 인공지능에 많은 투자를 하게 될까?

○ 어떤 활동 분야에서 노동자의 기술 숙련도를 높이는 데 투자해야 할까, 또 그렇다면 그 투자는 어떻게 해야 할까?

○ 어떤 활동 분야에서 노동자를 로봇과 인공지능으로 대체해야 할까? 어떤 활동 분야에서 노동자에 대한 수요가 로봇과 인공지능의 영향을 받지 않도록 해야 할까? 어떤 활동 분야에서 인간이 로봇이나 인공지능과 밀접한 관계에서 협업해나갈 거라고 기대해야 할까?

○ 어떤 종류의 산업과 활동들이 활성화될까?

정부 및 공공정책에 관심을 가진 사람들 차원에서도 다음과 같은 동일한 질문이 결정적으로 중요하다. 그러나 이 사람들의 핵심적인 관심사의 강조점과 초점은 다음과 같이 달라진다.

○ 경제 성과가 로봇과 인공지능에 어떻게 반응하고, 로봇과 인공지능이 경제 정책에 어떤 과제를 제기할까?

○ 정부는 로봇과 인공지능을 장려할 것인가, 규제할 것인가? 이 장려나 규

제를 어떻게 해야 할까?

○ 로봇과 인공지능을 수용하기 위해서는 법률 및 규제 제도들을 어떻게 바꿀 필요가 있을까?

○ 새로운 세상에 맞게 교육 제도를 바꿔야 한다면, 이 과정에서 국가는 무슨 역할을 해야 할까?

○ 로봇과 인공지능의 등장으로 불평등이 심화될 경우, 이 불평등을 상쇄하기 위해서는 정부 차원에서 세금 및 복지와 관련된 제도를 근본적으로 바꿔나가야 할까? 만일 그렇다면 어떤 조치를 준비해야 할까?

◆ 이 책의 형태와 구조 ◆

개인과 기업과 정부의 관심사가 밀접하게 연관되어 있으므로, 나는 집단별로 장을 나누지 않고 개별 주제별로 장을 나눈 다음, 이 세 집단이 각 장에서 모두 관심을 가질 수 있도록 구성하는 방식을 선택했다.

이 책의 구조는 단순하지만, 그래도 간략한 설명이 필요할 것 같다. 각각의 주제를 장별로 독립적이고 완결적으로 다루긴 했지만, 이 주제들은 모두 연결되어 있다. 게다가 논의 주제들이 서로 연결되어 있어 논의 방향이 사방팔방으로 가지를 뻗어나간다. 그래서 어느 지점에서 끊고 분석을 어떻게 조직해갈 것인가 하는 실질적인 문제가 남는다.

자료를 수집하고 원고를 집필하는 과정은 나에게 발견의 여정이었다. 이 책을 읽어나가는 독자도 내가 했던 것과 비슷한 경험을 할 수 있으면 좋겠다. 그러나 독자가 걸어갈 길은 내가 걸었던 길보다 한층 짧고 구조화되어야 한다. 여행을 시작해 오로지 신만이 알고 있는 것을 찾아 여기저기 기웃거릴 때, 저자는 자기가 지금 하고 있는 탐색이 어디에서 끝날지 알지 못한다. 그러나 이 여행이 끝날 때 저자는 독자를 데려가고자 했던 목적지가 어디인지, 거기까지 가는 가장 짧은 길이 어디인지 안다.

그래서 독자에게 해당 주제별로 구조화된 접근을 제시하는 방식이 적절하다. 그러나 독자로서는 해당 주제의 한 측면을 읽어나갈 때, 아직 다루어지지 않았거나 전혀 몰랐던 다른 여러 측면과의 상호관련성을 의식하면서, '그런데 ㅇㅇ는 어떻게 되는 거지?'라는 의문이 드는 순간을 시시때때로 만날 수밖에 없다. 나는 특정 주제를 설명하는 과정에서 명백하게 무시하거나 논의하지 않은 채 그냥 넘어가는 쟁점들이 이 책의 뒷부분 어디에서 자세하게 다루어지는지 일러줌으로써, 가능하면 독자가 끈기를 유지하면서 내용에 대한 이해 수준을 높여나갈 수 있도록 도우려고 노력했다.

평범한 일반 독자나 기업가든, 정부나 공공기관 정책 담당자든 간에 많은 독자가 분명 로봇과 인공지능이 자기의 삶과 활동의 여러 다양한 측면에서 가져다주는 효과와 관련된 핵심적인 질문들로 곧바로 다가서고 싶어 조바심을 낼 게 분명하다. 그러나 끈기를 가지고 조금만 기다릴 필요가 있다. 로봇과 인공지능의 영향을 받을 게 분명한 일, 소득, 교육, 여가시간, 그 밖의 다른 모든 것의 미래가 어떻게 될지 짐작하려고 아무리 노력해봐야 거시환경macro environment을 온전하게 이해하지 않고서는 아무런 의미가 없다.

게다가 이 책은 어쨌거나 로봇과 인공지능이 가져다주는 '경제적인 차원의' 여러 결과를 다룬다. 그 결과들이 로봇 및 인공지능과 가지는 관계는 그 결과들이 로봇과 인공지능이 할 수 있는 것의 미묘한 사항들과 가지는 관계보다 더 크다. 따라서 이 책의 1부에서 거시경제학을 다루는 것은 전적으로 타당하다. 그렇지만 2장에서는 현재 및 미래의 발전상을 폭넓게 바라봄으로써 로봇과 인공지능을 직접적으로 다룬다. 특히 2장에서는 지난 200년 동안 기술 분야의 발전이 눈부시게 이루어졌지만, 로봇과 인공지능이 이런 발전들과 본질적으로 얼마나 다른지 살펴본다.

그러나 그 전에 1장에서 지난 200년을 포함해 우리가 걸어온 과거의 경제를 설명한다. 미래를 다루겠다는 책이 이런 식의 역사적인 초점을 가지고 시작하는 것에 엉뚱하다고 생각할지도 모르겠다. 하지만 그렇지 않다. 우리 경제의 역사를 이해하는 것이야말로 현재 진행되고 있는 혁명의 맥락을 이해하는 데 매우 중요하다. 우리 경제의 역사는 온갖 놀라움으로, 지금 당장의 쟁점들을 이해하는 데 도움이 될 온갖 참조사항으로 가득 찬 흥미로운 이야기다. 또한 이것은 현재와 미래의 기술 발전이 과거에 진행되었던 기술 발전과 얼마나 비슷한지, 본질적으로 얼마나 다른지 이해한다는 점에서 로봇과 인공지능에 대한 논쟁들에서 가장 중요한 부분이기도 하다.

3장에서는 로봇과 인공지능의 발전으로 초래되는 거시경제학적 결과들을 다룬다. 경기후퇴가 나타날까, 아니면 어떤 사람들이 주장하는 것처럼 장기적인 불황으로 이어질까? 로봇과 AI 혁명 때문에 일자리가 대폭 줄어들까? 또 경제성장률과 생산성 및 생활수준은 어떻게 달라질까? 그런 세상에서는 금리와 다양한 자산 유형들에서 어떤 변화가 일어날까?

2부에서는 미래의 구체적인 모습을 어서 빨리 알고 싶어 조급증을 내는 독자들의 인내에 보상해주며 궁금증을 풀어준다. 2부에서는 로봇과 인공지능이 일과 기업 차원에서 펼치는 혁명의 결과를 구체적으로 다룬다. 맨 먼저 4장에서는 일에 따른 보상과 일이 필요한 인간적인 차원의 욕구를, 늘어난 여가활동 기회와 견주어서 다룬다. 여기에서 나는 일과 휴식과 놀이 사이의 구분 양상이 미래에는 어떻게 전개될지 개인적 견해를 밝힌다.

5장에서는 미래 노동시장의 형태가 어떻게 될지, 즉 어떤 유형의 일자리는 사라지고 어떤 유형의 일자리는 변함없이 유지될지, 어떤 유형의 일자리가 살아남긴 하지만 근본적으로 바뀌고 어떤 유형의 일자리가 완전히 새롭게 나타날지 살펴본다. 그리고 6장에서는 이런 변화 속에서 누가 승자가 되고 누가 패자가 될지, 개인·집단들로서뿐만 아니라 지역별·국가별로 가늠해본다.

3부에서는 정책을 다룬다. 2부까지 미래에 일어날 수 있는 변화를 살펴보았는데, 이것을 전제로 할 때 정부는 무엇을 해야 할까? 인공지능의 발전을 장려해야 할까, 아니면 세금이나 법률을 통해 규제해야 할까? 이것이 7장의 내용이다.

8장에서는 교육 문제를 다룬다. 로봇과 인공지능으로 초래될 변화를 전제로 할 때, 마치 아무 일도 없었던 것처럼 지금까지 해왔던 방식 그대로 학생들(초등학생부터 대학생)을 교육할 수는 없다. 그렇다면 이 학생들을 어떻게 교육해야 할까? 교사의 수가 줄어들어야 할까, 아니면 늘어나야 할까? 어떤 과목들을 가르쳐야 할까? 그리고 교육 분야에 필요한 변화를 이끌어내는 과정에서 국가의 적절한 역할은 무엇일까?

9장에서는 가장 논쟁적인 쟁점들 가운데 하나를 다룬다. 미래에는 소득의 양극화가 매우 심화될 텐데 상당한 수준의 소득재분배, 아니 여기서 더 나아가 부富의 재분배가 과연 필요할까? 만일 사회가 이런 선택을 한다면, 현재의 재분배 시스템을 개혁하는 방식으로써 원하던 결과를 얻을 수 있을까? 아니면 사회가 최저보장소득guaranteed minimum income, GMI을 모든 사회 구성원에게 제공하는 근본적인 개혁 주장을 받아들여야 할까? 최저보장소득은 좌파와 우파를 아우르는 정치적 스펙트럼 전체에 포진한 많은 영향력 있는 사상가가 주장하는 발상이다. 그러나 이게 과연 말이 되는 소리일까? 그런 제도를 실행할 수 있는 경제적 여유가 있을까, 또 이 제도는 노동에 대한 동기와 사회 형태에 어떤 영향을 줄까?

결론에서는 1장에서 9장에 걸쳐 했던 논의와 분석 결과를 한데 모으고, 개인과 기업과 정부가 받아들여야 할 교훈이라고 생각하는 것들을 제시한다. 그러나 이게 다가 아니다. 여러 가지 점에서 그렇다. 앞에서 약속한 것처럼 에필로그에서는 한층 더 논쟁적인 영역으로 파고든다. 인공지능 전문가들이 말하는 '특이점', 즉 인공지능이 인간보다 더 똑똑해져 세상을 넘겨받거나 인공지능과 인간이 하나로 융합하는 시점을 우리가 경험한다면, 그리고 그때가 다가온다면, 세상이 어떻게 바뀌어 있을지 살펴본다.

먼 미래, 그리고 그 먼 미래 너머로 우리를 데려다줄 이 모험을 시작하려면, 우선 우리가 서 있는 지금 여기까지 어떻게 왔는지부터 이해해야 한다. ♠

1부

인간과 기계

과거와 현재
그리고 미래

1장

인간의
진보

*"생산성 증가가 전부는 아니지만
장기적으로는 거의 전부다."*

_ 폴 크루그먼(경제학자)[1]

*"나중에 언젠가는, 지나간 250년이 인류 역사에서
매우 특이한 한 시대였다고 밝혀질 수도 있다."*

_ 로버트 고든(경제학자)[2]

우리 경제사에서 '특이점'으로 볼 수 있는 한 사건을 꼽자면, 분명 산업혁명이 될 것이다. 학교에서 배운 모든 역사적 일이 그렇듯이, 산업혁명은 당시 느끼던 것보다 나중에 돌이켜볼 때 더 복잡하다. 우선 그것은 혁명이 아니었다고 말할 수 있는데, 이런 진술은 상당히 합리적이다. 어쨌거나 그것은 단일한 사건이 아니라 18세기 후반 영국에서 시작되어 수십 년 동안 진행된 일련의 과정이니까 말이다.

게다가 산업적 차원에서만 진행된 것이 아니고, 심지어 산업 분야가 기본적인 것도 아니었다고 말하는 사람도 있을 수 있다. 제조업 분야에서 커다란 발전이 있었던 것은 분명하지만, 농업과 상업, 금융업에서도 커다란 발전이 있었다. 게다가 산업혁명이 가능하도록 한 것은(그리고 그것이 영국에서 일어나게 만든 것은) 우리가 학교에서 달달 외운 것처럼 석탄 수급이나 수력발전소라는 요인보다 지난 100년 동안 일어났던 정치적 및 산업적 변화 요인이 더 크다.

그러나 이건 문제가 되지 않는다. 누가 어떤 이름을 붙이고 싶어 하든 간에 산업혁명은 중요했다. 산업혁명 이전에는 경제발전이라는 것이 없었지만, 산업혁명 이후에는 경제발전밖에 없었다.

물론 이것은 단순화한 명제다. 17세기와 18세기 미국과 영국에서도 1인당 생산량과 소득이 증가했으니까 말이다. 산업혁명 이후와 비교하면 비록 발전 속도가 미미하긴 했지만…….

그런데 경제발전이 산업혁명 이후 거침없이 이어진 것으로 바라보는 것도 옳지 않다. 조금 뒤 보여주겠지만, 그 기간에도 성장과 발전이 두드러지게 중단된 시기들이 있었다. 게다가 평범한 사람들의 생활수준이 실질적으로 개선되기까지는 산업혁명이 시작되고 수십 년이나 걸렸다.[3]

이런 온갖 트집이나 자격요건 때문에 몇몇 경제사학자들은 '산업혁명'이라는 발상 자체를 폐기해야 하는 것 아니냐는 의문을 제기하기도 했다. 그러나 이런 주장도 너무 지나치다. 어떤 역사가들은 기존 관점의 단순성을 바로잡겠다는 취지 아래 바이킹족이 비록 무시무시한 평판을 받고 있긴 하지만 이런 평판과 다르게 실제로는 (비록 사랑스러워서 껴안고 싶다고까지는 말할 수 없어도) 매우 멋지고 문명화되었으며 우아한 사람들이었다고 주장하는데, '산업혁명'이라는 발상을 폐기해야 한다고 주장하는 경제사학자들은 이런 역사가들과 마찬가지로 엉뚱한 방향으로 너무 멀리 나가고 말았다. 바이킹족은 실제로 공포의 대상이었고, 산업혁명은 진정으로 대단한 것이었다.

산업혁명 이후 세상이 그 이전과 다른 핵심적인 특징 가운데 하나는, 사람들의 생활 형편이 필연적으로 또 거침없이 계속해서 점점 더 좋아질 것이라는 '믿음'이 영국의 빅토리아 시대[f] 때부터 널리 확산되었다는 사실이다.

역사학자 이언 모리스Ian Morris가 말한 것처럼 산업혁명은 "전 세계에서 진행되었던 과거의 모든 역사 드라마를 쓸모없는 것으로 만들어버렸다".[4]

◆ 고대에서 현대로 ◆

산업혁명의 의미에 대한 이언 모리스의 표현은 〈그림 1〉에서 입증된다. 이 그림은 기원전 2000년부터 지금까지 1인당 국내총생산GDP의 추이를 보여준다. 그야말로 믿거나 말거나다! 물론 오래전 과거와 관

---

[f] 1837년 6월 20일부터 1901년 1월 22일까지 빅토리아 여왕의 치세.

그림 1 | 기원전 2000년부터 현재까지 세계 1인당 GDP

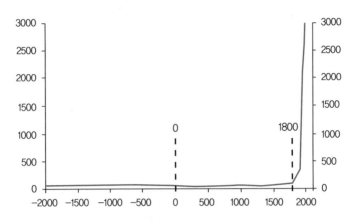

*1800년의 1인당 GDP를 100으로 설정했을 때 상대적인 수치

출처 : DeLong, Capital Economics

련된 자료는 신뢰성이 떨어지므로 기껏해야 참고만 할 뿐이다. 그러나
사실은 그것 이상이다.

그림에 표시된 절대적인 수치는 무시해도 된다. 그 수치들은 아무런
의미가 없다. 그러나 상대적인 비교 혹은 추세의 변화는 중요하다. 이
그림에서 각 연도의 1인당 GDP는 1800년 기준 상대적 수치로 표시되
어 있다(다른 말로 하면, 연도별 수치는 1800년을 100으로 했을 때를 기준으로
해서 지수화한 것이다).

그림에서 보듯이 기원전 2000년부터 그림의 가로축에서 0으로 표시
된 예수 탄생 년까지 1인당 GDP는 아무런 변화가 없다. 그런데 그때

부터 1800년까지 1인당 GDP가 두 배로 늘었다. 두 배씩이나 늘었다고 하니 상당히 발전한 것처럼 들릴 수도 있지만, 이 결과를 달성하기까지 무려 1,800년이나 걸렸다는 사실을 알아야 한다! 그러므로 연평균 증가율로만 보면 그야말로 미미하다(그림으로는 증가 추이를 거의 확인할 수 없는 이유도 여기에 있다). 게다가 증가분의 많은 부분이 뒷부분에 집중되어 있다.[5]

그러나 산업혁명 이후 모든 것이 완전히 달라졌다. 비약적 발전 양상은 그림에서도 쉽게 확인할 수 있다. 1900년 1인당 GDP는 1800년에 비해 거의 3.5배나 된다. 그리고 2000년에는 30배가 넘는다.[6] 산업혁명은 진정으로 혁명적이었다. 이것은 로봇과 인공지능의 출현을 측정하고 평가할 수 있는 본질적인 척도를 제공한다.[7]

이 장에서 나는 고대에서부터 산업혁명을 거쳐 지금까지 이어진 우리 경제의 역사에서 드러나는 중요한 특징들을 추적하고 살펴볼 참이다. 그런데 독자에게 미리 일러두고 싶은 말은, 최근 수십 년 동안의 일들에 대해서는 상대적으로 상세하게 다루지만 과거 수백 년 동안의 일들은 드문드문 다루며 빠르게 훑고 지나갈 것이라는 점이다. 먼 역사에 관한 정보가 훨씬 적기도 하거니와 로봇과 인공지능이 우리 경제에 끼칠 잠재적인 영향을 살피는 과정에서 최근 수십 년이 과거 수백년보다 더 흥미롭고 적절하기 때문이다.

◆ 고대의 수수께끼들 ◆

산업혁명의 심장에는 기술 변화가 있었다.[8] 그러나 산업혁명 이전의 기술 발전에는 몇 가지 두드러진 사건이 있었다. 역사를 거슬러 올라가면 몇몇 동물을 가축으로 만든다든가, 농장을 조성해 곡물을 재배한다든가, 바퀴를 발명한다든가 하는 극적인 발전들이 있었다. 그러나 이런 것들은 1인당 GDP라는 세계의 기록에는 나타나지 않는다. 믿거나 말거나지만 이 '기록' 혹은 이 기록을 구축하기 위한 경제학자 브래드 드롱Brad DeLong의 역사적 노력은 기원전 100만 년까지 거슬러 올라간다(〈그림 1〉에서는 이 시점까지 거슬러 올라가봐야 별 의미 없다. 그래봐야 그림의 그래프는 평탄한 일직선이며 그렇게 할 때는 지난 200년 동안 일어난 일들의 의미를 오히려 모호하게 만드는 착시 효과가 생길 수 있기 때문이다).

지금 시점에서 인정하는 사실이지만, 과거 여러 시기의 경제성장 기록이 그다지 많지 않은 것은 경제 관련 통계가 가망 없을 정도로 적절하지 않기 때문이다. 그 기록들은 변변찮고 고르지 못하다. 그러나 우리는 굳이 적절하지 않은 이 기록들에만 의지할 필요가 없다. 예술작품이나 고고학, 우리가 가지고 있는 이런저런 문서들에서 확인하는 증거로만 보더라도 경제의 기본 요소나 규모가 수백 년 동안 크게 바뀌지 않았음을 알 수 있다. 적어도 인류가 정착 생활을 시작한 이후를 기준으로 하면 확실히 그렇다.

그런데 앞에서 언급했던 혁명적인 기술 발전이 어째서 비약적인 경제발전을 낳지 못했을까? 이 질문에 대한 대답이 오늘날 우리를 괴롭히고 있으며 로봇과 AI 혁명과 관련된 중요한 질문을 제기하는 경제 성장의 핵심 쟁점 가운데 몇몇에 밝은 빛을 비춰줄 수 있다.

그런데 독자들에게는 미안하지만, 이 중요한 역사적 질문에 대답해 줄 명확하게 정리된 답변은 그 어디에도 없다. 네 가지 설명은 가능하다. 나는 이 네 가지 설명을 독자에게 제시할 것이다. 그러나 이 네 가지 가운데 어느 것이 가장 설득력 있는지는 따로 판정 내리지 않을 것이다. 이 점에 대해서는 경제사학자들이 풀어야 할 숙제로 남겨둘 것이다. 내 생각에는 아마도 이 네 가지 설명의 복합체가 정답 아닐까 싶다. 한 가지 더 덧붙이자면, 이 각각의 설명은 로봇과 인공지능이 경제에 초래한 충격이라는 우리의 탐구 주제와 통하는 부분이 있다.

첫 번째 설명은 평범해 보이지만 중요하다. 기원전 1만 년 전에 시작되었다는 동물 가축화와 농장 농업을 포함하는 1차 농업혁명과 같은 중요한 발전들은 매우 오랜 시간에 걸쳐 진행되었다. 따라서 설령 그 과정이 완료된 뒤로 축적 효과가 크다고 하더라도 연간 기준 생산량과 생활수준 증가율 혹은 개선율은 미미했다.[9]

두 번째 설명은 구조적이며 분포적인 차원이다. 한 부문(예를 들어 농업 부문)에서의 어떤 기술 개선이 전체 경제에 한층 높은 생산성이라는 결과로 이어지려면, 빠르게 개선되는 부문에서 놓여나는 노동력이 다른 부문들에 생산적으로 배치될 수 있어야 한다. 그러나 1차 농업혁명이 일어날 때 다른 생산적인 고용 형태는 나타나지 않았다. 그래서 사원이나 수도원과 같은 종교 시설에 사람들이 많이 모여든다거나, 피라미드 건설에 많은 사람이 동원된다거나 하인(노비)의 수가 많았다. 인류학자 제임스 스콧James Scott은 1차 농업혁명 이후 대중의 평균적인 생활수준이 오히려 나빠졌다고 주장한다.[10] 편중된 소득 및 부의 재분배를 특징으로 하는 그 새로운 농업 경제에서는 추가적인 기술 발전을 촉진할 것이 아무것도 없었다.

◆ 기술에서 번영으로 ◆

세 번째 설명은 기술 발전 하나만으로는 경제발전을 이끌어내기에 충분하지 않다는 것이다. 기술 발전 외에도 새로운 방법론에 투입할 자원들, 기술 발전의 구체적인 물건인 도구나 장비를 만들 자원들이 따로 확보되어 있어야 한다. 성장하려면 미래에 대비해 자원을 비축해야 하고, 그러려면 지금 당장 소비를 줄이거나 포기할 필요가 있다. 그러나 인간의 본성도 그렇고 즉각적으로 만족해야 할 필요성이 워낙 긴박한 상황이어서, 미래에 대비해 자원을 비축하는 일이 말처럼 쉽지 않았다.

불행하게도 먼 과거의 상태를 일러주는 자료가 변변찮아 이 문제에 관한 진실을 확정할 수는 없다. 그러나 고대에 존재했던 사회들은 자본 축적이 가능할 정도로 잉여생산물(잉여소득)을 많이 창출할 수 없었을 것이다. 그리고 우리는 고대 사회에서 잦았던 다양한 형태의 전쟁과 갈등 속에서 기껏 모아두었던 자본이 쉽게 흩어져버렸을 것이라 짐작할 수 있다. 이런 과정을 거치다보면 당시 순축적 자본 총량은 미미했을 것이다.

일상적인 활동에서 생산된 잉여생산물은 그 사회의 비생산적인 부분들(예를 들면 사제 계급의 유지, 묘비 및 기념비 제작 등)을 지탱하는 데 주로 쓰였을 것이다. 사회의 전체 생산량 가운데 몇 %가 고대 이집트에서 피라미드를 건설하는 데 혹은 중세 유럽에서 가난의 바다 위로 우뚝 솟아 화려함을 자랑하는 사치스러운 대성당을 건설하는 데 들어갔을지는 아무도 모른다. 이런 건물들을 오늘날 우리가 바라보며 즐긴다는 사실이 어떻게 보면 신기할 따름이다. 그러나 이 건물들은 이 건물들이 지어질 때 이 건물들을 경외심을 가지고 바라보았던 사람들의 생활수준을 개선하는 데는, 그 경외심에 정확하게 비례할 만큼 기여하지 않았다. 기술 발전의 속도에도 기여하지 않았다. 당시에도 그랬고, 그 뒤로도 마찬가지였다.

◆ 인구통계학적 요인 ◆

기술 발전이 자동으로 생활수준의 개선으로 이어지지 않은 사실에 대한 네 번째 설명은 늘어난 인구가 생산에서 발생한 잉여를 모두 빨아들였기 때문이라는 것이다. 그 증거로, 16세기 전 세계 연평균 경제성장률은 약 0.3%였으나 인구성장률이 약 0.2%여서 0.1%포인트밖에 남지 않았다. 이것은 있으나마나 한 것이었다. 산업혁명이 일어나기 직전인 18세기 상황도 비슷했다. 전 세계 경제성장률은 평균 약 0.5%

였지만, 이 성장률의 대부분이 인구성장률로 상쇄되고 말았다. 즉 실질적인 1인당 GDP 성장은 무시해도 될 정도로 미미했다.[11]

인정할 수밖에 없는 사실이지만, 여기에서의 관련성들은 간단하지 않다. 어쨌거나 인구 증가가, 흔히 잘못 인식되는 것처럼 사회에 커다란 부담을 지우는 지독한 재앙은 아니었다. 오히려 그 반대였다. 사람이 많아졌다는 것은 노동력이 그만큼 늘었다는 뜻이며, 전체 생산량이 증가할 수 있다는 의미였다. 그러나 보다 많은 노동력을 고정된 자본과 토지에 투입할 때 1인당 평균 생산성은 낮아진다(경제학자들은 이런 현상을 '수확체감의 법칙'이라고 부른다). 게다가 인구성장률이 높아진다는 것은 생산적인 성인에 대한 비생산적인 어린이의 비율이 그만큼 높아진다는 뜻이다(오늘날에도 많은 가난한 사회에서는 어린이까지 일정한 생산력을 발휘하게 하려고 온갖 긴박한 노력을 기울이고 있다).

늘어나는 인구 때문에 생활수준이 보다 더 나아지지 않는다는 것은 영국 국교회 목사이자 초기 경제학자 가운데 한 명이었던 토머스 맬서스Thomas Malthus가 제기한 이론의 중심적인 논지였다. 오늘날에는 그의 비관론이 완전히 폐기되었는데, 이런 폐기 판단은 온당하다. 그는 1798년에 다음과 같이 말함으로써 경제학과 경제학자들에게 오명을 씌웠다.

인구의 힘은 지구가 인간을 위해 무엇인가 생산하는 힘보다 훨씬 커, 어떤 형태로든 간에 인류는 조기 사망이라는 사태를 맞을 수밖에 없다. 인류의 온갖 악덕은 인구를 매우 활발하고도 유능하게 감소시켜왔다. 이 악덕들은 위대한 파괴 군단에서의 전위부대들이며, 흔히 무자비한 인구 감소의 그 끔찍한 일들을 자기 손으로 해치우기도 한다. 그러나 그 악덕들이 이 절멸의 전쟁에서 실패한다고 하더라도 병이 자주 발생하는 계절들 및 온갖 전염병의 끔찍한 확산이 수천, 수만 명의 목숨을 앗아갈 것이다. 그것도 모자란다면 결코 피할 수 없는 거대한 기근이 뒤에서 몰래 접근해 인류에게 강력한 타격을 줌으로써 결국 세계 식량 생산 수준에 맞춰 인구수를 줄여서 맞출 것이다.[12]

그는 '남성과 여성 사이의 뜨거운 열정'이 제어되지 않은 상태로 방치되면 이 열정이 참혹함과 악덕이라는 결과를 낳을 것이라고 경고했다. 그러면서 그는 '인간의 자연스러운 열정의 결과'가 '유용성의 시금석test of utility'을 맞이하는 일이 잦을 것이라고 주장했다.[13]

바로 이 지점에 교훈 하나가 놓여 있다. 기술 분야에 종사하든 경제학 분야에 종사하든 간에, 인간은 곧 로봇이 지배하는 미래에 직면할 것이라는 공포를 열정적으로 떠들어대는 학자나 저자라면 누구나 마음에 새겨야 할 바로 그 교훈이다. 본인이 원한다면야 계속 그렇게 비관적인 미래관을 가질 수 있겠지만, 명성을 계속 유지하고 싶다면 올바른 논리를 주장해야 한다.

불쌍한 구닥다리 맬서스……. 처음부터 끝까지 완전히 틀린 어떤 경제학자가 있다면, 맬서스가 바로 그런 사람이다. 지난 200년 동안(비록 200년이라면 그가 쓴 글의 잉크가 충분히 마를 정도로 긴 기간이긴 하지만) 1인당 GDP는 극적인 성장세를 보여왔다. 맬서스가 비관적인 논문을 발표한 1798년부터 지금까지 영국의 1인당 실질 GDP는 1,300% 증가했다. 그리고 생활수준이 개선된 규모도 (비록 온전한 자료가 없긴 하지만) 크게 다르지 않을 것이다(물론 이 생활수준의 향상이 처음부터 나타난 건 아니지만, 여기에 대해서는 조금 뒤에 설명하겠다). 그리고 인구도 지속적으로 높은 수준으로 늘어났다. 맬서스가 전망한 것과 비슷하게 맞아떨어진 것은 아무것도 없다고 말하는 게 그에게는 모질지 몰라도, 직설적으로 말하면 그 모든 사실이 맬서스의 이론과 완전히 배치된다.

맬서스는 경제발전의 두 가지 중요한 요소를 예측하지 못했다. 첫째, 그는 기술 발전의 총체적인 범위를 과소평가했을 뿐만 아니라, 특히 식량 생산 분야에서 기술 발전의 여지를 잘못 읽었던 것 같다. 19세기와 20세기에 식량 증산은 가파르게 늘어났는데, 이것은 미국이나 다른 여러 곳에서 농지를 새롭게 개발한 덕분만이 아니라 식량 생산 기술의 발전을 통해 단위 토지별 생산량이 늘어났기 때문이기도 하다.

둘째, 산아제한의 다양한 방법 덕분에 20세기 들어 출생률이 하락했다. 인구가 계속 늘어나긴 하지만 생활수준 개선에 지장을 받을 정도는 아니라는 뜻이다.

물론 맬서스가 현대를 제외한 인류 역사의 나머지 부분을 설명하는 데서도 모두 틀렸다는 뜻은 아니다. 산업혁명 시점까지만 보면 그의 이론은 거의 맞아떨어진다. 어쨌거나 우리는 그가 너무 딱하다는 생각을 하지 않아도 된다. 죽은 뒤에 그는 가장 위대한 위로상을 받았기 때문이다. 찰스 다윈이 그에게서 자연선택을 통한 진화 이론의 영감을 받았다고 했으니까 말이다.[14]

◆ 변동성 그리고 변화에 뒤따르는 패배자들 ◆

이 장을 시작하면서 한 설명이 산업혁명 이후 꾸준하게 상향 궤적을 그려왔다는 것처럼 들렸을 수도 있다. 〈그림 1〉은 확실히 그런 인상을 준다. 그런 결론은 또한 실제 일어났던 일들에 대한 매우 훌륭한 초기 추정이기도 하다. 그러나 그렇게 말하면 온전한 진실을 빠뜨리는 셈이다.

경제발전의 엔진이 일단 가동되고 난 뒤 모든 사람의 생활수준이 꾸준하고 평탄하게 나아지지는 않았다. 실제로 19세기 초반 수십 년 동안 임금 상승이 향상성 증가에 미치지 못했으며 생활수준도 압박을 받았다. 이 시기는, 1848년에 발표된 「공산주의 선언The Communist Manifesto」에서 그 상황을 썼던 카를 마르크스Karl Marx의 협력자이자 후원자였던 프리드리히 엥겔스Friedrich Engels의 이름을 따서 이른바 '엥겔스의 휴지기Engels' Pause'라는 표현으로 알려져 있다.[15] ∫

역사학자 유발 노아 하라리Yuval Noah Harari는 1850년(즉 산업혁명의 결과가 전반적인 생활수준을 드높이기 전 시점)을 기준으로 볼 때 "평균적인 사람의 생활은 고대 수렵채집인의 생활에 비해 더 나아지지 않았으며 오히려 실질적으로는 더 나빠졌다"고 주장한다.[16] 이와 비슷하게 역사학자 로버트 앨런Robert Allen도 1870년 이후가 되어서야 비로소 유럽인의 실질임금이 중세 수준을 넘어섰으며, 이런 추세를 영국이 주도했다

∫ 산업혁명으로 생산성이 엄청나게 발전하는 중에도 노동자의 임금은 오랫동안 오르지 않았다는 뜻이다.

고 주장했다. 실제로 유럽의 많은 지역에서 1900년의 생활수준이 16세기의 생활수준보다 두드러지게 더 높았다고 주장하기는 어렵다고 그는 말한다.[17]

또 전체 경제는 눈에 띌 정도로 뚜렷한 변동성에 시달렸다. 물론 산업혁명 이전에도 이런 변동성은 있었다. 성서에도 7년 동안 풍족했다가 7년 동안 결핍에 시달렸다는 이야기가 나온다. 이런 변동성은 보통 수확에서의 편차에서 비롯된 것이지만 질병, 자연재해, 전쟁 그리고 민간에서 발생한 소요 등도 높은 변동성에 한몫했다.

이런 일들은 산업혁명 때까지 그리고 그 이후에도 계속되었다. 그러나 재산과 관련된 예상 밖의 변화를 초래한 이런 원인 외에도, 18세기 이후 지배적인 형태로 자리 잡았던 새로운 시장교환 경제는 또한 '총수요aggregate demand'[ʃ], 즉 소비력에 종속되었다. 그 결과 상당히 높은 실업률을 기록하는 시기들이 나타났으며, 이런 기간에는 노동자들의 기술이 쓸모없을 만큼 뒤떨어지지 않았음에도 불구하고 이런 기술에 대한 수요가 적절하게 따라주지 않았다. 환전money exchange 경제의 이런 특성은 여러 나라에서 대규모 실업 사태를 몰고 왔던 1930년대 대공황 때 가장 두드러지게 나타났다(여기에 대해서는 3장에서 자세하게 다룰 것이다).

게다가 산업혁명을 뒷받침했던 기술 분야의 '발전'이 많은 개인 및 집

─────

ʃ 거시경제학에서, 한 경제 내에서 주어진 기간과 가격 수준 아래에서 최종 재화와 서비스에 대한 수요의 총합.

단의 생계를 갉아먹었다. 이것은 불행하고도 우연적인 뜻밖의 일이 아니라 경제성장 과정에서 나타난 필연적인 결과였다. 경제성장 과정에서 구닥다리 기술과 직업은 쓸모없어지고 새로운 기술과 직업이 그 자리를 차지하기 때문이다. 오스트리아 출신 미국 경제학자 조지프 슘페터Joseph Schumpeter는 이 과정을 '창조적인 파괴creative destruction'라고 부른다.

산업혁명 이전에도 기술 분야에서의 낙후와 그에 따른 대체 사례들을 찾아볼 수 있다. 베네치아 조선공들이 그랬다. 이들은 수백 년 동안 고정 돛을 단 배를 만들면서 생계를 꾸렸다. 이 배들은 지중해 안에서만 오가며 거래했기에 조절 가능한 돛이 굳이 필요하지 않았다. 그러나 조절 가능한 돛을 단 대양 항해 배들이 등장해 국제무역을 지배하자 베네치아 조선공들의 기술과 직업은 낡은 것이 되어 대체되고 말았다.

그렇다고 베네치아 조선공들은 새로운 유형의 배 만드는 방법을 배울 수도 없었다. 지배적인 무역 경로 역시 바뀌어버렸기 때문이다. 아시아와 유럽 사이의 무역이 더는 지중해 동쪽을 (그래서 베네치아를) 경유하지 않고 멀리 아프리카를 돌아갔다. 그리고 얼마 뒤 대서양을 가로지르는 교역의 중요성이(이 교역을 주도한 국가는 대서양을 접한 스페인, 포르투갈, 프랑스, 네덜란드, 영국이었다) 가파르게 높아졌다. 그러니 베네치아 조선공들은 난감한 마음을 어쩌지 못한 채 뒤처질 수밖에 없었다.

그러나 산업혁명 및 도시로의 대규모 이주로 인해, 기술 변화 그리고/혹은 수요의 급격한 하락의 결과로 나타난 실업 그리고/혹은 궁핍의 가능성이 한층 커졌다. 대부분의 사람은 이제 특정한 거래(교역)에 전문성을 가지고 있었고, 의식주를 해결하려면 자기 노동력의 결과물을 누군가에게 팔 수 있어야만 했다. 이런 이유로 사람들은 취약해질 수밖에 없었다. 자기가 습득한 특정한 기술 혹은 심지어 기술이 필요 없는 막노동조차 기술 발전 때문에(혹은 새로운 형태의 상업 발전 때문에) 낡은 것이 되어 얼마든지 다른 것으로 대체될 수 있었기 때문이다.

역사를 통틀어 늘 그랬지만, 기술 발전 때문에 생계를 위협받은 사람들은 기술 발전에 저항했다. 충분히 이해할 수 있는 일이다. 산업혁명이 일어나기 훨씬 전인 15세기에 네덜란드의 직물 노동자들은 나막신을 직기에 던지는 방식으로 자기 기술을 대체하려는 기계를 공격했다. 이 신발의 이름이 '사보sabot'였다. 사보타주sabotage라는 말이 여기에서 유래했다.

그러니 산업혁명 초기에 새로운 생산 방법 때문에 생계를 위협받던 노동자들이 거기에 저항했다는 사실은 전혀 놀라운 일이 아니다. 19세기 초 영국에서는 노동자들이 무리를 지어 자기 생활을 위협한다고 여기던 기계를 부수는 일들도 일어났다. 이런 움직임은, 1779년에 직기 두 대를 파괴했다고 일컬어지는 네드 러드Ned Ludd(원래 이름은 에드워드 러들럼이었다)의 이름을 따서 '러다이트운동Luddite'이 되었다. 이런 태도와 행동에 대한 반향은 19세기 내내 이어졌으며, 심지어 지금까지도 계속되고 있다. 오늘날에도 기계의 발전에 반대하는 사람들에게는 흔히 '러다이트'라는 딱지가 붙는다.

그런데 기술 발전으로 직접적인 피해를 입은 사람들만 기술 발전을 반대한 게 아니었다. 위대한 경제학자 데이비드 리카도David Ricardo는 1821년에 출간한 『정치경제학과 과세의 원리에 대하여Principles of Political Economy and Taxation』 3판 때 '기계에 대해서'라는 제목을 단 새로운 장을 추가했다.[18] 이 장에서 그는 다음과 같이 말했다. "인간의 노동을 대체할 기계가 노동계급의 이익에 매우 해로운 경우가 많을 것이라고 나는 확신한다." 그리고 그 뒤 200년 동안 리카도의 이런 발상과 일치하는 사례가 자주 나타났다.

◆ 낡은 일자리를 대체하는 새로운 일자리 ◆

리카도는 위대한 경제학자였다. 그러나 나중에 드러나는 사실이지만 그의 비관주의는 온당하지 않았다. 비록 많은 개별 노동자가 기술 발전 때문에 일자리를 잃거나 소득이 줄어드는 경험을 했지만, 전체 경제 차원에서 보면 딱히 그런 것도 아니었다. 몇몇 부문이나 직업에서 사라진 일자리들이 다른 부문에서 나타난 새로운 일자리들로 대체되었다.

기계가 일자리에 가장 극적인 충격을 준 산업 부문으로는 농업을 꼽을 수 있다. 1900년 미국의 일자리 가운데 40%가 농업 부문에 집중되어 있었다. 그런데 1950년에 12%로 줄어들었고 지금은 2%밖에 되지 않는다. 영국에서도 1900년에 9%였다가 1950년에 5%로, 그리고 지금은 1%로 줄어들었다.

농업의 상대적인 중요성이 줄어들고 이 부문에서 고용 기회가 줄어든 것이 인류에게는 좋은 소식이었음이 나중에 밝혀졌다. 그런데 최소한 숫자라는 점에서 보면 그것이 말에게는 결코 좋은 소식이 아니었다. 1915년 미국의 말 개체 수는 대략 2,600만 마리였다. 말의 개체 수가 가장 많았던 때, 즉 '피크 호스peak horse' 시점이었다. 그런데 지금은 이 숫자가 약 1,000만 마리밖에 안 된다. 그 변화는 단지 숫자만의 문제가 아니다. 1915년에는 거의 모든 말이 생산 과정에서 핵심적인 역할을 맡았으나 지금은 거의 모든 말이 여가활동에 사용될 뿐이다.[19]

몇몇 비관주의적인 논평자들은 이 말의 비유를 들어, 경제발전의 현재 국면을 '피크 인간peak human' 시점이라 볼 수 있다고 말한다. 만일 이 사람들의 말이 맞는다면, 인간 역시 지금 남아 있는 말들과 마찬가지로 여가활동으로 내몰리게 된다는 뜻이다(이런 전망이 과연 실제로 현실화할 것인가 여부는 다음에 이어지는 여러 장에서 다루는 주제다).

농업이 경제에서 차지하는 비중이 제조업에 비해 줄어든 뒤 이와 비슷한 일이 서비스업 대비 제조업 비중에서도 나타났다. 1901년 영국에서 제조업은 전체 고용 가운데 거의 40%를 차지했고 서비스업은 그보다 조금 더 높은 수치를 차지했지만, 지금은 제조업 일자리가 8%로 쪼그라들었고 서비스업 일자리가 전체의 83%를 차지한다.[20]

또 농업, 제조업, 서비스업 등과 같은 폭넓은 고용 범주 안에서도 기존 일자리가 사라지고 새로운 일자리가 나타나는 비슷한 양상이 줄곧 전개되고 있다. 1971년까지 100년 동안 전신과 전화 부문 교환수로 일했던 사람의 수는 40배로 늘어났다. 그런데 그때 이후 자동 교환장치와 인터넷 및 모바일 기술이 등장함에 따라 전신전화 교환수 일자리는 급격하게 줄어들었다.

이와 대조적으로 영국에서 지난 35년 동안 정보기술 관리자의 수는 6배 넘게 늘어났으며 프로그래머와 소프트웨어 개발 전문가의 수는 거의 3배 가까이 늘어났다.[21]

생산성을 높이는 변화는 때로 심지어 그런 개선을 겪는 산업들에서조차 고용을 확대해왔다. 헨리 포드Henry Ford가 도입했던 조립 라인 생산 방식이 그런 경우라 할 수 있다. 1909년에는 승용차 한 대를 생산하는 데 400시간 넘게 걸렸지만, 그로부터 20년이 지난 뒤에는 50시간 아래로 떨어졌다. 그러나 자동차 산업에서의 고용은 비약적으로 늘어났다. 생산 과정에서 효율성이 한층 높아짐에 따라 제품 가격이 낮아졌으며, 이런 상황은 다른 여러 요인과 결합해 자동차의 수요를 대폭 늘렸다.

그러나 보다 통상적인 경험은 빠른 생산성 증가율이 나타났던 산업들의 고용에서 나타났다. 그러나 그 산업들에서 생산된 제품의 가격 하락은 소비자의 실질소득을 높이며, 가격이 내려간 제품에 대한 수요뿐만 아니라 폭넓은 영역에 걸친 다른 제품과 서비스의 수요 증가를 이끌어왔는데, 이로써 다른 제품과 서비스 생산 산업들에서도 고용이 덩달아 늘어났다.

이렇게 해서, 기술 변화가 많은 일자리를 파괴하며 더 나아가 전체 경제의 일자리를 위협한다고 보았던 비평가들의 판단이(비평가들은 또 왜 그렇게 많은지!) 틀렸음이 입증되었다. 지금까지 전반적인 고용 감소 추세는 단 한 번도 없었다. 오히려 그 반대다. 실제로 영국을 비롯한 여러 선진국에서 전반적인 고용은 줄곧 성장했을 뿐만 아니라 전체 인구 대비 취업자 비율도 최근까지 꾸준하게 상승해왔다.

임금 역시 큰 폭으로 상승해왔다. 1750년부터 지금까지 (비록 정체되거나 역전된 적도 있고, 고용 시장의 전체 그림이 최근에 조금 바뀌긴 했지만) 국민소득 가운데 임금이 차지하는 비율이 비교적 일정하게 유지되는 양상이 이어져왔다. 이것은 향상성 증가의 편익이 어쨌거나 노동을 제공하는 쪽(노동자)과 자본을 가진 쪽(자본가) 사이에서 동일하게 배분되었다는 뜻이다. 평균 실질임금의 꾸준한 상승 덕분에 평균적인 생활수준도 꾸준하게 높아질 수 있었다.[22]

그러나 평균이 어떤 의미인지 우리는 모두 잘 알고 있다. 만일 사람들이 기술 변화 때문에 자기에게 일어나는 문제들을 극복하려 한다면 우선 자기 자신부터 그 변화에 적응해야 한다. 즉 새로운 기술을 배우거나 종사하는 업종 자체를 바꿔야 한다. 많은 사람이 이렇게 적응 노력을 기울였지만, 어떤 사람들은 그렇게 하지 않았다. 그래서 이 '발전' 기간에 많은 사람이 깊은 고통을 경험해야 했다.

◆ 기술과 성장 엔진 ◆

산업혁명을 뒤에 남겨두고 현재와 가까운 시점으로 옮겨가기 전에 기술 변화에 대해 구체적으로 살펴볼 필요가 있다. 경제 역사는 온갖 발명품들로 가득 차 있다. 산업혁명을 다룬 경제사 서적은 더욱더 그렇다. 그 모든 발명품이 증기기관이고 '방적기'다. 그러나 이런 인식이 틀린 것은 아니지만 부분적이며, 따라서 잘못된 결론으로 이어질 수도 있다. 생산성이 경제성장의 열쇠임은 사실이다. 1인당 생산량 증가를 따진다면 확실히 그렇다. 1인당 생산량은 생활수준의 궁극적인 결정 요인이다.

그러나 발명이나 기술보다 생산성 증가에 더 많은 영향을 주는 것이 있다. 한 사회가 생산량의 일정 부분을, 내구연한이나 지속적인 사용 혹은 전쟁으로 인한 파괴로 소모되는 것을 대체하는 데 필요한 양 이상을 실질적인 투자에 할애할 때, 이 사회는 보다 향상된 생활수준을 즐길 수 있다. 실질적인 투자를 지속적으로 할 때 노동자들이 일할 수 있도록 여건을 마련해주는 자본의 양이 시간이 지남에 따라 점점 늘어나며, 그 결과 설령 기술 발전이 없다고 하더라도 1인당 생산량은 점점 더 늘어날 수밖에 없다.

게다가 때로 새로운 발명품이 나오거나 더 많은 자본이 투입되지 않는다 하더라도 1인당 생산량은 늘어날 수 있다. 기본적인 수준에서, 시간이 흐름에 따라 인간과 인간이 만든 조직(가족, 기업, 정부)은 일의 효율을 조금씩 높여나가는 방법을 학습한다(경제학에서는 이것을 '경험학습 learning by doing'이라고 부른다). 이것은 생산량과 생산성을 높여준다.

때로는 통상과 무역의 결과로 커다란 도약이 일어날 수도 있다. 통상을 가로막는 장벽이 무너질 때 이런 일이 일어날 수 있다(19세기 중반 독일의 여러 주에서 체결된 관세동맹Zollverein에서 그랬다). 혹은 새로운 땅의 발견과 뒤이은 개발의 결과로도 그런 일이 나타날 수 있다. 아메리카 대륙과 호주가 그랬다. 남북아메리카와 호주가 발전하던 초기에는 신기술의 도움 없이도 상업적인 팽창이 이루어졌다(물론 19세기 후반에는 증기선과 냉장고의 도움을 크게 받았다). 그리고 완전히 분리되어 있고 국제적인 통상이 전혀 이루어지지 않았을 때도 위대한 발명품과 기술적인 도약이 나타나는 경우가 흔하다.

제각기 다른 시기에 이런 다양한 요인이 제각기 다른 조합을 구성하면서 작동한다. 산업혁명 때는 이 모든 것이 결합했다. 그리고 애덤 스미스Adam Smith가 1776년에 출간한 『국부론The Wealth of Nations』에서 주장했던 것처럼 늘어나는 교역 때문에 시장이 확대됨에 따라 생산 부문에서 규모의 경제 원리가 작동하면서, 창조된 편익은 관련 당사자 모두에게 이득으로 돌아갔다.

경제발전은 19세기 내내 그리고 20세기 들어서도 계속되었다. 그러나 20세기의 경제적 성과가 처음에는 온전하게 드러나지 못했다. 다른 요인들이 개입해서 방해했기 때문이다. 20세기 전반부는 자본을 대규모로 파괴하고 온갖 자원을 군수품 생산에 돌리게 했던 두 차례 전쟁으로 큰 상처를 입었다.

이 두 차례 전쟁 사이 일어난 대공황으로 대부분의 선진국에서는 생산량이 큰 폭으로 줄어들었다. 미국에서는 GDP가 30%나 추락했으며 노동력의 25%가 실업 상태였는데, 이때의 실업률이 역대 최고점이었다. 그러나 모든 것이 다시 제자리로 돌아갔다. 그리고 제2차 세계 대전이 끝난 뒤에는 놀라운 일이 시작되었다.

◆ 전후의 호황 ◆

제2차 세계 대전이 끝난 이후부터 석유수출국기구OPEC의 제1차 유가상승이 일어난 1973년까지가 우리 역사에서 가장 두드러진 기간이다. 이때 위에서 언급했던 경제성장의 여러 자원이 동시에 하나로 합쳐졌는데, 그 양상을 보면 다음과 같았다.

○ 전쟁으로 인한 파괴 이후 상당한 규모의 전후 복구 사업이 긴급하게 필요했다. 미국이 마셜 플랜을 통해 제공한 재정 지원이 여기에 큰 도움을 주었다.

○ 1930년대 및 전쟁 기간에는 온갖 발명품과 발전이 상업적으로 온전하게 활용되지 못한 채 묵혀 있었는데, 이것들에 새로운 발전들이 계속 결합함으로써 기술 개선의 물줄기가 꾸준하게 이어졌다.

○ 매우 높은 수준의 총수요 및 높은 고용률이라는 조건 속에서 경제가 바쁘게 돌아갔다.

○ 위의 여러 요인 및 낮은 금리 덕분에 투자가 높은 수준으로 이루어졌다.

○ 국제거래 시스템이 점차 자유화되었고, 그 결과 국제거래가 가파르게 증가했으며, 애덤 스미스와 데이비드 리카도 및 그 이후 경제학자들이 줄곧 찬양했던 특화에 따른 이득gains from specialization이 실현되었다.

그러므로 제2차 세계 대전 이후 몇 년 동안 대부분의 선진국이 호황을 누린 사실은 놀랍지 않다. 1950~1973년 유럽 대부분 국가는 역사상 유례없는 경제성장을 누렸다. 이 기간에 전 세계 GDP는 연평균 4.8%씩 증가했다. 같은 기간 2% 가까웠던 인구증가율을 고려하더라도 1인당 성장률이 2.8%나 되었다. 이 평균값에는 그다지 많이 성장하지 못했던 많은 나라의 성적도 포함되었음을 고려하면, 몇몇 나라는 엄청나게 높은 성장률을 기록했다는 뜻이다. 그 기간에 서독의 1인당 연평균 GDP 성장률은 무려 5.6%나 되었다.

비록 대부분의 경제학자에게는 이런 성장률이 엄청난 것으로 보이겠지만, 일반인에게는 그다지 대단해 보이지 않을 수도 있다. 해마다 2.8%씩 23년 동안 성장한다는 것은 거의 90% 가까이 성장한다는 뜻이다. 그런데 서독의 경우처럼 해마다 5.6%씩 성장할 때는 250% 성장한다는 뜻이 된다. 이 시기를 경제학자들이 '황금기'라 평가하고, 독일인이 '라인강의 기적'이라고 부르는 것이 절대 지나치지 않다.

그러나 좋은 시절은 끝나게 마련이다. 이 기간이 끝난 뒤 거의 모든 나라에서 성장률이 가파르게 떨어졌다. 그 뒤 약 15년 동안 전 세계 성장률은 1870년부터 1913년까지 성장률보다 아주 조금 높은 정도였다. 이런 갑작스러운 변화의 원인을 놓고 지금까지 갑론을박이 이어지고 있지만, 1973/74년 및 1979/80년의 갑작스러운 유가 상승이 중요한 역할을 했음은 명백하다. 이것 외에도, 달러화를 기반으로 한 고정환율제도 ^{f} 체제가 붕괴함에 따라 국제금융 시스템이 무너지고 인플레이션이 시작되었다.

---

^{f} 정부가 환율을 일정 범위 내로 고정시킴으로써 환율 안정을 도모하는 제도.

1970년대의 높은 인플레이션 시기가 지난 뒤 각국의 중앙은행과 정부는 매우 높은 금리를 비롯해 인플레이션을 잡기 위한 정책들을 내놓기 시작했다. 이런 정책들 덕분에 결국 인플레이션을 억제하는 데 성공했지만 높은 실업률이라는 대가를 치러야만 했다. 이때 '스태그플레이션'이라는 용어가 널리 사용되었다. 그리고 경제 전망에 비관주의적인 분위기가 스며들기 시작했다.

이어서 경제성장률이 다시 올라갔다. 처음에는 선진국들 사이에서 경제성장률이 올라갔지만 나중에는 신흥시장들이 빠르게 성장했다. 2001~2007년에 세계 평균 성장률은 4% 가까이 되었는데, 황금기 때만큼 높은 수준은 아니었지만 그때 이후로만 따진다면 매우 높은 수준이었다. 그러자 좋은 시절이 다시 돌아왔다는 인식이 사람들 사이에 퍼졌다. 그러나 사실 전 세계의 이런 모습은 오해를 유발하는 것이었다. 중국이 선도하는 신흥시장들에서 나타난 유례없을 정도로 높은 성장률을 제외하고, 대부분의 서구 국가들만 따지면 성장률이 내림세를 계속 이어가고 있었기 때문이다.

신흥시장들에서 나타난 이런 가파른 성장률은 새롭고 변혁적인 기술로 추동된 것이 아니었다. 주로 신흥시장들과 서구 국가들 사이 1인당 GDP 격차가 워낙 컸기 때문에 그 격차를 따라잡는 과정에서 가파른 성장률이 가능했던 것이다. 모든 신흥시장 국가가 한 것이라고는 선진국들이 이미 채택하고 있던 기술들을 채택한 것뿐이었으며, 이렇게 함으로써 '짠(!)' 하고 가파른 성장률을 달성했다. 나는 "모든 신흥시장 국가가 한 것이라고는"이라는 표현을 썼는데, 이 표현에는 선진국과의 격차를 없애거나 적어도 그 격차를 줄이는 데 필요한 변혁의 규모를 과소평가할 위험이 도사리고 있다. 이 변혁에는 인정사정 보지 않는 중국의 치열한 공산주의에서 붉은 물을 효과적으로 포기하는 것까지 포함한 극적인 사회적·정치적 변화들이 담겨 있었다.

그러나 신흥시장들이 선진국 수준 가까이 다가감에 따라 '따라잡기' 만으로 가능했던 성장률이 다시 떨어지기 시작했다. 그리고 국제 거래에 문을 여는 것에서부터 시작된, 생활수준 및 생산량을 높이기 위한 거대한 촉진책은 (비록 지금도 계속되고 있긴 하지만) 일회성 변혁일 뿐이었다. 개방을 계속해서 이어나갈 수는 없다.

의미심장한 사실은, 비록 컴퓨터와 인터넷의 도움을 받긴 했지만 신흥시장들에서 나타난 이 거대한 성장, 즉 전 세계의 성장률을 지탱하면서 수많은 사람을 가난에서 구제한 이 거대한 성장의 원천은 본질적으로 기술적 차원이라기보다 상업적이고 정치적인 차원이었다는 점이다.

그런데 전 세계를 뒤흔드는 일련의 사건들이 일어났다.[23] 공교롭게도 이 사건들은 기술적 차원의 일이 아니었다. 2007~2009년의 세계금융위기 그리고 그 위기에 따른 대침체의 뿌리들은 기술 부문이 아니라 금융 부문에 놓여 있었다. 그리고 세계금융위기의 원인은, 결국 잘못되고 말았던 이른바 '금융' 기술과 관련 있긴 했지만 ʃ 근본적으로는 인간의 본성, 제도 및 기관들 그리고 공공정책에서의 변치 않는 몇가지 약점 때문이었다.[24]

ʃ 세계금융위기의 1차적 촉발 원인은 금융 파생상품들이었다.

◆ 거대한 불황 ◆

세계금융위기와 뒤이은 대침체 이후 여러 해 동안 경제발전 지수는 가라앉았다.[25] 경제 팽창 속도에서 이런 극적인 둔화를 설명하려는 학계의 노력으로 온갖 저작물이 홍수처럼 쏟아져나왔다. 어떤 경제학자들은 이 불황의 수요 측면에 초점을 맞추었다. 저명한 미국 경제학자 로런스(래리) 서머스Lawrence "Larry" Summers는 1930년대 등장해 제1차 세계 대전이 끝난 뒤 한동안 유행하다 제2차 세계 대전 이후 경제 호황으로부터 호되게 두들겨 맞은 뒤 사라졌던 '구조적 장기침체secular-stagnation'⌡라는 발상을 되살렸다(그리고 보면 경제학의 발상들은 결코 죽는 법이 없는 것 같다. 이 발상들은 겉으로 보기에는 치명상을 입은 것처럼 어떤 순간 무대에서 사라지지만, 나중에 언제 그랬냐는 듯이 다시 나타난다).

구조적 장기침체 개념 뒤에 놓여 있는 기본적인 발상은 여러 가지 이유로 총수요가 총공급에 지속해서 미치지 못하는 경향이 있다는 것이다. 그러니 이런 상황이 광범위한 실업 사태를 유발하지 않게 하려면 재정·금융 당국이 예외적인 정책(예를 들면 재정 적자, 제로에 육박하는 금리, 돈을 새로 찍어서 채권을 매수하는 대규모 프로그램 등)에 의존해야 한다는 것이다.

그런데 이런 견해를 지지하는 몇몇 경제학자는(결코 모든 경제학자가

⌡ 1938년 하버드 대학교 앨빈 한센이 처음 주장한 가설로, 인구증가율 둔화 및 기술 정체로 잠재성장률이 지속적으로 하락하면서 장기침체가 발생한다는 주장이다.

아니다) 불평등의 확대가 구조적 장기침체의 본질적인 근본 원인이라고 강조한다(노벨 경제학상을 수상한 조지프 스티글리츠Joseph Stiglitz가 이런 견해의 유명한 주창자다). 다른 경제학자들은 그 상관성을 인정하면서도 인과관계가 정반대라고, 즉 향상성 증가가 둔화됨으로써 불평등이 야기되었다고 주장한다.[26] 다른 사람들은 총수요 증가가 둔화한 원인이 주로 은행의 취약함, 부채 과다와 여러 가지 규제 그리고 기업이 몸을 사리게 만드는 다양한 금지사항과 견제장치 등에 있다고 바라본다. 이 문제를 둘러싼 논쟁은 지금도 계속 진행되고 있다. 그런데 다행스럽게도 우리는 여기에서 그 결과를 예단할 필요가 없다. 우리는 경제 불황을 설명하는 다른 논리 몇 가지를 살펴봐야 한다.

◆ 기술적인 측면의 설명 ◆

경제 불황에 대한 수요 중심의 설명은 당연히 공급 측면도 다룬다. 왜냐하면 취약한 총수요에는 흔히 공장, 기계, 건물, 소프트웨어에 대한 취약한 투자 지출이 포함되거나 적어도 취약한 총수요가 이런 분야에 대한 취약한 투자 지출로 이어지기 때문이다. 이런 투자 지출의 감소는 노동자가 일할 수 있도록 해주는 자본의 총량이 줄어들게 만들어 향상성 증가를 구속한다.

그러나 몇몇 경제학자는, 세계 경제의 현 상태를 명백하게 공급 측면에서 비롯된 것이라고 설명한다. 이 설명은 본질적으로 기술적인 측면

을 이야기한다. 즉 허약한 성장은 기본적으로 기술 발전의 속도가 느리기 때문이라는 것이다.[27]

이런 경제학자 가운데 가장 유명하고 설득력 있는 사람은 미국의 로버트 고든Robert Gordon이다.[28] 그는 세계 경제성장이 최근 부진한 이유를 총수요가 취약하다거나 노동인구 성장이 더디다는 것만으로는 설명할 수 없다고 주장한다. 우리가 알고 있고 확인할 수 있는 모든 것을 놓고 본다면, 생산성의 근원적인 성장률이 이미 두드러지게 둔화된 것 같다.

고든은 이것을 장기적인 역사적 맥락에서 바라봐야 한다고 말한다. 그는 18세기에 일어났던 산업혁명을 일회성 사건으로 바라봐야 한다고 주장한다. 그 산업혁명 이전에는 경제성장이 거의 없었으며, 그것 이후에도, 아니 전체 '산업혁명' 가운데 세 번째이자 가장 최근의 산업혁명 이후에도 경제성장은 없었던 것이나 다름없다고 그는 말한다. 그는 지금까지 세 차례 산업혁명이 있었다면서, 지금 우리는 로봇과 인공지능 덕분에 네 번째 산업혁명을 경험하게 될지도 모른다고 말한다.

지나간 각각의 산업혁명은 획기적인 핵심 기술과 관련 있었다. 대략 1750~1830년에 진행된 1차 산업혁명은 증기기관과 방적기, 초기 개발 철도와 관련 있었다(그런데 철도가 가져다준 충격은 수십 년 뒤에 나타났다). 그리고 1870~1900년에 일어난 2차 산업혁명은 전기의 발견, 내연기관, 전화 및 그 뒤를 이은 다양한 보완적인 발명품(예를 들면 전기와 관련된 수많은 응용 제품, 자동차, 비행기 등)과 관련 있었다.

고든이 1960년을 시발점으로 바라보는 3차 산업혁명은 컴퓨터와 관련 있었는데, 컴퓨터는 다시 월드와이드웹www과 휴대전화로 이어졌다.

생산성 증가가 최근 둔화된 것은, 현재 마감되어 문이 닫히고 있는 3차 산업혁명이 그 이전의 두 산업혁명에 미치지 못하기 때문이라고 고든은 주장한다. 그는 이렇게 말했다. "단조롭고 반복적인 사무직 작업을 컴퓨터로 대체한 발명품 가운데 많은 것이 1970~1980년대라는 아주 먼 옛날에 등장했다."

한편 보다 최근에 이루어진 발전들은 연예오락 및 통신기기들의 개선에 초점이 맞추어져왔다. 이런 것들이 여가와 소비(가정과 직장 모두에서의 소비) 분야에서 다양한 기회를 제공해온 것이 사실이지만, 이것들이 1인당 생산량을 높이는 데는 그다지 한 일이 없다. 특히 그런 것들은, 지난 200년 동안 경제발전을 지탱해왔던 기술 발전의 전통적인 양상, 즉 기계가 인간을 대체하는 양상에 들어맞지 않는다.

어떤 독자는 컴퓨터화야말로 기계가 인간을 대체하는 패러다임에 가장 잘 들어맞는다고 생각했을지도 모른다. 그러나 노벨 경제학상을 받은 로버트 솔로Robert Solow는 1987년에 다음과 같은 유명한 말을 했다. "사람들은 생산성 관련 통계를 제외한 모든 곳에서 컴퓨터 시대를 볼 수 있을 것이다."[29]

컴퓨터화가 실질적으로 생산성에 기여한 게 없다는 말이다(이건 꼭 알아둬야 한다. 미국의 생산성이 1990년대 말에 호전되었다는 사실은 컴퓨터에서 비롯된 이득이 실질적이긴 했지만, 다른 많은 발전과 비교하면 상당히 지연되었다). 미국의 기업가이자 벤처 투자자인 피터 틸Peter Thiel은 최근의 기술 분야에 대한 실망감을 다음과 같이 한층 더 신랄하게 표현했다. "우리는 하늘을 나는 자동차를 원했다. 하지만 우리가 받아든 것은 140자다."[ʃ]

기술 발전이 갈 데까지 갔으니 이제 더는 나올 게 없다는 로버트 고든의 주장은 충격적이다. 다음과 같은 것들을 생각해보자. 신흥시장들의 빠른 발전이 현재 무자비한 속도로 둔화되고 있다. 전반적인 경제 발전이 본질적으로 지지부진하다. 생활수준이 거의 나아지지 않고 있다. 다음 세대가 지금 세대보다 더 나아질 것이라는 전망은 깜깜하다. 산업혁명 이전 상황 및 전망으로 되돌아갔다, 물론 생활수준은 그렇지 않지만. 만일 정말 이것이 우리의 미래라면, 이것이 어떤 극적인 전환, 잠재적으로 심각한 정치적 결과를 동반하는 심각한 전환을 드러낸다는 사실은 의심할 여지가 없다. 그렇다면 우리 모두에게 걸린 운명의 짐은 매우 무겁고 아슬아슬한 셈이다. 과연 고든의 주장이 옳을까?

◆ 또다시 맬서스? ◆

현재 및 미래의 향상성 증가에 대한 고든식 비관주의에 대한 반론은 크게 네 가지다. 이 반론들은 서로 반드시 대립하는 것도 아니며 심지어 경쟁하는 것도 아니다. 여기서 각각의 논점에 점수를 매길 생각은

ʃ 트윗의 글자 수 제한을 140자로 정한 트위터를 가리키는 비유다.

없다. 이것 역시 다른 사람들이 해야 할 몫으로 남겨두겠다. 나로서는 이 네 가지 반론이 모두 각자 강점을 지니고 있으며 '진정한' 해답은 (다시 한번 두루뭉술한 의견이지만) 이 네 가지가 합쳐진 어떤 것 아닐까 생각한다고 밝히는 것에 만족한다.

첫 번째 반론은, 생산성이 제대로 증가하고 있는데 우리가 이것을 제대로 측정하지 못할 뿐이라는 것이다. 즉 생산성이 둔화되는 것처럼 보이지만, 이것은 그저 통계적인 환상에 지나지 않는다는 말이다. 그러므로 우리의 미래에 향상성 증가가 극단적으로 둔화되고 생활수준 역시 그렇게 떨어질 것이라는 전망에는 설득력 있는 근거가 없다는 것이다.

그럴싸한 주장이다. 어쨌거나 가장 단순한 경제 현상을 제외한 모든 것에서 상황이 가장 좋을 때라도 향상성 증가를 측정하기란 어렵다. 그러나 우리는 생활방식을 완전히 새롭게 바꿔놓았으며 광고와 신문에서부터 은행에 이르는 모든 산업을 혁명적으로 바꿔놓은 디지털 격변기를 방금 통과했다.

게다가 이 새로운 디지털 세상에서 이용할 수 있는 많은 새로운 서비스가 (치열한 경쟁 속에서 자주 대체되는 비디지털적인 버전들과 다르게) 사용자에게 공짜로 제공된다. 예를 들어 굳이 극장에 직접 가지 않고 유튜브 동영상을 클릭하기만 하면 된다. 경제학자들 관점에서는 어떤 것의 가치가 시장에서 통용되는 가격과 밀접하게 연결되어 있다는 사실을 염두에 둔다면, 특히 어려운 문제다. 그러나 어떤 디지털 서비스에 가격이 매겨져 있지 않다고 해서 이 서비스의 가치가 0이라는 뜻은 아니다.

GDP의 부진이, 즉 생산성 부진이 심각하다는 사실은 지표상으로 명확하다. 미국 상무부 경제분석국 보고에 따르면 미국에서 정보 부문이 GDP에 기여하는 몫이 4% 밑도는데, 다른 건 차치하고 이 수치는 월드와이드웹이 발명되기 이전인 1980년과 거의 일치한다.[30] 이게 사실일까?

생산량 및 생산성 둔화 수준이 어느 정도인지 추정하려는 시도가 다양하게 이루어졌다. 영국의 잉글랜드은행 ᶠ 부총재를 지낸 찰스 빈 Charles Bean이 이끌었던 한 연구는 2005~2014년에 디지털 경제의 부진을 제대로 보정해 바로잡기만 했어도 디지털 경제가 GDP 성장률에 기여한 몫이 연간 적게는 0.35%에서 많게는 0.65%까지 추가되었을 것이라고 결론 내렸다. 이 추가분이 그다지 대단하게 들리지 않을 수도 있지만, 측정된 향상성 증가 수치에 이것을 더할 경우 (1950~1973년, 이른바 '황금기'를 제외하면) 1800년 이후 평균적인 기록과 크게 다르지 않은 수치를 확인할 것이다. 찰스 빈의 추정이 어쩌면 오히려 지나치게 낮을 수도 있다.

이 결론을 뒷받침하는 사람이 있다. 경제학자 마틴 펠드스타인Martin Feldstein이다. 그는 GDP 관련 통계를 다양한 잠재적 가격 변화들 및 혁명적 기술 변화에 따른 품질 개선 사항들에 맞춰 보정하는 작업은 '불가능할 정도로 어렵다'고 주장한다.[31] 이게 어려운 것은 디지털화된 새로운 경제 안에서 일어나는 모든 변화가 개선을 가져다주지는 않는다

ᶠ 영국의 중앙은행.

는 점도 부분적으로 작용하기 때문임을 알아야 한다. 물론 전기나 가스를 도입했던 사람들은 자기 덕분에 일어난 모든 변화가 개선을 가져다주었다고 말할 수 있겠지만 말이다. 그러므로 무언가 잘못되어 나빠진 측면들과 대비해 바람직한 방향으로 개선된 측면들에 내포된 가치를 어떻게 측정할 것인가 하는 점이 문제다.

◆ 세월 ◆

두 번째 반론의 요지는 세계 경제가 부진의 늪에서 허우적거리는 것은 2007~2009년의 세계금융위기 및 그 뒤 이어진 대침체의 여파가 계속되었기 때문이라는 것이다. 이 두 사건 때문에 기업 투자가 뒷걸음쳤으며 기업들이(여기에는 은행도 포함된다) 위험을 회피하는 태도를 가지게 되었다는 말이다. 그 결과, 금융 재앙의 효과가 사라짐에 따라 생산량 증가와 생산성 증가가 평소 수준으로 돌아갔으며, 2017년과 2018년 세계 경제의 힘이 이 견해를 일정 부분 지원한다고 바라본다.

세 번째 반론은 디지털 혁명이 온전하게 전개되려면 시간이 필요하다는 주장이다. 이와 비슷한 사례는 경제사에 넘쳐난다. 산업혁명의 핵심 기계인 증기기관은 1712년에 영국의 토머스 뉴커먼Thomas Newcomen이 탄광에 찬 물을 밖으로 빼내기 위해 발명한 것이었다. 그런데 그 뒤 50년도 더 지나 제임스 와트James Watt가 뉴커먼의 이 엔진을 개조해 보다 강력한 힘을 생산하는 엔진을 개발해 폭넓게 사용되었다.

또 저명한 역사학자 재러드 다이아몬드Jared Diamond는 뉴커먼도 다른 사람들이 만든 시제품들을 바탕으로 자기의 증기엔진을 만든 것이라고 지적한다.[32] 바로 이런 모습이 통상적인 양상이라는 것이 다이아몬드의 주장이다. 사람들은 위대한 발명가들이 자기만의 혁명적인 생각이나 기계를 어느 날 갑자기 혼자서 만들었다고 생각한다. 그렇지만 그건 사실이 아니다. 그들은 다른 사람들이 쌓아놓은 토대를 딛고 올라가서야 비로소 위대한 발명품을 만들었고, 그래서 위대한 발명가라는 이름을 얻는다.

비록 제임스 와트가 최초의 증기기관 특허권을 1769년에 취득했지만, 증기기관이 노동생산성에 크게 충격을 주었다는 실질적인 느낌이 든 것은 그로부터 100년이 지난 다음이었다. 전기도 마찬가지다. 미국에서 전기가 GDP에 중요한 충격을 준 것도 최초의 발전소가 건설되고 50년이나 지난 뒤였다.

지금까지 살펴본 세 가지 반론의 진실성 여부와 상관없이 낙관주의자들은 네 번째 반론을 비장의 무기로 가지고 있다. 그들은 근본적인 기술 변화를 추동하는 역량이 고갈되었다는 판단은 말도 안 된다면서 우리는 지금 빠르게 전개되는 발전을 가져다줄 것이라고 약속하는 새로운 발전의 출발점 직전에 서 있다고 말한다. 경제학자 폴 로머Paul Romer는 이 전망을 다음과 같이 표현한다.

사람들이 이런저런 자원을 확보한 다음 이것을 보다 가치 있는 것으로 재조정할 때면 언제나 경제는 성장하게 마련이다. (…) 새로운 발상이 발견되지 않을 때 제한된 자원과 바람직하지 않은 부작용이 제기하는 성장의 한계를 지금까지 모든 세대가 인식해왔다. 그리고 모든 세대가 새로운 발상들을 찾아나갈 잠재력을 과소평가해왔다. 우리는 얼마나 많은 발상이 발견되지 않은 채 사장되는지 늘 깨닫지도 못한다. (…) 가능성은 덧셈으로 늘어나는 게 아니라 곱셈으로 늘어난다.[33]

새로운 '발상들'의 첫 번째는 생명공학이다. 생명공학은 농업 생산, 식품 처리, 환경 보호에 중요한 기여를 할 수 있다. 그리고 의학 분야에서의 발전은 삶의 질 개선과 수명 연장이라는 점에서 모두 상당한 개선이 이루어질 것임을 약속한다. 한편 나노 기술과 3차원 인쇄 역시 제조업 분야의 많은 전통적인 영역에 생산성이 증가할 것이라는 전망을 가능하게 해준다. 그리고 지금 우리에게는 무엇보다 로봇과 인공지능이 있다.

◆ 백 투 더 퓨처, 미래로 가면 ◆

간략한 경제사 여행을 통해 몇 가지 핵심적인 사실을 확인했다.

○ 유사 이래 인간의 생활수준이 지속적으로 개선된 적은 없었다. 역사가 시작된 이래 대부분 기간 한 해가 다르게 생활수준이 개선된 적은 없었다는 말이다.

○ 극적이었다고 여겨지는 기술 분야의 몇몇 발전이 GDP 성장이나 생활수준 개선에 한 해가 다르게 영향을 준 적은 없었다. 즉 변화의 속도가 변혁적이었던 적은 없었다는 말이다.

○ 그런데 특이하게도 18세기 말부터 시작된 산업혁명은 사람들이 평균적으로 점차 더 나아질 수 있다는 이정표가 마련된 인류 역사상 어마어마한 '사건'이었다.

○ 그러나 이 '개선' 과정에서도 처음부터 패배자들은 있었다. 많은 사람의 형편이 그 변화 때문에 이전보다 더 나빠졌다. 모든 사람의 형편이 나아지기까지는 수십 년이 걸렸다.

○ 파괴되고 사라졌던 일자리와 생계는 세월이 흐름에 따라 새롭게 나타난 일자리로 벌충되었다. 그리고 새로운 일자리들은 예전엔 상상도 할 수 없었던 분야에서 나타났다.

○ 비록 개선의 유일한 원천과는 거리가 멀지만 형편이 지속적으로 나아질 수 있었던 가장 중요한 이유는 기술 발전이었다. 기술 발전 덕분에 동일하거나 보다 적은 투입으로 더욱 많은 산출물이 생산되었으며 새로운 제품과 서비스가 개발되었다.

○ 생산성과 생활수준에서 가장 큰 발전은 기술 발전이 상업적·정치적·사회적 변화와 동시에 진행됨으로써 모든 것이 최대치로 활용될 때 이루어졌다.

○ 사실, 올바른 사회적·정치적·상업적 환경 없이 기술 그 자체만으로는 발전이 가능할 수 없었다. 설령 그게 가능했다고 하더라도 물건을 만들어 내는 데까지 나아가지는 못했을 것이다.

- 공식적인 수치에 따르면 생산성 증가율은 최근에 상당한 수준으로 둔화되었으며, 이 수치들은 기술 발전과 생활수준 개선에 어두운 전망을 드리운다.
- 그러나 공식적인 데이터가 모든 진실을 말해주지는 않는 것 같다. 인류 복지의 근본적인 개선은 공식적인 데이터가 일러주는 것보다 훨씬 더 크게 이루어졌다.

지금 우리는 로봇과 인공지능을 맞이하고 있다. 증기기관과 전기가 그랬듯이 인공지능의 초기 발전은 이미 여러 틈새 영역에서 극적인 영향을 끼쳐왔으며, 지금에 이르러 경제의 모든 부분 그리고 우리 삶의 모든 측면에 영향을 끼치기 시작한 것 같다.

게다가 3차 산업혁명의 본질에 대해 고든이 말한 것과 크게 다르게, 이른바 4차 산업혁명이라고 널리 일컬어지는 것 속에서 현재 일어나는 일들은, 우리가 경험했던 산업의 역사를 관통해 나타난 양상, 즉 인간의 노동을 기계가 대신하는 통상적인 양상을 따를 것이라는 전망을 무엇보다 확실하게 보여준다. 만일 이 일이 어떤 규모로라도 일어난다면 로봇공학과 AI 혁명이 가지는 경제적 차원의 중요성은 고든이 컴퓨터와 디지털 혁명에 관해 주장한 것처럼 작지는 않을 것이다. 고든이 말했던 것과 정반대다.

많은 경제학자가 경제발전 역량과 생활수준 향상 역량에 대해 비관적인 생각을 가지기 시작했지만, 정반대편에서는 이 학자들이 절망하기 시작한 바로 그 문제를 해결하겠다고 약속하는 새로운 '혁명'이 등장했다. 그러나 이 모든 것이 기대에 부응할 수 있을까? 만일 그래서 산업혁명 이후 시대의 성장 엔진이 산업계에서 다시 작동한다면, 여기에 뒤따르는 전반적인 효과는 19세기와 20세기를 지배했던 효과와 동일하지 않을까? 다시 말하면, 과거에 발전의 동력으로 기능했던 '창조적인 파괴'가 다시 힘을 발휘해 과거의 일자리를 대체할 새로운 일자리를 만들어내지 않을까? 그런데 만일 이렇게 진행되지 않는다면, 우리 앞에 놓인 로봇과 인공지능 시대에는 '파괴적인 파괴'만 진행될까?♠

2장

이번에는
과연 다를까?

"변화의 속도가 지금처럼 빨랐던 적은 없다.
그러나 앞으로 다시는 지금처럼 느리지 않을 것이다."

_ 쥐스탱 트뤼도(캐나다 총리)[1]

"앞으로 20년 안에 기계는
사람이 하는 모든 일을 수행할 능력을 갖출 것이다."

_ 허버트 사이먼(경제학자)[2]

   전설적인 투자자 존 템플턴John Templeton[ʃ]은 투자에서 가장 비싼 네 개의 단어가 "이번에는 저번과 다를 것이다This time it's different"라는 말이라고 했다.[3] 이것은 금융투자를 말하는 것이었으며, 터무니없이 높은 자산 가격을 합리화하기 위해 이따금 제시되곤 하는 장황한 주장

ʃ 투자회사 템플턴그로스Templeton Growth를 설립했다.

에 대한 논평이었다. 하지만 '저번과 다를' 일은 결코 없다. 거품은 거품일 뿐이다. 거품이 꺼질 때 비로소, 문제의 그 금융자산을 옹호하던 모든 자기만족적인 주장은 공허한 선전이었을 뿐임이 눈에 선명하게 보인다. 그러나 사람들은 다음 차례의 투자 광풍이 불 때면 이미 그 사실을 까마득하게 잊어버리는 것 같다. 그래서 동일한 패턴이 반복된다. 템플턴의 지혜는 2000~2002년의 닷컴 거품 붕괴 때 그리고 2007~2010년 미국 서브프라임 모기지 시장 붕괴 때 상당한 지지를 받았다.

경제의 역사는 금융의 역사와 전혀 다르다. 그런데도 둘은 나란히 나아간다. 산업혁명 이후 지금까지, 기술 변화를 부정적인 눈으로 바라보면서 평범한 사람들을 가난으로 몰아넣고 대규모 실업 사태를 몰고 올 것이라 주장하는 사람은 줄곧 많이 있었다. 그리고 이런 비관론자들의 판단이 잘못된 것이었다는 사실 또한 줄곧 밝혀졌다. 경제학자 제러미 리프킨Jeremy Rifkin은 저서 『노동의 종말The End of Work』에서 자동화-정보화 기술이 생산성을 한껏 높여주지만 대규모 노동자 집단은 사회가 거둔 이 성공에 동참하지 못한 채 쓰레기 더미 위에 버려지는 미래를 상상했다. 이 책은 1995년에 출간되었다.[4]

그런데 기본적인 특성을 따지고 볼 때, 로봇과 인공지능 덕분에 지금 일어나고 있는 변화들이 산업혁명 이후 우리가 목격해왔던 것의 연장선에 있는 것 아닐까? 그게 아니라면, 과거 산업혁명 이후 전개되었던 변화와 전혀 다른 것일까?

앞서 1장에서 보았듯이 산업혁명 이후 기술 변화의 핵심적인 특징으로는 생활수준의 극적인 개선을 지탱해온 생산성이 가파르게 증가하는 현상 그리고 이런 기술 발전으로 많은 일자리가 새로 만들어진 일자리들로 대체되는 현상을 꼽을 수 있다.

정말 다르다고 주장하는 견해에는 크게 두 갈래가 있다. 하나는 로봇 및 인공지능과 관련된 발전은 사실 전혀 혁명적이지 않다는 견해다. 이 주장은 본질적으로 (앞서 1장에서 보았던) 로버트 고든이 제기한 통신혁명 비판의 연장선이나 마찬가지다. 이런 주장을 하는 비평가들은 이 주제를 놓고 많은 사람이 엄청나게 소리를 높여 떠들긴 하지만 그 모든 것이 실제로는 전혀 중요하지 않다고 말한다. 경제발전 엔진이 이미 멈춰버렸기 때문에 이 '혁명'은 기본적으로 산업혁명 이후 일어났던 모든 것과 다르며, 그 이유는 이제 우리에게는 환상만 남아 있다는 것이다.

인공지능을 바라보는 두 번째 부정적인 갈래의 주장은 첫 번째 주장과 정반대다. 이 주장에서는 AI 혁명이 속도와 범위에서 유례가 없다고 바라본다. 그런데 한층 중요한 점은, 인공지능은 본질적으로 사람의 노동에 대한 수요를 잠식하기 때문에 이 혁명이 사라진 일자리를 대체할 새로운 일자리 창출에 종지부를 찍는다는 사실이다. 그래서 경제 '발전'의 종말이 아니라 인류 발전의 종말을 맞을 것이라고 한다.

전체적인 결론을 내리기 전에 이 두 갈래의 주장을 하나씩 살펴볼 필요가 있다.

◆ 진정으로 중대한 것 ◆

AI 혁명은 사람들이 기대하는 것처럼 좋을까? 이것의 의미를 깎아내리기는 쉽지만, 조심해야 한다. 어떤 기술의 발전 혹은 전환의 의미를 깎아내리는 것은 이번이 처음이 아니다. 신기술이 가진 힘을 과소평가한 사례는 역사에 뚜렷하게 남아 있다. 1943년에 전 IBM 회장 토머스 왓슨Thomas J. Watson은 "전 세계의 컴퓨터 수요는 다섯 대뿐이다"라고 말했으며, 1949년에 평판 높던 잡지 『파퓰러 메카닉스Popular Mechanics』는 "미래에 컴퓨터의 무게는 1.5톤을 넘지 않을 것이다"라고 예측했다.[5]

그 뒤 비교적 가까운 과거에도 마찬가지다. 인터넷은 개발 당시부터 노골적인 비웃음을 받았다. 1996년 말에 『타임』은 인터넷이 결코 주류가 될 수 없는 이유를 "이것은 상업 용도로 설계되지 않았으며, 신참자들을 우아하게 수용하지 않는다"라는 말로 설명했다. 또 1998년 2월에는 『뉴스위크』가 '인터넷? 흥!'이라는 제목을 커다랗게 단 기사를 실었다.

그런데 정말 놀라운 사실은, 그 기사를 쓴 사람이 천체물리학자이자 네트워크 전문가인 클리프 스톨Cliff Stoll이라는 점이다. 그는 온라인 쇼핑이나 온라인 통신을 상식을 벗어나는 비현실적인 환상이라고 말했다. "그 어떤 온라인 데이터베이스도 신문을 대체할 수 없을 것이라는 사실이야말로 진실이다." 그러면서 그는 "서로 소통하면 상호작용하는 도서관들, 가상공간의 공동체들 그리고 전자상거래"로 가득 찬 디

지털 세상은 "헛소리"일 뿐이라고 말했다.[6]

　인공지능 역시 비슷한 회의주의의 장벽을 만났다. 최근까지도 그랬다. 인공지능이 우리와 함께한 시간이 제법 많이 지났는데도(적어도 이론적으로는 그렇다) 아직 이렇다 할 극적인 어떤 것을 생산하지 못했다는 사실이 특히 인공지능에 대한 회의주의를 더욱 부추긴다. 인공지능은 디지털 연산에서 나왔는데, 디지털 연산은 제2차 세계 대전 때 나치의 암호를 해독한 것으로 유명한 영국의 블레츨리 파크Bletchley Park에서 탐구되고 개발된 것이다.

　이 위업은 앨런 튜링Alan Turing이라는 인물과 밀접한 관련이 있다. 튜링은 인공지능 초기의 개념적 틀을 정립하는 책임을 맡고 있었으며, 1950년에 「계산 기계와 지능Computing Machinery and Intelligence」이라는 매우 중요한 논문을 발표했다. 튜링이 몰두했던 이 주제는 그 뒤 주로 미국과 영국에서 탐구되었다. 그러나 존경과 성과라는 두 가지 측면에서 모두 시들해지고 말았다. 그러나 지난 10년 동안 수많은 핵심 발전이 성취되면서 인공지능이 앞으로 나아가는 동력이 작동했다.

    ○ 컴퓨터 처리 능력에서 엄청난 성장

    ○ 사용 가능한 데이터 정보량의 빠른 성장

    ○ 음성 인식과 안면 인식, 이미지 및 텍스트 인식 분야에서의 발전을 포함
      한 한층 개선된 기술들의 발전

    ○ '딥 러닝deep learning' 개발

    ○ 의사결정 알고리즘 출현

그래서 지금 인공지능은 '제임스 와트의 순간'에 가까이 다가서 있다. 증기기관은 이전에도 한참 동안 세상에 존재했지만 와트가 새롭게 개발해 생산 과정에 투입하면서 비약적으로 도약한 것처럼, 세상에 나온 지 제법 많은 세월을 보낸 인공지능 역시 이제 막 도약 채비를 하고 있다.

게다가 이것이 가져다줄 충격을 사람들이 경제 전반에서 곧바로 느낄 가능성이 높다. 몇 가지 기술적인 개선점이 특정 부문들이나 협소한narrow 생산 측면들에 맞추어져 있는 바람에, 지금까지만 놓고 보면 보다 폭넓은 분야에 주는 충격이 제한적이었다. 그러나 일반적인 용도로 응용될 수 있는 기술들이 시시때때로 등장하고 있다. 우리는 이런 기술을 범용기술general-purpose technology, GPT이라고 부른다. 증기기관은 일종의 범용기술이었으며, 인공지능 역시 범용기술이 될 전망이다. ^ʃ 바로 이런 점이, 내가 우리 앞에 놓인 수십 년을 'AI 경제'라고 부르는 것이 합당하다고 생각하는 이유다.

로봇과 인공지능은 생산성에 주요한 충격을 가져다줄 전망이다. 왜냐하면 몇몇 영역에서 이들은 인간을 대체할 수 있으며 시간당 생산량을 한층 높이거나 결과물의 품질과 신뢰성을 개선할 수 있기 때문이다. 어쩌면 이것이 가장 중요할지도 모른다. 로봇과 인공지능은 서비스 부문 노동자들에게(예를 들어 보건 및 노인 복지 부문 노동자들에게) 효과

ʃ 참고로, 범용이 아닌 '협소 인공지능narrow AI'은 바둑을 둔다거나 페이스북 스팸메일을 처리한다든가 하는 좁은 분야에 국한된 인공지능을 뜻한다.

적인 도구를 제공함으로써 지금까지 서비스 부문에서 향상성 증가가 지지부진하기만 했던 상황을 극복하게 할 수도 있기 때문이다.

게다가 인공지능의 발전 속도가 눈부시게 빠르다. 인공지능 분야 선지자들은 현재 이 분야의 개발이 '기하급수적으로' 진행되고 있다는 사실을 놓고 열변을 토한다. 기하급수적이라는 말은 양이나 속도가 특정한 배수로 혹은 백분율로 계속 늘어난다는 뜻이다. 예를 들어 어떤 것이 해마다 두 배씩 성장(혹은 증가)할 경우 기하급수적인 증가라고 말한다. 해마다 20%씩 성장하는 것도 마찬가지다. 그런데 성장률이 고정된 백분율로 주어질 때 성장의 절대적인 양은 갈수록 점점 더 커진다.ʃ

성장이 기하급수적일 때는 축적된 변화 가운데 많은 비율이 나중에 발생하기 때문에, 초기에는 현재 진행되고 있는 변화의 의미를 파악하기 어렵다. 기하급수적인 성장의 가중적인 특성은 사람들이 때로 기술의 효과를 단기적으로는 과대평가하고 장기적으로는 과소평가하는 이유를 설명해준다.[7] 이런 특성을 놓고 보면 인공지능이 미래에 가질 역량을 가늠할 수 있다. 그러나 이 특성은 또한 개인과 기업과 정부가 인공지능을 수용하기 위해 아무것도 하지 않다가 결국에는 시기를 놓쳐버리고 말 경향이나 가능성을 강화하기도 한다.

인공지능을 다룬 저작물에는 기하급수적인 성장의 어마어마한 사례

ʃ 예를 들어 100에서 시작할 때 처음에는 20%가 20이지만 그다음 번에는 24가 되고 다시 그다음에는 28.8이 되는 식으로 증가분의 절대적인 수치가 점점 커진다는 말이다.

들로 가득 차 있다. 이런 사례들은 흔히 재미있고 쉽게 읽을 수 있는 용어들로 표현되어 있는데, 초기의 굼뜬 속도와 나중에 진행되는 극적인 전환의 대비를 뚜렷하게 드러낸다. 작가 케일럼 체이스의 다음 사례를 보자.

> 당신이 지금 풋볼 경기장에 있다고 상상해보라. (…) 이 경기장은 방수처리가 잘되어 물 한 방울도 밖으로 새어나가지 않는다. 그런데 심판이 물 한 방울을 떨어뜨린다. 그리고 1분 뒤 물 두 방울을 떨어뜨린다. 다시 1분 뒤 네 방울을 떨어뜨린다. 이런 식으로 1분마다 경기장에 떨어뜨리는 물의 양을 두 배로 늘려나간다고 치자. 그렇다면 이 경기장 전체에 물이 가득 차기까지 시간이 얼마나 걸릴까? 정답은 49분이다. 그러나 정말 놀랍고 당혹스러운 사실은 45분이 지난 뒤에는 경기장에 물이 7%만 차 있다. 이때 스탠드 뒤쪽에 앉은 사람들은 아래를 내려다보면서 정말 의미 있는 일이 벌어지고 있다면서 신나게 떠들어댈 것이다. 그러나 4분 뒤 그들은 모두 물에 잠겨 익사하고 만다.[8]

기하급수적인 성장은 이른바 '무어의 법칙Moore's Law'의 핵심이다. 무어의 법칙은 일반적으로 1,000달러짜리 컴퓨터의 처리능력이 18개월마다 혹은 때로 2년마다 두 배씩 늘어난다는 것을 의미한다. 어떤 분석가들은 심지어 기하급수적인 성장률로 증가하는 기하급수적인 성장도 있다고 주장한다. 이탈리아의 과학자이자 저술가인 페데리코 피스토노Federico Pistono는 컴퓨터의 단위 비용당 속도가 1910~1950년에는

3년에 두 배씩 빨라졌지만, 1950~1966년에는 2년에 두 배씩 빨라졌으며, 지금은 해마다 두 배씩 빨라진다고 말한다. 그러면서 그는 이렇게 주장한다. "우리가 접할 수 있는 증거에 따르면, 이런 추세는 예측할 수 있는 미래에 혹은 적어도 앞으로 30년 동안 지속될 것이라고 추론할 수 있다."[9]

컴퓨터와 인공지능 세상에서는 기하급수적인 성장률이 널려 있다. 최근의 성장률을 근거로 할 때 머지않아 로봇은 인간을 능가할 수 있다. 영국의 공학자이자 발명가이며 소설가인 이언 피어슨Ian Pearson은 로봇의 수가 30년 안에 현재의 약 5,700만 개에서 94억 개로 늘어날 것이라고 말한다. 이 추정은 피어슨이 로봇이 해마다 20%라는 '소박한' 증가율로 늘어날 것이라는 가정을 근거로 해서 나온 결과다(이것은 물론 기하급수적인 성장의 또 다른 예다).

그런데 많은 사람에게 강한 인상을 심어주며 미래에 대한 두려움까지 안겨주는 것은 단지 인공지능 분야 발전의 속도나 범위만이 아니다. 인공지능은 지금 최근까지 오로지 인간만이 할 수 있다고 생각했던 활동들에서 인간을 대체할 수 있다는 위협을 본격적으로 제기하고 있다. 아무리 유능한 컴퓨터라고 하더라도 체스를 할 수는 없을 것이라고 사람들은 생각했다. 그러나 1997년에 IBM의 딥블루Deep Blue는 체스 세계챔피언 가리 카스파로프Garri Kasparov를 이겼다. 딥블루는 1초에 1억~2억 개의 수를 계산할 수 있었다. 카스파로프는 당시 이렇게 말했다. "나는 수많은 컴퓨터와 대결했지만, 이런 경우는 난생처음이었다. 체스판 건너편에 새로운 종류의 지능이 앉아 있음을 느꼈다. 심지어 냄새까지 맡을 수 있었다."

2001년에는 IBM의 기계 왓슨Watson이 텔레비전 퀴즈 프로그램 〈제 퍼디!Jeopardy!〉에서 최고의 두뇌를 가진 사람들을 상대로 대결을 벌여 이겼다. 2013년에는 딥마인드DeepMind라는 인공지능 시스템이 바둑 동영상 게임들을 보고 스스로 바둑을 익혔는데, 이 학습 과정에는 손 과 눈의 조응도 포함되어 있었다. 그런데 이 일은 겉보기보다 훨씬 더 중요한 의미를 담고 있었다. 이 인공지능 시스템은 동영상 게임을 하 는 방법을 따로 배우지 않았지만 게임하는 방법을 스스로 학습했다.

『와이어드Wired』지의 기자 케빈 켈리Kevin Kelly는 인공지능은 이미 결 정적인 도약을 했는데 사람들은 아직도 이것이 가지는 의미를 온전하 게 이해하지 못한다고 말했다.

> 일단 어떤 컴퓨터가 어떤 과제를 인간보다 잘 수행하면 그 과제는 매우 쉽 고 단순한 것으로 널리 치부된다. 그리고 그때 사람들은 다음번 과제는 정 말 어려울 것이라고 말한다. 하지만 그런 거드름도 컴퓨터가 그 과제를 수 행할 때까지만이다. 실제로 어떤 기계가 특정한 일을 할 수 있게 되면 우리 는 그 기계를 인공지능이라는 말로 언급하는 것을 중단한다. 테슬러 정리 Tesler's Theorem는 인공지능을 '기계가 아직은 할 수 없는 것what a machine cannot yet do'이라고 정의한다.[10]

그런데 기계가 할 수 없는 것들의 범주가 시시각각으로 쪼그라드는 것 같다. 2016년에 구글의 딥마인드가 개발한 인공지능 시스템 알파고AlphaGo는 유럽바둑대회 우승자인 중국의 판후이樊麾를 꺾었다. 알파고는 그 뒤 '심층강화학습'이라는 기계학습 접근법을 사용해 스스로 학습했다. 그리도 두 달 뒤 바둑 세계 챔피언이던 한국의 이세돌을 4대 1로 이겼다. 이 결과는 특히 유럽이나 미국에 비해 바둑의 인기가 훨씬 높은 아시아에서 인상 깊게 받아들여졌다.

인공지능이 훨씬 더 큰 능력과 지능을 가지게 만든 것은 인터넷이다. 인간이 물리적인 세상을 지배하며 우뚝 서게 된 핵심적인 배경은 교환과 전문화라는 특성을 개발했다는 점인데, 이 개발은 일종의 네트워크 효과ʃ였다. 인터넷이 등장해 컴퓨터들을 하나의 네트워크로 묶으면서 이것이 컴퓨터들의 능력을 완전히 새로운 것으로 바꿔놓았다.[11]

그리고 우리는 영국 기업가 케빈 애슈턴Kevin Ashton이 '사물인터넷Internet of Things'이라고 부른 것을 맞이했다. 이것을 IBM은 '스마터 플래닛Smarter Planet(똑똑한 행성)', 시스코는 '모든 것의 인터넷Internet of Everything', GE는 '산업 인터넷Industrial Internet' 그리고 독일 정부는 '산업 4.0Industry 4.0'이라고 각각 부른다. 하지만 이 모든 용어는 동일한 대상을 지칭한다. 센서들과 칩들 그리고 송신기들을 우리 주변에 널려 있는 온갖 사물에 심는다는 것이 기본적인 발상이다.

인터넷 기업가 마크 앤드리슨Marc Andreessen은 이렇게 말했다. "최종상태는 꽤 명확한 편이다. 모든 조명과 모든 문이 인터넷에 연결되는 것이다."[12] 그리고 물론 물질세계와의 이 모든 연결성은 로봇과 인공

ʃ 상품의 가치가 그 상품의 사용자 수에 영향을 받는 현상.

지능이 쉽게 분석하고 반응할 수 있는 형태로 마련될 것이다. 그러나 이렇게 연결된 사물들은 또한 '말로써' 인간과 직접 소통될 수 있을 것이다. 그런데 역설적이게도 몇몇 인공지능 열광자들은 이 연결성이 '사물들'에 대한 우리 인간의 태도를, 기술 이전 시대에 사람들이 사물들을 바라보던 태도와 오늘날의 비서구적인 여러 지역에서 사람들이 사물들을 바라보는 태도, 즉 사물들이 어떤 종류의 정신과 정체성을 가지고 있다는 발상에 한층 더 가깝게 다가가도록 해줄 것이라고 주장한다.

AI 경제에서 우리 인간의 성취가 어느 정도로 나아갈 것인가 하는 점을 놓고 우리가 어떤 생각을 하든 간에(조금 뒤 나는 AI 경제와 관련해 예비적인 전반적 평가를 하기 전에 몇 가지 중요한 조건들을 제시할 것이다) 인공지능 세상에서 일어나는 것들을 결코 쉽게 생각할 수는 없다.

◆ 사람에게 남는 것은 무엇일까? ◆

이제 로봇과 AI 혁명이 산업혁명 이후 일어난 모든 것과 어떻게 다른지에 관한 두 번째 견해, 즉 사라지는 일자리를 대체할 새로운 일자리가 나타나지 않을 것이라는 주장에 대해 살펴볼 차례다.

산업혁명 이후 일어난 경제발전의 핵심에 놓여 있던 기술 발전은 어떤 뚜렷한 양상(패턴)을 띠면서 전개되어왔다. 우선, 기계가 사람의 체력을 대체함으로써 사람들이 정신노동에 더욱 많이 종사하게 했다. 더 최근에는 특히 컴퓨터의 발전으로 기계가 머리를 쓰는 일 가운데 몇 가지 부분까지 인간을 대신해 수행하고 있다(컴퓨터의 중국어 표기는 '전뇌电脑', 즉 '전기 두뇌'다). 그러나 적어도 아주 최근까지 컴퓨터는 사람들이 반복적인 활동을 하던 분야에서만 인간을 대체해, 사람들이 상대적으로 덜 반복적인 활동을 할 수 있도록 해주었다. 그런데 앞에서도 언급했듯이 인공지능은 이제 반복적이지 않은 정신노동 분야에서도 사람을 대체하겠다고 위협하고 있다. 인공지능은 모든 정신노동을 자기가 맡아서 하겠다며 나서고 있다.

흥미롭게도, 사람이 하던 모든 노동을 기계가 떠맡아서 할 것이라는 발상은 전혀 새로운 게 아니다. 그리스 철학자 아리스토텔레스는 기원전 350년에, 만일 자동장치들(예를 들면 헤파이스토스가 만들었다고 하는 장치들)이 사람이 하는 일을 뭐든 다 할 수 있게 된다면, 노예를 포함해 일하는 모든 사람이 일자리를 잃어버릴 것이라고 주장했다.[13]

그렇다면 사람은 어디에서 자기 자리를 찾을 수 있을까? 11세기 유럽에서 노르만족이 색슨족을 정복할 때 여기에 맞서 싸웠던 애국적인 전사 헤리워드가 정복자 윌리엄에 의해 일리ᶠ 가까이 있던 작은 늪지대의 섬에 유배되었는데, 우리가 그런 처지가 되는 것은 아닐까? 헤리워드가 그랬던 것처럼 사람은 인공지능이라는 기계에 밀려 어쩔 수 없이 점점 더 많은 영토를 포기할 수밖에 없다. 그렇다면 사람에게 남는 것은 무엇일까? 사람의 마지막 보루는 어디가 될까? 마지막 남은 '늪지대의 섬'조차 정복당하고 나면 무슨 일이 일어날까? 사람이 기계보

ᶠ 잉글랜드 동부에 있는 도시.

다 더 잘할 수 있는 어떤 것이 남아 있기나 할까?

　게다가 로봇과 인공지능은 사람과 다르게 노동에 대한 대가를 지불하지 않아도 된다. 그러니 로봇이 생산성도 높고 소요 비용도 적다면 굳이 로봇 대신 사람을 고용할 필요가 없어진다.

　만일 인간이 할 수 있는 일이 대폭 사라지면 목적의식성과 관련된 심오한 문제가 제기될 수밖에 없다. 태고 이래로 생계를 해결하려는 투쟁이 인간 존재의 근본을 형성해왔는데, 무엇이 그 자리를 대체할 수 있을까? 미래에는 여가시간이 끝도 없이 이어질 것이다. 이 여가시간 및 여가활동에는 온갖 기회와 문제가 포함되는데, 여기에 대해서는 4장에서 살펴볼 참이다. 일단 여기에서는, 만일 이런 일이 일어날 경우 끝도 없는 '여가시간', 즉 실업이 대부분의 사람에게 반드시 행복한 무릉도원이 되지는 않을 것이라는 점만 확인하고 넘어가자.

　무료함이나 무력감과 같은 문제들을 젖혀둔다고 하더라도 과연 이것이 풍족한 삶일까? 과연 여가시간이 빈곤과 동반될까? 만일 사람의 노동이 더는 필요하지 않게 될 경우, 사람은 어떻게 돈을 벌고 생계를 꾸려갈까? 버는 돈이 없다면 쓸 돈도 없다. 돈을 쓰지 않는다면 로봇이 굳이 일해서 물건을 생산할 필요도 없다. 수요가 없어진다는 말이다. 결국 사람에게 일이 없어질 뿐만 아니라 로봇도 실업 상태가 되는 결과가 빚어진다(이 문제를 포함해 미래 경제의 디스토피아적 견해들은 다음 장에서 살펴보며 분석할 것이다).

　이런 걱정은 미래의 일이 아니다. 지금 바로 여기에서 일어나는 문제다. 채프먼 대학교의 2015년 연구조사 결과에 따르면 미국인은 로봇

이 사람의 일자리를 뺏어가는 상황을 죽음보다 더 두려워한다.[14]

◆ 일자리 지진 ◆

고용과 관련된 위협을 우리는 얼마나 심각하게 받아들여야 할까? 인공지능을 상상하는 사람들 가운데 다수가 이 문제에 관한 미래를 매우 비관적으로 바라본다. 이런 사람들 가운데 가장 유명한 사람이 MIT의 물리학자 맥스 테그마크Max Tegmark다. 그는 20세기와 21세기에 수없이 많은 새로운 일자리가 생겨나면서 사라진 일자리들을 대체한 것과 동일한 양상이 앞으로 몇 년 동안 반복될 것이라는 발상에 이의를 제기한다. 그는 오늘날의 직업들 가운데 압도적인 다수가 이미 100년 전부터 있었다고 주장한다. 그는 미국 노동부 자료를 근거로 해서 2014년의 직업 가운데 80%가 1914년에 있었음을 확인했다. 더 나아가, 새로 생겨난 20%의 직업에 종사하는 사람의 수는 전체 노동인구 가운데 겨우 10%밖에 되지 않는다는 사실도 확인했다.

현재의 미국 경제는 1914년 당시에 비해 규모가 훨씬 더 크며 훨씬 더 많은 사람을 고용하고 있지만, 직업들은 새로운 게 아니다. 계속해서 테그마크가 한 말이다. "그런데 제공하는 일자리가 많은 순으로 직업을 분류해보면, 1914년에는 없었다가 새롭게 생긴 직업은 스물한 번째 가서야 만날 수 있다. 그 직업은 바로 소프트웨어 개발자다. 그런데 이 직업에 종사하는 사람의 규모는 전체 미국 직업시장의 1%도 되지 않는다."[15]

이런 식으로 따라가다보면 많은 분석가와 예측가가 미래의 실업 상태를 상당히 비관적으로 전망한다는 것을 알 수 있다. 1996년에 유엔의 몇 개 기관과 미국 학계가 함께 설립한 밀레니엄프로젝트The Millennium Project가 펴낸 「유엔미래보고서 2015-16」이라는 보고서에는 세계 각국의 '전문가' 300명을 대상으로 실시한 설문조사를 토대로 미래의 노동을 분석한 내용이 포함되어 있다. 이 보고서에 따르면 전 세계의 실업은 2030년에 '겨우' 16%밖에 되지 않을 것이며 2050년에도 '겨우' 24%밖에 되지 않는다. 그러니 그때 가도 실업은 그다지 문제가 되지 않는다는 것이다.[16]

그런데 한층 믿을 만한 분석이 매킨지McKinsey[f]에서 나왔다. 매킨지는 만일 선진국들이 새로운 기술로 빠르게 전환한다면 2030년까지 7억 개의 일자리가 로봇으로 대체될 수 있다고 추정한다. 설령 이런 전환 속도를 보수적으로 예측한다 하더라도 약 3억 7,500만 명, 즉 전체 노동자의 14%가 일자리를 잃을 것이라고 추정한다(매킨지는 후자의 보수적인 추정을 따른다).

그런데 꼭 알아둬야 할 점은, OECD가 최근에 내놓은 연구보고서에서 과거에 추정되던 것보다 훨씬 적은 수의 노동자가 로봇에 일자리를 빼앗길 위험에 놓인다고 결론 내렸다는 사실이다.[17] 이 보고서는 부유한 국가들(OECD 국가들)은 '겨우' 14%의 일자리만 '고도로 자동화된다'

──────

[f] 세계적인 컨설팅 회사.

고 결론 내렸다. 하지만 그렇다고 하더라도 로봇에 넘어갈 위험에 놓인 일자리의 숫자는 32개국에서 약 6,600만 개로(이 가운데 미국의 일자리가 1,300만 개다) 여전히 어마어마하게 많다.

그리고 널리 알려져 있으며 자주 인용되는 것이 옥스퍼드 대학교의 두 교수 칼 프레이Carl Frey와 마이클 오즈번Michael Osborne이 쓴 논문이다. 이 논문은 미국 전체 일자리의 47%가 로봇에 대체될 위험에 취약하다고 결론 내렸다.[18] 그리고 유명한 경제사학자 조엘 모키르Joel Mokyr는, 지금 진행되고 있는 변화들은 과거에 있었던 일자리 소멸 사례들과 규모가 다르다고 주장하는 사람들의 손을 들어준다.[19]

AI 혁명은 변혁을 동반할 게 분명하다. 이 혁명은 지금까지 그 어떤 기계화의 위협에도 건재할 것처럼 보였던 많은 직업을 포함해 폭넓은 직업 영역에서 인간 노동 수요를 잠식할 것이다. 인공지능은 과거에는 오로지 사람만이 할 수 있다고 여겨지던 영역들로 깊숙이 파고들고 있다. 노동시장에서의 임박한 변화는 실질적이며 거대하고 폭넓게 전개될 전망이다.

◆ 인간을 위한 희망 ◆

그렇지만 과연 로봇과 인공지능의 의심할 수 없는 발전이 정말로 수많은 일자리의 소멸(전환과 대립되는 개념으로서의 소멸)을 초래할까? 만일 그렇다면, 전통적인 일자리의 소멸을 상쇄해줄 새로운 일자리 기회가 있을까? 당연히 있을 것이다. 그리고 미래의 완전 실업 상태를 두려워하는 비관주의자의 공포가 헛된 것이라고 믿을 수 있는 이유는 여러 가지가 있다. 인공지능은 고용의 아마겟돈을 절대 초래하지 않을 것이다.

우선, 위에서 언급한 매킨지 보고서는 무시무시한 제목을 달고 있음에도 불구하고 사람이 종사하는 몇몇 일자리가 한꺼번에 사라질 것이라는 생각은 오해를 불러일으킬 가능성이 매우 높다고 강조한다. 이 보고서는 5% 미만의 일자리가 완전히 자동화되겠지만 대부분의 일자리는 기계로 수행될 수 있는 요소를 가진 채 지금처럼 유지될 것이라고 추정한다. 이 보고서는 "직업의 약 60%는 전체 활동 가운데 30% 혹은 그 이상의 활동이 자동화될 수 있다"고 말한다. 자동화의 경향은 심지어 최고경영자라는 직업에도 나타난다. 매킨지는 현재 동원할 수 있는 기술을 사용할 때 최고경영자의 업무 시간 가운데 20% 이상이 자동화될 수 있다고 추정한다.

놀랍게도 이 매킨지 보고서는 전반적인 고용 전망을 우울하게 예측하지 않는다. 개인용 컴퓨터가 처음 도입되었을 때 나타났던 일과 비슷한 일이 일어날 것이라고만 바라보는 것이다. "미국에서 개인용 컴퓨터 도입은 1980년 이후 사라진 일자리를 벌충하고도 1,580만 개의 일자리를 새로 만들어냈다." 흥미롭게도 노동자 1인당 로봇의 수가 가장 많은 나라가 오히려 가장 낮은 실업률을 보인다. 예를 들면 싱가포르와 일본 그리고 독일이 그렇다.

매킨지에 따르면, 자동화의 영향을 가장 적게 받는 일자리는 창의성 및 정서 감지와 관련된 직종이다. 미국에서 전체 노동 활동 가운데 겨우 4%만이 창의성을 요구한다고 매킨지는 말한다. 그러나 '정서 감지'를 요구하는 활동은 29%나 된다. 이 수치들은, 오로지 사람만이 처리할 수 있는 기술이나 보다 많은 직무만족을 창조할 수 있는 과정들에 집중해서 전문화하는 방식으로 기존 노동자들이 변모해 수행할 수 있는 일자리 범위가 엄청나게 많다는 사실을 암시한다.[20]

'창의성'이라는 단어는 별도의 해석이 필요하다. 여기에서 우리가 창의성이라고 말하는 것은 베토벤이나 반 고흐가 했던 것을 할 수 있는 능력만을 얘기하는 게 아니다. 가장 상식적인 차원에서 모든 사람이 일상 속에서 창의성을 드러낸다. 아이들은 놀이를 할 때 창의성을 풍부하게 드러낸다. 창의성에는 혁신 능력과 과거의 관행을 버리고 새로운 방식을 개발하는 능력도 포함된다.

실제로 나는 매킨지가 사람이 가지고 있다고 생각하는 '비교우위' 두 가지 기준에 하나를 더 보태고 싶다. 그것은 바로 상식을 실천하는 것이다. 가장 '지능이 높은' 인공지능들이라고 하더라도 이 능력은 부족하다. 그러므로 기계가 폭넓게 떠안을 경제활동 영역들 혹은 직업 범주들 안에서조차 보다 높은 수준의 인간적인 관리감독이 여전히 필요할 것이다.[21]

OECD도 매킨지와 비슷한 결론에 다다랐다. 앞서 언급한 OECD의 연구보고서는 대부분의 일자리는 창의성, 복잡한 추론, 구조화되지 않은 작업 환경 아래에서 물리적인 과제를 수행하는 능력 그리고 사회적 관계를 협상하는 능력 등이 필요하므로 자동화되기 어렵다고 결론지었다. OECD 고용노동사회국 국장 스테파노 스카페타Stefano Scarpetta는 거대한 자동차공장의 생산 라인에서 일하는 노동자와 카센터에서 독립적으로 일하는 노동자를 대비시키는 흥미로운 사례를 제시한다. 여기에서 전자는 자동화하기 쉽지만 후자는 그렇게 하기가 무척 어렵다.

이 기준을 사용할 경우에는 심지어 인공지능 분야의 선지자이며 미래의 고용을 비관적으로 바라보는 맥스 테그마크조차, 쉽게 예측할 수 있는 미래에 인공지능이 노동시장에 아무런 충격도 주지 않는 여러 영역이 있음을 인정한다. 이것들은 한층 창의적인 활동이 요구되는 영역들로 저널리즘, 광고, 설득과 지지의 모든 형태, 미술, 음악, 설계 등이다. 테그마크는 심지어 이런 직업들이 세월의 흐름 속에서 사라질 수 있겠지만, 설령 그렇다고 하더라도 새로운 직업들이 그 빈자리를 채워줄 것이라고 바라본다. 나는 그가 매우 잘못 생각하고 있다고 판단하는데, 여기에 대해서는 뒤에서 설명하겠다(미래의 노동시장이 어떤 모습일지는 5장에서 설명할 것이다).

사람과 인공지능을 가르는 것들의 많은 부분을 '정서 지능'이라는 표현으로 요약할 수 있다. 인공지능 분야의 몇몇 작업은 로봇이 자기가 상대하는 인간의 감정 상태를 인식하고 거기에 맞춰 자기 행동을 수정할 수 있도록, 심지어 사람과 공감하는 것처럼 보이게 하려고 시도하고 있다. 그 시도에 행운이 따라주기를 빈다! 나는 자기가 상대하는 사람에게 정서적인 반응을 보이며 그 사람을 이해하는 척하는 로봇이야말로 머지않아 사람들에게 웃음거리가 되지 않을까 생각한다.

◆ 발전의 속도 ◆

어쩌면 놀라운 일일 수도 있는데, 인공지능 역량이 발전하는 속도와 관련해 사람들에게 위로가 될 수도 있는 핵심적인 원천이 하나 있다. 앞에서 무어의 법칙이 가지는 힘을 설명했는데, 사실 무어의 법칙은 엄밀하게 따지면 법칙이 아니다.

인공지능 신봉자 케일럼 체이스도 무어가 받아야 할 합당한 인정을 받게 해주기 위해 이런 점을 일정 부분 인정한다. 예컨대 체이스는 다음과 같이 말한다. "마이크로칩 하나에 실을 수 있는 비트의 수가 반드시 기하급수적으로 증가해야만 하는 이유는 없다. 1,000달러로 살 수 있는 컴퓨터의 연산능력도 마찬가지다. 이 둘의 증가율이 상당한 수준으로 줄어들 수 있다."[22]

인공지능 저작물에 감초처럼 빠지지 않고 들어가는 기하급수적 증가 사례들은 실로 인상적이다. 이 사례들은 그 과정의 단순성과 궁극적인 결과의 규모(그리고 명백한 필연성)를 한데 버무린 것을 가지고 사람들에게 강한 인상을 심어주겠다는 의도를 지니고 있다.

그러나 모든 것은 지속적인 기하급수적 증가라는 가정에 전적으로 달려 있다. 그리고 지속적인 기하급수적 증가의 효과가 너무 압도적이라는 이유로 실제 현실 세상에서는 이것을 경험하는 일이 오랜 기간 거의 없었다. 흔히 성장은 느리게 시작했다가 갑자기 기하급수적인 국면으로 접어들고, 그러다가 다시 수그러든다. 이 추이를 그래프로 나타내면 'S'자 형태를 띤다. 때로는 증가율이 기하급수적이지 않은 경로로 빠지기도 한다. 숫자가 언제나 10년 단위로 증가할 때 그렇다(이것은 전년도 총합에 대한 백분율로 표시되는 연도별 증가분, 즉 증가율이 지속적으로 떨어지는 것을 뜻한다).

다른 이론적 경우들에서는 증가가 나타나긴 하지만 일정한 한계 너머로는 결코 넘어서지 못할 수도 있다. 이것은 한 번씩 뛸 때마다 자기와 연못 사이 거리의 절반밖에 뛰지 못하는 개구리를 놓고 설명할 수 있다. 이 개구리가 연못을 향해 계속해서 뛸 때 연못과의 거리가 점점 좁혀지긴 하지만 결코 연못에 다다르지는 못한다. 몇몇 다른 경우에서는 이전까지만 해도 빠르게 증가하던 것이 완전히 멈춰버릴 수 있다.

인공지능 관련 저작물에서 자주 등장하는 '기하급수적 증가'라는 기도나 주문은 독자가 이 책의 마지막 쪽까지 읽어나가는 동안 자주 만나는 하나의 패턴이다. 관찰된 어떤 현상은 어떤 '법칙'으로 묘사되며, 그 법칙에 '필연적으로' 뒤따르는 결론들이 도출된다. 그리고 이런 단정들은 흔히 (비록 아예 존재조차 하지 않는 것은 아니지만) 엉성하기 짝이 없는 토대 위에 서 있다. 그리고 실망과 환멸은 '필연적인' 결과다.

몇몇 훌륭한 심판관은 인공지능 발전 속도가 최근에 부쩍 줄어들었다고 생각한다. 이것은 퓰리처상을 받은 「뉴욕타임스」기자 존 마코프 John Markoff의 견해다. 그는 2015년 6월에 열린 다르파 로보틱스 챌린지 DARPA Robotics Challenge $^{\int}$에 참가한 로봇들이 보여준 실망스러운 성과에

$\int$ 미국 국방고등연구계획국(DARPA)에서 진행하는 로봇 경주 대회다.

충격을 받았다. 2007년에 스마트폰이 발명된 이후 이렇다 할 심오한 기술 혁신이 전혀 나타나지 않았다고 마코프는 주장한다.[23]

◆ 기술 분야의 낮은 성과 ◆

로봇과 인공지능이 실제로 얼마나 유능할까 하는 문제를 두고 현재 심각한 의문들이 제기되어 있다. 물론 인공지능과 로봇 분야를 포함한 기술 분야 발전이 낙관주의자들이 상상했던 것보다 훨씬 빠르게 진행되고 있음을 입증하는 증거는 많다.

그러나 우리의 예상이 빗나가고 마는 것은 기술 발전 일반에 대해 혹은 특히 인공지능 발전에 대해 우리가 가진 경험의 총합에 관한 것만이 아니다. 오히려 그 반대다. 내가 즐겨 사용하는 사례 가운데 하나를 들어보겠다. 언젠가 늦은 밤에 히스로 공항에서 기자인 앨리슨 피어슨Allison Pearson과 함께 출국심사를 받았다. 그런데 그녀는 자동화된 기계로 작동되는 자동화 여권심사 창구가 닫혀 있으며, 사람이 심사하는 창구들에 사람들이 길게 늘어선 것을 보고 놀라고 당황했다. 그녀가 직원에게 왜 자동화 창구들의 문이 닫혀 있는지 묻자 직원은 곧바로 이렇게 대답했다. "일하는 직원이 부족해서요."

그녀는 자동화 기계를 도입한 것은 인력을 줄이기 위한 목적 아니었냐고 항의했는데, 돌아온 답변은 그게 사실이지만 기계가 제대로 작동하지 않는 고약한 버릇이 있어서(그리고/혹은 성가신 사람들은 그 기계를 다룰 수 없어서) 직원이 일일이 해당 문제들을 손으로 처리해야 하는데, 통상적인 근무시간이 끝난 뒤에는 근무하는 직원이 적어서 자동화 기계를 세워둘 수밖에 없다고 했다.

여권심사 기계에 발생한 결함은 적절하게 고쳐질 것이라고 확신한다. 최근에 나는 결함이 없는 자동화된 여권심사 창구를 경험했다. 마드리드와 암스테르담에서 그랬으며, 심지어 히스로에서도 그랬다. 그러나 그 교훈은(이것은 결코 예외적인 것이 아니다) 기술 '개선'이 때로 실망스러울 수 있으며 그 개선의 편익을 온전하게 누리는 데 걸리는 시간은 애초 개발자들이나 그 기술을 찬양하는 사람들이 주장하는 것보다 훨씬 더 많이 걸릴 수 있다는 사실이다. 그래서 새로운 시스템의 모든 결함이 개선되어 완전히 자리 잡을 때까지 예전의 낡은 시스템이 새로운 시스템과 나란히 운영되어야 하는 경우도 흔하다. 물론 예전의 낡은 시스템에는 사람의 노동을 지속적으로 채용하는 것도 포함된다.

기술 전체에 대한 이런 논리는 인공지능에도 그대로 적용된다. 노벨상을 받은 경제학자 허버트 사이먼Herbert Simon은 1965년에 "20년 안에 기계는 사람이 하는 일이라면 무엇이든 할 수 있을 것이다"라고 말했다.[24] 그리고 초기 인공지능 과학자 마빈 민스키Marvin Minsky는 1967년에는 "한 세대 안에 '인공지능' 창조의 문제가 거의 대부분 풀릴 것이다"라고 말했다.[25] 이런 주장들은 터무니없이 낙관적인 예측으로 판명되었다. 늘어나는 인구에 의해 사람들의 생활수준이 더는 나아지지 않을 것이라고 터무니없이 비관했던 맬서스의 말을 기억한다면, 독자는 두 사람의 그런 분석이 터무니없다는 점에서 현대판 맬서스라고 부를 수 있다는 데 동의할 것이다(물론 그들이 성취한 다른 업적들을 놓고 보자면 그렇게나 나쁘게 평가할 수는 없다).

인공지능 연구의 역사는 흥청망청하는 잔치판 아니면 쫄쫄 굶는 배고픔, 이 둘 가운데 하나였다. 몇몇 분야에서의 성공 경험이 홍수와 같은 집중적인 연구로 이어지고, 그러다가 이 연구들이 실패로 끝나면 예산 지원이 줄어들고, 심지어 아예 말라버리는 식이었다. 후자의 기간은 보통 '인공지능 동절기'로 일컬어진다.

사실 일반지능으로 인간에 필적하는 기계는 컴퓨터가 발명된 1940년대 이후 사람들이 줄곧 기대해오던 것이었다. $^{\int}$ 당시 및 그 이후로 이 분야의 발전은 늘 20년 안에 이루어질 것으로 여겨졌다. 인공일반지능이 완성될 것이라는 그 기대 시점이 해마다, 즉 1년이 가면 다시 1년씩 뒤로 미뤄졌던 것이다. 지금도 여전히 많은 미래학자가 인공일반지능을 갖춘 기계가 앞으로 20년 안에 완성될 것이라고 예측한다.[26]

인공적인 생명체가 힘과 지능 양쪽에서 모두 인간을 능가하는 디스토피아적인 미래를 묘사한 리들리 스콧Ridley Scott 감독의 영화 〈블레이드 러너Blade Runner〉가 개봉된 것은 1982년이었다. 그리고 이 영화의 속편인 〈블레이드 러너 2049Blade Runner 2049〉는 2017년에 나왔는데, 이 영화 역시 디스토피아적인 미래를 묘사한다.

∫ 인공일반지능(artificial general intelligence)은 인간이 할 수 있는 과제라면 무엇이든 다 할 수 있는 기계의 지능을 말한다.

◆ 로봇, 실망스럽다 ◆

한편 실제 세상에서 로봇의 성능은 사람들이 초기에 가졌던 온갖 기대에 찬물을 끼얹었고 실망을 안겨줬다. 사람들이 로봇이 최근에야 등장했다고 생각하는 것도 무리가 아니다. 사실 제너럴모터스가 유니메이트Unimate라는 이름의 세계 최초 산업 로봇을 내놓은 것은 1961년이었다. 심지어 지금도 산업용으로 사용되는 로봇의 절반은 자동화 생산 공정에 투입되어 있는데, 업무 과제와 작업 환경이 정밀하게 규정될 경우 로봇은 최상의 성능을 발휘한다.[27]

자동차 공장에서는 자동차의 앞 유리를 로봇이 장착한다. 이런 과정을 거쳐 생산된 자동차가 나중에 앞 유리에 문제가 생길 경우 카센터에서 이 앞 유리를 고치는 것은 로봇이 아니라 사람이다. 흥미롭지 않은가?

이것과 다른 맥락에서 살펴보자. 로봇을 개발하는 분야에 지금까지 엄청난 돈이 투입되었음에도 불구하고 수건을 깔끔하게 접는 정도의 능숙한 손재주를 가진 로봇조차 개발하지 못하고 있다(신발 끈을 묶는 일 역시 지금까지도 로봇의 역량이 미치지 못하는 또 다른 사례다). 결국 단순한 도구가 아니라 사람에게 실질적으로 도움을 주는 독립적인 가사도우미 로봇이 실제 가정에서 사용되는 일이 커다란 기대와 칭찬을 받고 있지만, 실제로 현실에서 이루어지기란 여전히 멀고 먼 미래의 일이다. 설령 그게 가능하다고 하더라도 말이다.

싱가포르 연구자들은 산업 로봇에 이케아의 플랫팩 의자를 조립하는 방법을 가르치려고 노력해왔다.ʃ 그리고 그 결과에서 드러난 좋은 소식과 나쁜 소식이 하나씩 있다. 좋은 소식은 마침내 연구자들이 성공했다는 것이고, 나쁜 소식은 이렇게 성공하기까지 연구자 두 명이 20분 넘게 프로그래밍해야 했다는 것이다. 사람이라면 이 학습 과정을 금방 끝낼 수 있다. 비록 그 사람이 의자를 조립할 때 훨씬 더 많은 시간이 걸릴 수도 있고, 아니면 그 사람이 일을 다 끝내기 전에 화가 나서 의자 다리를 내팽개칠 수도 있겠지만 말이다.[28]

구글 X로 알려진 구글의 연구개발 회사는 최근에 인공지능이 유튜브상의 고양이 이미지를 식별할 수 있게 하는 프로젝트를 진행했다. 이 프로젝트를 다룬 「뉴욕타임스」 기사는 다음과 같은 제목을 달고 있었다. "얼마나 많은 컴퓨터가 동원되어야 고양이 한 마리를 식별할 수 있을까? 1만 6,000대다."[29]

중국에서는 손님의 주문 내용을 정확하게 접수할 수 있을 뿐만 아니라 음식을 쏟거나 흘리지 않고 손님 식탁에 실수 없이 가져다놓을 수 있는 웨이터 로봇을 개발하는 데 엄청난 시간과 돈을 투입해왔다. 많은 로봇을 웨이터로 뒀던 광저우의 음식점 세 곳은 결국 이들을 포기해야만 했다. 이 로봇들이 필요한 만큼 충분하게 일을 잘하지 못했기 때문이다.[30] 그리고 전 세계 많은 지역에서 웨이터들이 손님들에게 보이곤 하는 약간 무례하고 거만한 태도를 로봇에게 심어주는 것 역시 어렵다고 판명되었다. 왜 안 그렇겠는가.

ʃ 플랫팩 포장은 이케아 특유의 포장 방식을 지칭한다.

실제로 이것은 인공지능 연구의 중심적인 역설이다. 매우 복잡해 보이는 과제들이 오히려 로봇과 인공지능이 수행하기에는 상대적으로 쉬웠다. 그런데 아주 간단해 보이는 과제들이 로봇과 인공지능에는 극단적으로 어려웠다. 이것이 흔히 '모라벡의 역설Moravec's Paradox'이라 불리는 현상이다. 1998년에 로봇공학 선구자인 한스 모라벡Hans Moravec은 다음과 같이 썼다. "컴퓨터가 지능검사에서 성인 수준의 결과를 내거나 바둑을 두는 일을 상대적으로 쉽게 수행하지만, 인지나 유연한 움직임 부분에서는 한 살짜리 아이의 수준도 따라가기가 어렵거나 아예 불가능하다."[31]

이것은 사람들이 '폴라니의 역설Polanyi's Paradox'이라고 일컫는 것과 밀접한 관련이 있는데, 이 용어는 경제학자이면서 철학자이자 화학자이기도 한 칼 폴라니Karl Polanyi의 이름을 딴 것이다. 그는 1966년에 "우리는 우리가 말할 수 있는 것보다 더 많은 것을 알고 있다"고 말했다. 인간이 행동하는 많은 것이 명백한 일련의 규칙을 따르지 않고 나타난다는 뜻이다. 자동화하기에 가장 어렵다고 판명된 과제들은 판단과 상식 그리고 유연성을 요구하는 것들이다. 그리고 이런 것들이 발휘되는 과정은 정작 본인도 정확하게 설명할 수 없다. 이런 것들을 인공지능이 복제할 수 있도록 문장으로 만들기란 극단적으로 어렵다.⌐

⌐ 요컨대 인간이 오랫동안 체화한 암묵적·추상적 지식은 컴퓨터나 기계로 대체할 수 없다는 뜻이다.

◆ 인공지능과 관련해 결코 인상적이지 않은 몇 가지 사실 ◆

인공지능은 논리적으로 모호한 지시나 심지어 노골적으로 잘못된 지시를 처리하는 과정에서 많은 어려움을 느낀다. 예를 들어 엘리베이터에서 흔히 보는 '화재 시에는 사용하지 마시오Do not use in case of fire'라는 지시를 보자. 사람들은 대부분 이 지시를, 만일 불이 나면 엘리베이터를 타지 말라는 뜻으로 알아듣는다. 그러나 인공지능은 이 지시를 '화재에 대비해in case there is a fire 절대로 엘리베이터를 사용하지 마시오'로 해석할 수 있다.

〈패딩턴Paddington〉이라는 영화에는 패딩턴이라는 곰이 런던 지하철을 처음으로 타보려는 멋진 장면이 나온다. 곰은 에스컬레이터 앞에 적힌 다음과 같은 안내문을 본다. 물론 이 안내문은 지하철을 이용하는 수백만 명의 런던 시민들에게 익숙한 문구다. "Dogs must be carried." 개는 반드시 품에 안거나 캐리어에 넣고 타야 한다는 뜻이지만, 개를 반드시 동반해야만 한다는 뜻으로 해석한 패딩턴은 역 바깥으로 나가 기어이 개 한 마리를 훔쳐서 에스컬레이터를 탄다. 인공지능 역시 패딩턴만큼이나 그 안내문을 제대로 해석하지 못할 것이다.

인공지능 열광자들은 그런 안내문을 적절하게 해석하도록 인공지능을 프로그래밍하기란 어렵지 않다고 분명 반박할 것이다. 물론 그럴 수 있다고 나도 확신하지만, 그런 반박은 핵심에서 완전히 벗어난다. 그처럼 논리적으로 모호한 지시문은 언제 어디서든 아무런 경고도 없이(다시 말해 사전 프로그래밍이 되지 않은 상태에서) 불쑥 나타날 수 있다.

사람은 전적으로 논리적이지만은 않기 때문에 이런 것들을 정확하게 처리할 수 있지만, 인공지능은 그렇지 않다.

심지어 많은 찬사를 받는 딥블루조차 한계를 가지고 있다. 딥블루에 패배한 체스 챔피언 가리 카스파로프는 자기를 이긴 이 인공지능에 대해 궁금해하면서도, 인공지능 열광자들이 사람처럼 즉 창의성과 직관으로 생각하고 행동하는 컴퓨터를 만들어낼 것이라고 상상했던 이전의 꿈과 실제 현실에서 딥블루가 기계처럼 체스를 두면서 1초에 2억 개의 수를 검토하는 무지막지한 능력으로 자기를 이긴 실제 현실의 모습을 대비시켰다.[32]

MIT의 전설적인 언어학자 놈 촘스키Noam Chomsky는 현역 체스 챔피언을 이긴 인공지능의 업적을 놓고, 지게차가 무거운 짐을 드는 경기에서 사람을 이긴 것과 다르지 않다면서 결코 놀라운 일이 아니라고 말했다. 어쩌면 그는 특정한 영역에서 인간을 능가한 생물이 많이 있다는 말을 덧붙였을지도 모른다. 예를 들어 박쥐는 수중 음파 신호를 사람보다 더 잘 포착한다. 그러나 나는 지금까지, 진화가 발생하기에 충분한 시간만 주어진다면 박쥐도 일반지능에서 사람을 능가할 수 있다고 생각하는 사람을 만나보지 못했다.

철학자 존 설John Searle은 「월스트리트저널」에 기고한 글에서 인공지능 왓슨이 퀴즈 프로그램 〈제퍼디!〉에서 인간을 이긴 사실을 재치 있게 다루었다. '왓슨은 자기가 〈제퍼디!〉에서 우승한 사실을 알지 못한다'라는 제목의 글에서 그는 왓슨이 그 프로그램에 참여하기 전에 우승을 꿈꾸지도 않았으며 우승한 뒤에 그 일을 자축하지도 않았다고 지적했다. 친구들과 수다를 떨지도 않았으며 패배를 안고 돌아선 다른 참가자들에게 위로의 말을 전하지도 않았다는 것이다.[33]

인공지능 연구자인 머리 샤나한도 이 한계를 인식하고 있는데, 그는 다음과 같이 말했다. "이런저런 농담을 하도록 프로그래밍된 챗봇chatbot[f]이나 방에서 돌아다니는 사람을 지켜볼 수 있는 휴머노이드humanoid[ff]는 실제와 상반되는 이미지를 쉽게 줄 수 있다. 그러나 인공지능을 회의적으로 바라보는 사람들이 금방 그리고 올바르게 지적하듯이, 이것은 그저 환상일 뿐이다."[34]

인공지능 분야에서 나타났던 그 모든 극적인 발전에도 불구하고 지금까지 성취된 것이라고는 이따금 사람이 하는 말이나 표현을 내뱉어 사람들을 깜짝 놀라게 하지만 정작 자기가 하는 말이 무슨 뜻인지 전혀 이해하지 못하는 앵무새의 전기적·디지털적 버전일 뿐이다.

◆ 변화에 놓인 한계들 ◆

인공지능 전문가들은 지나친 낙관주의라는 심각한 경향에 취해 있는 것 같다. 일본 로봇공학 분야 선도자인 다카하시Takahashi 교수는 "사람들이 로봇공학과 인공지능으로부터 지나치게 많은 것을 기대한다"

---

[f] 채팅 로봇.
[ff] 인간의 신체와 유사한 모습을 갖춘 로봇.

고 경고한다. 하인도 되고 친구도 되며 집사도 될 수 있는 어떤 자동화 시스템의 구축에 대해 언급하면서 그는 이렇게 말한다. "그것은 마치 화성에 식민지를 건설하는 것과 같다. 기술적으로는 얼마든지 가능하지만, 솔직히 말해 그 일에는 거기에 투입되는 거대한 예산에 걸맞은 가치가 없다. 그런 돈을 쓸 가치가 있는 더 낫고 더 생산적인 일은 얼마든지 많다."[35]

그리고 '사물인터넷'만큼이나 과열된 주제는 좀처럼 찾아보기 어렵다. 사물인터넷을 통해 우리는 일상 속의 수많은 것을 모니터링하면서 갱신하거나 광을 내거나 청소를 하거나 고칠 게 있는지 알아볼 수 있다. 그래서 뭐? 나는 이런 것들이 어느 정도는 도움이 될 거라고 생각하지만 이런 도움은 지엽말단적일 게 분명하며 이런 것들이 사람의 노동에 대한 수요를 대폭 줄여준다거나 인간의 복지를 상당 수준으로 높여주지도 않을 것이라고 생각한다.

최근에 나는 '지능' 화장실을 난생처음 만나보았다. 독자를 불편하게 할지 몰라 세부적인 것까지 시시콜콜 얘기할 수는 없지만, 이 화장실이 매우 매력적인 여성의 음성으로 나에게 말을 걸더란 점만은 얘기할 수 있다. 이 화장실은 자기의 역사를 말했고 자기가 좋아하는 것과 싫어하는 것을 말했다. 그러나 '볼일'의 효용 혹은 즐거움에 보탬이 되는 것은 아무것도 없었다.

미래에는 문손잡이와 커튼도 우리의 관심이 필요하다 싶을 때면, 자동차가 운전자에게 안전벨트 매라고 주의를 주는 것처럼 영혼 없는 유령의 목소리 혹은 소음으로 우리에게 말을 걸 수 있을 것이다. 아이고 무서워라! 내 생활 속에 놓여 있는 온갖 물건이 쓸모없는 온갖 정보의 불협화음으로 나에게 비명을 질러대는 광경, 이것이 내가 가지고 있는 디스토피아적인 전망이다. 이런 전망 역시 엄청나게 과적된 정보 가운데 하나임이 분명하다.

이런 엄청나게 많은 쓸모없는 정보에 엄청나게 큰 비용이 들어갈 것이다. 허버트 사이먼은 1971년에 이런 현상을 목격했다. "정보는 정보 수용자들의 관심을 소비한다. 그러므로 정보의 부富는 관심의 빈곤을 창조한다."[36] 대단한 지혜 아닌가! 관심의 빈곤이야말로 인터넷과 스마트폰 그리고 소셜미디어가 지배하는 우리 시대의 특징이다.

식당에서 식탁에 함께 앉은 사람들이 (그들이 친구, 가족, 연인 혹은 어떤 사이든 간에) 저마다 자기 스마트폰만 바라보면서 상대방에게는 아무런 관심도 주지 않는 모습을 우리는 흔히 목격한다. 멀리 떨어져 있는 어떤 사람과 연결됨으로써 우리는 가까이 있는 모든 사람과 멀어져버렸다. 생명 없는 모든 사물이 자기 '목소리'를 이 쓸모없는 정보의 불협화음에 보내게 될 때 관심 부족이 얼마나 더 극단으로 치달을지는 아무도 모른다.

◆ 상상했던 효과가 아니다 ◆

정보기술이 마음에 품었던 기술 분야의 기대를 충족하고 작업 현장에 사용되었지만, 과거에 꿈꾸던 것과 같은 효과를(좋은 효과든 나쁜 효과든 간에) 사람과 사회에 전혀 주지 못하고 있다. 기술 발전이 경제에 부정적인 효과를 가져다줄 것이라고 예견한 사람은 이 오랜 역사 속에서 많았다. 1931년에 아인슈타인은 대공황이 초래된 것을 기계 탓으로 돌리며 기계를 비난했다. 1970년대 말 영국 총리 제임스 캘러헌 James Callaghan은 기계화로 인한 일자리 위험을 주제로 연구를 진행하라고 주문했다.[37]

컴퓨터가 처음 등장했을 때는 컴퓨터가 사무직 일자리를 대규모로 지워버릴 것이라는 인식이 널리 퍼졌다. 하지만 비록 타이피스트라는 직종이 사라지긴 했지만 우려했던 그런 일은 일어나지 않았다. '종이 없는 사무실'이라는 구호는 어떻게 되었는가? 이런 말이 유행했다는 사실을 사람들이 기억이나 하고 있을까?

특히 1980년대 스프레드시트 소프트웨어가 등장했을 때 회계사들의 대량 실업 사태가 나타날 것이라는 믿음이 널리 퍼지기도 했다. 그러나 미국에서 회계사 및 회계감사관의 수는 1985년에 110만 명이던 것이 2016년에 140만 명으로 오히려 늘어났다. 과거에도 자주 그랬듯이 새로운 기술은 회계사들이 할 수 있는 영역을 활짝 넓혀주었다. 그래서 이들에 대한 수요가 오히려 늘어났던 것이다.

기술적이며 경제적인 용어로 표현하자면, 인공지능의 충격을 가장 대중적으로 설명해주는 것은 과거의 기술 발전이 가져다준 충격과 관련된 전통적인 지혜로서, 새로 도입된 기계는 필연적으로 그리고 언제나 인간의 노동력을 대체한다는 다소 게으른 추정이다. 몇몇 기술 분야의 발전이 실제로 이런 유형으로 분류되지만, 많은 발전은 사람의

노동을 '보완하며', 결과적으로 인간의 노동 수요를 증가시킨다.[38]

기술 발전이 멋지고 놀랍긴 하지만 애초에 기대했던 것보다 덜 변혁적인 경우를 보여주는 정곡을 찌르는 또 다른 좋은 사례가 있다. 당신은 지금 이 책을 종이책으로 읽는가, 아니면 전자책으로 읽는가? 아마도 많은 사람이 경멸을 담은 표현인 '죽은 나무'로 일컬어지는 종이책으로 읽을 것이다. 그러나 몇 년 전만 하더라도 전자책을 읽는 독자가 종이책의 완벽한 붕괴를 이끌 것이라는 인식이 널리 퍼져 있었다. 그뿐만이 아니다. 종이책 시대가 끝나고 모든 책이 디지털 형태로 변환됨에 따라 끝없는 개선이 촉발될 것이라고 했었다. '책'은 결코 끝장나지 않겠지만 끊임없이 업데이트되고 개정될 것이며, 책이라는 형태로 존재하지 않고 오히려 둘둘 만 뉴스보도와 같은 형태가 될 것이라고 했었다.

얼마나 끔찍한 악몽인가! 불쌍한 저술가들과 책 출판 종사자들이여! 이제 막 완성되어 품에서 떠나가는 사랑스러운 아기에게 작별 인사를 할 수 없게 되는 일, 그리고 끊임없이 개정하고 수정·보완해나가야 하는 필요성에 포로로 잡히는 일, 이런 일은 생각도 하기 싫을 만큼 끔찍하다. 나는 이보다 더 나쁜 일은 없을 거라고 생각한다.

그러나 어떤가? 우리 저술가들은 마음을 놓을 수 있다. 고려할 가치가 거의 없는 이런 발전은 우리 출판계에서 일어나지 않았다. 게다가 앞으로도 영원히 그런 일은 일어날 것 같지 않다. 지난 2년 동안 전자책의 매출은 줄어들었다. 전자책을 찾던 독자가 다시 종이책으로 돌아왔기 때문이다. 이런 일이 나는 전혀 놀랍지 않다. 전자책 독자들은 물론 굳건하게 전자책을 본다. 그러나 전체적으로 보면 종이책이 독자에게 주는 사상과 생각의 물리적인 현실감과 편리함을 전자책은 따라가지 못한다.

내가 보기에는 전자책과 종이책은 공존하겠지만 종이책이 '진짜' 위상을 계속해서 지켜나갈 것 같다. 그러므로 책의 내용이 끊임없이 새로운 버전으로 바뀌고 완성된 저작물 형태로서 책이라는 존재 자체가 사라질 것이라는 발상은 오로지 저술가들의 악몽 속에서만 살아남을 것이다.

마찬가지로, 영화가 세상에 처음 나왔을 때도 연극은 살아남지 못할 것이라는 믿음이 널리 퍼졌다. 그리고 나중에 텔레비전이 처음 나왔을 때는 영화가 죽을 것이라는 주장이 나왔다. 하지만 그런 일들은 일어나지 않았다. 영화와 텔레비전과 연극은 공존한다. 공존할 뿐만 아니라 서로가 서로에게 반영되어 있다.

◆ 로봇과 인공지능의 비용 ◆

기술 분야에 종사하지 않는 많은 분석가나 심지어 몇몇 경제학자들은 말할 것도 없고 수많은 인공지능 전문가가 미래 경제 전망에 대해 퍼트린 암울한 인식의 뿌리는 과연 무엇일까? 로봇과 인공지능을 노동자를 대체하는 존재로 바라보는 인식이 바로 그 뿌리라고 생각한다. 한 번 이렇게 생각하고 나면, 비관적인 결론에 쉽게 빠진다.

로봇과 AI 혁명은 세계화와 중국의 성장 때문에 서구 사회에 일어났던 일의 판박이처럼 보이기 시작한다. 그 두 개의 사건 덕분에 수십억 명이나 되는 노동자를 (적어도 처음에는) 추가 자본 투입 없이 효과적으로 생산 현장에 배치할 수 있었다. 그러자 서구에서의 실질임금 하락, 가격 인하, 총수요를 약화시키는 경향 등을 압박하는 결과가 빚어졌으며, 이런 상황은 극단적으로 낮은 금리 체제로 이어졌다. 이것이 결국에는 세계금융위기를 낳았고, 1930년대 이후 최악의 불경기인 대침체가 그 뒤를 따랐다.

　사실 이런 식으로 생각하는 사람들이 로봇 충격이 중국 충격보다 더 고약할 것이라고 믿는 이유를 이해하기란 어렵지 않다. 어쨌거나 중국의 개방이 중요한 충격을 가져다준 건 사실이다. 중국 노동자들은 서구 노동자들에 비해 너무 적은 임금을 받고 일했기 때문이다. 그런데 로봇과 인공지능은 초기의 중국 노동자들보다 한술 더 떠 '아예 임금도 받지 않고 일할' 것 아닌가? 이런 식으로 바라보는 사람들이 미래를 걱정하는 것도 놀라운 일이 아니다.

　그러나 이런 것은 로봇과 인공지능에 대해 우리가 생각해야 할 사고방식이나 논리 전개가 아니다. 로봇과 인공지능은 자본설비^{f}에 속한다. 그러므로 비록 이들은 임금도 복지 혜택도 연금도 받지 않지만, 비용이 아예 들지 않는 것은 아니다. 이들을 개발하고 만들고 유지하는 데 그리고 투자를 끌어오는 데 비용이 든다.

---

^{f} 생산 과정에 사용되는 설비 자산.

적절한 소프트웨어도 설치할 필요가 있다. 이 작업에도 비용이 들어간다. 그리고 그 소프트웨어는 가장 최근의 표준을 유지해야 할 뿐만 아니라, 어쨌거나 제대로 작동할 수 있어야 하므로 최소한 업데이트될 필요가 있다. 로봇은 끊임없이 발전하는 다른 로봇들과도 의사소통해야 할 테니까 말이다.

백스터Baxter 로봇은 한 시간에 약 4달러를 받고 일한다.ʃ 그러나 이 로봇은 사실 그다지 유능하지도 않고 수요도 많지 않다. 이 로봇을 운영하는 데 드는 비용은 쌀지 몰라도 사려면 2만 2,000달러 혹은 그 이상을 치러야 한다. 백스터 로봇의 매출은 지금까지 개선되지 않고 있으며, 2013년 12월 이 로봇 제조업체 리싱크Rethink는 직원 25%를 정리해고했다.[39]

케빈 켈리에 따르면, 산업용 로봇 한 대를 사는 데 10만 달러 넘는 비용이 들어가지만, 이 로봇이 살아서 활동하는 기간 프로그래밍하고 훈련시키고 유지하는 데 들어가는 총비용 40만 달러를 추가하면, 이 로봇을 '평생' 사용하는 데 들어가는 비용은 50만 달러가 넘는다.[40]

그러므로 로봇 한 대를 들이는 것은 고정자산에 투자하는 것이 된다. 그리고 이 투자는 어떤 투자가 그럴 가치가 있는지 따지는 통상적인 변수들(예를 들면 설비·유지 비용, 회전율, 금융 비용, 노후화 등을 포함한 리스크)에 따라 결정된다. 특히 여러 변수 가운데 마지막으로 언급했던

ʃ 백스터 로봇은 미국 MIT 교수였던 로드니 브룩스 교수가 창업한 리싱크가 출시한 양팔형 로봇으로, 인간을 보조하는 로봇의 개념을 처음으로 구현했다.

노후화 리스크는 특히 극단적으로 중요한 요인이 될 수 있다. 설령 로봇이 어떤 경제에서 중요한 역할을 수행한 뒤라고 하더라도 로봇과 인공지능 분야에서의 발전은 계속 이어질 것이다. 로봇 설계상 핵심적인 특성들과 소프트웨어가 모두 개선됨에 따라 구닥다리로 전락한 이전 버전의 로봇은 가치를 상실할 것이다. 어쩌면 그 가치가 0으로 떨어질 수도 있다.

또 음반을 놓고 생각해보자. 당신은 오래된 분당 회전수 78의 연주 기계에 무척 행복했을 것이다. 그러나 이 기계는 분당 회전수가 45와 33인 기계가 나오자 낡은 것이 되고 말았다. 그 뒤 테이프와 테이프 연주기가 나와서 잠깐 인기를 끌었지만, 곧 CD가 대세를 이루었다. 그러나 지금은 음악을 인터넷에서 내려받아 듣게 되었고, 이런 추세와 맞지 않는 CD 및 CD 플레이어는 구닥다리가 되고 말았다.

로봇에 얼마간의 비용이 들어가는 한, 설령 로봇이 사람보다 기술적으로 더 뛰어나다고 할지라도 사람이 기계를 능가할 가능성은 있다. 그리고 로봇에 들어가는 비용이 많을수록 인간이 로봇을 상대로 벌이는 경쟁은 그만큼 더 쉬워진다. 이 진술을 보다 기술적인 차원으로 바꿔 말하면, 로봇에 들어가는 비용이 많을수록 상대적으로 가격이 싼 선택지로 여겨지는 사람이 벌어들이는 임금은 그만큼 더 많아질 것이다.

게다가 기술적인 관점에서 볼 때 인간과 로봇의 조합 혹은 인간과 인공지능의 조합이 최고 경쟁자가 될 여지가 광대하다. 체스를 예로 들어보자. 인공지능이 인간 체스 챔피언을 능가할 수 있음이 명백한 사실이 된 건 오래전이다. 그러나 체스 챔피언과 인공지능이 팀을 구성할 때 이

팀이 최고 실력을 갖춘 인간뿐만 아니라 최고 인공지능을 상대해서도 이길 수 있다는 증거가 현재 차곡차곡 쌓이고 있다.

◆ 임금 유연성 ◆

노동력을 채용하려는 기업이나 고용주 입장에서 볼 때, 사람이나 로봇 혹은 이 둘을 결합한 것 가운데 무엇이 어떤 특정한 경우 가장 싸고 효과적인 선택지가 될지는 다른 모든 것과 마찬가지로 가격에 달려 있다. 확실히, 자본 비용과 운전 비용을 포함한 로봇과 인공지능의 가격은 선택을 결정하는 가격의 한 부분이다. 사람의 노동 비용도 마찬가지다. 다른 변수들이 동일할 때 이 비용이 낮으면 낮을수록 로봇과 인공지능보다는 사람이 채용될 가능성이 더 높다.

최근 대침체기에 실질임금이 떨어졌기 때문에 영국의 많은 고용주는, 업그레이드된 컴퓨터 설비나 소프트웨어에 투자했더라면 정리해고 대상이 될 수도 있었던 사람들을 계속 고용했던 것 같다. 예를 들어 법률회사들은 디지털 문서 관리에 대한 투자를 미루었다. 왜냐하면 법률 분야의 보조자들이 매우 적은 비용으로 그 일을 해줬기 때문이다.[41]

이런 사실은 로봇과 인공지능이 얼마나 광범위하게 그리고 얼마나 빠르게 채용될 수 있는지는 단지 기술 수준과 관련된 차원의 문제가 아니라 여러 경제적 변수들, 특히 임금 수준과 금리 그리고 자본비용에 따라 결정된다는 뜻이다.

그렇지만 방금 언급한 사실만으로는 마음을 푹 놓을 수 없다는 점도 명심해야 한다. 로봇과 인공지능이 점점 더 유능해짐에 따라 사람은 갈수록 적은 돈을 받고 일을 해야만 간신히 일자리를 유지할 수 있을 것 같다(로봇과 AI 혁명이 소득분배에 미치는 충격은 6장에서 다룰 주제다. 그리고 그것이 소득분배에 미치는 악영향을 개선하거나 상쇄할 목적으로 도입되는 여러 정책에 대해서는 9장에서 다룰 것이다).

사람들이 잃게 될 일자리의 숫자를 생각하기보다는 로봇과 AI 혁명이 사람의 노동 수요에 어떤 의미가 있는지 묻는 것이야말로 임금유연성이라는 이 쟁점에 접근하는 올바른 방식이다. 이때 사람들의 고용 수준(혹은 실업 수준)은 양(즉 일자리의 수)이 아니라 가격(이 경우에는 임금) 조정 폭의 결과에 따라 결정된다.

그러나 비록 이것이 이 쟁점을 놓고 생각하는 올바른 방식이긴 하지만, 그렇다고 해서 사람이 일을 적게 할 것인가 아니면 임금을 적게 받을 것인가 둘 중 하나를 선택해야 하는 상황에 맞닥뜨린다는 결론으로 피할 수 없이 이어지는 것은 아니다. 이런 일이 일어날 것인지 아닌지는 인간 노동력에 대한 수요가 얼마나 강력한지 아닌지에 따라 주로 좌우된다. 그리고 다음에 이어지는 여러 장에서 보여주겠지만, 그것은 사람이 가지고 있는 취향과 기호에 따라 많이 좌우된다.

◆ 경쟁우위 ◆

우리는 단순한 경제학 개념 하나의 도움을 받아 이 모든 것을 하나로 합칠 수 있다. 개인들과 국가들 사이에 이루어지는 교환의 핵심은 경제학자들이 '비교우위comparative advantage'라고 부르는 것이다. 이것의 기본적인 개념은 설령 어떤 사람(혹은 국가)이 모든 것을 하는 데 있어서 다른 사람(혹은 국가)보다 '절대적으로' 우월하거나 효율적이라고 하더라도, 이 둘은 각자 자기가 '상대적으로' 우월한 활동에 전문적으로 매달려 여기에서 발생한 잉여생산물을 상대방이 생산한 잉여생산물과 교환하는 것이 이 둘에게 모두 유리하다는 것이다. 이 경쟁우위 이론은 1817년 데이비드 리카도에 의해 개발된 이후 국제무역의 핵심적인 통찰로 기능해왔다. 이 이론은 더할 나위 없이 단순하면서도 매우 심오하다는 위대한 특징을 가지고 있다.

몇몇 인공지능 열광자들은(그리고 경제를 비관적으로 전망하는 사람들은) 한쪽에는 사람이 있고 다른 쪽에는 로봇과 인공지능이 있을 것으로 예상되는 새로운 세상에서는 비교우위 원리가 더는 작동하지 않을 것이라고 주장한다. 이것은 미래학자이자 인공지능 전문가인 마틴 포드Martin Ford의 주장이기도 한데, 그는 이렇게 말한다.

"기계 그리고 특히 소프트웨어 앱은 쉽게 복제될 수 있다. 많은 경우 이런 것들은 사람 한 명을 고용하는 것과 비교도 되지 않을 정도로 적은 비용으로 복제될 수 있다. 지능이 복제될 때 기회비용이라는 개념은 뒤집혀버린다. 제인은 지금 뇌수술을 하면서 동시에 요리도 할 수 있다. 그런데 굳이 그녀에게 톰이 필요할까?"[42]

그러나 사실 이 주장은 전혀 옳지 않다. 로봇과 인공지능이 아무런 비용도 들이지 않고 스스로 계속해서 재생산하지 않는 한 혹은 그런 일이 일어나기 전까지는, 인간은 언제나 비교우위를 누릴 수 있다. 설령 사람이 모든 과업 수행에서 로봇과 인공지능에 비해 압도적으로 열등하다고 하더라도 말이다(그러나 이 진술은 사람이 그런 세상에서 벌어들일 수 있는 소득에 대해서는 그다지 많은 이야기를 하지 않는다는 점을 알아둬야 한다. 아마도 그 소득은 형편없이 작아 과연 그렇게 적은 돈을 받으려고 그런 일을 할 가치가 있을까 하는 생각이 들 것이다. 그러니 이런 상황에서 국가는 어떤 식으로든 적극적으로 개입해야 한다).

그러나 사실 이것은 아주 먼 미래의 일이다. 어쩌면 결코 일어나지 않을지도 모른다. 인간이 로봇과 인공지능에 대해 절대우위를 누릴 수 있는 영역이 많기 때문이다. 예를 들면 정교한 손재주, 정서지능, 창의성, 유연성 그리고 가장 중요하게는 인간성 등이 그렇다. 이런 것들이 AI 경제에서도 인간이 차지할 일자리가 얼마든지 많을 것임을 보장해준다(노동시장의 미래 모습에 대해서는 5장에서 묘사하겠다).

◆ 이번에는 과연 다를까? ◆

지금 우리는 이 장의 제목에 대답해야 할 지점에 서 있다. '이번에는 과연 다를까?' 그 대답은 '다르지 않다'이다. 지금으로선 상상도 할 수 없는 것들까지 포함한 온갖 새로운 제품과 서비스뿐만 아니라 일상적인 것들을 수행하는 데서 엄청난 발전과 극적인 개선이 일어날 것이다. 그리고 많은 사람이 일자리뿐만 아니라 생계의 토대까지 잃어버릴 것이다. 더 나아가, 로봇과 인공지능은 지난 20년 동안 털털거리다가 멈춰버린 것 같은 성장 엔진에 새로운 활력을 불어넣을 것이다.

이처럼 로봇과 AI 혁명은 중대하다. 그러나 증기기관이나 제트엔진 그리고 컴퓨터도 과거에 그랬다. 다른 새로운 기술들의 경우와 마찬가지도 로봇과 인공지능 역시 온갖 과장으로 부풀려지고 적지 않은 막다른 길을 만날 것이다. 몇몇 분야에서는 기대 이상의 성과를 거두기도 하겠지만, 또 어떤 분야들에서는 당연히 할 수 있으리라 여겨졌던 것들을 할 수 없다는 게 드러나면서 실망이 뒤따를 것이다.

이런 상황은 2000년대 초 닷컴 거품 때 익히 보던 것이다. 당시에는 모든 것이 인터넷으로 옮겨갈 것처럼 보였고 다들 그렇게 믿었다. 그래서 아무리 황당하고 터무니없는 사업이라고 하더라도 그 사업을 하는 기업의 이름에 닷컴.com만 붙으면 떼돈을 벌어들일 것이라고 믿었다. 당시의 광풍은 금융시장 거품에서 절정을 이루었고, 이 거품이 꺼지면서 수많은 기업이 쓰러졌다. 그들 가운데는 꽤 명성 높았던 기업도 적지 않았다. 그러나 인터넷은 세상을 바꿔왔다. 그리고 그 흥분과 과장의 광풍 속에서 탄생했던 기업 가운데 몇몇은 거품이 꺼지는 와중에도 살아남았을 뿐만 아니라 세계적인 기업으로 우뚝 섰다. 아마존과 구글이 대표적인 사례다.

장차 경제에 일어날 일의 윤곽을 우리는 예견할 수 있다. 로봇이 노동자를 대체할 것이라거나 인간의 도움이나 감독을 받지 않고도 인간이 할 수 있는 수작업을 완벽하게 수행할 수 있다고 꿈꾸었던 사람들이 앞으로도 계속 실망을 거듭할 가능성은 매우 높다. 그러나 로봇이 정교한 작업(예를 들면 수술)이나 단순한 작업(예를 들면 사회복지)에서 모두 인간을 '보조하는' 업무 수행 능력이 예상 밖으로 탁월하다는 사실에 아마도 깜짝 놀랄 것이다. 그리고 대부분의 사람은 인공지능이 일상적인, 즉 판에 박힌 정신적 과제들을 수행할 수 있는 역량을 여전히 과소평가한다. 그러나 로봇과 인공지능의 효과는 잠재적으로 엄청난 파괴력을 가진다. 중산층 일자리 가운데 엄청나게 많은 부분이 사라질 것이기 때문이다.

그러나 로봇과 인공지능의 사용이 늘어남에 따라 지금 일어나고 있는 변화들과 머지않아 일어날 변화들은 본질적으로 18세기 말에 시작되었던 산업혁명 이후 줄곧 진행되어온 과정들의 연장선상에 놓인 것이다. 그리고 그 효과 역시 크게 다르지 않을 것이다. 가장 중요한 것으로 맨 먼저 꼽을 수 있는 것은, 4차 산업혁명은 앞서 진행되었던 다른 산업혁명들과 마찬가지로 생산능력을 엄청나게 높일 것이라는 사실이다. 이것은 누가 뭐라고 해도 좋은 일이다. 그리고 이렇게 해서 창출된 온갖 기회를 어떻게 최대한 활용할지 판단하고 결정하는 일은 우리 사람의 몫이 될 것이다.

18세기 산업혁명과 나란한 평행선들은 넓고도 깊게 진행된다. 과거에 그랬던 것과 마찬가지로 로봇 시대가 모든 사람에게 유리하지는 않을 것이다. 모든 사람이 엄청나게 좋아지기까지는 많은 시간이 걸릴 것이다. 그리고 19세기와 20세기에 나타났던 주요한 기술 발전들과 마찬가지로 로봇과 인공지능이 경제에 온전하게 효과를 발휘하기까지는 많은 시간이 걸릴 것이다.

이렇게 될 수밖에 없는 부분적인 이유로는, 현재 진행되는 기술 변화의 과격한 근본주의가 과거에 있었던 다른 사례들과 마찬가지로 지금까지 과대포장되었다는 점을 들 수 있다. 또 다른 이유로는, 변화가 진정으로 근본적인 경우에서조차 이 변화가 경제의 나머지 부분 및 사회 전체로 통합되기까지 시간이 걸린다는 점을 들 수 있다. 게다가 규제 및 윤리와 관련된 쟁점들은 기술적인 차원의 실현가능성을 뒷받침하는 새로운 제도들을 마련하는 것으로 매듭지어질 것이다.

특히 우리는 로봇과 AI 혁명을 수평선 너머로 멀리 보이는 쓰나미와 같은 것이 아니라 지금 당장 빠르게 들이닥쳐 우리를 집어삼키는 쓰나미로 생각하지 않도록 조심해야 한다. 로봇이 산업적으로 사용된 지 이미 60년이 넘었다. 그리고 인공지능의 초기 형태가 나타난 것도 이미 그 정도 되며, 그동안 생산성을 개선하고 고용 양상을 바꿔왔다. 알고리즘도 고객 서비스나 회계와 같은 영역에서 일을 떠맡아오고 있다. 이런 발전들은 지속적이고 점진적으로 진행되는데, 이 발전들은 노동 세상의 일정 부분을 근본적으로 바꾸긴 하지만 초기의 수많은 열광자가 금방 일어날 것이라고 했던 '전환transformation'은 아직 만들어내지 못하고 있다.

지금 일어나고 있는 일들은 그 발전들이 강화되는 과정이다. 그 발전들은 물론 늘어난 컴퓨터 처리능력, 늘어난 사용 가능한 데이터 그리

고 인공지능 시스템들의 학습 능력 발전 등에 의해 가능해졌다. 지금
진행되고 있는 변화들의 성격이 점진적이고 진화적이라는 말은, 정부
와 기업과 개인이 (아무것도 하지 않는 게 아니라) 자기가 장차 놓일 환경
속에서 일어날 변화에 대비해 스스로를 살피고 바꾸기까지 시간이 걸
린다는 것을 뜻한다.

◆ 아직 대답이 나오지 않은 질문들 ◆

이런 식으로 정리할 때, 여전히 매우 중요하며 반드시 해결되어야 할
쟁점들이 제기된다. 이 쟁점들은 이 책의 나머지 부분에서 다룰 주제인
데, 이 책은 다음 세 가지 핵심 질문에 대한 대답을 찾으려 노력한다.

- 생산력이 늘어나면 거기에 따른 혜택으로 생산량이 늘어날 수도 있고 여
  가시간이 늘어날 수도 있다. 그렇다면 사람들은 자기가 누릴 수 있는 혜
  택을 여가시간이라는 형태로 과연 얼마나 많이 가지려 할까?
- 어떤 유형의 일자리가 사라지고, 어떤 유형의 일자리 숫자는 늘어나며,
  어떤 일자리가 새로 나타날까?
- 이런 변화들이 자본과 노동 사이, 어떤 유형의 사람과 또 다른 유형의 사
  람 사이, 국가와 국가 사이의 소득분배에 어떤 결과를 가져다줄까?

설령 우리가 이런 주요 쟁점들을 분석해왔다고 하더라도 전체 지형

에 대한 우리의 견해는 여전히 부분적인 것에 지나지 않을 것이다. 왜
냐하면 우리는 결정적으로 중요한 측면인 거시적인 부분을 빼놓고 얘
기했기 때문이다. 로봇과 인공지능 세상에서는 인간이 수행하는 서비
스에 대한 절대적인 수요를, 고용을 창출하고 유지하는 효과적인 수요
로 전환할 돈이 있을까? 또 만일 그럴 돈이 있다면, 새로운 세상으로
의 이행이 돈이라는 영역에 일상적으로 존재하는 그 어떤 재앙도 거치
지 않은 채 순조롭게 진행될 수 있을까?

앞서 1장에서도 강조했듯이 어쨌거나 지난 200년의 역사는 몇몇 주
요한 거시경제적 실패들로 점철되었고, 그 실패들 가운데 가장 심각한
것이 1930년대의 대공황이었다. 그리고 보다 최근에는 세계금융위기
가 있었고, 대침체가 뒤따랐다. 이 대침체는 대공황에 근접할 수도 있
었다. 인공지능 열광자들이 쏟아내는 온갖 암울한 이야기 가운데 많은
것이, 로봇과 인공지능이 지배하는 세상에서는 거시경제가 제대로 작
동하지 않으며 과거에 일어났던 재앙들이 그대로 재현될 것이라는(그
러나 과거의 재앙들보다 더 고약한 일들이 일어날 수도 있다는) 견해를 반영한
다. 그런데 정말 그럴까?

이 질문 및 이것과 관련된 다른 문제들에 대답하려면, 비록 조심스럽
긴 하겠지만, 거시경제학을 깊이 파고들어야 한다. 독자들은 이 주제
와 관련해 자기가 지금까지 보고 경험했던 것을 토대로 인공지능 열광
자들이 공상하는 것보다 이 세상이 한층 더 허구적일 수 있고 도무지
이해할 수 없다고 생각할 수도 있다. 그렇게 생각하는 것도 무리가 아
니다.

그들의 생각도 일리는 있다. 현대의 많은 경제학자가 경제학을 나쁘게 이야기해왔다. 그러나 경제학은 인공지능에 대한 열광적인 집착보다 한층 더 명료하고 이해하기 쉽다. 내가 편견에 사로잡혀 있을 수도 있지만, 어쩌면 경제학이야말로 우리가 진실에 한 걸음 더 다가설 수 있게 해준다고 나는 생각한다. 어쨌거나 우리는 피할 수 없는 단계까지 와 있다. 이 지점에서 경제학은 인공지능이라는 영역을(그리고 다른 많은 영역을) 이해할 수 있는 본질적인 경로를 제공한다. ♠

3장

고용과 성장 그리고 인플레이션

> "이 세대 및 다음 세대 사람들에게, 전 세계 문제가 경제와 관련된 문제인 경우, 이 문제는 주체할 수 없을 정도의 풍성함과 관련될 뿐만 아니라 결핍과도 관련될 것이다. 진짜 현실적인 문제들을 해결할 때를 위해 아껴 써야 할 '걱정 능력'을 자동화라는 귀신이 야금야금 갉아먹는다."
>
> _ 허버트 사이먼(경제학자), 1966년[1]

> "예측은 극단적으로 어려운 것이다. 미래를 예측할 때 특히 더 그렇다."
>
> _ 마크 트웨인(소설가)[2]

　전설적인 경제학자 존 케네스 갤브레이스John Kenneth Galbraith는 특유의 고결한 말투로 이렇게 말했다. "경제 분야 예측의 유일한 기능은 점성술이 그럴듯해 보이게 만드는 것이다."[3] 경제 예측가로서 나는 비록 갤브레이스의 견해가 과장된 것이라고 생각하면서도 그의 견해에 상당 부분 공감한다.

　그렇다면 먼 미래 경제 예측에 대해서는 어떻게 말해야 할까? 나는

1996년 출간한 『인플레이션의 종언The Death of Inflation』에서 이런 장기적인 예측을 하려고 노력했다. 그 책에서는 서구 거의 모든 선진국에서 낮은 수준의 인플레이션이 확장된 채 계속 이어지며 그사이 때로는 디플레이션으로 빠져 초저금리 현상이 동반되리라 전망했다.

자랑 같아 쑥스럽지만, 그 뒤 여러 해 동안 일어난 일들은 내 예측과 맞아떨어졌다. 그러나 내가 그런 급진적이고 본질적인 예측을 한 것은 적지 않은 강력한 힘들이 동일한 방향을 가리키고 있었으며 그 뒤 4반세기 동안 거기에 대항하는 주요한 힘이 전혀 나타나지 않았기 때문이다. 그리고 그 예측은 쉽게 빗나갈 수도 있었다.

로봇과 인공지능의 경제적인 효과와 관련해서는 사정이 복잡하다. 로봇과 인공지능에 반발할 힘이 많으며, 로봇과 인공지능이 발생시킬 스트레스와 긴장에 대응하는 공공정책도 여전히 명확하지 않은 상태다. 그러므로 우리는 심오하기 짝이 없는 불확실성을 붙잡고 씨름할 수밖에 없다. 따라서 내 이야기에 이런저런 단서나 조건들이 달릴 수밖에 없다.

앞서 2장에서도 주장했듯이 로봇과 인공지능이 초래하는 경제적 충격 규모와 이 충격이 펼쳐지는 시간의 길이라는 주제에 대한 의견이 모두 첨예하게 갈리기 때문에 특히 더 그럴 수밖에 없다. 나는 바로 뒤에서, 거시경제 차원의 효과가 진행되리라 예상하는 방향을 구축하는 데 집중할 것이다. 이렇게 할 때 놀라운 사실을 확인할 수도 있기 때문이다. 그리고 이런 차원의 분석은 (어떤 사람들이 주장하듯이) 효과의 규모가 크든 (또 다른 사람들이 긴가민가하듯이) 사소하든 간에 도움이 될 수 있다. 또한 이 분석은 그 충격이 (많은 인공지능 전문가가 믿듯이) 임박하고 갑작스러우며 격렬하든 (다른 많은 전문가가 믿듯이) 증기기관에서 컴퓨터에 이르는 주요한 기술 발전이 가져다준 충격과 마찬가지로 수십 년에 걸쳐 진행되든 간에 역시 도움이 될 수 있다. 그러나 일어남 직한 변화를 이 효과들과 연관 짓고 그것들을 앞서 1장에서 간단히 얘기했던 역사적 경험 맥락에서 해석하려고 최대한 노력할 참이다.

◆ 거시경제 차원의 효과들 ◆

로봇과 인공지능의 확산이 거시경제에 결정적인 충격을 줄 수 있는 8가지 주요 영역이 있다.

- 경제활동 및 고용의 전반적인 수준
- 인플레이션율
- 경제성장 속도
- 금리 수준
- 제각기 다른 자원들이 거둔 성과
- 일과 여가시간 사이의 균형
- 사람이 가질 수 있는 일자리의 유형
- 소득분배

그런데 이 각각의 영역은 범위가 넓고 상대적으로 종류가 다르다. 그래서 특히 마지막 세 가지 주제는 4장부터 6장까지 할애해 장별로 다루고, 앞에 있는 다섯 가지 주제는 여기서 하나씩 살펴볼 것이다. 그러나 본격적으로 들어가기 전에 거시경제학의 다른 이 측면들이 사실 서로 연결되어 있음을 밝혀둬야 할 것 같다. 4장부터 다룰 세 가지 주제도 마찬가지다. 모든 것이 연결되어 있고 서로서로 반영되어 있다.

프롤로그에서 경고했듯이 이것은 이해understanding와 제시presentation라는 예리한 문제로 이어진다. 비록 실제 현실에서는 모든 연관성이 동시에 작동하면서 모든 것이 함께 결정되지만, 이 쟁점들을 분석할 때는 전체를 하나로 묶어서 살필 수 없다. 그랬다간 끊임없이 돌아가는 쳇바퀴를 계속 돌리는 것밖에 되지 않기 때문이다.

미리 일러두지만, 나는 여기서 전통적인 방식을 좇아, 탐구 대상을 각각의 부분으로 해체한 다음 한 번에 한 부분씩 집중적으로 파헤치되, 다른 부분 그리고 지금 다루는 부분이 다른 것들과 가지는 연관성은 나중에 따로 분석하는 식으로 접근할 것이다. 진도가 나가는 동안 해당 연관성에 대해서는 최대한 언급하려 노력하겠지만, 모든 것이 온전하게 하나로 종합되는 것은 결론 부분에 가서야 가능해진다. 나는 맨 먼저 로봇과 AI 혁명에 대한 전반적인 거시적 관점을 간략하게 설명한 다음, 총수요와 고용 및 실업의 전반적인 수준에 대한 전망을 살펴보고, 앞에서 언급했던 다른 네 가지 주제를 차례대로 살펴볼 것이다.

◆ 더 생산적인 자본 ◆

2장에서 로봇과 인공지능은 자본투자의 한 유형으로 생각하고 분석해야 한다는 점을 분명히 밝혔다. 몇 가지 두드러진 기술 발전 때문에 로봇과 인공지능은 한층 더 큰 역량을 가지게 되었고, 따라서 그만큼 생산성이 높아졌다. 그러므로 여기에 대한 투자는 한층 많은 보상을 받게 되었으며, 만일 로봇과 인공지능 열광자들의 주장이 맞는다면 이 투자는 앞으로 한층 더 많은 보상을 가져다줄 것이다(경제학자들은 이것을 '자본의 한계효율 증가'라고 말한다).

일단 이렇게 접근한다면 전통적인 경제학적 분석 방법을 동원할 수 있다. 그리고 명백한 여러 결과는 이미 나와 있는데, 자본이익률[J]은 다음으로 이어진다.

○ 투자 증가[4]

○ 실질금리 상승 압박

○ 1인당 실질생산량과 1인당 소득 상승

○ 평균실질임금 상승 가능성

네 번째 결과가 가능한 것은 보다 많은 자본이 투자되어 노동자 1인당 자본의 양이 그만큼 더 늘어날 터이기 때문이다. 그러나 이것이 평

[J] 일정 기간에 자본을 투자한 데 대해 얻은 이익을 자본의 크기로 나눈 비율.

균실질임금의 상승으로 이어질지 여부는, 다른 자본투자의 경우와 마찬가지로 거시적인 차원에서, 그 새로운 자본이 노동력을 (보완하는 것과 반대 개념인) 대체하는 규모에 따라 좌우된다.

인공지능의 우울한 미래를 이야기하는 저작물 가운데 많은 것이 암묵적으로든 명시적으로든 로봇과 인공지능이 인간의 노동을 완전하게 대체할 것임을 전제한다. 그러나 2장에서 살펴보았듯이 그리고 뒤에서도 계속 확인하겠지만, 경제의 많은 부분에서 로봇과 인공지능은 인간의 노동을 보완한다.

인간과 인공지능은 근본적으로 다르며 이들은 제각기 다른 영역에서 서로에게 우월하다. 또한 이런 상황은 앞으로도 계속 이어질 것 같다. 그러므로 이 양자는 협력할 때 보다 많은 것을 생산할 것이다. 그러나 우리가 사는 세상은 사람의 세상이고 로봇과 인공지능은 독립적인 존재가 아니며 보상을 요구하지 않으므로(적어도 로봇과 인공지능이 인간을 지배하기 전까지는 그렇다), 어쨌거나 이득을 보는 것은 결국 인간이다.

여기까지 오는 동안 우리는 이런 관점으로 무장했다. 그리고 지금은 로봇과 AI 혁명의 여러 가지 거시경제 효과를 통해 생각해야 할 지점에 서 있다. 맨 먼저 이 혁명이 경제활동과 고용에 미치는 충격부터 살펴보자.

◆ 경제활동과 고용 ◆

기술 관련 저작물은 기술 발전이 경제적 아마겟돈, 특히 대량 실업과 빈곤으로 우울하기 짝이 없는 미래로 이어진다는 내용의 온갖 전망으로 가득 차 있다. 이런 주장들의 논지를 풀어내는 것이 쉽지는 않지만, 어쨌거나 우리는 노력해야 한다.

현대 사회에는 다양한 유형의 실업이 존재한다. 일자리를 가지고 있던 사람이 새로운 일자리를 찾으려고 기존 일자리를 떠나는 과정에서 노동 수요공급의 일시적 불균형 때문에 발생하는 '마찰적' 실업이 있고, 사람들이 종사해서 일하는 특정한 산업들이나 부문들이 쇠퇴해서 자기가 가진 기술에 의존해 생계를 꾸려가던 사람들이 정리해고 등으로 일자리를 잃는 '구조적' 실업이 있다. 비록 로봇과 AI 혁명이 이 두 가지 유형 모두의 요소를 포함하겠지만, 이 변수들만으로는 수많은 인공지능 전문가가 묘사하는 종말론적인 전망으로 이어질 정도로 큰 영향을 미치지는 않는다.

초비관적인 전망에는 두 가지 버전이 있다. 이 둘은 서로 연관되어 있지만 그런데도 엄연하게 별개로 존재한다. 첫 번째 버전은 본질적으로 기술적인 차원의 전망이다. 인간이 기계보다 더 잘할 수 있는 일자리는 거의 없을 것이라는 견해다. 그러므로 인간이 가질 일자리는 거의 없어지고 대량 실업은 불가피하다는 것이다.

두 번째 버전은 경제학적 차원의 전망인데, 로봇의 확산과 인공지능의 발전이 경제로부터 구매력을 강탈할 것이라는 견해다. 그래서 설령 기술적인 차원에서 볼 때 사람이 수행하는 일자리가 있을 수 있다고 하더라도, 사람을 고용하고자 하는 수요가 경제적 차원에서는(즉 경제 시스템 안에서는) 존재하지 않을 것이라는 말이다.

2장에서 첫 번째 버전에 대해 설명하면서 오류를 지적했다. 대량 고용이 어떻게 그리고 왜 지속될 수 있는지도 지적했다. 미래의 직업들로 어떤 것이 있을지는 5장에서 풀어놓을 것이다. 그러니 여기서는 두 번째 버전인 경제적 차원의 비관적인 전망을 따져보겠다.

이 부정적인 전망은 사실 전혀 새로운 게 아니다. 1950년대 노동조합 지도자이던 월터 로이터Walter Reuther는 포드 공장을 방문했을 때 로봇들이 자동차 조립 작업을 하던 인상적인 장면을 보았다. 공장을 안내하던 포드의 중역이 그에게 로봇에는 노동조합 회비를 어떻게 내게 할 것인지 물었다. 그러자 로이터는 그보다 더 큰 질문은 어떻게 하면 로봇이 자동차를 사게 만들까 하는 것 아니겠냐고 반문했다.[5]

로봇과 인공지능이 경제에 미치는 충격과 관련해 미래에 대한 그리고 수많은 리스크에 대한 불확실성이 존재한다. 그 불확실성 가운데 하나로, 로봇이 생산한 생산물을 사겠다는 수요가 전혀 없을 수 있을까? 지금은 경제학 입문을 공부할 시간이다. 나는 지금부터 로봇과 인공지능에 대한 언급 없이 총수요의 경제학에 대해 간략하게 설명할 것이다. 그런 다음 로봇과 인공지능을 끌어들여 방금 확인한 이론적인 틀에 그것들을 어떻게 끼워맞출지 분석할 것이다.

마음 단단히 먹고 시작해보자. 출발점은 '공급은 그 자체의 수요를 창출한다'라는 단순한 명제다. 이것은, 만일 생산물이 생산되면 어딘가에 있는 누군가는 이 생산물을 구매하는 데 지출할 소득을 가지고 있다는 말이다. 이것은 프랑스의 위대한 경제학자 장바티스트 세Jean-Baptiste Say가 제시한 금언인데, 그는 19세기 초 저술 활동을 했다.[6] 그리고 '세의 법칙Say's Law'으로 알려진 이 원리는 그가 살았던 당시에 그랬던 것처럼 지금도 진리로 통한다. 나는 이 말을 하면서 단어를 심사숙고해서 선택했다. 왜냐하면 세의 법칙은 당시 절대적인 진리가 아니었으며 지금도 절대적인 진리가 아니기 때문이다. 그러므로 어떤 관계를 묘사하기 위해 '법칙law'이라는 단어를 남용하는 사람은 기술 분야 수다쟁이 열광자들만이 아니다. 경제학자들도 때로는 이런 잘못을 저지른다.

복잡한 문제를 다루기 전에 세의 법칙이 다루는 내용의 단순한 진리에서부터 시작해보자. 거시경제학에서 생산은 소득과 동일하고, 소득은 지출과 동일하다. 이 셋은 동일한 동전의 세 측면이다. 어떤 물건이 생산되면, 그 물건을 생산하는 대가를 지급받음으로써 그 물건을 살 소득을 가진 사람이 그 물건을 구매한다. 마찬가지로 만일 로봇과 인공지능이 생산 능력을 높인다면, 그들은 소득과 소비 능력을 높이는 것이 된다. 물론 자기가 아닌 다른 누군가를 위해서겠지만 말이다. 누가 그 '누군가'가 될 것인지는 조금 뒤에 다시 설명하겠다.

케인스의 조건들

이제 복잡한 이야기를 해보자. 제품이나 서비스의 생산 과정은 생산된 그 제품이나 서비스를 구매하는 데 지불할 수 있는 소득을 올려

주지만, 실제로 실물경제에서는 그 소득이 모두 지출되지 않는다. 그렇다면 생산된 물건 가운데 일부가 구매되지 않은 채 남을 것이고, 그러면 생산량 감소로 이어지며 노동자의 정리해고로 이어질 것이고, 그 결과 다시 소득 감소로 이어지고, 다시 구매 능력 감소로 이어지고…… 이런 식의 순환이 이어지고 또 이어지는 것이 경기침체다. 그런데 경기회복은 이 과정이 거꾸로 진행될 때 일어난다. 소득이 모두 지출되기만 한다면 경기침체는 굳이 일어날 일이 없다. 그러나 경기침체는 얼마든지 일어날 수 있는데, 그것은 소득이 반드시 모두 지출되지 않기 때문이다.

실제 현실에서 이런 유형의 변동성은 늘 있게 마련이다.[7] 통상적인 조건에서 그런 들쑥날쑥한 변동성은 사소하며 일시적이다. 그러나 정말 심각한 경제 조건들에서는 수요가 상당 기간 억눌려 있을 수 있다. 존 메이너드 케인스John Maynard Keynes는 이것이 일어날 수 있는 방식을 설명했으며, 이런 경기침체가 나타났을 때 이것을 극복하려면 무엇을 해야 할지 설명했다. 그런 조건에서는 정부와 중앙은행이 총수요를 평상시 수준으로 회복하도록 행동해야 한다고 케인스는 주장했다.

1990년대 일본에 경기침체가 찾아오기 전까지 그리고 보다 최근에는 2007~2009년 금융위기와 그 뒤를 이어 대부분의 선진국을 강타한 대침체가 찾아오기 전까지만 하더라도, 이 경기침체의 조건들과 경기침체 극복 방안인 케인스의 충고는, 경제사에 특히 1930년대의 대공황에 관심을 가진 사람들만 관심을 가질 수 있는 일종의 역사적 호기심과 같은 진기한 것으로 널리 여겨졌다.

그러나 지난 10년 동안 있었던 사건들 이후 사정이 달라졌다. 죽은 케인스가 살아 돌아온 것이다. 비록 정책의 세부 사항을 놓고 경제학자들 사이에 뚜렷한 이견이 계속 존재하긴 하지만, 정부와 중앙은행이 경기침체를 예방하기 위해, 그리고 필요하다면 총수요가 떨어진 것을 바로잡기 위해 어떤 행동을 할 수도 있을 뿐만 아니라 한 걸음 더 나아가 이렇게 하는 것이 그들의 의무라는 발상이 지금은 정책 입안자들과 강단의 학자들 사이에서 꽤 널리 인정받는 지혜가 되었다.[8]

정부와 중앙은행이 취할 수 있는 조치로는 정부 지출 증가, 세금 감면, 금리인하 혹은 양적완화quantitative easing, QE[ʃ] 등이 포함된다. 그리고 모두 실패로 돌아갔을 경우 사람들에게 돈을 거저 주는 것이 마지막 선택지가 된다. 이른바 '헬리콥터 머니helicopter money'[ʃʃ]를 뿌리자는 것인데, 이 용어는 밀턴 프리드먼Milton Friedman이 처음 말한 것으로, 최근에는 널리 논의되며 지지를 받고 있다. 이 정책의 지지자로 특히 연방준비제도이사회 의장을 지낸 벤 버냉키Ben Bernanke를 꼽을 수 있다.

이 정책이 실행되면 아무리 작은 불황도 나타날 수 없다. 그러나 1930년대 일어났던 것과 같은 정말 심각한 불황이 일어날 가망이 없다는 뜻은 아니다. 물론 당국자가 정신을 놓아버린 채 자신의 정치적 혹은 이념적 이유로 충분한 열정을 가지고 대처하지 않는다면 그럴 가능성이 커지겠지만 말이다.

ʃ 기준금리 수준이 이미 너무 낮아 금리인하를 통한 효과를 기대할 수 없을 때 중앙은행이 다양한 자산을 사들여 시중에 통화 공급을 늘리는 정책.

ʃʃ 중앙은행이 경기부양을 목적으로 돈을 새로 찍어 헬리콥터에서 돈을 뿌리듯 시중에 공급하는 통화 정책.

불황의 경향성

거시적인 차원의 정책적 행동과 관련된 위의 결론은 로봇과 인공지능이 지배하는 미래에도 다른 조건들 아래에서와 마찬가지로 똑같이 적용된다. 그런데 로봇 시대에 그런 행동의 필요성이 조금이라도 더 클까? 다시 말하면, 새로운 세상에서 지출 감소 및 거기에 따른 높은 실업률이라는 경향성이 한층 더 커지고 여기에 대해 정책 당국자들은 위에서 언급한 여러 가지 방식으로 대응해야 할까?

이 질문에서 나는 로봇이 사람의 일자리를 모두 차지해버려 사람의 일자리가 많지 않을 것이라는 발상에 대해서는 따로 언급하지 않겠다. 로봇 시대에도 사람들이 여전히 다른 사람들이 제공하는 서비스와 어느 정도의 재화가 필요하고 어느 정도는 사람의 노동에 대한 수요가 있을 것이라는 사실을 2장에서 명확하게 밝혔기 때문이다(다른 사람이 제공하는 재화와 서비스가 어느 정도까지 필요하고 미래의 직업 양태가 어떨지는 5장에서 살펴볼 것이다). 내가 여기에서 논의하려고 하는 실업률 상승의 경향성은 케인스적인 실업을 말한다. 잠재적으로 이 실업은 인간뿐만 아니라 로봇에 영향을 미칠 수도 있다. 이 실업은 총수요 차원에서의 로봇과 인공지능에 따른 결과로 나타난다.

AI 경제에서 총수요가 경향적인 감소로 이어질 수 있는 이유로는 두 가지를 들 수 있다. 하나는 이 경향성을 제어할 수 있는 어떤 특별한 조치가 실행되지 않는 한, 새로운 세상에서 국민소득 *f* 의 보다 많은 몫이

∫ 한 나라 생산물의 흐름 가치를 어느 일정 기간 집계한 것.

로봇을 비롯한 자본을 소유한 사람들에게서 발생하는 경향이 있다는 점이다. 즉 소득의 분배가 (노동의 대가인) 임금보다 (자본의 대가인) 수익에 더 유리한 쪽으로 이동할 것이라는 말이다. 기업들이 자기가 거둔 이익을 모두 지출하지 않는다면 그리고/혹은 기업의 수익이 주주들에게 분배되었을 때 주주들이 이 배당금을 (임금 소득 소비자들이 자기 소득을 지출하듯이 그렇게) 모두 지출하지 않는다면, 총수요가 보다 낮아지는 결과가 빚어질 것이다.

그리고 이와 동일한 결과를 빚어낼 수 있는 두 번째 경로는 임금 소득자들에게 있다. 로봇과 인공지능이 소득에서 수익으로의 이동으로 이어지든 말든 로봇과 인공지능은 변변찮은 기술 혹은 기계에 의해 쉽게 대체될 수 있는 기술을 가진 노동자들(여기에는 잠재적인 노동자도 포함된다)과 가치가 높은 기술을 가진 노동자들 사이에서, 특히 로봇이나 인공지능과 함께 어렵지 않게 일할 수 있다. 따라서 한층 높은 생산성을 발휘할 수 있는 노동자들 사이에 소득 격차가 커질 수 있다. 기계가 지배하는 노동시장에서는 최하층 노동자로서 벌어들일 수 있는 임금이 너무 낮은 수준이라서 너무 많은 노동자가 차라리 노동하지 않는 쪽을 택할 수도 있다. 왜냐하면 그렇게 해서 벌어들일 수 있는 소득이 국가로부터 받을 수 있는 보조금보다 적을 수도 있기 때문이다.

다른 말로 하면, 로봇과 AI 혁명은 소득분배를 한층 더 불평등하게 만들 수 있다는 의미다. 이런 변화가 바람직하며 사회적으로 수용될 수 있고 정치적으로 가능할 것인지 여부는 또 하나의 쟁점이다(여기에 대해서는 9장에서 다룰 것이다). 게다가 소득이 낮은 사람은 소득이 높은 사람에 비해 전체 소득 대비 지출 비용이 높으므로, 한층 더 불평등해지는 이 소득분배 때문에 총수요가 잠재적인 생산성에 한층 못 미치는 경향을 낳을 수도 있다.

수요 부족 현상이 나타날까?

표면적으로는 로봇과 인공지능 채용이 늘어날 때 노동자 사이의 소득 불평등이 커질 것처럼 보인다(이 쟁점은 6장에서 집중적으로 다룬다). 마찬가지로 우선 로봇과 인공지능을 채용하는 데서 발생하는 수익을 분산하려는 정부의 신중한 정책적 행동이 없으면 로봇과 인공지능 채용에 따른 충격은 기업가와 자본가의 수익이 노동자의 임금을 희생으로 해서 한층 가파르게 상승하는 결과로 나타날 것이다. 여기에서 정부의 정책적 행동으로는, 로봇세robot tax를 부과해 그 재원으로 보편기본소득universal basic income ˢ 기금 조성 등을 들 수 있다(보편기본소득에 대해서는 7장과 9장에서 논의할 것이다).

그러나 위의 두 가지 가운데 어느 하나 혹은 둘 다 나타난다고 하더라도, 우리는 그런 것들이 필연적으로 수요 부족으로 이어질 것이라고 태평하게 받아들일 수 없다. 우선, 만일 로봇과 AI 혁명이 여기에 열광하는 사람들의 주장처럼 심오하다면, 사회 전체가 근본적으로 바뀔 것이다. 전혀 다른 사회적 상태나 사회적 구조에서 경험했던 것을 토대로 소득분배가 총수요에 미치는 충격을 자신 있게 예단하는 것은 현명

ˢ 국가가 모든 국민에게 아무런 조건 없이 정기적으로 지급하는 일정 금액의 현금.

한 판단이 아니다. 제2차 세계 대전 직후의 경우를 보자. 경제 전문가들은 군수품 생산이 중단됨에 따라 1930년대의 수요 부족 현상이 재현될 것이라고 떠들어댔지만, 결과가 어땠는가? 투자와 소비 지출이 급증하면서 총수요가 강력하게 증가하지 않았던가!

또 로봇 시대에는 소득분배에 어떤 일이 일어나든 간에 총수요를 상쇄하는 의미 있는 요인들이 있을 수 있다. 지난 20년 동안 전 세계는 총수요를 지속적으로 약하게 만들어온 두 가지 강력한 힘을 경험했다. 첫째, 인구통계학적 변화가 나타났다. 인구가 노령화됨에 따라 많은 선진국에서 소비보다 저축 선호 경향이 강화되었다. 그러나 조만간 많은 선진국에서 인구의 연령별 균형이 달라지면서 일하는 인구 대비 은퇴한 인구가 많이 늘어날 것이다. 이렇게 되면 노동 공급이 줄어들 뿐만 아니라, 은퇴자들은 전형적으로 자기 소득 가운데 많은 부분을 지출하며 저축을 중단할 것이다. 그러므로 많은 선진국에서 인구통계학적 변화가 저축은 줄어들고 소비가 늘어나는 경향을 촉진해, 총수요는 한층 더 힘을 얻을 것이다.

둘째, 세계금융위기 이전과 이후 몇 년 동안 전 세계적으로 미국이나 영국처럼 지출이 높고 저축이 낮았던 국가들과 중국이나 산유국들처럼 지출이 낮고 저축이 높았던 국가들 사이에 상당한 수준의 불균형이 존재했다. 전자는 대규모 무역적자에 시달리는 경향이 있었던 반면, 후자는 대규모 무역흑자를 누렸다. 언제나 그렇듯이 무역적자에 시달리는 나라는 지출을 줄임으로써 적자 폭을 줄여야 하는 압박을 받지만, 무역흑자를 누리는 나라에서는 이런 압박이 없었다. 따라서 전 세계적 차원에서 지출이 줄어들고 저축이 늘어나는 경향이 나타났으며, 이 경향이 세계 경제에 통화수축(디플레이션) 압박으로 작용했다. 여기에 대해 경기를 부양하는 금융정책이 대응책으로 제시되었고, 이 대응책 때문에 세계금융위기를 초래한 여러 요인에 기여하는 이런저런 문제가 발생했다.

그러나 최근 이런 국제적 불균형을 초래한 여러 원천 가운데 하나인 산유국에서 창출되었던 흑자가 힘을 잃었다. 유가가 엄청난 폭으로 떨어지면서 산유국들의 흑자 수준이 거의 0에 가까울 정도로 떨어졌다(이런 상황 역시 언제든 바뀔 수 있으며, 어쩌면 독자가 이 책을 읽는 시점에 이미 그 변화가 시작되었을지도 모른다). 게다가 중국이 누리던 흑자 폭도 대폭 줄어들었다.

전 세계 무역 불균형 축소는 당연히 세계 경제의 안정에 도움이 되며 지속가능하지 않은 금융 정책들에 의지하지 않고 총수요를 유지하는 데도 도움이 된다. 국제적인 차원의 불균형을 유발하는 지속적인 주요한 원천은 지금 유로존, 특히 독일이다. 그러나 어쨌든 나는 이것 역시 바뀌지 않을까 생각한다(유로존 및 이것이 세계적인 차원의 불균형에 기여하는 효과를 분석하는 것은 이 책에서 다룰 내용이 아니다. 이 질문에 관심 있는 독자는 최근 『브렉시트 성공하기Making a Success of Brexit』로 개정·출간된 졸저 『유럽의 문제The Trouble with Europe』를 참조하기 바란다[9]).

한편 은행들은 붕괴 직전까지 갔던 2007~2009년 사태의 충격 및 그 뒤에 이어진 규제의 무자비한 공격에서 점차 회복하고 있다. 은행들의 대출 능력과 의지는 점점 커지고 있는데, 이런 점 역시 총수요에 힘을 보태준다.

총수요를 약화시켜왔던 요인들이 사라지는 모습 외에, 총수요를 강화하는 주요한 새로운 힘이 대두하는 것도 쉽게 눈에 띈다는 점을 지적할 수 있다. 나노 기술과 생체공학의 발전 속에서 로봇과 인공지능이 확산됨에 따라 발생한 새로운 기회들이 많은 투자 기회를 만들어낸다. 왕성한 투자 지출이 AI 경제의 특징이 될 수 있음을 나는 어렵지 않게 상상할 수 있다. 그렇기에 설령 로봇과 AI 혁명이 소득분배가 (노동자의) 임금보다 (자본가의) 수익에 유리한 방향으로 진행되도록 하지 않는다 하더라도, 이것이 고질적인 수요 부족은 말할 것도 없고 허약한 총수요로 반드시 이어져야 할 이유는 없다. 어쩌면 정반대일지도 모른다(여기에 대해서는 뒤에서 더 자세하게 다룰 것이다).

정책적 대응

그런데 씨름해야 할 거시경제적 정책도 있다. 앞에서 언급한 상쇄 요인들에도 불구하고 만일 로봇과 인공지능 시대에 총수요가 줄어드는 경향성이 나타난다면, 문제는 거기에서 끝나지 않는다는 말만으로도 거시경제적 정책의 의의는 충분하다. 정책 당국은 위에서 언급한 여러 가지 방식을 동원하는 식으로 총수요를 활성화하기 위해 개입할 것이다.

로봇과 인공지능 시대로 이행하는 데는 특히 까다로운 문제가 나타날 것이다. 만일 이 이행이 전개되는 초기 국면에서 많은 사람이 일자리를 잃는다면, 이 사람들은 일자리를 가진 다른 사람들이 제공하는 여러 새로운 서비스를 소비할 소득을 가지지 못할 것이다. 그러나 이 것 역시 공공정책에 의해 해소될 수 있다. 그것은 어디까지나 이행상 의 문제지 최종적인 목적지가 아니다.

그러므로 설령 소득분배 그리고 거기에 따른 총수요에 미칠 수 있는 영향에 대한 위의 주장이 옳으며 총수요 감소를 상쇄하는 요인들 따위 는 전혀 없다고 하더라도, 이것을 가지고 수요 부족과 높은 실업률 시 대가 필연적으로 찾아올 거라고 결론 내리는 것은 잘못된 논리 전개 다. 이런 사정으로 인해 로봇 시대의 시작은 경기부양 정책 시대가 될 가능성이 높다. 그 경기부양 정책에는 금융 정책의 확대, 양적완화 혹 은 '헬리콥터 머니'가 포함될 수 있다. 정책 입안자가 맨 먼저 의지할 수단은 초저금리 혹은 마이너스 금리가 될 것이다(미래에 있을 수 있는 금리와 채권수익률에 대해서는 조금 뒤에 살펴볼 것이다).

그런데 이런 여러 경기부양 정책을 한데 뒤섞는 것은 한계가 있음을 알아야 한다. 재정적자가 지속될 때는 공채^{f}가 누적되는데, 이 경우 국가 재무건전성을 포함해 여러 심각한 문제가 나타날 수 있다. 만일 부채가 지속가능한 범위를 넘어서면, 국가 부도(디폴트)나 인플레이션 가운데 하나 또는 둘 다 나타날 수 있다. 그러므로 경기부양 재정 정책 이 일시적으로는 수요 부족 문제를 다스릴 수 있는 방편이 될 수 있지 만 장기적으로는 지속가능한 해법이 되지 않는다. 그러므로 AI 경제에 서 수요 부족이 통상적인 상태라면, 경기부양을 위한 재정 정책으로는

---

f 국가 또는 지방자치단체가 재원조달을 목적으로 부담하는 채무.

출구를 마련할 수 없다.

초저금리가 더욱더 지속가능한 방안이 될 수도 있지만 여기에는 일련의 리스크와 비용이 뒤따른다. 가장 중요하게는, 초저금리가 장기적으로 지속될 때 금융시장과 실물경제가 심각하게 왜곡될 수 있다는 점을 들 수 있다. 이런 상황에서는 경제의 잠재생산력이 손상될 수 있다. 게다가 지속적인 저금리는 자산 가격을 한껏 올림으로써 부의 불평등한 분배를 한층 강화하는 경향을 고착시킬 수 있다. 지속적인 양적완화 정책에도 마찬가지 논리를 적용할 수 있다.

◆ 인플레이션율 ◆

로봇과 인공지능 시대는 필연적으로 낮은 인플레이션율 혹은 디플레이션(즉 가격 인하) 시대가 될 수밖에 없다고 믿는 사람들을 나는 자주 본다. 나도 이런 사람들처럼 확고한 자신감을 느낄 수 있으면 얼마나 좋을까 싶다. 그러나 실제로 이런 견해는 너무 단순하다. 소득분배 측면에서의 변화로 총수요가 총공급을 따라가지 못하는 경향이 나타나며 앞에서 말했던 잠재적인 상쇄 요인들이 충분히 강력하지 못할 때, 사람의 노동과 자본이(이 자본에는 로봇도 포함된다) 생산 과정에 투입되지 못하는 경향이 나타날 것이다. 이런 상황은 가격을 떨어뜨리는 압력으로 이어지고, 이것은 다시 정상적인 상황에서 나타날 인플레이션 수준보다 더 낮은 인플레이션으로 귀결될 것이다. 이처럼 로봇 시대는 낮은 인플레이션 혹은 디플레이션 시대가 될 것이라는 결론을 사람들이 어떻게 내리는지 독자는 쉽게 알 수 있다.

그러나 여기에는 세 가지 커다란 '조건'이 전제된다.

- ○ 로봇과 AI 혁명이 소득분배에 뚜렷한 효과를 낼지 여부
- ○ 만약 뚜렷한 효과를 낸다면, 이것이 수요 부족이라는 경향성으로 이어질지 여부
- ○ 또 만약 수요 부족이라는 경향성으로 이어진다면, 정부 차원의 정책적 대응을 포함하는 상쇄 요인들이 적절할지 여부

그런데 당연히 인정해야 할 점은 로봇과 인공지능 도입의 초기 효과가 가격 인하라는 사실이다. 어쨌거나 로봇과 인공지능을 도입하는 것은 비용을 줄이기 위함이며, 이런 비용 절감은 주로 사람의 노동을 절감하는 것 혹은 이것을 먼저 설정하지 않는 것으로 이루어진다.

이 가격 인하 효과는 세계화 현상과 싸게 생산되는 재화의 대규모 생산자로서 중국의 성장이 세계 경제에 끼친 효과와 판박이다. 이것은 가격을 아래로 떨어뜨리는 한 차례 충격(혹은 일련의 충격)을 주며, 인플레이션율이 낮게 유지되도록 돕는다.

그러나 이것은 (세계화와 중국의 성장이라는 두 경우에서 그랬듯이) 본질적으로 어떤 이행 효과다. 비록 시간적으로 상당히 길게 이어지는 이행이긴 하지만 말이다. 게다가 내가 저서 『인플레이션의 종언』에서 주장했듯이, 결국 인플레이션율은 경제 정책, 특히 금융 정책에 따라 결정

될 것이다. 만약 당국자들이 가격이 꾸준히 내려가는 어떤 체제 혹은 심지어 인플레이션율이 매우 낮은 체제를 원하지 않으며 그들이 이런 것들을 예방하기에 충분할 정도로 강력한 행동을 취할 준비가 되어 있다면, 우리는 가격이 내려가는 체제나 인플레이션율이 매우 낮은 체제를 가지지 않을 것이다. 이 논지는, 세계화와 중국의 성장이라는 효과에 대해 그랬듯이, 로봇과 인공지능 채용으로 촉발되는 모든 가격 인하 경향성에도 적용된다.

금융 당국자들과 이들 뒤에 존재하면서 비밀투표로 확인된 인기가 높은 여론이 (인플레이션율이 높은 것이든 낮은 것이든 혹은 어느 특정한 비율이든 간에) 인플레이션을 선택할 가능성이 다른 그 어느 시대보다 로봇 시대에 더 높을 수밖에 없다고 추정할 근거는 어디에도 없다.

인플레이션과 실업

그렇긴 하지만, 세계화와 중국의 성장 때 그랬던 것처럼 AI 혁명은 인플레이션의 동향, 특히 인플레이션과 실업 사이의 연관성에 영향을 줄 수 있다. 게다가 세계화와 중국의 성장으로 가격이 받는 직접적인 충격 외에도 디지털 혁명은, 이론경제학이 이해하려 하고 경제가 작동하는 방식의 모델 속으로 통합하려고 노력해왔던 미시적 차원에서도 완전히 새로운 경제를 가져왔다.

태곳적부터 음식의 결핍, 주거지의 결핍, 토지의 결핍, 도구의 결핍 등 모든 것의 결핍은 우리 삶의 특징이었다. 경제학의 전체 주제는 어떻게 하면 온갖 결핍을 관리하고 극복해 최상의 결과를 얻을 수 있을까 하는 차원에서, 즉 결핍에 대한 대응으로 성장했다. 그리고 경제학의 개념들은 이런 결핍의 지속적인 압박으로부터 지배받고 있다. 예를 들어 '기회비용'이라는 개념을 보자. 어떤 것을 행하는 것의 기회비용은 거기에 들어가는 돈, 시간, 주의력 등을 통해 할 수 있는 다른 모든 것을 포기하는 데 따르는 비용이다.

그러나 정보기술IT-디지털 혁명은 통상적인 결핍의 법칙에 따르지 않는 것들의 범위를 거대하게 확장시켰다(그런데 사실 그것들things은 물질적으로 존재하지 않는 것들non-things인 경우가 더 보편적이다). 정보, 데이터, 지식 등과 같이 디지털화될 수 있는 모든 것은 보다 널리 공유된다고 해서 원래 있던 양이 줄어들지는 않는다. 이런 특성을 표현하는 데 사용되는 용어가 '비경합성non-rivalry'이다. 게다가 디지털 세상에서는 네트워크가 풍성한 효과를 발휘한다. 어떤 네트워크에서 한 명의 회원이 추가될 때 발생하는 한계비용은 사실상 0이지만, 이런 추가에 따른 이득은 네트워크에 속한 모든 회원에게 돌아간다.

경제학은 재화가 원자atom로 구성되어 있는 세상을 분석할 목적으로 성장해왔다. 그러나 비트bit로 구성된 것들은 다음 네 가지 뚜렷한 특징을 가지고 있다.

- 완벽하게 복제될 수 있다.
- 추가 단위는 사실상 0의 한계비용으로 '생산될' 수 있다.
- 즉각적으로 전송될 수 있다.
- 사실상 0의 한계비용으로 전송될 수 있다.

AI 혁명은 이런 특징들을 가진 경제의 여러 측면을 확대·강화할 것이다. 물론 토지가 부족할 것이고 이것과 연관되어 일자리도 부족해질 것이다. 음식이나 그 밖의 다른 물질적인 재화는 말할 것도 없다. 그리고 인간의 의지도 여전히 시간의 구속을 당할 것이다. 그러나 디지털적이고 네트워크화되어 있는 풍성한 세상의 크기와 범위는 물질적이고 제한적이며 결핍에 시달릴 수밖에 없는 세상에 비해 상대적으로 더 커질 수밖에 없다.

이런 점이 비용에 전반적으로 영향을 줄 것이다. 결핍의 규정을 받는 물질적인 세상에서는 생산량이 늘어남에 따라 비용이 당연히 늘어나겠지만, 디지털적이고 네트워크화되어 있는 세상에서는 생산량이 늘어남에 따라 평균 비용이 줄어들며, 한계비용은 늘어나지 않고 심지어 줄어들기까지 한다.

경제의 이 두 부분 사이의 상호작용은 상대적인 소득점유율income shares^ʃ, 수익률, 거시경제의 행동에 영향을 줄 것이다. 하락하는 비용 곡선이 독과점에 유리하게 작용하거나 '선점자 우위first-mover advantage' 효과를 강화하는 현상을 잠재적인 부정적 결과로 예상할 수 있다. 이 영향은 정보기술 산업에서 가장 명확하게 나타난다. 인터넷은 놀랍도록 적은 인력만으로 엄청난 수익성과 영향력을 확보한 기업들을 낳았다(이 쟁점과 관련된 논의는 6장에서 다룰 것이다).

그러나 보다 더 긍정적인 사실은 한층 왕성한 경제활동 속에서 실업

ʃ 특정 대상 집단의 소득이 국민 전체 소득에서 차지하는 비중.

률이 한층 낮은 상태로 유지되는 안정적인 인플레이션이 지속된다는 점이다(전문 용어를 좋아하는 사람을 위해 덧붙이자면, 경제학에서는 이런 현상을 '필립스 곡선의 평탄화flattening of the Phillips Curve'라고 부른다. 필립스 곡선은 인플레이션과 실업의 상관성을 묘사하는 곡선이다).

◆ 경제성장의 속도 ◆

앞서 1장에서 최근에 향상성 증가 분야에서 심오하고 지속적인 하락 현상이 이어지고 있다는 발상은 전혀 설득력이 없다고 주장했다. 로봇 공학과 인공지능에 의해 폐기되는 그 모든 기회와 완전히 별도로, 생산성 증가율이 최근 선진국들에서 나타난 낮은 수준에서 벗어날 것이라고 전적으로 기대한다. 물론 이 기대는 향상성 증가가 적절하게 측정되어야 한다는 점을 전제로 하는데, 사실 이런 전제 자체가 매우 커다란 '만약에'라고 할 수 있다.

수십 년 뒤 미래의 경제성장률을 전망하는 배경은 선진국에서 나타나는 대략 1~2%의 생산성 증가율이다. 그렇다면 로봇과 인공지능이 이미 개선되고 있는 이 상황에 어떤 충격을 줄 것인지 생각해보자.

제2차 세계 대전 이후 첫 30년 동안 대부분의 서구 사회에서 생산성은 연평균 3% 넘게 증가했다. 이런 좋은 성적이 나온 데는 여러 가지 이유가 있지만 그 가운데 가장 중요한 이유로 지난 20년간 구축된 기술 발전을 활용할 여지가 확장되고 완전고용과 저금리의 결합으로 높은 수준의 투자가 가능해졌다는 점을 들 수 있다.

그런데 이와 비슷한 일이 지금 다시 일어나려 한다. 생산성 증가 곡선을 위로 끌어올리는 두 가지 주요한 요인이 있다. 하나는 인공지능을 포함한 '기계들'이 사람을 직접 대체하는 경향인데, 이런 모습은 지난 200년 동안 수없이 진행된 상황의 판박이다. 이런 모습은 폭넓은 경제활동 분야에 걸쳐 나타날 것이다.

다른 하나는 다양하고 폭넓은 서비스 활동에서 사람 노동자를 돕는데 로봇과 인공지능이 사용된다는 점이다. 이때 로봇과 인공지능은 해당 활동을 하는 사람이 자기에게 주어진 시간에 더욱 많은 일을 할 수 있도록 해준다. 이런 모습은 현재 높은 수준의 로봇공학으로부터 도움을 받는 외과 전문의만큼이나 사회복지 분야의 노인 돌보미 노동자에게서도 찾아볼 수 있을 것이다. 돌보미 노동자들은 노인 가정을 방문할 때 로봇의 도움을 받으면 주어진 시간 동안 훨씬 더 많은 일을 해낼 수 있다(외과 전문의의 경우, 로봇 사용으로 수술 시간이 반드시 매우 단축된다고 할 수는 없지만 수술이 최소 부위에서 보다 정확하게 진행될 것이다. 또한 원격 수술도 가능해져 이동에 소요되는 시간 자원도 절약할 수 있다). 이런 효과들이 가능한 범위나 여지에 대해서는 5장에서 살펴볼 것이다.

서비스 부문에서의 향상성 증가 가능성은 겉으로 보는 것보다 한층 더 의미가 크다. 지금까지 수십 년 동안 향상성 증가 속도는 서비스 부문보다 제조업 부문에서 훨씬 더 빨랐다. 그런데 경제가 서비스 부문에 점점 더 많이 지배받으면서 서비스 부문이 생산성 증가, 그리고 거기에 따른 생활수준의 향상을 억제하는 주된 요인이 되어왔다. 이 요인이 가지는 중요성에 대한 평가가 선진국에서의 향상성 증가 잠재력을 비관적으로 바라보는 견해를 상당 부분 지탱해왔다.

향상성 증가를 창출할 자기 능력을 제한해온 서비스 산업들의 본질적인 특징은 지금까지, 자본설비를 가지고 생산적인 노동력을 강화하는 제한적인 능력이었다. 해당 서비스 부문이 교육이든 보건의료든 사회사업이든 간에 이 본질적인 특징이 지배했다. 그러나 로봇과 인공지능이 확산되면서 서비스 부문들에 할당된 자본의 양이 상당한 수준으로 늘어날 여지 및 거기에 따라 생산성이 엄청나게 증가할 여지가 생겼다.

영국 서리 대학교 물리학 교수이자 영국과학협회 대표인 짐 알칼릴리는 최근에 2030년까지 인공지능이 전 세계 생산량에 15조 달러를 추가할 수 있다는 추정을 내놓았는데, 이 금액은 중국과 인도의 현재 생산량을 합한 것보다 더 많은 액수다.[10]

알칼릴리가 어디에서 이 추정치를 가져왔는지 알지 못하지만, 이것을 약간 계산해보는 것만으로도 그의 주장을 보다 넓게 바라보며 로봇과 인공지능이 얼마나 의미 있는지 가늠하는 데 도움이 된다. AI 혁명이 1인당 GDP의 연평균 성장률을 금융위기 직전인 2000~2007년에 기록했던 수준(이 수준은 적어도 장기적으로는 평균을 웃도는 생산성 증가율이라고 볼 수 있다)까지 끌어올린다고 가정해보자. 선진국들의 경우 그 비율은 1.6%였고, 세계 전체로 보면 3.1%였다. 만일 이 성장률이 10년 동안 지속된다면 1인당 GDP의 누적 증가율은 각각 17%와 35%를 웃돈다. 그런데 만일 이 성장률이 30년 동안 지속된다면 1인당 GDP

의 누적 증가율은 각각 61%와 150%가 된다.

물론 1950년부터 1973년 사이 황금기 때는 성장률이 이보다 더 높았다(그리고 선진국과 세계 전체의 성장률 순위는 역전된다). 그런데 만일 그 황금기 동안 기록된 성장률을 세계 전체 차원으로 보면 10년 동안 1인당 GDP 누적 성장률은 32%가 되고, 선진국만을 떼어놓고 보면 37%가 된다. 그런데 30년을 기준으로 하면 이 수치는 각각 무려 130%와 157%가 된다.

나노 기술과 세계금융위기에서의 회복이라는 다른 요인들을 함께 고려하면, 1인당 GDP의 이런 높은 성장률은 완벽하게 실현할 수 있다. 1인당 GDP 그리고 거기에 따른 생활수준이 한 세대 만에 두 배 이상 증가한다는 사실을 상상해보라. 이것은 실로 눈부신 결과가 될 것이다. 그러니 인공지능 열광자들이 인공지능이 초래할 미래를 우울하게 바라보는 비관주의자들과 싸우면서 그토록 열광하는 것도 충분히 일리 있다.

생산성에서 생활수준으로

그러나 로봇 시대에 향상성 증가가 상당히 높을 것이라고 말하는 것만으로는 경제성장이 동일한 비율로 진행될 것이라는 말로 곧바로 이어지지 않으며, 그것이 최근의 표준에 비춰보더라도 높을 것이라는 말로 이어지지 않는다. 이런 논리적인 결론에 도달하려면 두 개의 다리를 건너야 한다. 첫째는 앞에서 언급한 총수요와 관련된 것이다. 비록 생산성 증가율이 높다고 하더라도 빠르게 증가하는 수요 능력을 총수요가 따라잡지 못해 점점 더 많은 사람이(그리고 점점 더 많은 로봇이) 실업이나 불완전고용 상태에 빠질 수 있다. 그러나 앞에서도 주장했듯이, 나는 이렇게 될 가망이 없다고 생각한다. 이런 일이 일어나지 않도록 정책적 차원의 조치가 분명 나올 테니 말이다.

둘째는 의미를 따져도 더 크고 실현 가능성도 더 높은 것으로, 늘어난 수요 능력이 늘어난 생산량이 아니라 늘어난 여가시간 형태로 빠져나갈 가능성이 높다는 점이다. 적어도 선진국에서는 사람들이 현재 소비량이 두 배 늘어나는 것을 바라지 않는다. 그리고 사람들이 욕망하는 대상도 분명 다양하게 확장되며 새로운 대상들이 나타날 것이다. 혹은 사람들이 더 많은 물건보다 더 많은 여가시간을 선택할 수도 있다. 이런 상황은 완전히 새로운 일련의 질문들을 제기하는데, 이런 질문들은 다음 장에서 살펴볼 것이다.

(그런 일이 일어날 정도로 생산성 증가율을 밑돌 수밖에 없는) GDP 증가율이 생활 조건의 개선을 온전하게 반영하지는 않을 것이다. 미래 사람들의 모습을 예측하자면 이럴 것 같다. 사람들이 늘어난 여가시간을 보다 선호하고 선택해, 생산성이 상당한 수준으로 증가했음에도 불구하고 GDP 성장률은 그다지 눈부실 정도로 나타나지 않을 가능성이 매우 높다. 그렇긴 하지만 이전 사례로 볼 때, 다음 장에서 자세하게 살펴보겠지만, 늘어난 생산량과 늘어난 여가시간이 복합적으로 존재하는 형태가 가장 가능성 높지 않을까 싶다.

분명하게 정리해보자. 만일 여기에서 설명한 보다 더 빠른 향상성 증가 전망과 같은 것이 실제로 실현된다면, 그 결과는 최근 선진국에서 통상적이었던 경제성장률보다 더 빠른 성장률이 나타날 것이며, 생활 수준도 보다 빠른 속도로 개선될 것이다. 심지어 우리가 가지고 있는 적절하지 못한 측정자들(예를 들면 GDP, 실질소득, 1인당 실질소비지출 등)의 잣대를 들이대더라도 말이다. 또 여가시간이 늘어남에 따라 삶의 질이 나아지는 속도는 한층 더 빨라질 것이다.

◆ 금리 ◆

이런 미래 전망 아래서 금리는 어떻게 될까? 경제학자들로서는 통상적으로 예금이나 대출금에 매겨지는 금리인 '명목금리nominal rate'와 명목금리에서 인플레이션율을 뺀, 즉 물가 상승을 고려한 금리인 '실질금리real rate'를 구분한다. 경제학자들이 이 둘을 구분하는 것은, 학술적인 용어가 암시하듯이, 경제 행동에 실질적으로 영향을 주는 것은 실질금리이기 때문이다. 실제로 명목금리만 따진다면 잘못된 길, 잘못된 판단에 쉽게 빠진다(그러나 이 말은 명목금리가 전혀 중요하지 않다는 뜻이 아니다). 그러므로 나는 여기에서 이 구분을 그대로 인정하고자 한다. 실질금리를 살펴보는 것에서 시작한 다음 명목금리에 대해 몇 가지 설명을 보태는 식으로 이야기를 풀어나가겠다.

실질금리를 결정하는 것이 무엇인가를 둘러싸고 소용돌이치는 온갖 소음과 격노는 통상적으로 별 의미가 없지만, 그 가운데 두 가지 요인만은 의미를 지닌다.

○ 총수요가 잠재적인 생산 능력에 미치지 못하는가, 아니면 그것을 넘어서
는가?

○ 금융기관에 돈을 맡길 때 발생하는 수익에 비해 생산적인 활동에 투자
할 때 발생하는 수익의 비율은 어떤가?

첫 번째 요인은 금융 당국이 낮은 실질금리를 채택해 수요를 진작하
는 방향으로 나갈 것인가, 아니면 높은 실질금리를 채택해 수요를 억
제하는 방향으로 나갈 것인가를 결정한다. 물론 금융 당국의 의도는
오로지 자기가 직접적으로 통제하는 단기 금리를 통해 관철된다(이 단
기 금리를 영국에서는 은행금리Bank Rate라 부르고 미국에서는 연방기금금리
Federal Funds Rate라 부른다). 그러나 실제 현실에서 이 단기 금리들이 장기
금리에, 그리고 이것에 따른 당연한 결과로 전체 투자 스펙트럼상의 수
익률 및 요구수익률required rate of return╵에 영향을 주는 경향이 있다.

그런데 두 번째 요인은 철저하게 장기적이다. 이것은 고전 경제학자
들이 '바로 그' 금리를 결정한다고 생각했던 요인들과 일치한다. 이것
은 여러 힘 사이의 균형점이며, 실질금리는 저축하려는 경향과 투자하
려는 경향이라는 두 가지 요소에 따라 결정된다.

나는 이미 이 장 앞부분에서 정책 입안자가 금리를 설정하는 데 미치
는 영향에 대해 살펴보았다. 이 쟁점에 대해 생각했던 사람들 가운데
는, 특히 거의 모든 인공지능 전문가들에게는, 앞에서 언급한 것처럼

╵ 일반적으로 투자자가 자금의 투자나 공여에 대해 요구하는 최소한의 수익률.

불완전고용과 경기침체는 로봇 시대의 특징이 될 것이라는 추정이 전제되어 있다. 그러므로 그들이 알든 모르든 간에, 정책 입안자들이 실업과 경기침체라는 문제에 적절하게 대응하려고 노력한다는 점을 전제로 하면, 인공지능 전문가들이 바라보는 실업과 경기침체라는 우울한 전망은 사실 저금리가 지속적으로 유지될 것이라는 전망과 동일하다. 적어도 그런 정책에 따른 뒤틀린 결과에 대한 걱정 때문에 당국자들이 그 정책을 포기할 때까지는 저금리가 유지될 것이다.

물론 이 사람들의 전망이 옳을 수도 있다. 그러나 안이하면서도 뿌리 깊은 통념을 접할 때마다 내 경험 속에 있는 모든 것이 나더러 반대 방향을 바라보라고 아우성친다. 앞에서도 주장했듯이, 설령 공공정책이 소득분배가 임금 노동자와 소비자에게는 불리하고 자본가에게는 유리한 방향으로, 그리고 저소득자에게는 불리하고 고소득자에게는 유리한 방향으로 이동하는 변화를 미연에 예방하거나 적어도 그 움직임을 제한하지 않는다고 하더라도, 총수요는 허약한 게 아니라 튼튼한 것으로 판명될 가능성이 높다. 나는 그렇게 되리라 생각한다.

만일 이런 내 생각이 옳다면, 그리고 만일 노령화, 보다 균형 잡힌 세계 경제, 강력한 은행, 인공지능 분야에서의 투자 폭주 등이 한데 어우러진 효과가 심화된 불평등(양극화)에서 비롯되는 소비의 취약성을 상쇄할 정도로 충분히 크기만 하다면, 로봇 시대에 초저금리가 나타날 이유는 어디에도 없다. 아닌 게 아니라, 그런 조건들 아래에서라면 단기 실질금리가 2007~2009년의 금융위기 직전 통상적인 수준으로 여겨지던 바로 그 수준 가까이 돌아가거나 그것보다 더 높을 거라고 믿을 근거는 충분하다.

저축과 자본이익률

실질금리를 결정하는 두 번째 요인, 즉 저축과 자본 수요 사이의 균형을 이야기할 차례다. 위에서 언급했으며 뒤에서 이어질 여러 장에서 설명할 여러 이유를 놓고 볼 때, 미래의 새로운 세상에는 저축률이 상당히 높을 것이다. 다른 모든 조건이 동일하다고 설정하면, 이 높은 저축률이 실질금리를 아래로 끌어내릴 것이다. 그러나 이 시나리오대로 전개될 것이라고는 결코 보장할 수 없다. 높은 저축률을 당연하다고 설정한다면 현명하지 못하다. 특히 앞에서 언급한 것처럼 인구통계학적 변화가(일본, 중국 그리고 유럽에서 상당한 수준의 인구 노령화가 진행될 것이라는 전망도 이런 변화 속에 포함된다) 정반대 방향으로 작용할 수도 있다.

한편, 앞에서 주장한 것처럼 로봇과 AI 혁명은 잠재적으로 높은 자본이익률과 동일한 뜻이므로 장기적인 투자 수요의 강화와도 동일한 뜻이다. 다른 모든 조건이 동일하다면, 이런 상황은 실질금리를 위로 끌어올린다.

모든 것을 고려할 때, 로봇과 인공지능이 제공할 환상적인 기회들은 투자 급증으로 이어지며 이 투자 급증은 총수요를 튼튼하게 떠받치고 (아울러 결과적으로, 수요를 끌어올리기 위해 단기 실질금리가 낮게 유지되도록 하고) 예금으로 모여 있는 자본을 흡수하는 역할을 할 것이다. 확실한 보장은 없지만 내가 추론하기로는, 로봇 시대는 (정책으로 결정되는) 단기 금리뿐만 아니라 금리 전반에 걸쳐 상대적으로 높은 실질금리 시대가 될 것이라는 사실이다.

명목금리

대부분의 사람은 실질금리가 아니라 명목금리를 기준으로 생각하고 그렇게 거래한다. 여기에 대해서는 무슨 말을 해야 할까? 실질금리와 명목금리의 차이는 앞에서도 말했듯이 인플레이션율(엄격하게 말하면, 그냥 '인플레이션율'이 아니라 '기대되는 인플레이션율'이다)에 있다. 앞에서도 말했듯이 나로서는 AI 경제의 특징이 높은 인플레이션율이라거나 낮은 인플레이션율이 될 것이라고 믿을 수 있는 근거를 전혀 찾을 수 없다. 그때의 금리 수준이 어떨지는 주로 금융 당국 및 그들 뒤에서 사회를 이끌어나가는 (유권자의 표심에 따라 선택된) 정치적인 세력의 선택에 따라 달라진다. 그러므로 AI 경제에서 실질금리의 추이에 대해 내가 지금까지 한 말은 그저 그때의 명목금리 수준이 어느 정도일지 추정하기 위한 하나의 초기 추정으로만 받아들이면 된다.

이것은 AI 경제에서는 낮은 인플레이션(그리고 거기에 따른 낮은 명목금리)이 유지될 것으로 전망한다는 말이 아니다. AI 경제로의 이행 국면이 거의 끝나면(이행 국면에서는 가격을 아래로 끌어내리는 충격이 나타날 가능성이 높다) 그다음에는 어떻게 될지 알 수 없다. 인플레이션율이 높을 수도 있고 낮을 수도 있다. 일단 이행 국면이 끝났을 때 경제를 어떤 방향으로든 체계적으로 이끌고 갈 로봇과 인공지능으로 해서 일어날 변화에 대해 내가 알 수 있는 것은 아무것도 없다는 말 외에는 할 말이 없다.

그러나 한마디 경고의 말은 준비되어 있다. 실질금리의 변동 가능 폭은 상당히 적어 (금리 변동이 약 -1~2%에서 +5%까지 구간에서 일어나) 대략 6~7%가 되지 않을까 싶다. 그런데 이 변동 폭조차 좀 더 넓은 관점에서 보면 매우 크다. 실제로 실질금리는 보통 0~3%의 어떤 지점이기 때문이다. 이에 비해 나타날 수 있는 인플레이션율의 변동 폭은 무제한이다. 실제로 역사적으로 보면 인플레이션율은 -20%에서 수천 %까지도 되었다. 그러니 내가 실질금리에 대해 지금까지 한 말은, 인플레이션 환경의 변화에 따라 명목금리가 받는 효과에 의해 흔적도 없이 파묻혀버릴 수도 있다.

◆ 제각기 다른 자산들이 가져다주는 수익 ◆

금리에서 일어나는 것들은 제각기 다른 자산들의 행동에(따라서 로봇 시대 투자수익에) 가장 큰 영향을 주는 것 가운데 하나다. 내가 여기서 말하고자 하는 것은 투자 팁이 될 수도 없고 나로서는 그런 팁을 주고자 하는 의도도 없다. 아무튼 그건 말도 안 되는 얘기다…….

그러나 독자들로서는 제각기 다른 유형의 자산이 평균적으로 그리고 전체적으로 어느 정도 수익률을 기록할까 하는 궁금증을 가질 수 있다. 또 이들의 수익은 거시경제적 충격을 AI 경제에 줄 수도 있다. 그러므로 제각기 다른 유형의 자산들에 어떤 일이 일어날지 생각해보는 것도 중요하다.

만일 앞에서 설명한 여러 이유로 실질금리가 낮게 나타난다면, 이런 상황은 투자 범주에 압도적인 영향을 주면서 자산 가치를 지지할 뿐만 아니라 낮은 이익률 시대를 지속할 것이다. 그러나 또 앞에서 설명한 여러 이유로 나는 이런 일이 일어나지 않을지도 모르며 실질금리가 2007~2009년 직전 통상적으로 여겨지던 수준으로 돌아가지 않을지도 모른다는 생각이 든다. 그 경우 제각기 다른 자산의 행동에 대해서는 어떤 말을 할 수 있을까?

채권에 일어날 수 있는 일은 기대되는 인플레이션율뿐만 아니라 실질금리(현재의 금리 및 미래에 기대되는 금리) 수준에 따라 밀접하게 연동될 것이다. 앞에서도 지적했듯이 로봇과 인공지능의 광범위한 사용이 평균 인플레이션율을 위로든 아래로든 어떤 특정한 방향으로 끌고 갈 것이라고 추정할 근거를 나로서는 전혀 찾을 수 없다. 또한 어떤 결과가 나오든 간에 그런 결과가 금융시장에 의해 비롯될 것이라는 근거도 전혀 찾을 수 없다. '통상적인' 실질금리와 같은 어떤 이익 혹은 어쩌면 그보다 더 높은 이익이 기대된다고 앞에서 이미 말했다. 달리 말하면, 통상적이거나 이것보다 더 높은 채권 이익이 기대된다는 말이다. 현재 상태에서 이것은 기존 소유자들에게 상당한 자본 손실이 발생한다는 뜻이다.

한편 주식 지분은 반대편으로 작용하는 힘에 이리저리 치일 가능성이 높다. 한편으로는 위에서 언급한 것처럼 채권에 일어날 수 있는 것에서 비롯되는 경기침체의 영향이 있을 것이고, 다른 한편으로는 (만일 경제성장이 튼튼하게 지속될 것이라는 내 예측이 맞는다면) 수익성장률을 끌어올리는 효과가 발생할 것이다. 그리고 심지어 그런 상승이 없다고 하더라도 앞에서 설명한 것처럼, 소득분배가 (노동자의) 임금보다 (자본가의) 수익에 유리한 방향으로 진행되는 상당한 변화가 실현될 가능성이 존재한다.

주식 투자와 관련해서는 미시적인 특수화가 거시적인 일반화를 지배할 것이 확실하다. 몇몇 부문 그리고 각 부문 내 몇몇 기업은 디지털화의 이 새로운 혁명 덕을 톡톡히 보겠지만, 다른 부문 및 기업은 전혀 덕을 보지 못하거나 심각한 타격을 입고, 심지어 소멸할 수도 있다. 로봇과 AI 혁명은 생산의 구조, 더 나아가 우리가 생산하는 생산물 자체를 바꿔놓을 것이다. 그러나 이 표현은 오해의 소지가 있는데, '생산'이라는 단어 때문이다. 이것 말고 적절한 단어로는 어떤 것이 있을지 모르지만, '생산'되는 대상이 물질thing이 아니라 비물질non-thing일 가능성이 더 크기 때문이다.

투자에 따른 수익은 기초자산과 이 자산의 운용이 온갖 시련에 어떻게 대처하며 로봇과 인공지능이 가져다주는 기회를 어떻게 포착하느냐에 따라 달라질 것이다. 이 장에 이어 4장에서부터 6장까지 어떤 내용을 다룰 것인지 귀띔하는 차원에서 로봇과 AI 경제에서 호황을 맞을 네 가지 영역을 살짝 밝히자면 보건, 여가활동, 자기계발, 노인 돌봄이다.

이상과 비슷한 발상은 부동산 시장에도 적용된다. 주거용 부동산 역시 반대로 작용하는 힘들에 이리저리 차일 것이다. 실질금리가 조금이라도 오르면 부동산 가격은 내릴 것이고, 소득이 훨씬 더 늘어나면 부동산 가격은 올라갈 것이다.

상업용 부동산에 대해서도 거의 같은 말을 할 수 있다. 그러나 여기에서도 미시적인 특수화가 압도적인 역할을 수행할 것 같다. 그리고 상업용 부동산은 상당히 높은 수준의 부정적인 거시적 요인에 좌우될 수 있다. 만일 사람들이 더욱 많은 여가시간을 가지는 쪽을 선택하거나 일자리를 잃어버려 어쩔 수 없이 보다 많은 여가시간을 가지는 바람에(여기에 대해서는 다음 장에서 살펴볼 것이다) 노동에 투입되는 시간의 양이 줄어든다면, 상업적인 용도의 사무실 공간에 대한 수요를 최근까지 축소해왔던 여러 힘이 확실히 두드러져 보일 것이다. 지난 수십 년 동안 인공지능에서 비롯되는 영향이 거의 없거나 많지 않은 상태에서 상업용지 수요의 장기적인 추세는 내림세였다. 1980년 이후 영국의 사무실 임대 규모는 20% 줄어들었다. 또 앞으로 널리 확산될 무인자동차가 상업용 부동산의 가치에 드리울 영향력은 상당히 크다. 무인자동차에 대해서는 5장에서 자세하게 살펴볼 것이다.

◆ 미래의 거시경제 ◆

로봇 시대 거시경제의 형태에 대한 나의 분석은 많은 독자가 이미 놀랍다는 사실을 확인한 몇 가지 결론을 이끌어냈다.

○ AI 경제가 실업 시대를 몰고 올 것이라고 믿을 설득력 있는 근거는 전혀 없다. 총수요가 부족할 것임은 결코 피할 수 없는 필연의 과정이 아니다. 실제로 오히려 총수요가 더 튼튼해질 것이라는 분명한 이유가 제법 많다.

○ 만일 총수요가 떨어진다면, 적어도 일시적으로나마 수요를 유지하고 일자리를 지탱할 목적으로 재정 완화나 저금리 등을 포함한 거시경제 정책이 나타날 것이라고 기대할 수 있다.

○ 로봇 시대에는 인플레이션율이 낮을 것으로 전망할 설득력 있는 근거도 없다. 그러나 로봇과 인공지능이 경제에 점점 더 많은 영향을 끼침으로써, 세계화와 중국의 성장 때문에 1990년대 나타났던 것과 비슷한 일련의 일시적 경기후퇴 충격이 나타나긴 할 것이다. 또 로봇과 인공지능의 영향은 경제가 가속화되는 인플레이션이 없는 상태에서도 더욱 높은 수준의 수요와 고용이 유지되도록 도움을 줄 것이다.

○ 로봇과 인공지능의 영향 덕분에 생산성이 높아짐에 따라 경제성장률이 높아질 것이다. 시간이 지나면서 이런 상황은 사람들의 생활수준을 엄청나게 높여줄 것이다.

○ 허약한 총수요에 대응하기 위한 일시적인 저금리 정책이 시행되는 경우를 제외한다면, 실질금리는 오를 가능성이 높은데, 이때 금리는 세계금융위기 이전 수준이나 심지어 그보다 더 높은 수준으로 돌아갈 수 있다. 명목금리에 일어날 수 있는 일은 로봇 시대에 권력을 잡은 체제의 선택에 따라 좌우될 것이라서, 지금으로선 이렇게 될 것이라거나 저렇게 될 것이라고 말할 수 없다.

○ 더욱 높은 실질금리가 모든 자산의 가치를 떨어뜨리는 효과를 발휘할

것이다. 채권을 제외한 거의 모든 자산, 특히 주식의 경우 자산 가치를 떨어뜨리는 이 효과는 한층 더 강력해진 경제성장 효과에 의해 상쇄될 것이다. 그렇다고 하더라도 주식시장에서는 미시적인 효과가 지배해, 어떤 주식들은 하늘 높은 줄 모르고 치솟지만 어떤 주식들은 시들시들하거나 아예 휴지조각이 되어버릴 것이다.

이상은 매우 극적인 일련의 결론이다. 그러나 경고 한마디가 준비되어 있다. 지금 단계에서는 우리가 방금 확인한 이 결론들을 잠정적이라고 봐야 한다. 왜냐하면 우리가 빠뜨린 어떤 변수가 있을 수 있는데, 이 변수가 이 장에서 살펴본 쟁점 및 위에서 정리한 결론에 심오한 영향을 줄 수 있기 때문이다. 어쨌거나 로봇의 확산과 인공지능의 발전이 우리의 생산 잠재력을 놀라울 정도로 높여줄 것은 분명하다. 그렇지만 우리는 그 잠재력을 가지고 과연 무엇을 하고 있을까?

인공지능을 다루는 저작물과 관련된 논의에서 많은 부분이 기술적인 실업 혹은 수요 부족에 따른 실업 때문에 늘어난 여가시간에 초점을 맞춘다. 그러나 나는 이 장에서 그런 일은 일어나지 않을 것이라고 주장했다. 그렇지만 미래의 AI 경제를 살아가는 사람이 내릴 선택은 어떻게 될까? 어쨌거나 사람은 자기가 얼마나 많은 시간 동안 일할 것인지 스스로 결정 내려야 한다는 것이 내가 제시하는 주장이다. 양극단의 한쪽에 선 사람들은 비록 방식이야 예전과 다르겠지만 최대한 예전처럼 많은 시간 일하길 바랄 것이다. 이럴 때 그 사람은 재화와 서비스에 지출할 보다 많은 소득을 얻을 것이다.

그러나 다른 한 극단에 선 사람들은 총생산량 및 총소득이 전혀 늘어나지 않을 정도로만 일하려고 할 것이다. 로봇과 AI 혁명이 이렇게 진행될 경우 GDP는 늘어나지 않고 여가시간만 늘어난다. 이렇게 될 때, 미래의 고용을 비관적으로 바라보던 사람들은 심지어 '실업'이 증가했으므로 자기가 제시한 전망이 옳았음이 입증되었다고 주장할지 모른다. 그러나 이 사람들의 전망이 옳았다고 입증할 근거는 하나도 없다. 왜냐하면 '실업'의 증가나 불완전고용은 자발적이며 그런 선택은 사람들에게 오히려 요긴한 것이기 때문이다. 그러나 AI 경제에 내포된 함의는 사람들이 예전처럼 많이 일하던 상황과 완전히 달라질 것이다.

그리고 이 양극단 사이에는 무수히 많은 다른 가능성이 존재한다. 그렇다면 과연 이 스펙트럼 어느 지점에 우리의 미래가 놓여 있을까?♠

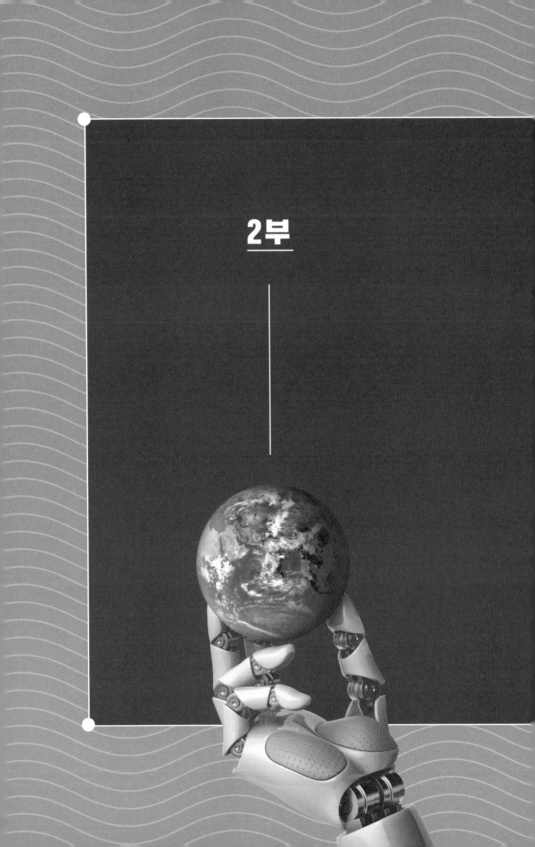

2부

일자리와 여가 그리고 소득

일과 휴식
그리고 놀이

"일은 지루함과 악덕과 필요성이라는
세 가지 커다란 악으로부터 사람을 구해준다."

_ 볼테르(철학자)[1]

"네가 사랑하는 직업을 선택하라.
그러면 평생 단 하루도 일하지 않아도 된다."

_ 익명자[2]

인공지능이 주도하는 미래를 다룬 기술 분야 전문가들의 저작 대부분과 심지어 (더욱 많은 것을 알고 있어야 마땅한) 경제학자들의 저작 가운데 많은 부분이 미래 사회를 인간이 기술 행진의 무기력한 희생자가 되어 있는 모습으로 그리고 있다. 이 미래 사회에서는 일자리가 사라지고 사람들은 잘못한 게 하나도 없음에도 불구하고 가엾게 쓰레기 더미에 버려져 있다. 그런데도 이런 상황에 대해 사람들이 할 수 있는 건 아무것도 없다. 그야말로 '불가항력'일 뿐이다.

그러나 이런 발상이 내가 생각하는 미래 전망과 전혀 다르다는 사실을 여기까지 읽은 독자는 잘 알 것이다. 적어도 특이점에 도달하기 전까지는 그렇다. 특이점이 언제 올지는 알 수 없지만 말이다(이 책에서는 특이점이 에필로그에 등장한다). 사실 이제는 독자도 나에게 설득되었으리라 기대하지만, 로봇과 인공지능이 이끌어가는 새로운 세상에서는 일하기를 원하는 모든 사람이 일할 수 없는 '거시적인' 이유는 결코 없다.

물론 특정한 개인들은 뒤처져 재교육도 받지 못한 채 일자리를 구하지 못할 것이다. 로봇 시대로의 이행은 고통스러울 것이다. 그리고 사람들이 일해서 벌 수 있는 소득과 관련된 쟁점들도 제기될 것이다(이 것과 관련된 질문들은 6장에서 살펴볼 것이다). 게다가 개인과 공동체가 다른 개인과 공동체에 뒤처진다든가 소득분배 구조에서 주요한 여러 변화가 나타남에 따라 공공정책과 관련된 중요한 문제들이 제기될 것이다(이 문제들에 대해서는 3부에서 다룰 것이다). 그러나 이런 것들은 초超비관주의자들이 상상하는 미래, 즉 일자리가 없고 몹시 궁핍한 미래와는 전혀 다른 차원의 문제들이다.

3장에서 제기된 미래 전망의 요지는 미래에 사람들이 얼마나 많은 시간 일할 것인지는 '불가항력'의 결과가 아니라는 것이다. 그것은 미래의 사람들이 주체적으로 행사하게 될 선택의 결과가 될 것이다. 각각의 개인과 개인들을 아우르는 전체로서의 사회는 일과 휴식 그리고 놀이 사이에서 올바른 균형을 선택할 수 있으며 그럴 필요가 있다. 여기에서 내가 쓴 '올바른 균형'이라는 표현은 '그들에게 가장 잘 맞는 균형'이라는 뜻이다.

그렇다면 무엇이 그들에게 가장 잘 맞을까? 이것은 매우 논쟁적인 쟁점이며, 여기에 대해 확고부동한 대답을 구하기란 불가능하다. 몇몇 요인 및 주장은 사람들이 대부분 지금처럼 일을 많이 하는 쪽을 선택하는 방향을 강력하게 가리키지만, 다른 요인 및 주장은 늘어나는 소득보다 늘어나는 여가시간을 대부분 선호하는 방향을 강력하게 가리킨다. 다음에 이어지는 내용에서 나는 이 두 관점을 살펴보려고 한다.

만일 사람들이 미래에 일하는 데는 시간을 적게 들이고 여가활동에 더욱 많은 시간을 들이는 쪽을 선택한다면, 다음 두 가지 핵심적인 질문이 제기된다.

○ 일하는 주간 혹은 인생에서 사람들은 언제 새로 추가한 여가활동을 할까?
○ 추가로 확보된 시간을 가지고 사람들은 무엇을 할까?

두 번째 질문은 단순한 호기심 차원의 질문이 아니다. 만일 추가된 시간을 '수익성 있게' 사용할 수 없다면 사람들은 일보다 여가시간을 선택할 가능성이 그만큼 줄어들기 때문이다. 또한 이 선택이 고용 구조에 영향을 줄 것이기 때문이다.

이 핵심 질문에 대답한 다음 3장 마지막 부분에서 제기된 질문, 즉 '로봇과 인공지능이 가져다줄 생산능력의 증가가 생산량이 늘어나는 결과를 낳을 것인가, 아니면 여가시간이 늘어나는 결과를 낳을 것인가?'에 대한 대답을 찾아나설 것이다.

우리가 이 문제들에 대한 어떤 견해를 형성하려면, 우선 우리의 서구 문화 및 다른 여러 문화에(어느 시대 문화든 상관없고 그저 우리가 구하고자 하는 해답에 적절한 문화면 된다) 담겨 있는 오랜 역사적 경험에 의존해, 인류가 일과 여가활동에 대해 가졌던 태도를 철저하게 살펴볼 필요가 있다. 우리는 여기에서 심지어 현대 세상, 구체적으로 말하면 로봇과 AI 혁명이 없었던 현대 세상에서의 인간 조건과 관련된 쟁점들까지 다룰 것이다. 그런데 만일 많은 냉소주의자가 생각하듯이 후자의 노력이 실패로 끝난다 하더라도, 우리는 여전히 일과 여가시간에 대한 이 핵심적인 질문들과 맞닥뜨릴 것이다. 그러나 로봇과 AI 혁명이 노동의 세상에 잠재적으로 제기하는 과제들의 성격상, 그 질문들은 AI 경제에 대한 우리의 관념에 특히 타당하고 유효할 것이다.

◆ 고대와 현대 ◆

역사를 통틀어 일에 대한 인류의 태도는 줄곧 모순적이었다. 한쪽 극단에서는 일을 목적의식성과 가치관의 관건이며 심지어 신의 뜻을 따르는 경로로 여겨왔다. 그러나 다른 극단에서는 일을 너무 고된 것이어서 사람을 바보로 만들고 노예로 만들며 심지어 비인간화하는 인생의 골칫거리로 여겨왔다.

두 가지 태도 모두 기독교 전통에 반영되어 나타난다. '악마는 한가한 손에 할 일을 쥐여준다.' 널리 알려진 이 기독교 속담은 4세기에 성히에로니무스Eusebius Hieronymus가 한 말이라고 한다. 그러나 성서를 보면 에덴동산에서 일은 아무런 역할도 하지 않았던 것처럼 보인다. 그런데 노동이 없는 삶이라는 이런 모습은 구약성서에만 한정되지 않는다. 「마태오의 복음서」에서 예수는 제자들에게 일과 돈에 대해 걱정하지 말라면서 이렇게 말한다.

"들꽃이 어떻게 자라는가 살펴보아라. 그것들은 수고도 하지 않고 길쌈도 하지 않는다."[3]

오늘날까지 이어지는 일에 대한 부정적인 태도 가운데 많은 것이 비록 에덴동산까지는 아니라고 하더라도 18세기 산업혁명까지 거슬러 올라간다. 산업혁명은 사람들을 공장으로 빨아들이면서 일의 성격을 바꿔놓았다. 애덤 스미스가 주창했던 분업은 한 사람이 여러 개의 작업을 하는 것보다 분명 더 효율적이었을 것이다. 그러나 분업에도 나쁜 점이 있었고, 스미스도 이런 사실을 인정했다. 1776년 출간된 『국부론』에서 그는 다음과 같이 썼다. "늘 동일하거나 거의 비슷한 몇 가지 단순한 작업을 하면서 온 인생을 보내는 사람은 자기 이해력을 넓힐 기회를 거의 가지지 못한다."[4]

마르크스는 여기에서 한 걸음 더 나아간다. "기계의 광범위한 사용 및 분업 덕분에 프롤레타리아의 노동은 모든 개인적인 특성을 상실했으며, 그 결과 노동자가 매력으로 느낄 모든 것도 사라져버렸다. (…) 노동자는 기계의 부속물이 되고, 그에게 요구되는 것은 가장 단순하고 가장 단조로우며 가장 쉽게 획득할 수 있는 기술이다."[5] 그 결과 노동자는 일하지 않을 때만 비로소 진정한 자아를 느낀다고 마르크스는 결론 내린다.

그런데 어떤 사람이든 간에, 일에 대한 인류의 명백하게 모순적인 태도는 전혀 모순이 아니며, 제각기 다른 일들을 바라보는 당연한 견해 차이일 뿐이라고 주장할 수 있다. 태곳적부터 일은 주로 육체적이었다. 바위를 옮기고, 흙을 파고, 어떤 것을 다듬어 유용한 형태로 만들고, 구부리고, 옮기고, 밀고, 당겼다. 물론 시간이 흐르면서 사람은 물건을 나르거나 끄는 힘든 일을 동물을 부려서 하는 방법을 터득했다. 그러나 그래도 힘든 노동은 여전히 사람의 몫으로 남았다.

현대 들어 일을 지긋지긋한 것으로 여기는 경우는 대개 일이 힘들고 단조로우며 흔히 상당한 양의 육체노동을 요구하는 경우다. 뮤지컬로 각색되었으며 나중에는 영화 〈마이 페어 레이디My Fair Lady〉로 커다란 성공을 거둔 조지 버나드 쇼George Bernard Shaw의 희곡 『피그말리온Pygmalion』에서 거리에서 꽃을 팔던 처녀 일라이자 둘리틀은 아무 일도 하지 않고 쉬기만 해도 되는 부자가 되는 꿈을 꾼다. 이런 감성은 평생을 가정부로 힘들게 살았던 여자의 다음과 같은 묘비명에서 읽을 수 있는 감성과 비슷하다. "나 때문에 슬퍼하지 마라. 나 때문에 울지도 마라. 나는 이제 영원히 아무 일도 하지 않아도 되니까."

그러나 일의 고됨과 단조로움이 육체노동의 강도에서만 비롯되는 게 아님은 분명하다. 육체를 가혹할 정도로 몰아붙이는 활동을 통해 만족감을 얻거나 그런 활동이 이득을 가져다준다는 주장을 많은 사람이 해왔다. 이런 견해가 옳음을 입증이라도 하듯이, 대부분의 선진국에서는 고된 육체노동에서 해방된 남자들과 여자들이 누가 시키지 않앉음에도 불구하고 자발적으로 자기 몸을 기계에 묶어두는 힘든 육체 활동을 한 주에 여러 시간 혹은 심지어 하루에 여러 시간 동안 하고 있다. 이런 행동의 목적은 돈을 추구하는 것이 아니라 건강과 신체의 아름다움을 추구하기 위해서다. 자신을 노예로 만드는 이런 신체 활동이 이루어지는 공간은 '헬스장'이라고 불린다. 그런데 흥미롭게도 헬스장에서 이루어지는 활동을 묘사하는 가장 일상적인 표현이 'working out' ʃ 이다(나도 헬스장에서 황홀경이라고까지는 할 수 없는 고된 경험을 하면서 'working'이라는 단어의 용법을 이해하게 되었다. 그러나 'out'이라는 단어가 전달하고자 하는 의미는 지금까지도 모르겠다).

18세기 말부터 시작된 산업혁명이 대세를 장악한 뒤로 사람들이 어쩔 수 없이 종사하게 된 일들에 대한 혐오가 널리 퍼진 것은 육체적인 고달픔 때문이라기보다 사람들이 기계에 매인 노예로 전락하면서 필연적으로 뒤따르는 인간성의 말살 때문이었다. 이 주제를 다룬 학계의 저작물은 광범위하게 많지만, 이 견해를 가장 생생하게 드러내는 것은 20세기 초 영국 작가 D. H. 로런스D. H. Lawrence의 소설들이 아닐까 싶다. 그는 산업화를 전원 지역을 더럽히고 오염시킬 뿐만 아니라 사람들을 시들한 존재로 만들고 사람들의 영혼을 오염시키는 것으로 바라보았다.

로런스는 탄광 산업에서 자기가 목격한 것들, 구체적으로 말하면 고

ʃ 이 표현은 '일을 해서 무언가를 만들어낸다'는 원래 뜻에서 '운동하다'라는 뜻으로 전화된 것이다.

향인 노팅엄셔에 사는 광부들이 일하면서 살아가는 모습에 강한 영향을 받았다. 그러나 정신노동 역시 고되고 단조로울 수 있다. 사무행정직의 많은 일자리 역시 극단적으로 고될 수 있으며, 심지어 영혼을 파괴할 수도 있다. 일을 '고되고 단조롭게' 만드는 것에는 다음 여러 요소가 복합적으로 작용하기 때문이다.

- 반복성
- 동료와의 연결성 부족
- 최종 제품 및 최종 소비자와의 연결성 부족
- 생산되거나 제공되는 것이 본질적으로 가치 있다는 믿음 부족

만일 일이란 게 본질적으로 이럴 수밖에 없다면 일이 없는 세상이야말로 유토피아라는 발상도 놀라운 게 아니다. 역설적이게도 카를 마르크스가 전망했던 공산주의 미래 속에서도 노동계급의 승리는 일이 없는 세상 그리고 일할 필요가 없는 세상을 달성하는 것이었다. 마르크스에게 자본주의는 말 그대로 재화를 제공해주기 때문에 경제적·사회적 발전에서 필요한 단계였다. 그러나 생산 잠재력이 점점 향상돼 나중에는 자본주의의 생존 능력뿐만 아니라 자본주의의 필요성까지 없어지게 되었으며, 공산주의 아래에서는 재화가 풍부하게 제공되므로 인간적인 관계들과 정치적인 제도들이 다른 성격으로 전환될 것이라는 것이 그의 주장이었다.

비록 다른 위대한 사상가들은 조금 다른 경로와 조금 다른 최종 상

태를 상상했지만, 그들 역시 비슷한 결론에 도달했다. 18세기 말 미국 건국의 아버지 가운데 한 사람인 벤저민 프랭클린Benjamin Franklin은 결국에는 사람이 하루에 4시간만 일해도 충분할 것이며 나머지 시간은 '여가와 즐거움'을 추구하는 목적에 사용될 것이라고 예측했다. 그런데 나중에 극작가 조지 버나드 쇼는 이 예측에서 한 걸음 더 나아갔다. 1900년에 그는 2000년이 되면 노동자는 하루에 두 시간만 일할 것이라고 주장했다. 그리고 다시 수십 년 뒤, 영향력 있는 싱크탱크인 랜드 연구소RAND Corporation는 미래에는 전체 인구의 2%가 사회에서 필요한 모든 것을 생산할 수 있다고 전망했다.

◆ 일과 생활의 균형 ◆

그러나 조금 뒤에 살펴보겠지만 현대적인 노동의 많은 것이 고되고 단조로운 일이라는 모델에 딱 들어맞지 않는다. 실제로 많은 사람이 자기가 하는 일이나 자기 직업을 적극적으로 좋아하는 것 같다. 우리가 AI 경제로 이행해감에 따라 일에 대한 이 두 가지 상반된 의견이 매우 뚜렷하게 대비되어 나타난다. 만일 우리가 일하지 않아도 재화의 풍성함이 보장되는 시대로 진입하기 직전에 있다면, 이 상황은 인간을 해방시키는 것으로 보일 수도 있고 인간을 끔찍하게 만드는 것으로 보일 수도 있다.

거시경제학이라는(이 학문은 존 메이너드 케인스가 창안했다고 할 수 있다)

주제에 관한 한 내가 케인스를 높이 평가하고 있음은 독자도 이미 알고 있을 것이다. 그런데도 일과 여가활동 사이의 균형에 대한 논의에서 그가 주요한 역할을 수행하고 있음을 안다면, 독자는 깜짝 놀랄 것이다. 조금 뒤 명백하게 드러나겠지만, 이 주제에 관한 그의 생각은 결코 최종적인 결정판이 아니다. 실제로 이 분야에서 그는 많은 질문을 제기했는데, 이 질문 가운데는 대답이 아직 나오지 않은 질문이 많다. 그러나 그는 로봇 시대에 존재할 일의 미래를 따지는 데 적절한 다음과 같은 핵심적인 질문을 강조함으로써 이 분야의 논의에 기여했다. 사람들은 왜 지금처럼 그렇게 많은 일을 할까? 그 이유가 무엇이든 간에, 미래에도 이렇게 계속 일에 얽매여 살아야 할까?

흥미롭게도 비록 케인스는 이 최종 상태 혹은 결론에 도달하는 경로를 마르크스와 다르게 상정했음에도 불구하고 전망은 마르크스와 비슷했다. 1931년 발표된 「우리 손자 시대의 경제 관련 가능성들The Economic Possibilities for Our Grandchildren」이라는 에세이에서 그는, 100년이라는 세월이 지나면 생활수준이 당시보다 4~8배 향상될 것이라고 주장했다.[6] 이렇게 해서 세상은 결핍이 아니라 풍족함으로 채워질 것이고, 결핍이라는 경제적인 문제는 충분히 끝장날 수 있다고 주장했다. 그리고 바로 이 지점에서, 남아도는 시간을 가지고 무엇을 할 것인가 하는 문제가 제기된다.

몇 가지 점에서 케인스의 이 글은 다소 당혹스럽다. 이 글은 안락한 생활을 하던 중상류층 지식인들의 편견을 보여주며, 장차 좋은 일들이 펼쳐질 것이라는 이 글의 낙관적인 전망은 케인스와 그의 친구들, 특히 블룸즈버리그룹[1] 회원들의 생활방식에서 직접적으로 도출된다. 이 글에서는 전체 사람 및 계급 전반에 걸친 소득분배에 대한 총체적인 관심 부족을, 그리고 상대적으로 덜 중요한 사람들 즉 자기들이 속한 집단 바깥에 놓인 사람들이 여유롭게 주어진 시간을 어떤 식으로 유익하게 소비할 수 있을까 하는 점에 대한 불안함을 동시에 읽을 수 있다.

그러나 지금으로부터 거의 100년 전에 집필된 그의 글은 지금 봐도 참신한 부분이 많다.

> 우리는 지금 경제적 비관주의로부터 고약한 공격을 받고 있다. 19세기의 특징인 거대한 경제적 발전의 시대는 이미 끝나버렸으며 생활수준의 급속한 개선 속도도 느려지고 있다고 말하는 사람들을 주변에서 쉽게 볼 수 있다. 어쨌거나 영국에서는 당장 코앞인 10년 세월만 지나도 나아지기보다는 나빠질 가능성이 더 높다고 다들 말한다.
>
> 나는 현재 우리에게 일어나는 일들을 터무니없이 잘못 해석한 것이라고 믿는다. 우리가 지금 고통받는 것은 낡은 시대의 류머티즘 때문이 아니라 너무도 빠르게 진행되는 변화에서 비롯되는 성장통 때문이고, 하나의 경제 시기에서 다른 경제 시기로 이행하는 과정에서 불가피하게 나타나는 조정 때문이다.

케인스의 이런 전망이 AI 경제에서의 일과 생활의 균형이라는 문제

---

[1] 1906년부터 1930년경까지 런던과 케임브리지를 중심으로 활동한 영국의 지식인과 예술가들의 모임.

에 대한 하나의 접근 방식을 우리에게 제공하기 때문에, 우리는 우선 케인스가 이 글을 쓴 이후 일어난 일을 해석할 필요가 있다. 미래로 눈을 돌리는 건 그다음 일이다.

◆ 케인스가 맞았을까, 아니면 틀렸을까? ◆

「우리 손자 시대의 경제 관련 가능성들」을 쓴 이후 케인스에게는 친절한 동시에 불친절한 시기가 이어졌다. 이 글의 원고가 처음 나온 것은 1928년이었고 그 뒤로 여러 차례 고치면서 발표되었다가 1931년에 최종 버전으로 출판되었기 때문에, 그가 예측했던 100년 뒤의 미래는 아직 우리에게 전개되지 않은 셈이다. 그러나 이 원고를 쓴 시점을 기준으로 하면 기껏 10년 정도밖에 남지 않았으니, 그의 예측에 내려질 평결 내용은 상당 부분 이미 확정되었다고 볼 수 있다.

우선, 케인스라는 학자에게 그가 받아 마땅한 대접을 해주자. 케인스는 영국에서 엄청난 경제성장이 이루어지고 여러 해가 지났으며 세계 경제가 막 대공황으로 빠져들려던 그 시점에 이런 놀라운 생각들을 했다. 사람들의 생활수준이 당대에 비해 4배에서 8배 나아질 것이라는 발상은 당시로선 그야말로 환상적인 전망으로 비쳤을 게 분명하다.

그러나 황당하기까지 한 이 물질적인 발전의 전망이 적어도 선진국에서는 통했다. 비교 시점을 언제로 설정할지 그리고 '생활수준'의 정의를 어떻게 내릴지에 따라 달라지겠지만, 미국과 영국에서 2018년의 생활수준은 케인스가 그런 발상을 한 시점보다 5배에서 7.5배나 나아졌다. 게다가 이 원고를 쓴 시점은 케인스가 예측했던 100년이라는 기간을 채우려면 아직 10년이나 남아 있었다(그런데 흥미로운 사실은, 그의 글「우리 손자 시대의 경제 관련 가능성들」에서는 '후진국' 혹은 요즘 표현으로 '신흥시장'에 대한 언급이 전혀 없다는 점이다. 그래서 계속 이어질 부분에서는 나 역시 선진국에만 초점을 맞추겠지만, 그래도 신흥시장에 대해 간략하게나마 서술할 것이다).[7]

비록 케인스가 평균소득과 생활수준의 전반적인 상승에 대해서는 올바르게 예측했지만, 지금까지는 일이 없어지지도 않았고 심지어 노동시간이 한 주에 15시간으로 줄어들 것이라는 예측도 실현되지 않았다. 대부분의 성인은 현재 평생 대부분 기간을 한 주에 30~40시간씩 일하며, 많은 경우 이보다 더 많은 시간 일한다. 그러다보니 남아도는 여가시간을 무엇을 하면서 보내야 할 것인가 하는 문제는 아직 제기되지 않고 있다.

게다가 현대 노동시장의 몇몇 핵심적인 특징은 케인스가 상상했던 것과 정반대다. 전문 분야에 속한 많은 사람이 예전보다 더 많은 시간 동안 일하는 것 같다. 주식 중개인들은 과거에 편하게 일했다. 하루에 기껏해야 6~7시간밖에 일하지 않았으며, 그 가운데 많은 부분이 '점심'으로 소비되었다. 그러나 요즘 금융 전문가들은 대개 아침 7시부터 일하며, 그것도 매우 오랜 시간 일한다, 심지어 '점심'도 거르면서.

법률 전문가도 사정은 비슷하다. 비록 오전 늦은 시간에 일을 시작하지만 밤늦게까지 매우 많은 시간 일한다(금융 전문가와 법률 전문가가 각각 하는 일의 주행성 혹은 야행성 차이에 대한 설명은 내 능력을 벗어나는 것이라서 따로 설명하지 않겠다). 오늘날 법률 전문가의 이런 사정은 19세기와 심지어 1980년대까지의 20세기와 전혀 다르다. 비교적 최근까지 영국의 성공한 변호사 가운데 적지 않은 사람이 오전에 변호사 일을 하고 난 뒤 오후와 저녁에는 하원의원 업무를 볼 수 있었다. ˻

정치 분야에서도 19세기에는 영국 총리가 여름에 업무에서 벗어나 몇 달 동안 유럽에 나가 있거나 공관에 머물곤 했다. 그런데 지금은 일 년 내내 바쁘게 일하는 게 당연한 것으로 되어 있다. 그리고 국가적인 어떤 재난이 발생했을 때 해외에서 한가롭게 일광욕을 즐기는 모습이 포착되기라도 하면 곤욕을 치른다(그런데 흥미롭게도, 총리가 이렇게 예전보다 한층 더 열심히 일한다고 해서, 혹은 적어도 겉으로 그런 티를 낸다고 해서 국정 운영의 질이 명백하게 개선된 것 같지는 않다).

평범한 사무직 노동자들 역시 예전보다 더 힘들게 일한다. 게다가 공식적인 노동시간도 늘어났지만 출퇴근 시간도 예전보다 더 늘어났다. 그런데 출퇴근 시간 때도 이들은 노트북이나 스마트폰으로 꽤 많은 시간을 업무활동에 소비하며, 일과를 끝내고 퇴근한 뒤에도 여가시간을 할애해 업무활동을 한다.

한편 가사활동 이외의 활동을 일로 하는 여성의 수도 엄청나게 늘어났다.[8] 오늘날 대부분의 선진국에서는 부부가 맞벌이하는데, 이런 경향은 부부 가운데 한 사람(보통 여자였다)은 집에 머물면서 육아와 가사

˻ 우리나라와 다르게 영국에서는 의원 겸직이 가능하다.

를 전담했던 과거의 생활 유형과 완전히 다르다. 이런 변화의 결과로 많은 사람이 직장에서 퇴근하고 집에 돌아와서도 여가시간을(오늘날의 여가시간은 비록 길어지긴 했지만 비정상적일 정도로 가늘다) 즐기기 어렵게 되었다. 여가시간이 오히려 또 다른 일이 되어버린 것이다. 이런 모든 임금 노예들에게 케인스가 전망했던 여가시간이 넘치는 생활과 남는 시간 동안 무엇을 하면서 보낼 것인가 하는 고민은 별나라 이야기처럼 보인다.

심지어 많은 사람이(비록 이들이 전문직 종사자는 아니라고 할지라도) 실제 자기가 일하는 시간보다 '더 오랜 시간' 일하기를 바란다는 사실을 보여주는 증거들도 있다. 노동자가 자기 노동시간을 선택할 수 있는 미국과 영국에서는 노동조합의 정책과 법률적인 규제가 노동시간을 제한하는 유럽 여러 나라에서의 통상적인 노동시간을 훌쩍 초과한다. 미국은 프랑스나 독일에 비해 1인당 GDP가 30~40%나 높지만, 1년을 놓고 볼 때 미국의 평균적인 노동자는 프랑스나 독일의 노동자보다 약 30~40% 더 많은 시간 일한다. 게다가 이 격차는 점점 늘어나는 추세다. 미국에서 생산가능 인구의 평균 주간 노동시간이 1970년에는 24시간이었는데 2004년에는 25시간이었다.[9]

현대 들어 (적어도 서구에서) 여가보다 일이 더 중요시되는 이런 현상이 설명해주는 것은 무엇일까? 이 질문에 어떤 종류든 간에 대답을 얻고 나서야 비로소 우리는 미래 AI 경제의 일과 생활 균형과 관련된 의견을 마련할 수 있을 것이다.

◆ 경제학자들의 설명 ◆

소득이 늘어났음에도 불구하고 어째서 사람들은 그렇게나 많은 일을 하는가? 이 물음에 경제학이 쉽게 제시할 수 있는 대답 가운데 하나는, 일을 통해 얻을 수 있는 보다 많은 소득 때문에 기회비용은 한층 더 높아지는데 바로 이 기회비용에서 비롯되는 '대체 효과'¹가 여가활동 수요를 높일 수 있는 '소득 효과'를 압도했다는 것이다.

이것은 단지 경제학 차원의 대답만이 아니라 경제학자가 제시한 대답이다(물론 경제학자의 대답이라고 해서 반드시 '옳으니 받아들여야 한다'는 의미는 아니다. 다른 경제학자들이 했던 다른 모든 설명도 마찬가지다). 이것을 쉽게 설명하면, 사람들이 일을 통해 더욱 많은 돈을 벌어들인다는 사실은 사람들이 여가보다는 일을 선택하게 만드는 데 유리하게 작용하며, 다른 한편으로 사람들의 살림살이가 나아졌다는 사실은 사람들이 일을 더 적게 하면서 여가는 더 많이 즐기는 방식으로 그 이득을 누릴 수 있게 해준다는 것이다. 그런데 증거를 놓고 판단하자면, 전자의 효과가 후자의 효과를 억눌러왔음을 알 수 있다.

이것은 그 현상을 묘사하지만, 나로서는 그것이 적절한 설명이라는 확신을 전혀 가질 수 없다. 거의 틀림없는 사실이지만 기술 발전은 오락의 범위를 확장함으로써 여가시간의 주관적인 가치를 높여왔다. 산

---

¹ 경제에서 상품 가격의 변화에 의해 소비자에게 하나의 상품을 같은 용도를 지닌 값이 싼 다른 상품으로 대체하도록 만드는 효과.

업화 이전 시대에는 여가시간에 깜깜한 어둠 속에서 그저 멍하게 앉아서 보내는 시간도 포함되었던 사실과 매우 뚜렷하게 대비되는 상황이다.[10] 이 요인은 오늘날 일을 적게 하고 여가시간을 많이 가지겠다는 선택에 매우 유리하게 작용한다. 이렇게 해서 여가시간보다는 일을 (그리고 소득을) 선택하는 뚜렷한 현상을 설명해야 하는 과제는 우리에게 여전히 남는다.

◆ 경쟁 욕구 ◆

그런데 사실 사람들이 죽어라 일만 하게 만드는 요인들이 무엇인지 알려면 굳이 멀리까지 갈 필요도 없다. 가장 중요한 요인은 바로 경쟁 욕구 아닐까 싶다. 설령 추가 노동에 따른 추가 소득을 가지고 살 수 있는 추가 '대상'이 절대적인 기준으로 볼 때 자기에게 그다지 필요하지 않거나 자기가 바라는 게 아니더라도, 다른 사람들과의 경쟁심 때문에 사람들은 여전히 일손을 놓지 못할 수 있다. 사람들은 자기가 경쟁하는 대상이 누구든 간에 그 사람보다 우월하거나 최소한 뒤지지 않는다는 사실을 입증하고 싶어 한다.

사람은 자기 자신이나 부모가 예전에 살았던 것보다 뚜렷하게 나아진 삶을 살고 있음을 보여주고 싶은 마음에 사로잡힐 수 있다. 설령 그것이 예전의 자기나 부모에 대한 경쟁심 때문이 아니라고 하더라도 얼마든지 그럴 수 있다.

(만일 불평등 수준이 지속적으로 강화되고 있다면) 심화된 '불평등'이 일과 여가 사이의 선택에 기여했을 수도 있다(불평등 수준이 지속적으로 강화되는 현상 및 이와 관련된 쟁점에 대해서는 6장에서 살펴볼 것이다). 사회계층 사다리의 아래쪽에 있는 사람들은 자기보다 높은 위치에 있는 사람들이 획득한 것들을 얻기 위해 일을 더 많이 하길 원한다. 한편 사다리 위쪽에 있는 사람들은 자기보다 낮은 위치에 있는 사람들에 대해 자기가 가지는 우위를 계속 유지하고 싶은 마음이 간절하다.[11]

흥미롭게도 케인스는 상대성의 중요성을 예측했다. 그는 「우리 손자 시대의 경제 관련 가능성들」에서 다음과 같이 썼다.

> 지금으로서는 인간이 만족을 모르는 결핍에 사로잡혀 있는 것 같다는 것도 사실이다. 그러나 이 사람들은 두 부류로 나뉜다. 자기 주변 사람들이 처한 상황과 전혀 관계없이 느끼는 절대적인 차원의 결핍을 느끼는 부류와 자기 주변 사람들이 처한 상황에 따라 우월감이나 열등감 속에서 결핍을 느끼는 부류다. 두 번째 부류에 속하는 사람들이 느끼는 결핍, 즉 우월감을 만족시키는 결핍은 결코 채워질 수 없다고 할 수 있다. 전체적인 수준이 높아질수록 이 결핍감도 더 높아질 것이다.[12]

상대적인 성공을 향한 욕망을 추동하는 것은 여러 가지가 있다. 첫 번째가 순수한 경제적 동기다. 우리 사회가 아무리 부유해진다고 하더라도 수요가 여전히 엄격하게 제한되는 것들은 언제나 있기 마련이다. 윔블던 경기장이나 코벤트 가든의 로열석, 센트럴파크가 한눈에 내려다보이는 아파트, 지중해가 한눈에 바라보이는 생트로페¹에서 보내는 휴가 등이 그렇다. 이런 것들을 경제학자들은 '위치재positional goods'라고 한다. 사회가 이런 것들을 더 많이 생산할 수 없기 때문에 개인들은 이런 것들을 손에 넣기 위해 경쟁하고, 따라서 경제적인 성취를 위한 투쟁은 끊임없이 이어질 수밖에 없다. 특정 개인이 이런 재화를 손에 넣을 수 있는 것은 다른 사람들을 따돌리고 경제적으로 더 높은 자리에 올라서기 때문이다.

또 다른 핵심적인 추동 요소는 본질적으로 심리적이고 사회적인 것들이다. 그 가운데 맨 먼저 꼽을 수 있는 것이 사람들은 대부분 지는 것보다 이기는 것을 좋아한다는 점이다. 승진한다거나 돈을 더 많이 벌고 싶은 충동은 순전히 '이기고 싶은' 욕망, 즉 '상대를 꺾고 싶은' 욕망에서 비롯된다. 일에 관한 한 만족할 줄 모르는 욕망을 가진 것으로 보이는 몇몇 성공한 기업가가 특히 더 그렇다. 이것은 그 사람들이 자기가 하는 일을 진심으로 즐기기 때문이기도 하지만, 재산과 물질적인 성공이 '점수 관리' 수단으로 기능하는 경우가 흔하다. 그 사람들은 자기 점수가 다른 사람들의 점수를 능가하기를 간절히 바란다.

이것과 관계있는 또 다른 추동 요소는 권력 추구다. 어느 정도까지 권력은 상대적인(절대적이 아님을 명심해야 한다) 경제적 성공과 관련 있다. 현대 사회에서 이 권력은 기업계에서 가장 두드러지고 가장 치열하게 추구되지만 사회 전반에서 발견되며, 대학교를 포함한 각급 학교

---

¹ 지중해 생트로페만에 접해 있는 프랑스 남동부의 휴양지.

도 예외가 아니다. 권력 추구라는 이 요소는 상대적인 성공을 원하는 욕망 뒤에 도사린 또 다른 요소인 지위 추구와도 밀접한 관계가 있다.

위에서 언급한 모든 요소에 의해 추동되는, 상대적 성공을 추구하는 경쟁의 여러 힘은 전문 서비스 기업 부문에서 특히 분명하게 작동한다. 예컨대 뉴욕, 런던, 홍콩, 싱가포르, 뭄바이 그리고 글로벌 전문 환경이 갖추어진 곳 어디서든 작동한다. 은행원, 변호사, 회계사, 경영 컨설턴트, 그 밖의 많은 전문 분야 종사자가 기업 내 사다리의 높은 곳을 향해(혹은 파트너 지위를 얻기 위해) 긴 시간 동안 힘들게 일한다.

법률회사들은 전통적으로 이른바 보수와 직위가 근무 기간과 직접 연동되는 '연공' 모델 방식으로 운영되어왔다. 법률회사에 갓 입사한 신참 변호사는 8년이나 9년 뒤 '파트너가 되기' 위해 죽어라 일한다. 이들은 자기가 설정한 목표를 달성하기 위해 노력하는 동안 대개 한 주에 100시간씩 일한다. 그러니까 이들은 프랑스가 법률로 정해놓은 주 32시간 노동제 기준보다 3배 넘게 일하는 셈이다. 그러나 이렇게 죽어라 일하는 변호사 가운데 파트너가 되는 비율은 10%도 되지 않는다.

◆ 즐거움과 보상 ◆

상대적인 성공을 향한 충동에 사로잡혀 '승리'와 권력 그리고 지위를 추구하는 사람들의 모습은, 지속적으로 이어지는 힘든 노동 일정이라는 현상을 부정적 측면에서 설명해준다. 그러나 인간 본성의 한층 매력적인 측면을 반영하는 설명도 가능하다. 생존을 위해 그리고 그다음에는 안락함을 확보하기 위해 어쩔 수 없이 일해야 하는 기본적인 필요성은 이런 목적들이 대체로 성취되고 난 뒤에는 중요성이 한결 줄어들었다. 그래서 일을 동료애, 오락, 관심사, 여흥, 목적성 등의 원천으로 점점 더 많이 바라보고 있다.

이런 것들은 매우 현실적이며 강력한 추동 요소다. 그리고 이런 것들이 보장되지 않을 때의 부정적 효과 역시 매우 강력하다. 실업 상태라는 조건은 소득 감소라는 측면보다 훨씬 더, 자기 스스로 밝히는 불행의 가장 중요한 원인 가운데 하나로 꼽힌다는 사실을 수많은 논문이 입증해왔다.[13] 다른 말로 하면 일이 '즐거울 수 있으며', 일이 없을 때는 끔찍할 수 있다는 뜻이다. 많은 경우 이것은 일의 속성 때문이라기보다는 일이 가져다주는 동료들과의 사회적 상호작용 때문이다. 예를 들어 미국에서 노동자의 40~60%가 직장 동료와 사귀었다고 응답했다.[14]

더 나아가 일의 즐거운 측면 외에 더 깊은 긍정적인 감정들도 있을 수 있다. 일은 자부심과 정체성을 생성하며 사람들에게 목적의식성을 부여한다. 이것은 고용자와 피고용자 모두에게 적용되는 말이다. 그리고 기업가들에게는 한층 더 높은 즐거움의 원천이 있는데, 그것은 하나의 기업을 만들어 키워나간다는 순수한 흥분감이다.

일을 의미와 가치의 원천으로 바라보는 발상은 '경력career'이라는 개념에서 절정에 다다르는데, 이 개념은 한 사람이 기업이나 다른 조직의 사다리 위로 올라갈 때 시간이 지남에 따라 더 많은 돈과 지위와 중요성 그리고 가치로 이어지는 상향 이동이 이루어진다는 발상이다. 일하는 활동에서 이런 측면에 주목하는 사람들은 늘 있다는 게 내 생각이다. 교회나 군대에서도 마찬가지다. 그러나 (압도적인 다수는 아니라고 하더라도) 최소한 많은 사람이 '경력'을 가지고 있다는 발상은 최근에 나타난 현상이다. 사람들은 대부분 자기 나름대로 생활해나가면서 직업이나 직장 혹은 사무실을 가지고 있거나, 자기 회사를 가지고 있거나, 운이 좋아 어떤 소명을 가지고 있긴 하지만, 계속해서 앞으로 그리고 위로 전진한다는 의미를 담은 '경력'을 가지고 있지는 않다.

케인스의 「우리 손자 시대의 경제 관련 가능성들」에는 이런 특성 중 그 어떤 것도 나타나지 않는다. 그러나 경제학자들 가운데 케인스 혼자만 그런 게 아니다. 경제학자들은 깜깜한 어둠의 세상에 갇혀, 즐거움이라는 요소를 대부분 놓쳐버리는 잘못을 저질러왔다. 경제학자들은 일은 더할 나위 없이 나쁜 것이지만 사람들이 오로지 대가로 받는 돈 때문에 일한다는 믿음을 줄곧 이어왔다. 이런 사실은 경제학자들이 임금이나 피고용자가 받는 편익을 언급하는 표현으로 '보상'이라는 용어를 자주 쓰는 데서도 잘 드러난다. 그러나 비록 많은 사람이 일하면서 (적어도 최근까지) 고되고 단조롭다고 느끼고 세상의 몇몇 부분에서는 지금도 여전히 일이 고되고 단조롭긴 하지만, 일을 무지막지한 공포로 바라보는 경제학자들의 발상은 크게 빗나간 것이다. 경제학자들은 다른 여러 요소 가운데 특히 마르크스주의의 소외 개념으로부터 부당한 영향을 받아왔다.

◆ 여가의 재발견 ◆

이런 강력한 논점들을 전제로, 일의 미래를 놓고 생각하면 한 극단에서 다른 극단으로, 즉 생산물들이 풍족하게 넘쳐 노동시간이 급격하게 줄어들 것이라는 마르크스주의적-케인스주의적 믿음에서 전업적인 노동이 인간의 본성 및 인간의 조건에 내재되어 있을 정도로 노동윤리가 강력하다는 믿음으로 쉽게 오갈 수 있다. 만일 독자가 후자의 의견을 받아들인다면, 당신은 미래에 보다 많은 여가시간이 주어질 것이라는 전망이 그저 신기루일 뿐이라고 믿을 것이다. 그리고 이 견해는 로봇 시대로 확장되어, 아무리 로봇과 인공지능이 '힘든' 노동을 대부분 더 처리하고 소득이 훨씬 더 많아진다고 하더라도 사람들은 여전히 예전에 그랬던 것처럼 일을 많이 하려 들 것이라는 가설로 이어진다.

그러나 나는 '일 중심주의적인' 이 견해는 과장된 것이니, 보다 균형 잡힌 접근이 필요하다고 생각한다. 그래서 반대편에 있는 견해를 살펴보려 한다. 미래에는 더 많은 여가시간이 주어질 것이라는 케인스의 전망을 완벽하게 부정하는 견해를 반증하는 증거가 여러 갈래로 존재하는데, 이것들을 하나씩 살펴보자.

○ 노동시간의 과거 추세들에 대한 몇 가지 사실
○ 노동시간이 줄어들 거라고 했던 케인스의 예측이 충족되지 않은 이유를 설명하는 대안적인 경제학 차원의 설명
○ 많은 사람에게 일은 '즐겁지 않다'는 증거

- 현재 노동시간이 개인이 근원적으로 가지고 있는 선호와 일치하지 않는 다는 발상
- 지위의 원천들에서 일어날 수 있는 변화들
- 일 바깥에서 의미나 목적의식성을 획득할 가능성

역사 속에서 살펴보는 여가시간의 증거

지금까지 우리는 늘 이렇게 열심히 일했을까? 물론 원시 사회 사람들이 얼마나 열심히 일했는지 참고할 자료는 아무것도 없다. 그러나 어떤 경우에서든 노동시간은 기후와 계절의 영향을 절대적으로 받았을 것이다. 사회가 정착한 뒤에는 겨울철에 사람들이 아마도 일을 거의 하지 않았을 것이고, 봄이 오면 낮에는 대부분 일했을 것이다.

실제로 우리는 이런 추정을 뒷받침할 수 있는 증거, 즉 저개발 농업 사회들과 관련된 증거를 가지고 있는데, 이런 사회에 속한 사람들은 서구 선진국에서의 통상적인 노동시간만큼 일하지 않는 것 같다.

흥미롭게도 산업화 이전 시대 유럽에서 사람들은 비록 외국 여행을 가는 것까지는 아니라고 할지라도 휴일을 매우 폭넓게 즐겼다는 증거가 제법 많이 남아 있다. 하버드 대학교 역사학자 줄리엣 쇼어Juliet Schor는 1300년경 유럽에서는 1년 가운데 공휴일과 축제일이 빽빽할 정도로 많았던 점을 들어, 휴일 일수가 1년 가운데 적어도 3분의 1은 되었을 것으로 추정했다. 프랑스에서는 휴일 일수가 1년 가운데 약 절반이나 되었다(이런 점은 몇 가지 중요한 특징이 시대를 관통해 이어짐을 보여준다). 쇼어는 다음과 같이 말했다. "우리 조상들은 부유하지 않았을지

몰라도 여가를 풍부하게 즐겼다."[15]

지금과 더욱 가까운 현대로 눈을 돌리면, 케인스의 주장은 가장 최근의 양상을 놓고 보면 틀렸을 수도 있지만 긴 기간을 놓고 보면 분명히 맞다. 평균적인 노동시간이 극적으로 줄어들었다. 1870년부터 1998년까지 고도로 산업화한 나라들에서 노동자 1인당 연간 노동시간은 2,950시간에서 1,500시간으로, 사실상 절반으로 줄어들었다. 그런데 (비록 앞에서 언급한 수치들이 미국의 경우에는 덜 그렇긴 하지만)[16] 1998년 이후를 기준으로 할 때도 노동시간이 추가로 더 줄어들었음을 OECD 수치들이 일러준다. 영국에서는 평균 주당 노동시간이 19세기 중반 59시간에서 현재 약 32시간으로 줄어들었다.

그런데도 사람들은 그다지 부유하지 않다

심지어 최근 수십 년 동안 사람들이 여가보다는 일을, 케인스를 포함한 몇몇 사람이 예측했던 것보다 훨씬 더 많이 선호하는 이유를 직설적으로 풀어주는 경제적 차원의 설명도 있다. 최근까지 물질적인 차원의 개선과 발전 덕분에 사람들은 생활을 꾸려나가는 데 기본적으로 필요한 모든 것(즉 음식, 주거와 난방, 의복, 이동성, 오락 등)을 누릴 수 있었다. 사람들이 예전에 비해 한층 더 잘살긴 했지만, 그렇다고 해서 여가 시간을 여유롭게 즐길 정도로 환경이 갖추어져 있다거나 거기에 걸맞은 소득을 벌어들인다는 뜻은 전혀 아니다. 사람들은 이제 다음 차례의 물질적인 결핍을 느끼며 이 결핍을 채워줄 필요성을 갈망할 수 있게 되었다는 뜻일 뿐이다.

어쨌거나 1967년에만 하더라도 잉글랜드와 웨일스의 전체 가구 가운데 약 14%는 수세식 화장실이 갖추어져 있지 않았으니까 말이다. 1960년에 잉글랜드와 웨일스 가구의 95%는 중앙난방 시설이 없었으며, 이 수치는 1976년에도 50%를 상회했다.[17] 이런 기본적인 결핍 문제가 해결되자 사람들은 늘어나는 소득보다 늘어나는 여가시간을 더 선호하게 되었다. 이것이 가지는 의미는, 이런 기본적인 물질적 필요성들이 온전하게 충족된 뒤에야 비로소 (적어도 서구 선진국들에서는) 사람들이 더욱 많은 일과 소득보다는 더욱 많은 여가시간을 선택하기 시작한다는 것이다. 그리고 바로 지금 그런 일이 시작되고 있다.

현재 추세에서 이것과 비슷한 양상이 전개되는 것을 소매 지출에서 볼 수 있다. 최근 여러 해 사이 다양한 영역의 재화와 서비스 전반에 걸쳐 사람들은 숫자나 양보다는 질을 따져서 지출하는 경향을 보여왔다. 이런 양상은 음식과 가구, 자동차에 적용된다. 이런 점을 놓고 볼 때, 사람들은 자기 생활을 지탱하는 기본적인 것들의 질을 상당한 수준으로 개선한 뒤 더욱 많은 여가시간으로 관심과 선호를 옮겨갈 거라고 예측하는 것은 완벽하게 그럴듯한 추정이다.

물론 단서가 따라붙는다. 경제성장은 사람들이 이미 가지고 있는 물건들을 더욱 많이 가질 수 있게 하는 데 그치지 않고(혹은 사람들이 이미 가지고 있는 물건들의 품질을 보다 낫게 하는 데 그치지 않고) 완전히 새로운 물건들을 만들어내는 데까지 나아간다. 사람들은 이 새로운 장치들을 열렬하게 가지고 싶어 한다. 텔레비전, 자동차, 식기세척기, 컴퓨터, 스마트폰, 태블릿 등이 그런 것이다. 그런데 알아둬야 할 점은 이것도 한계가 있다는 사실이다. 한때 '꼭 가져야만 하는 것'이었던 물건들이 어디에나 있는 흔한 물건이 되어버리기 때문이다. 또 이 물건들의 가격은 처음 나왔을 때는 비싸지만 몇 년 뒤 뚝 떨어지는 게 보통이다. 그러니 굳이 최신 제품을 살 필요성이 다음 버전 최신 제품이 나올 때까지 온종일 일만 하도록 밀어붙이는 동기부여가 되지는 못한다.

미국에서 케인스의 예측이 충족되지 못하는 이유를 풀어주는 간단한 경제적인 설명이 하나 있다. 실제로 지난 수십 년 동안 미국 대부분 노동자의 임금은 늘어나지 않았다. 30대 미국인 남성의 경우 2004년 실질임금 중간값은 1974년에 비해 더 낮았다[18](이렇게 될 수밖에 없었던 몇 가지 이유는 6장에서 살펴볼 것이다).

일 자체를 싫어한다

앞서 언급한 것처럼 최근 노동시간이 지속적으로 늘어나는 현상에 대해 '일은 재미있고 즐겁다'는 설명을 우리는 액면 그대로 유쾌하게 받아들일 수 없다. 몇몇 사람이 자기가 하는 일에서 얻는 만족감을 모든 사람의 경험으로 오해하는 심각한 위험이 실제로 존재한다. 많은 사람에게 일은 일반적으로 평가되는 것과 늘 일치하지 않는다. 사실 대부분은 아니라고 하더라도 많은 사람이 자기가 하는 일로부터 여전히 소외되어 있다. 이 사람들은 자기가 하는 일이 단조롭고 의미 없으며 지루하다고 생각한다. 컨설팅업체 딜로이트Deloitte의 시프트지수 Shift Index에 따르면 80%의 사람이 자기가 하는 일을 증오한다.[19]

장시간 노동하는 여러 나라 사람들은 더 적은 시간 동안 일하는 나라 사람들보다 덜 행복해한다는 사실을 입증하는 증거가 꽤 많다. 예를 들어 한국 사람은 연간 OECD 평균보다 473시간이나 많은 2,232시간 일하는데, 이들이 응답한 행복감 수준은 상대적으로 낮다.

한국 사람과 정반대 극단에 있는 덴마크 사람은 연간 OECD 평균보다 200시간이나 적은 1,595시간 일하는데, 이들이 응답한 행복감 수준은 상대적으로 높다. 덴마크가 세계에서 가장 행복한 나라들 가운데 하나로 꼽힌다는 통계 보고가 정기적으로 나온다. 그런데 이런 사례들은 전혀 예외적인 게 아니다. 노동시간이 적은 다른 나라(예를 들면 스웨덴, 핀란드, 노르웨이, 네덜란드 등) 사람들 역시 '행복하다'고 응답하며, 노동시간이 많은 다른 나라(예를 들면 그리스, 폴란드, 헝가리, 러시아, 터키 등) 사람들의 처지는 한층 더 참혹한 수준이다.[20]

또 활발하게 성장하는 행복경제학Happiness Economics은 추가 소득이 특정 시점을 넘어서면 추가로 발생하는 행복이 거의 없다고 주장한다.[21] 그리고 설령 우리가 이런 것들을 알고 있지 않았다 하더라도, 행복이 인간관계의 힘 특히 가까운 친구나 가족과의 인간관계에서 비롯되는 힘과 연관 있다는 사실은 흥미롭다. 현대적인 삶의 속도와 강도는 친구나 가족과 함께 보낼 수 있는 시간을 제한하면서 이들과의 관계를 갉아먹겠다고 위협한다.

오늘날의 노동시간은 우리가 자발적으로 선택한 결과일까?

일과 여가를 놓고 사람들이 선호하는 것과 관련한 우리의 지식에는 근본적인 문제점이 내포되어 있다. 관련 저작물들은 사람들이 일에 소비하는 시간은 사람들이 여러 다양한 선택권 가운데 보상을 염두에 두고 자유롭게 선택한 결과라는 발상을 폭넓게 전제하는 것 같다.

그러나 실제 현실은 평균적인 노동시간이 암시하는 것보다 더 복잡하다. 흥미롭게도, 시급과 노동시간 사이 오래된 역관계inverse relation는 지금까지 줄곧 역전되어왔다. 영국에서 높은 보수를 받는 전업직 남성은 20년 전에 비해 평균적으로 일을 더 많이 한다. 한편 소득 규모로 볼 때 맨 아래 집단에 속하는 전업직 남성은 과거에 비해 적은 시간 일한다. 또 저임금을 받는 많은 남성은 파트타임으로 일하고 있다.

이런 현상이 사람들의 선호와 일치하지 않음은 명백하다. 영국의 공식적인 자료에 따르면, 340만 명이 보다 많은 시간 일하고 싶어 하는 반면에 320만 명은 임금을 적게 받더라도 보다 적은 시간 일하고 싶어 한다. 보다 많은 시간 일하고 싶어 하는 사람들은 전형적으로 저임금의 웨이터나 청소부이고, 보다 적은 시간 일하고 싶어 하는 사람들은 전형적으로 높은 소득을 올리는 의사나 그 밖의 전문직 종사자다.

만일 당신이 성공한 전문직 종사자라면 일보다 더 많은 여가시간을 선택하기가 어려울 것이다. 전부냐 제로냐 양자택일의 경우가 흔하다. 예를 들면 비록 여성 변호사들이 일과 생활의 보다 나은 균형을 요구하는 운동을 이끌고 있긴 하지만, 일하는 시간을 줄이는 방향으로 고용조건을 바꾸는 것은 개별 변호사들로서는 엄두도 내기 어렵다. 대세의 흐름을 거스르기란 극단적으로 어려우며, 경쟁이 치열한 전문 서비스 제공 회사에서 더 적은 시간만 일하겠다고 선택할 경우 경력에 흠집이 나는 것을 감수해야 하는 무거운 대가가 따른다.

게다가 이런 결정은 실천하기도 어렵다. 사람은 사회적 존재이므로 사회적 압력에 반응할 수밖에 없다. 앞에서도 언급했듯이, 지난 50년 동안 그 이전에 그랬던 것보다 훨씬 더 높은 수준으로, 일에서의 성공 그리고 심지어 일에 지출되는 긴 노동시간이야말로 지위의 가장 중요하고도 압도적인 지표로 군림해왔다.

조정이라는 문제도 있다. 여가시간이 추가된다고 하더라도 가족이나 친구와 함께 보낼 수 있을 때만 이 시간이 특별히 소중할 수 있으며 본인도 그렇게 느낄 것이다. 그러나 사람들은 모두가 개별적으로 협상해(물론 그렇게 할 수 있는 사람만 하겠지만) 일과 여가시간을 가르는 선택을 한다. 그래서 다른 사람들이 더 많은 여가시간을 가진다고 할 때 조정이라는 문제가 작동하기 때문에 모든 사람이 보다 많은 여가시간을 선호할 수 있으며, 결국 우리는 '나 혼자서만 일을 빠지고 밖으로 나돌아다니고 싶지 않다'는 이유로 차선인 보다 많은 일과 보다 적은 여가시간이라는 조합을 받아들일 수밖에 없다.

이런 관행을 바꾸는 열쇠는 더 폭넓은 사회 차원에서 마련되어야 한다. 이 문제를 바라보는 태도와 사회적 규범이 결정적으로 중요하다. 그러나 정부나 기업의 행동이 변화를 이끌어나가는 길은 여러 가지가 있다. 예를 들면 현재의 임금 체계 때문에 노동자들은 회사가 직원 두 사람을 고용해 한 사람이 하던 시간을 나누어 일하게 하는 것보다는 직원 한 사람을 고용해 잔업까지 시키는 것을 간절하게 바란다.

지위의 원천들이 변하고 있다

서구 사람들이 저개발국가 사람들보다 상대적으로 훨씬 더 잘살면서도 여전히 장시간 노동해온 이유를 설명하는 이상의 논의에서 나는 권력과 지위에 대한 고려 및 상대성에서 비롯되는 영향력을 중요하게 평가했다. 그러나 지위와 권력에서 비롯되는 일을 향한 충동이 미래에는 반드시 매력적이지 않을 수도 있다. 만일 남과 비교했을 때 상대적인 성공을 추구하는 것이 본인이 그다지 원하지 않은 게임이라면, 이런 부류의 성공을 추구하지 않을 수 있다. 실제로 우리 사회에서 어떤 사람들은 '쥐들이 벌이는 치열한 경쟁'을 의식적으로 포기하고, 물질적으로는 상대적으로 수준이 낮지만 더욱더 큰 만족을 추구하는 생활을 기꺼이 수용한다.

권력 추구도 마찬가지다. 지금 권력은 돈과 연결되어 있다. 우리 사회의 작동 방식 및 정치 제도의 구조가 그렇게 되어 있기 때문이다. 그러나 이런 구조가 미래에도 계속 이어지지는 않을 것이다. 과거 여러 사회에서 권력은 (적어도 부분적으로는) 신분에 따라 출생과 함께 주어졌다. 그러나 오늘날 정치적인 권력은 반드시 많은 재산에서 비롯되지 않으며 이것과 반드시 연관될 필요도 없다.

지위 추구도 오늘날의 상황은 고대 세계와 다르다. 고대 세계에서는 많은 경우 노예가 중노동을 맡아서 수행했다. 예를 들어 고대 그리스에서는 사회의 모든 생산을 노예가 담당했다. 스파르타에는 노예 부족이 있었다. 이들 헬롯족은 오로지 일하고 보다 많은 노예를 생산하는 목적으로만 존재하는 피정복인들이었다. 스파르타인은 노동을 전혀 하지 않았다. 이들의 역할은 훈련과 전쟁이라는 군사 활동이었는데, 이것이 그들이 가진 존엄성의 원천이었다.

고대 로마에서도 노예가 힘든 일을 도맡아 수행했다. 이들은 힘든 노동뿐만 아니라 소소한 집안일까지 주인에게 필요한 모든 일, 자기 주인보다 높은 신분을 가진 사람들에게 필요한 일을 했다. 고대 아테네와 고대 로마에서는 전체 인구의 3분의 1이 노예였다는 주장도 있다.[22]

흥미롭게도 고대 아테네와 고대 로마에서는 한 개인의 지위가 그 사람이 수행하는 노동에서 비롯되지 않았다. 그 사람의 지위는 출생, 재산, 무술 솜씨, 공직에서 비롯되었다. 그리고 그런 것들이 밀접하게 연결된 경우가 흔했다. 재산은 토지 소유에 의해 압도적으로 결정되었으며, 토지는 대대로 상속되었고, 정치적으로 높은 지위나 군대에서의 상급 지위로 올라갈 수 있는 능력 역시 재산 및 출생과 밀접하게 연결되어 있었다. 이런 사정은 고대 이집트나 고대 아시아 국가에서도 마찬가지였다.

중세 유럽 사회도 교회가 지위의 원천 목록에 추가되었다는 사실을 제외하고는 크게 다르지 않았다. 어떤 시점에서는(심지어 산업혁명 이전에도) 토지 소유에서 비롯되는 돈보다 교역을 통해 벌어들일 수 있는 돈의 여지가 더 컸으며, 몇몇 경우에는 (비록 많은 경우 사람들로부터 눈총을 받기도 했지만) 지위가 재산의 부산물로 획득되기도 했다. 몇몇 곳에서는 이런 일이 지금도 여전히 나타난다. '상류층old money'은 수백 년까지는 아니더라도 수십 년 동안 지속될 수 있다는 특징을 지닌다. 이 특징은 '얼뜨기 벼락부자들'로서는 간절히 바라긴 하지만 도저히 가질 수 없는 것이다.

　지위의 원천에 대한 이런 점들은 위에서 살펴본 요소, 즉 상대적인 성공을 추구하도록 하는 핵심 요소 가운데 하나와 관계있다. 직위상 이점이나 권력을 놓고 벌이는 경쟁은 반드시 모든 것을 정복하지는 않지만, 어쨌거나 이 둘은 지위를 부여하기 때문에 나타난다. 그러나 새로운 세상에서 지위는 기본적으로 이런 것과 다른 원천들, 즉 아름답고 원만하며 재능을 꽃피운 사람이나 스포츠로 성공한 사람이라는 것 등의 조건에서 비롯될 수 있다.

목적과 의미

　설령 많은 사람이 일이나 그 일을 통해 생기는 돈 혹은 심지어 권력과 지위가 그렇게 많이 필요하지 않다고 하더라도, 그 사람들은 일이 현재 시점에서 제공하는 '목적의식성'이 필요하다. 그러나 이 목적이라는 것도 우리가 '일'이라는 것을 통해 공급되어야만 하는 것은 아니다. 특히 누구든 간에 어떤 목적을 가지기 위해 깨어 있는 시간 대부분을 돈을 추구하는 데 쓸 필요는 없다. 목적과 의미는 폭넓고 다양한 것에 의해, 예를 들면 취미나 스포츠를 추구하는 것, 무언가를 창조하려는 바람이나 자기가 가지고 있는 특정한 기량을 한층 더 연마하고자 하는 바람에 의해 주어질 수 있다. 카드게임, 골프, 스키, 외국어 회화, 그 밖의 수많은 것에 적용될 수 있다. 충족감과 목적의식성은 또한 자선행위나 공동체 작업, 마라톤 풀코스를 완주한다거나 킬리만자로에 오른다거나 하는 극단적인 과제를 끝내 수행하는 데서 비롯될 수 있다.

목적의식적인 활동에 대한 이 명백한 필요성조차 선천적인 것이라기보다는 문화적인 것일 수 있다. 남태평양과 아프리카 몇몇 지역을 포함한 비서구권의 여러 문화 집단에 속한 사람들은 일 년 내내 일해야 한다는 필요성이나 강박관념에 시달리지 않는다. 그들의 지위 구조는 고통을 주거나 받는 것과 상관없는 것 같고, 그들은 인생을 살아가면서 목적과 의미가 부족하다는 이유로 고뇌에 시달리는 것 같지 않다. 물론 유럽 모든 국가에서 상류 계급에 속한 사람들은 전통적으로 일을 전혀 하지 않았으며, 스포츠와 취미, 다양한 사회활동을 하면서 인생을 즐겁게 살았다. 무엇이 그들에게 목적의식성을 주었을까? 어쩌면 그들에게는 목적의식성이 필요하지 않았던 것 아닐까?

흥미롭게도 오늘날 페르시아만 연안 국가들Gulf States / 가운데 아랍에미리트연합이 일과 관련해서 구축했던 습관이 케인스가 「우리 손자 시대의 경제 관련 가능성들」에서 상상했던 것과 매우 비슷하다. 이 나라 사람들은 보통 하루에 서너 시간만 일한다. 사실 이들의 생활환경은 케인스 사상에 영향을 받았을 가능성이 높은 영국의 부유한 귀족들의 생활환경과 별로 다르지 않다. 가장 두드러진 점은 이 나라의 부유한 사람들은 설령 일을 거의 하지 않는다 하더라도 상당한 소득을 얻을 수 있는 꽤 큰 규모의 개인적 재산을 가지고 있다는 사실이다.

/ 이라크, 바레인, 오만, 쿠웨이트, 카타르, 사우디아라비아, 아랍에미리트연합을 가리킨다.

◆ 어떻게 하면 노동시간 단축을 이룰 수 있을까? ◆

이렇게 해서 내가 도달한 결론은, 선진국에 사는 많은 사람에게는 더욱 많은 여가시간에 대한 강력한 잠재적 수요가 존재하는 것 아닐까 하는 것이다. 현재 아주 적은 시간만 일하면서 저임금에 만족하는 사람들을 제외하고, 사람들이 점점 더 부유해질수록 노동시간 단축을 염원하는 바람이 뚜렷하게 현실화할 것이라고 나는 확신한다.

내 생각이 옳고 서구의 (대부분은 아니라고 하더라도) 여러 선진국에서 많은 사람이 앞으로 다가오는 수십 년 동안 점점 더 부자가 됨에 따라 일을 더 적게 하고 여가시간을 더 많이 즐길 것이라고 가정해보자. 또한 동시에 고용주들을 포함하는 사회의 여러 기관이 사람들의 그런 선호가 한결 쉽게 이루어질 수 있도록 작동한다고 가정해보자. 이 사람들이 인생의 어떤 시기를 맞을 때, 즉 몇 살이 될 때 추가 여가시간이 현실에서 실현될까? 이 질문에 대한 대답은 크게 다음 6가지 범주에서 찾아볼 수 있다. 한결 줄어든 하루 노동시간, 한층 줄어든 주간 노동일, 늘어난 휴일, 외벌이 가구의 증가, 한층 길어진 교육 기간, 한층 길어진 은퇴 이후 기간, 이 6가지 범주를 간략하게 살펴보자.

줄어든 하루 노동시간

오늘날 통상적인 근무시간은 오전 9시부터 오후 5시 30분까지다. 그러나 이것은 철의 규칙이 아니다. 실제로 어떤 가게를 찾아가려고 하는 사람, 사무실에서 담당자와 대화를 나누려는 사람, 어떤 서비스를 제공받으려는 사람, 어떤 일을 매듭지으려는 사람에게는 '통상적인 근무시간'이 크게 부담된다고까지는 말할 수 없어도 매우 불편할 수 있다.

통상적인 근무시간이 관습적인 범위 너머까지 확대되는 것은 여기에서 논의하는 발전의 취지에 어긋나는 것이 분명하다. 그러나 어떤 노동자든 가게에서, 사무실에서, 학교에서, 그 어떤 직장에서든 간에 개인 노동자가 실제로 일하는 시간이 줄어들기만 한다면 보다 길어진 '근무시간'에 반대할 이유가 없다. 예를 들어 통상적인 '근무시간'이 오전 7시부터 오후 7시까지일 때, 두 차례 6시간 시프트 근무가 곁들여질 수 있다. 이럴 때 한 주에 5일 일하면 주 30시간이라는 통상적인 노동시간이 되고 한 주에 4일 일하면 주 24시간밖에 되지 않는다(아래를 참조하라).

줄어든 주간 노동일

경쟁과 상관없는 또 다른 가능성은 노동 일수를 줄이는 것이다. 한 주에 이틀을 '주말'로 쉬고 5일 일하는 것과 관련해서는 신성불가침일 게 없다. 비록 안식일을 일하지 않는 날로 정한 관습이 여러 세대에 걸쳐 확립되어 한 주에 6일 일하는 것이 규범이 되었지만, 주말을 이틀로 정해 일을 하지 않는 제도는 상대적으로 최근에 나타난 발상이다.

은행이 토요일 아침에 문을 여는 것이 한때는 당연했다. 제롬 K. 제롬Jerome K. Jerome의 매력적인 소설 『보트의 세 사나이Three Men in a Boat』는 1889년에 발표되었는데, 이 소설에 등장하는 남자 조지는 '오후 2시에 은행원이 잠을 깨워 쫓아내는 토요일만 빼고 날마다 오전 10시부터 오후 4시까지 은행에 가서 잠을 자야 하므로' 오로지 주말에만 나머지 사람들과 함께 배를 타고 상류로 갈 수 있다.[23]

오늘날 무슬림 사회에서는 한 주에 6일 일하고 안식일인 금요일만 일하지 않는다. 페르시아만 연안 국가들에서는 많은 외국인 노동자가 아침 일찍부터 일을 시작하기 때문에 점심때쯤 일과를 마칠 수 있으며, 퇴근해서 가족과 함께 해변으로 산책을 하러 갈 수 있다.

유럽에서 노동자들은 공휴일을 주말에 붙여 하루가 더 늘어난 사흘 혹은 심지어 나흘이나 즐길 수도 있다. 만일 주 4일 근무가 기본이라면 그렇게 늘어난 주말 역시 통상적인 것이 된다. 좋지 않을 리가 없다.

주간 노동 일수가 줄어드는 방향으로 변화가 빠르게 진행되고 있다. 세계 최대 산별노조인 독일금속노동조합IG Metall은 최근 독일의 금속 및 전기 산업 부문 고용주들과 90만 조합원의 주 28시간 노동에 합의했다. 2018년 뉴질랜드 보험사 퍼페추얼가디언Perpetual Guardian은 주 4일 근무제를 채택했고, 영국의 국제자선재단 웰컴트러스트Wellcome Trust는 주 4일 근무제를 채택해 런던에 근무하는 직원 800명에게 임금 삭감 없이 금요일을 휴일로 선물할 것을 고려했다[24](그러나 이 계획은 최근 취소되었다).

늘어난 휴일

노동자가 유급 휴일 혜택을 받기 시작한 것은 최근의 일이다. 자영업자 가운데 많은 사람이 지금도 이 제도를 따르지 않는다. 그들은 쉬지 않고 계속 일한다. 공휴일holyday은 원래 온갖 종교적인 축제가 벌어지는 성스러운 날holy day이었다. 그러다가 최근 들어 종교와 관련 없는 기념일들이 공휴일로 지정되었다. 예를 들면 미국의 노동절이나 영국의 8월의 공휴일⌐이 그런 날이다.

유급 휴일 제도가 도입될 때 휴일은 모두 합해 2주가 통상적인 규범이었다. 유럽에 있는 많은 노령 직원에게 이것은 6주 혹은 때로 이것보다 더 길어졌다. 평범한 직원들에게는 4주가 통상적인 규범이다.

이런 현상은 얼마든지 피할 수 있다. 짧은 휴일의 실체는 대학교를 졸업한 청년들에게는 거대한 충격으로 다가온다. 이들은 보통 1년의 절반을 공식적인 수업이 없는 방학으로 보내는 생활을 했었기 때문이다. 이 청년들 가운데 일부는 그 충격에서 영원히 회복하지 못한다.

사람들이 일에서 해방되는 휴일을 보다 길게 누릴 여지는 매우 크다. 2주 혹은 많아야 3주의 휴가를 보장하는 게 통상적인 규범인 미국에서는 특히 더 그렇다. 평균적인 미국인은 평균적인 유럽인에 비해 1년 동안 30~40% 일을 더 많이 하는데, 평균적으로 미국인은 자기들이 받는 2주의 휴가로부터 4일을 쓰지 않는 데 비해 유럽인은 보통 4주 혹은 5주의 휴가를 모두 쓴다.

만일 미국의 노동시장에 유럽의 통상적인 노동시간을 적용하고 유럽인이 평균적으로 사용하는 휴가 일수를 적용한다면, 미국의 노동 공급 상황은 전체 1억 6,000만 명 가운데 대략 2,000만 명 줄어드는 효과가 나타날 것이다.

⌐ 영국에서는 8월 마지막 월요일이 공휴일로 정해져 있다.

외벌이 가구의 증가

물질적인 부가 증가함에 따라 맞벌이 가구라는 양상이 확산되었다. 맞벌이라는 상황이 부모와 자식 양쪽 모두에 매우 큰 불안과 스트레스를 가져다준다는 사실을 입증하는 증거는 많이 나와 있다. 물론 맞벌이 가구가 늘어난 데는 물질적인 차원의 결핍 인지가 어느 정도 작용했다. 그러나 사람들이 사회에서 자기 지위와 신분을 고려한 것이 가장 큰 요인으로 작용했다. 사람들이 부유해질수록 맞벌이 가구의 증가라는 변화가 역전될 여지가 크다.

돌봐야 할 아이가 집에 있는데 (혹은 설령 그런 아이가 없다고 하더라도) 어째서 부모 두 사람이 모두 전업적으로 일하러 나가는 것이 통상적인 규범이 되어야만 할까? 만일 부부 가운데 한 사람이 자기에게 주어진 시간 대부분을 혹은 심지어 모두를 집에서 보내는 것이(이때 집에서 파트타임 일을 할 수도 있고 하지 않을 수도 있다) 한층 더 일상적인 관습이 된다면, 이것도 사람들이 평균적으로 일하는 시간을 줄일 수 있는 하나의 방법이 될 것이다(만일 이런 일이 일어난다면, 집 바깥에서 해야 할 업무 부담과 가사와 육아와 관련된 책임이 부모 두 사람 사이에 어떻게 공유되어야 할 것인지는 이 책에서 다룰 내용의 범위를 넘어선다).

대부분의 서구 사회에서 맞벌이 부부 사이에 아이가 태어났을 때 아이의 엄마 혹은 어떤 경우에는 아빠가 여러 달 휴가로 사용하는 것이 통상적인 규범으로 자리 잡았다(이 제도도 미국에서는 실시되고 있지 않다). 그러나 육아를 위한 휴직 기간도 더 늘어날 가능성이 높다.

길어진 교육 기간

노동 공급을 줄이는 두 가지 방법이 있다. 하나는 청년이 전업적인 일자리를 가지는 것을 미루면서 전업적으로 교육 기간을 늘리는 것이다. 독일에서는 학생들이 노동시장에 진입하는 시점을 20대 중반이나 후반으로 미루는 게 이미 보편적인 현상으로 자리 잡았다.

다른 방법은 18세나 21세에 고등학교나 대학교를 졸업하는 순간부터 공부와 손을 끊어버리지 않고, 직장에 다니다가 도중에 공부를 더 하는 것이다. 일에서 해방되어 현재 교육계에서 일어나는 것들을 새롭게 익히면서 '안식기간'을 주기적으로 가질 수 있다는 말이다.

교육과 관련된 '일정'에 미치는 이런 변화가 널리 확산될지 어떨지, 이렇게 하는 것이 좋은 생각인지 어떤지는 8장에서 자세하게 다룰 것이다.

길어진 은퇴 이후 기간

인생의 다른 한 끝 지점에 선 사람들이 조금 더 일찍 은퇴해 은퇴 이후 기간을 한층 더 오래 즐기는 일이 가능하지 않을까? 물론 은퇴하는 순간에는 늘어난 수명과 연금과 관련된 여러 가지 문제에 대응하느라 사방팔방에서 온갖 압박이 가해진다. 하지만 이런 압박도 사실은 우리의 발상이 여전히 재정적인 결핍을 포함한 결핍의 경제학에 사로잡혀 있기 때문이다.

만일 우리가 앞으로 수십 년 뒤 로봇과 인공지능이 일과 동반되는 많은 짐을 덜어주고 이 과정에서도 우리가 점점 더 부유해질 것이라는 사실을 인정하기만 하면, 우리가 사는 세상과 완전히 다른 세상이 펼쳐질 것이며 수많은 공공정책이 펼쳐질 것이다.

지금은 사람들의 수명이 연장됨에 따라 대부분의 사람이 불과 몇 년 전만 하더라도 쉽게 상상할 수 없었을 정도로 은퇴 이후 기간이 점점 더 길어지고 있다. 어떤 분석가들이나 논평가들은 의학의 발전으로 사람의 수명이 보통 100세를 훌쩍 넘어갈 것이라고 바라본다.[25] 만일 암과 당뇨병 치료 방법이 발견되고 평균수명의 증가가 계속 이어진다면, 사회와 통상적인 정년 및 은퇴에 대해 우리가 가지고 있는 관념에 주요한 쟁점들이 나타날 수 있다.

기대수명이 많이 늘어나고 동시에 통상적인 정년 시점이 앞당겨지면 엄청난 충격이 될 수도 있다. 그러나 최소한 우리는, 우리의 수명이 연장되는 데 비례해 정년 시점도 당연히 그만큼 미뤄져야 한다고 생각할 때는 조심해야 한다. 한층 더 오래 일하면서 동시에 한층 더 오래 은퇴 이후 생활을 할 여지는 얼마든지 있다.

◆ 여가가 있는 생활 ◆

이제 우리는 앞에서 제기했던 두 번째 '일과 생활'의 균형 문제에 다다랐다. 만일 일이 시간을 예전보다 적게 잡아먹는다면, 남아도는 시간으로 사람들은 무엇을 할까? 흔히 그렇듯이 여기에 이것 아니면 저것이라는 흑백논리의 대답은 없다. 오늘날에는 많은 사람이 어떤 일에 자기를 온전하게 던져 몰두하는 것을 힘든 시련이라고 생각하지 않는다. 많은 은퇴자가 현재 자기는 행동하고 느끼며, 자기 인생에서 가장 힘들었던 시기가 아이들이 아직 어리고 갚아야 할 주택담보 대출이 있으며 쌓아올려야 할 경력 개발을 숙제로 안고 있던 중년 시절이었다고 말한다.

어떤 은퇴자들은 심지어 일하는 시간을 어떻게 낼 수 있었는지 모르겠다고 말한다. 카드 게임을 하고 골프를 치는 게 한 주 가운데 가장 많은 시간을 잡아먹는 활동이기도 했다. 그뿐만 아니라, 자원봉사 활동도 늘 함께 있었다. 네덜란드의 역사학자 뤼트허르 브레흐만Rutger Bregman에 따르면, 주간 노동 일수가 가장 적은 나라들에서 자원봉사자의 수가 가장 많으며 '사회적 자본social capital'ʃ도 가장 크다.[26]

그러나 일을 하지 않는 것이 힘들다고 여기는 사람이 많다. 아일랜드 작가 오스카 와일드Oscar Wilde는 한때 이런 말을 했다. "일은 달리 할 수 있는 좋은 게 없을 때 사람들이 찾는 도피처다."[27] 위대한 공상과학 작가인 아이작 아시모프Isaac Asimov는 1964년에 이미 일이 사라지고 없을 때 심각한 정서적·심리적 결과가 빚어질 것이라고 상상했다. 그러면서 2014년이 되면 정신병원이 가장 규모가 큰 의료 시설이 될 것이라고 주장했다. 그가 가장 크게 걱정한 것은 지루함이 만연한 상태였다. 서구 사회 많은 사람이 은퇴한 뒤 목적 상실뿐만 아니라 지위와 자

ʃ 사람들 사이의 협력을 가능하게 하는 구성원들의 공유된 제도, 규범, 네트워크, 신뢰 등 일체의 사회적 자산을 포괄해서 지칭하는 용어.

존감 추락을 예민하게 경험한다. 많은 경우 이런 것들로 인한 불행 때문에 사람들은 정신과 치료를 받기도 한다.

하지만 그렇다고 해서 이런 사실에서, 상당히 많은 사람이 은퇴할 때 경험하는 것을 사실상 사회 전체 인구가 각자 인생을 살아가는 동안 내내 경험하므로, 지금 우리는 불행의 집단 발생이라는 사태를 맞이하고 있다는 결론을 곧바로 도출한다면, 이것은 잘못된 논리 전개다. 오늘날 은퇴자가 하는 경험은 자기는 인생의 대부분을 일하는 데 써버렸다는 생각에서, 그리고 또 자기는 은퇴했는데 사회의 다른 구성원들은 자기가 잘 아는 사람이나 소원하게 지내던 사람 모두 일을 통해 돈을 벌고 동료애, 관심, 목적의식성, 권력 그리고 지위라는 여러 좋은 것을 누린다는 생각에서 비롯되기 때문이다.

그러므로 은퇴자의 경험은 일반적인 대중이 생애 가운데 보수를 받는 일을 거의 하지 않을 때(혹은 아주 조금밖에 하지 않을 때), 혹은 일을 하지 않고 보내는(혹은 훨씬 줄어든 시간만 일하는) 시기를 오래 경험할 때, 그리고 대부분의 다른 사회 구성원이 똑같은 처지일 때 느낄 수 있는 심정이 어떤 것인지 이해하는 데 진지한 안내자가 되지 못한다.

한층 많아진 자유로운 시간을 어떻게 극복할 것인지 그리고 이것을 어떻게 최대한 잘 활용할 것인지는 로봇 시대에 이루어져야 할 교육 과제 가운데 하나가 될 것이 분명하다. 여기에 대해서는 8장에서 다시 자세하게 살펴볼 것이다.

◆ 미래관 ◆

미래관에 대한 분석은 사람들이 점점 부유해질 때 여가와 일 가운데 어느 것을 선호하는가 하는 문제를 놓고 의견이 주요하게 갈리는 지점이 도드라져 보이게 만들었다. 어떤 관점에서는 대폭 줄어든 노동시간과 대폭 늘어난 여가시간을 요긴한 해방으로 바라본다. 그러나 또 어떤 관점에서는, 그런 상황은 사람들이 당연하고도 자연스럽게 선택한 게 아니라고 본다. 심지어 대폭 줄어든 노동시간과 대폭 늘어난 여가시간이 사람들에게 엄청난 고뇌를 안겨 사람들이 줄지어 정신과 치료를 받게 만들며, 따라서 필연적으로 사회적 병리 현상이 뒤따를 것으로 바라본다.

첫 번째 관점이 옳다는 전제 아래, 만일 AI 혁명이 노동 수요를 대폭 떨어뜨리거나 만일 사람들에게 적절한 소득 원천이 보장되는 조건 아래에서(이런 조건이 갖추어지려면 국가의 개입이 필요할 것인데, 이 점에 대해서는 9장에서 살펴볼 것이다) 사람들이 더 짧아진 노동시간과 더 늘어난 여가시간을 선택할 수 있다면, 그런 상황은 인류에게 아무런 문제점도 발생시키지 않을 것이다. 그러나 사실은 오히려 정반대다.

두 번째 관점이 옳다고 전제할 경우, 노동 수요의 대폭적인 감소에 따라 개인과 사회에 모두 엄청나게 큰 문제들이 나타날 수 있다. 물론 만일 여가시간보다 일을 선호하는 열망이 매우 강력하다면, 사람들은 매우 적은 돈을 받고도 일을 계속하길 원할 것이다. 이 경우에는 많은 사람이 비록 낮은 보수를 받겠지만 일자리를 가지고 자기에게 주어진 대부분의 시간을 일하면서 보낼 것이다. 이때도 정부가 개입해 소득분배를 적절하게 하려는 정책을 내놓을 것이다.

사실 이 질문을 낳는 환경과 직접 대면하기 전까지 우리는 이 질문에 대한 정확한 대답이 무엇인지 결코 알지 못할 것이다. 그리고 만일 내가 앞서 2장과 3장, 4장에서 제시한 분석이 옳다면, 우리가 그런 환경에 놓이는 일은 일어나지 않을 것이다. 왜냐하면 로봇과 인공지능이 발전한다고 해서 노동 수요에서의 어떤 극적인 폭락 현상이 나타나지는 않을 것이기 때문이다(적어도 특이점이 찾아오기 전까지는 말이다. 다시한번 상기시키자면, 특이점에 관한 얘기는 에필로그에서 할 것이다).

이 두 가지 극단적인 결과 가운데 어느 하나를 믿기는 쉽다. 하나는 사람들이 예전과 마찬가지로 일하며 주어지는 여가시간이 늘어나지 않으리라는 것이고, 다른 하나는 사람들이 자기가 가진 추가적인 생산능력을 모두 여가시간을 늘리는 데 사용해 1인당 GDP 증가나 생활수준 개선과 같은 변화가 전혀 일어나지 않으리라는 것이다. 그러나 실제 현실에서 대부분의 사람은 할 수만 있다면 이 양극단 사이 중간 지점을 선택하려 할 것이다. 그 지점이 어디쯤일지는 부분적으로 그들의 소득에 어떤 일이 일어날까 하는 점에 좌우될 것인데, 이 주제에 대해서는 지금까지 말을 아끼며 미뤄왔지만 다음에 이어질 5장과 6장에서 보다 자세하게 살펴볼 것이다.

만일 로봇과 인공지능에 의해 일어난 여러 변화의 결과가, 소득이 주로 자본을 가진 사람들과 고도로 숙련된 전문적인 기량을 가진 사람들 위주로만 분배되어 일반 대중이 받는 소득이 줄어드는 것으로 나타난다면, 일반 대중으로서는 자기 노동을 덜 공급하려 들지 않을 것이다. 아마도 그들은 자기의 현재 생활수준을 유지하려고 노동을 더 많이 공급하는 선택을 할 것이다.

그러나 이것은 피할 수 없는 결과와 거리가 멀다. 이어질 5장과 6장에서 나는 이런 일이 일어나지 않을 것이라는 주장을 하려 한다. 그러니 일단 여기서는 소득분배 양상이 정부의 공공정책 개입 속에서 혹은 그런 개입 없이도(공공정책은 9장에서 자세하게 살펴볼 것이다) 변함없이 유지될 것이라고 설정하자. 그러면 어떻게 될까?

평균적으로 볼 때 중국과 인도뿐만 아니라 아프리카 대부분을 포함하는 전 세계 많은 곳에서 사람들이 물질적으로 포만감을 느끼는 지점에 다다르려면 아직도 갈 길이 멀다. 전 세계 인구의 약 50%는 지금도 하루에 2달러 미만의 돈으로 살아간다.[28] 생산성 증가가 물질적인 생활수준을 끌어올릴 기회를 제공하므로 그 지역의 저소득자들은 분명 여가시간을 늘리기 위한 환경 개선보다는 생활수준 개선을 선택하는 쪽이 압도적으로 많을 것이다.

또한 규모가 작긴 하지만 선진국 내 저소득자들도 마찬가지일 것이다. 이 사람들 역시 물질적인 필요성을 온전하게 충족하는 소득수준보다 낮은 소득으로 살아가고 있다. 실제로 이 계층의 많은 사람이 현재 매우 짧은 시간밖에 일하지 않기 때문에 상당히 많은 사람이 일을 적게 하는 것보다는 일을 많이 하는 것을 원할 것이다. 물론 그 사람이 속한 경제가 그 사람의 일자리를 얼마든지 창출할 수 있다는 전제가 붙긴 하지만 말이다.

그러나 선진국에 있으면서 소득수준이 중간 이상인 사람들에게는 사정이 완전히 달라진다. 이 사람들이 중간 정도의 성과를 낸다고 설정하자. 경쟁 충동, 권력과 지위의 추구, 위치재⌐를 놓고 벌이는 경쟁이 현재의 '일과 생활의 균형'을 유지하는 데 강력한 요소로 작용할 것이다. 그리고 일을 매우 부정적으로 바라본 케인스는 틀렸다. 그는 사람들이 계속 일에 매달리게 만드는 여러 힘이 작용하고 사람들이 권력과 지위를 탐색하고 추구한다는 사실을 과소평가했다. 또한 분배와 관련된 요소들이 가지는 중요성을 과소평가하거나 심지어 아예 무시해버렸다. 여가시간이 늘어난다고 하더라도 이 여가시간을 온전하게 즐길 수 있으려면 돈이 필요하다는 사실은 동일한 방향을 지향할 것이다.

그러나 유럽과 북아메리카 및 아시아의 부유한 지역에 속한 많은 사람에게 장시간 노동은 사회적 병리 현상이다. 부유한 사람들이 오랜 시간 일하는 것은 역사적으로도 특이한 현상이다. 게다가 그것은 건강하지도 않다. 그러므로 현재의 이런 모습이 달라질 여지는 크다. 나는 분명 달라질 것이라고 믿는다. 사람들의 하루 노동시간이 한층 줄어들 것이고, 주간 노동 일수가 줄어들어 한 주 중 사흘이 주말이 될 것이고, 이것이 통상적인 표준으로 자리 잡을 것이다. 또한 1년 가운데 휴일이 차지하는 비율도 커질 것이다. 쉬지 않고 일하는 풍토의 고향인 미국에서조차 그런 변화가 일어날 것이다.

나는 교육에 소비되는 기간이 지금보다 더 길어질 것이라는 예측을

⌐ 해당 가치가 다른 사람이 소비하는 다른 재화나 서비스와의 비교에 크게 의존하는 재화나 서비스.

그다지 확신하지 않는데, 여기에 대해서는 8장에서 살펴볼 것이다. 그리고 은퇴 이후 시기가 한층 더 길어질 것이라고(물론 이것은 은퇴라는 것이 있어야 가능한 말이지만) 생각하는데, 사람들의 기대수명이 늘어나기 때문이 아니라 많은 사람이 일찍 현역에서 은퇴하는 걸 선택할 것이기 때문이다. 그러므로 은퇴 이후 시기가 길어진다고 해서, 이런 조건이 노동 공급이 줄어드는 데 기여하지는 않을 것이다. 이럴 때 한 사람이 전체 인생에서 일하는 기간은 오히려 늘어나는 추세가 이어질 것이고, 따라서 노동 공급도 늘어날 것이다.

사람들은 부유해질수록 여가시간을 더 많이 가지고 싶어 한다. 특히 지금처럼 기술 발전 덕분에 여가시간을 활용할 것이 많이 늘어날 경우에는 더욱 그렇다. 그래서 나는 전 세계가 혹은 최소한 선진국들에서는 점차 더 많은 여가시간을 선택하는 쪽으로 바뀔 것이라고 전망한다. 비록 오래전에 케인스가 주장했던 내용까지는 아니라 하더라도 말이다.

이런 변화들이 몰고 오는 전반적인 효과는 효과적인 노동 공급을 축소할 것이다. 이런 경향성은 신분상의 지위를 나타내는 표식들이 바뀜에 따라 가능해질 것이며, 동시에 반대로 그 경향성이 직접 그 표식을 바꾸기도 할 것이다. 즉 일중독자 금융인이나 변호사나 회계사로 살아간다는 것이 성공의 표식이라기보다는 실패의 표식으로 비칠 것이라는 말이다.

이런 변화들에 대한 내 생각이 옳다면, 노동 공급이 줄어들 뿐만 아니라 노동 수요 구조에도 근본적인 변화들이 일어날 것이다. 앞에서 주장했듯이 사람들이 더욱 많은 여가시간을 찾으려는 경향이 커질수록 노동 공급은 줄어들 테니, 거기에 따라 고용 기회는 더 늘어날 것이다. 이런 고용 기회는 로봇에게 돌아가기보다는 사람에게 돌아갈 것이다. 그러므로 로봇과 인공지능 대 사람의 수요 균형은 사람에게 유리한 방향으로 이동할 것이고, 이런 추세는 로봇 시대에 전망되는 사람의 노동 수요의 전반적인 감소 현상을 상쇄하는 효과를 발휘할 것이다. AI 경제에서 인간이 차지할 수 있는 일자리 증가 부분은 여가활동 부문에 특히 집중될 것이다. 이런 점이 다른 어떤 것보다 특히 놀라운 점이다. ♠

미래의 일자리

> **"우리는 지금 로봇 침공의 한가운데 서 있다.
> 기계들은 도처에 있으며 사실상 모든 일을 하고 있다."**
>
> _ 데이비드 건켈(기술철학자)[1]

> **"미래의 일자리는 지금 존재하지 않으며,
> 오늘의 일자리는 미래에 존재하지 않을 것이다."**
>
> _ 스튜어트 암스트롱(옥스퍼드 대학교 인류미래연구소 연구원)[2]

정말 솔직한 이야기로 시작해보자. 지금으로선 미래에 어떤 유형의 일자리가 있을지 알지 못한다. 그렇다면 당신이 1900년도 시점에서 미래를 엿본다는 상상을 해보자. 당신이라면 미국에서 농업 부문 종사자가 20분의 1로 줄어들 것임을 과연 알 수 있었을까? 말과 관련된 일을 하던 수많은 사람, 즉 말을 매매하고, 관리하고, 먹이를 주고 씻어주는 일을 하던 사람이 거의 완전히 사라져버릴 것임을 과연 알 수 있었을까? 영국에서 해군에 소속되어 있던 수병보다 더 많은 사람이 국민보건서비스NHS에 소속된 정신건강 간호사로 고용되어 일하게 될 것임을 알 수 있었을까? 혹은 많은 사람이 개인 트레이너를 고용하면서까지 자기의 신체적 기량이 어느 수준인지 알아보려 하고 특정한 수준의 고통을 자청하려 할 것임을 알 수 있었을까?

역사에는 멀리 미래를 내다보며 장기적인 예측을 했지만, 결과적으로 완전히 빗나가버린 사람이 수없이 많다. 경제학자 가운데 앞서 1장에서 만나본 맬서스 외에 특히 내가 좋아하는 사람으로 19세기 유명한 경제학자 윌리엄 스탠리 제번스William Stanley Jevons가 있다. 1865년 제번스는 석탄 부족으로 인해 산업 팽창이 머지않아 중단될 것이라고 예측했다. 아, 가엾기 짝이 없는 제번스!

실패로 돌아간 전문가들의 예측을 관통하는 공통된 특징이 두 개 있다. 첫째, 그들은 인간과 경제 제도가 가지고 있는 적응 능력을 과소평가했다. 둘째, 그들은 현재 진행되고 있는 커다란 변화를 앞에 두고 이 변화의 효과를 예측하려 하면서도 미래를 과거에서 직선으로 이어지는 연속선 위에 놓인 것으로 상상했다. 그들에게는 상상력이 너무 부족했다.

이런 실패는 미래를 전망하는 공상가들이 살던 과거에만 한정되지 않고, 우리에게까지 피해를 준다. 그러므로 우리는 한 걸음씩 발을 떼어놓을 때마다 극단적일 정도로 조심해야 한다. 이런 이야기는 이미 했고 많은 양의 겸손을 약처럼 먹었으며 회의주의의 우물물을 취하도록 마셨다. 그런데도 로봇과 인공지능이 지배하는 새로운 미래의 고용 전망에 대해 말할 것은 아직 많이 남아 있다.

몇몇 논문은 특정 부문에서 사라질 일자리가 얼마나 될지, 미래에 나타날 일자리는 또 얼마나 될지 예측하려고 노력해왔다. 이런 노력과 실천이 상당한 가치를 지닐 수 있다. 실제로 나는 뒤에서 몇몇 논문 및 이것들이 담고 있는 가치를 언급할 것이다. 그러나 이 논문들은 별로 새로운 것도 없는 온갖 의심스러운 수치들로 가득하다.

여기에 비해 5장에서는, 새로운 경제 안에서 나타날 일자리 파괴 및 일자리 창출 현상을 떠받치는 몇 가지 원리에 집중하려고 한다. 5장에서는 로봇과 인공지능의 확산으로 가장 크게 위협받는 일자리 유형들과 상대적으로 영향을 받지 않는 일자리 유형들을 파악하며 각각의 경우 이유가 무엇인지 알아볼 것이다. 그리고 어떤 부분들에서 더 많은 일자리가 창출될 것인지, 더 나아가 어떤 유형의 일자리들이 새로 나타날 것인지 살펴볼 것이다.

이 이야기는 자율주행 자동차 부문을 분석하는 것에서 시작해, 군사 부문에서 로봇과 인공지능이 사람을 대체할 가능성을 분석할 것이다. 그런 다음 위협받는 여러 부문, 즉 다양한 유형의 판에 박힌 듯 동일한 정신노동뿐만 아니라 육체노동 전반과 특히 가사도우미 활동에 대한 논의로 넘어갈 것이다.

그리고 나서 기존 일자리들의 확대와 새로운 일자리들의 창출을 다루는 논의로 넘어갈 것이다. 특히 여가 산업 부문 및 '인간적인 요소'가 여전히 중요할 수밖에 없는 다양한 여러 활동에서 늘어나는 고용 실태를 살펴볼 것이다.

◆ 자율주행 자동차 ◆

로봇과 인공지능으로 빚어지는 위험 때문에 가장 많이 입에 오르내리는 일자리 가운데 하나가 운전사다. 이 사례는 상당한 시간을 들일 가치가 있다. 왜냐하면 이것은 인공지능과 관련된 잠재적인 문제와 실질적인 문제를 동시에 드러내는 한편 또 다른 종류의 고용을 분명하게 암시하기 때문이다.

자율주행 자동차의 등장으로 소멸 위협을 받는 일자리는 실로 어마어마하다. 버스 운전사, 트럭 운전사, 택시 운전사, 승용차 고용 기사(쇼퍼), 배달용 자동차 운전사 등이 모두 그런 일자리다. 2017년 트럭 산업 부문 한 보고서는 2030년까지 미국과 유럽에 있는 640만 개의 트럭 운전사 일자리 가운데 약 440만 개가 '로봇'에 밀려 사라질 것이라고 예측했다. '트럭 배달 운전사'는 미국 9개 주에서 가장 흔한 직업이다[3](그 효과가 아직은 체감되지 않음을 알아야 한다. 실제로 2018년 미국에서 트럭 운전사 일자리 수요가 엄청나게 늘어났는데, 경제가 활성화되고 동시에 인터넷 쇼핑이 붐을 이루면서 장거리 운송이 급격하게 늘어났기 때문이다. 그래서 트럭 운전사의 임금률 ʃ 은 줄곧 상승해왔다).

자율주행 자동차가 널리 채택되면 경제 전반에 걸쳐 비용이 상당한 수준으로 감소하는데, 특히 미국과 같이 땅덩이가 넓은 나라일수록 더 그렇다. 미국 혁신 전문가인 알렉 로스Alec Ross에 따르면 트럭 운송업

ʃ 일정 시간 동안 제공된 노동에 대해 노동자가 지급받는 임금 단가.

에서 운전사에게 들어가는 비용은 전체 비용 가운데 25~35%를 차지한다.[4]

그러나 사정은 겉으로 보이는 것처럼 그렇게 간단하지 않다. 자율주행 자동차에 관한 기대치와 현실 사이에는 커다란 간극이 있다. 자율주행 자동차가 장차 얼마나 커다란 긍정적인 충격을 가져다줄지 검토한 다음 이것이 안고 있는 여러 문제를 비판적으로 살펴보는 순서로 이야기를 풀어보자.

◆ 잠재력과 전망 ◆

자율주행 자동차는 환상이 아니다. 비록 애리조나의 피닉스처럼 제한된 곳에 한정되긴 하지만 이미 현실에 도입되어 도로를 달리고 있다. 캘리포니아주 정부는 최근 운전석에 운전자 없이 작동하는 자율주행 자동차의 운행을 인정하는 새로운 법률을 승인했다. 영국의 재무장관 필립 해먼드Philip Hammond는 BBC 방송에서 2021년까지 '100% 자율주행 자동차'가 영국 도로에서 운행할 수 있도록 기반을 마련하겠다고 말했다.

알파벳, 애플, 포드, GM, 토요타, 우버 등을 포함한 약 50개 기업이 이미 캘리포니아에서 자율주행 자동차를 테스트하고 있으며, 100회 넘는 자율주행 자동차 시험이 전 세계에서 진행되고 있다. 이게 다가 아니다. 자율주행 자동차를 개발하는 기업들에 따르면, 자율주행 자동차의 성능은 이미 인상적인 수준에 도달했으며 지금도 꾸준하게 개선되고 있다. 관련 기업들은 엄청난 자금을 투자해왔으며, 자율주행 자동차야말로 우리의 미래라고 확신하고 있다. 그러나 물론 이것은 그들이 전망하는 내용이 모두 옳다는 뜻, 즉 그들이 짭짤한 투자수익을 올릴 것이라는 뜻은 아니다. 나는 이 쟁점에 대해 독자 스스로 판단하기에 충분한 증거를 뒤에서 제시할 참이다. 물론 순전히 나의 기대 사항일 뿐이지만 말이다.

자율주행 자동차가 각광받는 이유는 잘 알 것이다. 앞에서 언급한 비용 절감 효과는 부분적인 이유일 뿐이다. 자율주행 자동차의 강점은 단순한 비용 절감 효과를 훌쩍 뛰어넘는다. 사람이 운전하는 자동차는 연간 120만 명을 사망자로 만들고 2,000~5,000만 명을 부상자로 만든다. 어떤 사람들은 자동차 사고가 중간소득 국가들에 안겨주는 비용 규모가 1년 GDP의 약 2%나 된다고 추정한다. 그런데 자동차 사고는 보통 음주운전, 피로, 질병, 주의산만 등과 같은 사람들의 평범한 실수 때문에 일어난다.[5]

나아가 더는 예전처럼 운전할 수 없게 된 노약자들이나 처음부터 운전할 수 없었던 사람들을 생각해보라. 자율주행 자동차 세상에서 이들은 이제 자기 손으로 운전하지 않고서도 다른 사람들과 동일한 이동성을 가질 수 있으며, 노약자나 병약자에게는 여전히 불편하기만 한 대중교통 수단의 제한에서, 그리고 택시를 이용할 때의 비싼 비용에서 해방될 것이다. 또 학부모들은 아이를 학교로 등하교시킨다거나 학원 혹은 축구 경기장 등에 데려다줘야만 하는 일에서 해방될 것이다. 사람들은 자기 자동차를 타고 술집이나 파티장에 가더라도, 술을 마시고 나중에 비싼 택시비를 지불할 것인지 아니면 귀가할 때 자동차를 운전하기 위해 술을 마시지 않을 것인지 고민하지 않아도 될 것이다.

하지만 그 어떤 것보다 중요한 점은 시간을 절약할 수 있다는 사실이다. 자동차를 운전하면서 출근하거나 친구나 가족을 만나러 가는 시간, 쇼핑하는 시간, 휴가지로 가는 시간 혹은 어떤 심부름을 하는 시간을 절약할 수 있다는 말이다. 운전하는 행위 그 자체를 즐길 수 있다면야 좋겠지만, 사람들은 대부분 그렇지 못하다. 혼잡한 도시 및 고속도로의 교통정체 때문에 특히 더 그렇다. 누군가가(아니, 어떤 물건이) 나를 대신해 운전해준다면 얼마나 좋을지 생각해보라. 그동안 영화를 볼 수도 있고, 외국어를 공부할 수도 있고, 일을 할 수도 있고, 술을 양껏 마실 수도 있고, 잠을 잘 수도 있다. 얼마나 멋진가! 비록 그 효과가 GDP에 반영되어 나타나지는 않겠지만 그 결과는 확실히 우리의 복지 수준을 높여줄 것이다.

◆ 넓고 더 넓게 ◆

더 나아가, 만약 자율주행 자동차가 실제로 운행된다면 운전사 감원이라는 단순한 사실을 훌쩍 뛰어넘는 거대한 의미의 어떤 일들이 일어날 수 있다. 자율주행 자동차 열광주의자들은, 사람들이 집단으로 자기 자동차를 포기하고 자율주행의 공유 전기 자동차를 사용함에 따라

도시의 토지 사용에 변화가 일어날 것이라고 말한다. 사람들이 승차 공유 시스템의 자율주행 자동차 승차를 압도적으로 선택함에 따라 자동차 소유율이 급격하게 떨어질 수 있다.

세계경제포럼과 보스턴컨설팅그룹이 합동으로 수행한 어떤 연구 프로젝트는 자율주행 자동차의 승차 공유 가능성이 엄청나게 커서 대중교통 시장을 심각하게 잠식할 수 있음을 확인했다.[6] 이런 맥락에서 테슬라Tesla의 일론 머스크Elon Musk는 "사람이 운전하는 자동차를 소유하는 것이 말을 소유하는 것과 비슷한 상황, 즉 매우 드물며 선택적인 상황이 될 것이다"라고 말했다.[7]

이렇게 되면 생산되는(그리고 팔리고 수리되고 보험에 가입하는) 자동차의 수가 한층 줄어들 것이다. 게다가 주차 공간이 비어 있는 시간이 많을 테니 주차장 수요도 줄어들 것이다. 사용자를 기다리는 자율주행 자동차는 한 곳에 줄지어 차곡차곡 쌓인 채 대기할 것이다. 이렇게 되면 그동안 주차장으로 사용되던 희소한 공간이 다른 용도로 사용될 것이며, 따라서 도시의 풍경도 달라질 것이다.

2016년에 구글의 자율주행기술 총책임자였던 크리스 엄슨Chris Urmson[ʃ]은 미국 하원 위원회에서 미국 내 주차장 면적은 코네티컷주의 크기와 맞먹는다고 말했다. 그러니까 자율주행 자동차와 관련된 사항들이 모두 계획대로 진행된다면, 그 엄청난 면적의 땅이 다른 용도로 사용될 것이라는 말이다.

ʃ 지금은 자율주행 스타트업인 오로라(Aurora)의 CEO다.

그리고 자율주행 자동차에 내포된 잠재적 가능성의 폭은 한층 더 넓다. 주차를 제한할 필요성이 점점 없어짐에 따라 주차단속원도 사라질 것이다. 어쨌든 간에 주차장을 지금처럼 규제해야 하는 경우라고 하더라도 자율주행 자동차에 주차위반 벌금을 매긴다거나 하는 주차단속원이 하던 일을 로봇이 맡아서 할 것이다(여기에는 어떤 질문이 제기될 수 있는데, 이 질문에 대해서는 뒤에서 살펴볼 것이다). 나로서는 지역의 주차단속원이 사라지는 상황이 한층 더 아쉬울 거라고 확신한다. 설령 로봇이 주차단속원을 대신한다고 하더라도 말이다.

흥미로운 사실이지만, 만일 이런 일이 일어난다면 주차단속원은 빠르게 나타났다 빠르게 사라지는 일자리의 한 사례가 될 것이다. 50년 전만 하더라도 주차단속원이라는 직업은 있지도 않았다. 만일 자율주행 자동차 열광주의자들의 주장이 옳다면, 이 직업은 보통 사람의 일생보다 짧은 기간 안에 소멸할 수도 있다.

그리고 보험 산업도 커다란 영향을 받을 수 있다. 미국에서 자동차 보험은 전체 보험료의 약 30%를 차지한다. 자율주행 자동차가 사고를 냈을 때 누가 이 사고의 책임을 질 것인가 하는 것도 쟁점이 된다. 이것이 보험사들에 커다란 수익원이 될 것임은 의심할 여지가 없다. 물론 변호사들도 여기서 발생하는 수혜의 대상자가 될 것이다. 그러나 보험에 가입하는 자동차의 수가 급격하게 줄어들면서 보험사들의 매출원이 큰 타격을 입을 것이다.

◆ 심각한 문제들 ◆

이처럼 자율주행 자동차가 가져다줄 변화의 잠재력은 어마어마하다. 그러나 이제부터는 자율주행 자동차를 회의적으로 바라보는 전망에 대해 살펴보자. 그런 다음에야 비로소 자율주행 자동차에 대한 전반적인 평가를 할 수 있을 것이다.

자율주행 자동차는 자동차가 등장한 뒤로 줄곧 제기된 발상이다. 제너럴모터스GM는 1939년 뉴욕에서 열린 세계박람회에서 이 발상을 처음 소개했다. 물론 이후 기술은 그때 상상할 수 있었던 것보다 훨씬 더 발전해 더욱 많은 것이 가능해졌다(참고로, 1939년에 나온 그 발상은 무선으로 자동차의 주행을 유도하겠다는 것이었다).

이 발상은 지나친 낙관주의로 포장되어왔는데, 이런 사정은 지금도 마찬가지다. 2012년 구글 창업자 세르게이 브린Sergey Brin은 1년 안에 구글 직원들이 자율주행 자동차를 사용하게 될 것이며 '길어야 6년 안에', 즉 2018년에는 상업적으로 판매될 것이라고 말했다. 그러나 이 원고를 쓰고 있는 지금 시점에도 자율주행 자동차의 상업적 판매는 여전히 미래의 일로 남아 있다.

지나치게 낙관적인 전망을 한 사람은 세르게이 브린뿐만이 아니다. 2015년 포드의 CEO이던 마크 필즈Mark Fields는 완전한 자율주행 자동차가 2020년까지 시장에 나올 것이라고 말했다. 지금 이 원고를 쓰고 있는 시점이 2019년 초이므로, 어쩌면 그의 예측이 맞아떨어질 가능성이 전혀 없지는 않다. 하지만 아무래도 그럴 것 같지 않다.

자율주행과 승차 공유와 전기 동력이라는 자동차 여행에 대한 초혁신적인 전망 세 가지가 굳이 동시에 실현되어야 할 이유는 없다. 우리는 이 매력적인(그리고 피할 수 없는 것으로 여겨지는) 세 가지 요소의 묶음을 개별적인 것으로 분리할 필요가 있다. 승차 공유는 프라이버시와 개인성 그리고 (적어도 외형적인 측면에서의) 통제 가능성을 추구하는 뿌리 깊은 욕망에 거스른다. 한편 전기자동차의 폭넓은 사용은 배터리 및 충전시설 부족이라는 문제와 맞닥뜨린다. 그러므로 우리 사회를 바꿔놓을 것이라고 전망되는 그 세 가지 요소 가운데 두 가지는 확정적이라고 보기 어렵다. 더욱더 중요하게, 우리는 자율주행 자동차로의 전환이 대규모로 진행되지 않고서도 승차 공유나 전기자동차의(혹은 이 둘 모두의) 폭넓은 사용을 예측할 수 있다.

승차 공유나 동력원을 휘발유에서 전기차로 바꾸는 일이 없다고 하더라도 자율주행 자동차의 폭넓은 사용은 일반적으로 인식되는 것처럼 간단하지 않다. 실행 가능성 때문이 아니라 안전성 때문이다. 구글 딥마인드 공동 설립자 데미스 허사비스Demis Hassabis는 2018년 5월 이렇게 말했다. "그 시스템이 야생 현장에서 오로지 사용자가 생각하는 범위 안에서만 작동할 것이라고 당신은 수학적으로 어떻게 보장할 수 있는가?"[8]

그의 우려는 충분히 입증되었다. 자율주행 자동차 제조업체들이나 개발자들의 말로는 자율주행 자동차가 더할 나위 없이 안전하다고 말하지만, 미시간 대학교에서 2015년에 실시한 연구로 자율주행 자동차의 사고율이 사람이 운전하는 자동차의 사고율보다 높다는 사실이 확인되었다.[9] 이 연구 결과로 보면, 사고가 발생할 때 이 사고는 거의 언제나 자율주행 자동차 자체의 문제 때문이 아니다. 문제는 일반 운전자가 자율주행 자동차를 상대로 의사소통하는 게 쉽지 않다는 점이다. 그래서 어떤 기술 회사들은 자율주행 자동차를 될 수 있으면 덜 로봇처럼 작동하게 만들려고 심지어 규칙을 생략하거나 무시하면서 교차로에서 머리부터 들이미는 식으로 공격적인 태도로 운행하도록 만들려고 노력할 정도다.

사실 이런 것들이 의미하는 것보다 일은 훨씬 복잡하다. 자율주행 자동차가 할 수 있는 것에 대한 온갖 자부심이 넘쳐나고 이 자동차가 수많은 테스트를 통과했다는 보고서가 많이 있음에도 불구하고, 이 자동차의 제조업체들과 개발업자들의 주장을 곧이곧대로 진지하게 받아들일 수는 없다. 왜냐하면 이런 테스트들은 대개 비밀리에 진행되며 독립적인 기관의 인증도 받지 않기 때문이다. 테스트 대상 자동차가 놓일 도로 상황과 날씨 조건 그리고 자율주행 자동차가 인간의 개입에 의존하는 정도가 얼마인지 우리는 알지 못하며, 이런 것들을 알 수 있는 권한도 우리에게는 주어지지 않는다.

그런데 지금까지 이루어진 자율주행 자동차 테스트가 대부분 날씨가 좋고 게다가 날씨를 충분히 예측할 수 있으며 주행하기에 더할 나위 없이 좋은 조건을 갖춘 애리조나의 피닉스와 같은 곳들에서 이루어졌다는 사실을 중요하게 지적할 수밖에 없다. 이런 곳에서는 눈도 없고 안개도 없고 구불구불한 길도 없고 언제 어떻게 발생할지 모르는 갑작스러운 정체도 없다. 정말 제대로 된 테스트라면 런던이나 모스크

바나 이스탄불과 같은 도시에서, 그것도 모든 도로가 꽁꽁 얼어붙는 한겨울에 진행되어야 할 것이다.

◆ 사람이 개입하는 정도 ◆

의회, 법원, 보험사 들은 현재 자율주행 자동차로 인해 빚어진 매우 까다로운 쟁점들을 처리하고 있다. 새로운 영국 법률은 자율주행 자동차의 운전자는 핸들에서 1분 이상 손을 떼면 안 된다고 규정하고 있다. 2018년 4월 M1 고속도로에서 자율주행 자동차를 타고 가던 사람이 체포되었는데, 이 사람은 운전을 인공지능에 맡긴 채 조수석에 앉아 있었다.[10] 영국 정부는 완전하게 자동화된 자동차가 2019년 말까지 일반도로에서 한층 발전한 테스트를 받을 수 있도록 '안전 운전자'ʃ 와 관련된 법률적 요건을 폐기할 계획을 하고 있다. 이 일이 과연 어떻게 진행될지가 관심거리다.

그런데 미국에서 있었던 일을 보면 비관적인 생각이 앞선다. 2018년 6월, 애리조나주 템피에서 '자율주행' 우버 차량이 길을 건너던 49세 여성을 치어 숨지게 한 사건이 일어났는데, 이 사건의 경찰 보고서는 그 사고가 '얼마든지 피할 수 있었다'고 적었다. 모든 증거로 볼 때 차량에 탑승하고 있던 '그 안전 운전자'가 스마트폰으로 텔레비전 프로그

ʃ 자율주행 자동차의 운전석에 탑승하는 운전자.

램을 보느라 운전에 주의를 기울이지 않았다는 것이다. 그리고 그 운전자는 '차량과실치사' 혐의로 조사를 받았다.

2018년 영국보험인협회Association of British Insurers가 발표한 한 보고서는 자동차 제조업체들과 운전자들은, 자동차에 딸린 컴퓨터가 사전에 선택된 몇몇 과제 범위 안에서 운전자를 돕는 '도움을 받는assisted' 주행과 그 컴퓨터가 운전과 관련된 모든 것을 실질적으로 통제하는 '자율automated' 주행을 분명하게 구분할 필요가 있다고 경고했다. 현재 법률 규정에 따르면, 문제가 발생한 상황에서는 운전자가 모든 것을 통제해야 한다. 이 규정은 운전자는 눈을 똑바로 뜨고 운전 상황을 지켜봐야지 조금이라도 경계를 흐트러뜨리면 안 된다는 의미다.

사실 자율주행 자동차 개발자들이나 인공지능 열광자들 가운데는 이런 구분이 상당히 먼 지점까지 나아가 있다. 이 분야의 토론은 0단계에서부터 5단계에 이르는 이른바 '6단계 자율성'이 지배하고 있다. 0단계는 자율성이 전혀 없는 단계인데, 사람 운전자가 운전과 관련된 모든 것을 통제하며 자동차에 장착된 컴퓨터의 도움을 전혀 받을 수 없다. 1단계에서는 통상적인 운전 과제를 사람이 수행하지만 주차 상황에서 도움을 받는 것 등과 같이 제한된 과제는 자동차에 장착된 컴퓨터의 도움을 받는다. 2단계는 '반semi자동화' 단계인데, 운전자는 컴퓨터 시스템과 환경을 지속적으로 모니터링해야 한다. 그러나 운전자는 조건이 적절하게 갖추어질 경우에는 운전대와 가속 페달, 브레이크 페달을 포함하는 운행 관련 통제를 컴퓨터 시스템에 넘길 수 있다.

'조건부 자동화'로 일컬어지는 3단계에서는 자동차가 스스로 운전하고 사람 운전자는 필요할 때 즉각적으로 운전의 통제권을 넘겨받을 준비를 해야 한다. 그리고 이때 컴퓨터 시스템은 자기의 한계를 알고 있으며 주기적으로 사람 운전자의 도움을 요청한다.

'높은 수준의 자동화'인 4단계에서는 자동차가 사람 운전자의 그 어떤 개입도 없이 스스로 운전한다. 그러나 필요할 경우 직접 조작할 수 있도록 '사람 운전자'가 운전대와 가속 페달 및 브레이크 페달에 대한 통제권을 여전히 가진다. 5단계에서는 심지어 긴급한 상황에서조차 전혀 인간의 개입 없이 자동차 운행의 모든 것이 이루어진다.

2단계와 3단계는 안전하지 않음이 입증되었다. 운전석에 앉은 사람이 주의를 기울이지 않아 필요할 때 신속하게 개입할 수 없기 때문이다. 이와 관련해 널리 알려진 비극적인 사건이 있다. 2016년 미국 플로리다에서 테슬라 자동차의 열광적인 팬이던 조슈아 브라운이라는 사람이 자기 차를 자동운행 상태로 놓고 주행했는데, 자동차에 장착된 센서들이 교차로에서 대형 트럭의 진입을 미처 포착하지 못해 자동차가 그 트럭 아래로 돌진했으며, 이 사고로 브라운은 사망했다.

자율주행 자동차 업계에서는 이런 문제를 인식하고 4단계 자율성을 확보한 자동차를 개발하려 노력하고 있다. 실제로 스웨덴에서 4단계 자율성 트럭이 규제 승인을 기다리고 있다. 이 트럭에는 운전자가 앉을 공간이나 통제장치가 없으며, 필요할 경우 수백 킬로미터 떨어진 곳에서 담당 감독자가 원격으로 조종할 수 있다. 이 감독자는 한 번에 최대 10대의 자동차를 지휘·감독할 수 있다. 티포드T-Pod라는 이 자동차는 처음엔 하루에 10킬로미터 정도만 운행할 것이고, 이어 사람이 운전하는 자동차를 만날 수 있는 일반도로 약 160킬로미터만 운행할 것이다.[11] 그러나 이 자동차가 현실에서 일어날 수 있는 모든 상황과 환경에 대처할 능력을 갖추지 않는 한 똑같은 쟁점이 제기된다. 그런 능력을 갖추지 않을 경우, 감독자가 처음부터 끝까지 긴장의 끈을 놓지 않고 지켜보지 않는다면(혹은 술에 취하거나 잠들었다면) 긴급한 상황에서 그 사람이 운전에 개입할 준비를 어떻게 할 수 있겠는가?

그리고 만일 사람 운전자가(이 사람이 '안전 운전자'로 불리든 뭐라고 불리든 간에) 운행 전체 과정에 주의를 기울여야 하는 자율주행이라면 그게 과연 진정한 자율주행이 될 수 있을까? 운전자가 신문을 읽거나 잠을 자거나 술에 곯아떨어졌다 하더라도 아무런 문제 없이 운전의 모든 것이 이루어질 수 있어야 진정한 자율주행 아닌가?

여기에서 한 걸음 더 나아간 문제는 운전이 과학기술에 의존한 결과로 나타나는 운전자의 탈숙련화에서 빚어진다. 이것은 역설적인 현실이다. 자율주행 과정에서 사람이 개입할 필요성이 제기되는 것은 이유가 무엇이든 간에 자동차에 장착된 기술이 문제 상황에 적절하게 대처하지 못할 때 혹은 특정한 환경이나 상황을 극복하지 못할 때다. 이때는 적절하게 대처하지 못하는 기계 혹은 자동화 시스템에 비해 사람이더 유능하다는 판단이 전제되기 때문이다. 그렇지만 사람은 자동화 시스템이 모든 의사결정을 내리면서 모든 것을 처리하는 동안 그 문제가 발생하기까지 줄곧 수동적인 상태로 앉아 있었는데 어떻게 자동화 시스템보다 유능할 수 있겠느냐는 말이다.

이런 문제는 자율주행 자동차에만 국한되지 않는다. 똑같은 일이 비행기와 선박에서도 일어날 수 있다. 가장 의미심장하고 비극적인 사례가 2009년 6월 에어프랑스 A330이 대서양에 추락해 승객과 승무원이 전원 사망한 사건이다. 자동 운항 시스템이 고장 났을 때 승무원이 비행기를 적절하게 통제할 수 없는 상황이 벌어졌고, 그 바람에 그 끔찍한 사고가 일어난 것으로 알려져 있다.

이것은 5단계 자율주행과 관련된 쟁점이 아니다. 왜냐하면 5단계에서는 사람의 개입이 아예 불가능하기 때문이다. 그러나 5단계에 도달하기 위해 자율주행 자동차는 안개와 폭풍과 눈을 포함한 모든 날씨 조건을 극복할 필요가 있고, 도로에 굴러가는 축구공과 이 축구공을 좇는 아이를 구분할 필요가 있으며, 도저히 예측할 수 없는 그리고 때로는 완전히 터무니없는 행동을 언제든지 할 수 있는 사람들로 가득한 거리를 주행할 때도 필요한 모든 조치를 할 준비를 갖춰야 한다. 그러나 지금의 자율주행 자동차는 이런 것들을 할 수 없다. 또한 도로가 지도에 나와 있지 않거나 기존 도로 배치가 달라졌을 경우 해결책도 가지고 있어야 한다. GPS가 놀랍고 멋지긴 하지만 이 GPS가 차량을 전혀 엉뚱한 길로, 심지어 절벽 너머 바다로 유도하는 일도 실제로 있었다.

자동차 기술 전문 로비업체인 머서 스트러티직 얼라이언스Mercer Strategic Alliance의 로버트 딩기스Robert Dingess는 현재 자율주행 자동차와 관련된 쟁점의 문제를 다음과 같이 매우 간결하게 표현했다. "제조업체들은 (…) 주어진 전체 시간 가운데 90%에서 안전하게 작동하는 자율주행 시스템을 개발하는 데 상당히 높은 수준에 도달했지만, 소비자들은 주어진 전체 시간 가운데 10%에서 문제를 일으키는 자동차에 만족하지 않는다."[12]

신기술이라는 복음을 전하는 전도사들이 흔히 그렇듯, 몇몇 사람은 자기 기술 혹은 자기가 탄생시킨 소중한 아기의 부족한 점을 감추려고 남 탓을 한다. 예를 들어 닛산의 CEO였던 카를로스 곤Carlos Ghosn은 그 명예로운 자리에서 추락하기 전에 자율주행 자동차에 대해 이렇게 말했다. "가장 큰 문제 가운데 하나는 자전거를 타는 사람들이다. 자율주행 자동차는 그 사람들 때문에 혼란을 겪는데, 그들은 때로 보행자처럼 행동하고 때로 자동차처럼 행동하기 때문이다."[13] 그럴 만도 하다. 그 멋진 기술이 성공적으로 작동해야 하는데 성가신 자전거와 자전거 타는 사람들이 얼마나 많은 짜증을 유발했을까! 그 사람들이 그런 짓을 하지 못하도록 하는 어떤 조치가 분명 내려져야 할 것이다.

◆ 비행기 조종사와의 비교 ◆

인공지능 열광주의자들에 따르면, 미래에 폐기될 운명을 짊어진 게 분명한 또 다른 일자리가 비행기 조종사다. 그러나 사람들이 이런 주장을 하기 시작한 것은 이미 여러 세대 전이다. 그동안 계속 이런 주장들이 있었다. 잘 알려져 있듯이 비행기는 대부분 컴퓨터로 작동된다. 조종사는 전체 비행시간 가운데 극히 일부분만 비행기를 직접 조종할 뿐이다. 사람 조종사와 컴퓨터의 이런 조합이 순수하게 사람의 손으로만 하는 조종보다 더 우월할까? 어쩌면 그럴지도 모른다. 비행기 추락사고 가운데는 사람의 실수로 인한 사고가 차지하는 비율이 높다.

자동차의 경우와 마찬가지로, 조종사와 컴퓨터가 함께 비행기를 운전하는 것이 오로지 컴퓨터만이 비행기를 운전하는 것보다 더 우월할 수 있다. 부분적인 이유로는 특별한 상황에서 사람 조종사가 과제를 더 잘 수행할 수 있다거나 컴퓨터 시스템이 고장 나서 작동하지 않는다는 극단적인 사고 시나리오 때문이다. 그런데 대중의 인식이라는 쟁점도 존재한다. 조종사가 없는 상태로 100% '자동으로' 비행하는 여객기를 상상하기란 현실성이 떨어진다. 솔직히, 높은 고도에서 무서운 속도로 비행하면서 오로지 컴퓨터로만 작동하는(비록 이 컴퓨터가 요즘에는 로봇이니 인공지능이니 하는 이름으로 불리긴 하지만) 금속제 혹은 유리섬유제 튜브에 200명 넘는 승객이 기꺼이 올라탈 것이라는 상상을 나는 쉽게 하지 못하겠다.

그런 상황에 기꺼이 몸을 내맡기려면 승객도 로봇이 되어야만 한다 (어쩌면 사람들이 기꺼이 로봇이 되려고 할지도 모르겠다). 사고 관련 통계치가 어찌 되었든 간에 사람 승객들은 사람 조종사가 처리할 수 있지만 기계(컴퓨터 시스템)는 처리할 수 없는 예측할 수 없는 어떤 일을 언제나 걱정할 것이다. 배우 톰 행크스의 팬이라면 영화 〈허드슨강의 기적 Sully: Miracle on the Hudson〉⌠을 떠올리며 고개를 끄덕일 것이다.

이것은 자율주행 자동차가 어느 정도까지 진행되도록 허용할 것인

⌠ 2009년에 에어버스 여객기가 동력 상실 상태에 빠진 뒤 조종사의 기지로 허드슨강에 안전하게 불시착한 사건을 소재로 한 영화.

가 하는 골치 아픈 질문과 밀접한 관계가 있다. 비행기 조종사를 마차를 끄는 마부로 바꿔 생각해보자. 사람들은 인공지능이 모는 마차를 타고 장거리 여행을 기꺼이 할 마음의 준비가 되어 있을까? 자기 아이를 그 마차에 기꺼이 태울까? 내 생각에는 그렇지 않을 것 같다. 적어도 상업적인 차원의 운송수단이라면 이런 우려가 해소되어야 마땅하다는 생각을 우선 할 수밖에 없다. 그러나 나는 그런 우려가 해소될 것이라는 확신이 서지 않는다. 튼튼한 대형 트럭은 말할 것도 없겠지만 일상적인 상업적 운송수단이 제멋대로 미쳐 날뛴다고 상상해보라, 파괴력이 얼마나 끔찍한가!

비슷한 맥락의 논지가 드론을 이용한 택배라는 아마존의 발상에도 적용된다. 물론 기술적으로는 얼마든지 가능한 서비스다. 그런데 문제는 수백 미터 상공에 매달린 무게 3킬로그램의 택배 물품에서 일어날 수 있는 사고의 여지가 엄청나게 크다는 것이다.

◆ 사람이 내리는 판단의 중요성 ◆

인간이라는 요소의 중요성을 여실히 일러주는 냉전 시대의 으스스한 얘기가 하나 있다. 미국과 소련 간 대립이 최고조로 치달을 때의 일이다. 소련 전투기가 미사일을 발사해 한국 여객기를 격추했고, 이 사고로 269명이 목숨을 잃었다. 이때 소련의 조기경보체계에서 미국이 소련을 향해 미사일을 다섯 발 발사했다는 신호를 띄웠다. 이 조기경

보체계를 책임지던 소련군 장교 스타니슬라프 페트로프Stanislav Petrov
는 어떤 행동을 취할 것인지 몇 분 안에 결정 내려야 했다. 정리된 매뉴
얼대로라면 이것을 핵 공격이라고 보고해야 했다. 하지만 그는 자기의
직감을 믿고 그 신호가 잘못된 것이라고 판단했다. 만일 미국이 정말
핵 공격을 감행한다면 미사일을 다섯 발이 아니라 그보다 더 많이 쏘
았을 거라고 추론한 것이다.

이 추론을 근거로 그는 경보가 잘못 울렸다고 판단해 상부에 컴퓨터
오류라고 보고했다. 결국 그의 추론이 맞았다. 소련의 인공위성이 구
름의 상층부에 반사된 태양빛을 로켓 엔진으로 오인했던 것이다. 당시
페트로프의 판단이 인류를 핵 재앙의 위기에서 구했음은 널리 인정되
는 사실이다. 그러나 인류를 핵 재앙의 위기에서 구했음에도 불구하고
스타니슬라프 페트로프는 명령불복종죄로 체포되었고 한직으로 내쫓
겼으며 제대한 뒤에는 조용히 살아야만 했다.ʃ

그런데 과연 우리는 페트로프가 내린 것과 같은 판단을 인공지능에
대신 내려달라고 맡기는 일을 상상할 수 있을까? 그러고 보니 문득 피
터 셀러즈가 주인공으로 나오는 1964년 영화〈닥터 스트레인지러브Dr.
Strangelove〉가 떠오른다. 이 영화에서는 미국 비행기가 핵 공격을 하러
출격하는데, 한 번 내려진 이 명령을 거둬들일 수 없다. 시스템이 일단
작동을 시작한 다음에는 인간이 아무리 개입해서 멈추려 해도 시스템
이 반응하지 않는다.

ʃ 이 일이 세상에 알려진 것은 15년이나 지난 1998년이었다. 소련이 해체된 뒤에도 1급 기밀로 취급받던
사건이 1998년에 기밀해제되어 공개적으로 드러나면서 세상에 알려졌다.

◆ 또 다른 문제들 ◆

안전성에 대한 우려와 법적 책임에 대한 쟁점들이 여러 심각한 장해물을 제기한다. 그렇기 때문에 상업적 차원에서나 '여가활동' 차원에서 모두 실제로 자율주행 자동차가 도입되는 시점은 그것이 기술적으로 가능해지는 시점보다 한참 뒤의 일이 될 것이다.

그러나 이 중요하면서도 협소한 문제인 운전자, 승객 그리고 제3자의 안전과 별도로, 자율주행 자동차로 인해 제기될 수 있는 문제가 세 가지 더 있다. 물론 사고 가능성이 우려의 심각한 원천이긴 하지만, 범죄와 관련 있는 개인이나 단체가 개별 자동차 혹은 동시에 여러 대의 자동차를 통제하는 시스템을 해킹할 가능성도 생각해야 한다. 불만을 품은 개인이나 범죄자들을 염두에 두면 이런 위험성은 충분히 무서운 일이지만, 테러 집단을 염두에 둘 때는 한층 심각하다. 만약 사람이 운전하는 운송 수단(여기에는 비행기와 자동차가 모두 포함된다)이 하나도 없다면, 그리고 테러 집단이 무인 운송수단을 통제하는 컴퓨터 시스템을 해킹한다면, 이들은 전체 운송 시스템을 무기로 삼아 엄청난 규모의 살육이 동반될 사고를 의도적으로 유발할 수 있을 것이다.

둘째, 자율주행 자동차가 자동차의 안과 밖을 비추는 카메라를 달고 다니면서 수집된 데이터를 누군가에게 전송할 것이기 때문에 사생활과 관련된 심각한 쟁점들이 생긴다. 누가 이 데이터를 수집할 것이며 이 데이터의 전송 및 사용을 누가 통제할 것인가?

기술 전문가들 사이에서 거의 논의되지 않는 세 번째 핵심 쟁점인 비용 문제를 제기하는 것은 경제학자의 몫이다. 자동차가 자율적으로 작동할 수 있도록 하는 데 필요한 장비는 현실적으로 비싸다. 어떤 것이 기술적으로 가능하다고 해서 반드시 경제적으로도 바람직하지는 않다. 이런 점은 콩코드 비행기의 운전자들이 고통스럽게 발견한 사실이기도 하다. [

만일 자율주행 택시 서비스나 상업적 용도의 자동차에 계속해서 '안전 운전자'가 필요하다면, 예전처럼 사람 운전자를 쓰는 것에 비해 비용 절감 효과가 거의 나타나지 않을 것이다. 그러나 이보다 더 나쁜 일이 일어날 수도 있다. 자율주행 시스템은 봉쇄된 도로와 같은 도로 관련 어려운 문제들을 해결하기 위해 수많은 소프트웨어 엔지니어가 필요한데, 이들의 몸값은 보통 매우 비싸다. 이처럼 자율주행 서비스를 채택하면 비용이 줄어드는 게 아니라 오히려 늘어날 수도 있다.

자율주행 자동차의 전망을 밝게 바라보는 사람들은, 자율주행 자동차임에도 여전히 필요할 수밖에 없는 '안전 운전자'에 뒤따르는 비용 관련 지적에 대해, 이들이 현재 운전자들이 제공하는 보조적인 서비스들(예를 들면 가방을 트렁크에 실어준다거나, 승하차를 돕는다거나, 지루함을 덜어주기 위해 이야기를 나눈다든가 하는 서비스들)을 제공할 수 있다는 식으로 반박하곤 한다. 틀린 말은 아니다. 그러나 이들이 실제로 자동차에 동승해 운전하지 않을 때는 이런 일을 더는 할 수 없다. 그리고 그들

[1969년 프랑스는 초음속 여객기 개발 계획을 발표했다. 천문학적인 비용에 비해 경제성이 없다는 우려로 인해 반대 의견이 많았지만, 이미 상당한 예산을 투입한 프랑스 정부는 사업을 그대로 진행해 1976년에 콩코드 비행기가 완성되었다. 그러나 콩코드 비행기는 기체 결함과 만성적인 적자에 허덕이다 2000년대 초반에 사업을 중단했다.

이 자동차에 승차한다면 비용은 똑같이 든다. 그렇다면 자율주행 자동차가 인건비를 줄여준다는 논리는 모순 아닌가?

◆ 전반적인 평가 ◆

테슬라의 CEO 일론 머스크는 자율주행 자동차에 대한 안전 관련 요구가 지나치게 높게 설정되어 있다는 주장을 줄곧 해왔다. 운전할 때 사람이 저지르는 실수 때문에 엄청나게 많은 사상자가 발생할 수 있으므로, 비록 자율주행 자동차들이 사람 운전사라면 피할 수도 있을 어떤 치명적인 사고들을 낼 여지가 있긴 하지만, 자율주행 자동차의 도입으로 전체 사고율 및 사망자가 줄어들 것이라는 주장이다. 그러나 나는 이런 주장이 당국자나 대중에게는 먹혀들 거라고 생각하지 않는다.

그래서 인공지능으로 대체되는 사람 운전자의 규모는 열광주의자들이 주장하는 것보다 훨씬 작을 가능성이 높다. 3단계 자율성을 갖춘 자동차는 현재 시장에서 팔리고 있으며, 현재 기술 수준은 2단계와 3단계 사이 어디쯤이다. 그런데 분명히 상기해야 할 점은 이 두 단계는 사람의 개입이 상당 수준 필요하다는 사실, 다시 말해 자율주행 자동차 운행의 강점을 대폭 깎아먹거나 안전상의 커다란 위험부담까지 져야 한다는 사실이다.

그러나 이것은 자율주행 자동차가 들어설 여지가 전혀 없다는 말이 아니다. 이미 자동차는 사람의 도움을 받지 않고 고속도로를 달릴 수 있으며 저 혼자 주차할 수도 있다. 이런 특성들은 사용자에게 어떤 편익을 제공할 수 있으며 실제로 제공한다. 그리고 세월이 흐를수록 분명 점점 더 많은 사람이 이런 서비스를 받고 싶어 할 것이다. 그러나 지금까지 '운전자' 혹은 '운전사'라고 불렸던 사람들이 완전히 밀려나기까지는 아직 갈 길이 멀다. 그리고 사람 운전자가 운전의 통제권을 가질 필요성이 여전히 존재하는 한, 자율주행 자동차 열광주의자들이 그토록 기대하는 이것의 경제적 효과는 발생하지 않을 것이다.

제한된 경로를 따라서만 운행하는 관행이(이 경우에는 일이 잘못될 여지가 한층 줄어든다) 인공지능 운전사에 의해 사람 운전사가 완전히 대체될 가능성의 문을 분명 활짝 열어줄 것이다. 사실 우리는 이미 이런 인공지능 운전사들을 매우 흔하게 경험하고 있다. 공항이나 지하에서 운전자가 없는 셔틀버스나 지하철이 일상적인 모습이 된 지 이미 꽤 되었기 때문이다.

그리고 철도 부문에서 사람이 인공지능으로 대체될 여지는 확실히 훨씬 더 크다. 스코틀랜드에서 글래스고 지하철은, 2018년 9월에 새로운 기차는 무인으로 운영될 것이며 2021년까지 모든 지하철에서 차량을 운행하는 운전자가 사라질 것이라고 발표했다(그러나 이 제안은 운송노동조합으로부터 강력한 반발에 부딪혔다. 운송노동조합의 파업과 방해 활동에서 벗어날 수 있다는 것이 무인 지하철 운행 시스템이 얻을 수 있는 중요한 강점 가운데 하나가 될 것이다).

도로 부문 운송에서도, 공항의 제각기 다른 주차장에 정차해 승객을 태우기도 하고 내려주기도 하는 경우나 심지어 도시의 전차 선로 혹은 제한된 도시 버스 정류장을 따라 운행하는 경우처럼 제한된 경로를 따라 운행하는 노선에서는 사람 운전사가 인공지능으로 대체될 여지가 크다. 실제로 히스로 공항에서는 5번 터미널과 주차장 사이를 오가는 4인용 자율주행 자동차 팟pod이 2011년부터 운행되고 있다. 그리고 자율주행 트랙터를 비롯한 농기계가 사람과 떨어져 혼자 작동하는 경우가 늘어날 여지는 명백하게 존재한다.

노르웨이는 자율운항 페리를 도입했다. 이 배는 지금까지 트론헤임에서 약 100미터의 물길만 오가는 데 사용되어왔다. 이 100미터 거리를 운항하는 데 60초밖에 걸리지 않는다. 앞으로는 사람과 화물을 싣고 제한된 짧은 거리를 오가는 '자율주행 페리'가 훨씬 더 많이 도입될 것이다. 그러나 선장 없이 대양을 건너가는 100% 자동화된 화물선이나 여객선이 등장하기까지는 아직 멀고 먼 길이 남아 있다.

그런데 운송 매체가 자동차든 비행기든 배든 간에 지금까지 성취된 것 그리고 우리가 예측할 수 있는 가까운 미래에 성취될 수 있는 것은, 인공지능 운전사에 의해 사람 운전사가 완전히 대체되는 것과 거리가 멀다. 비록 인공지능 열광자들은 이런 일이 이루어질 날이 임박했다고 생각하지만 말이다. 사실이 그렇다면 자율주행 자동차의 편익이 지나치게 과장된 셈이다. 실제로 영국에서 이 문제를 다룬 최근 상원위원회는 회의적인 결론을 내렸으며, 자율주행 자동차를 둘러싼 과열에 홀렸다는 내용으로 정부를 비판했다. 그러면서 수산업과 농업을 포함한 다른 부문을 대상으로 연구를 진행하는 게 옳다고 추천했다.

비록 사람들이 결과에 대한 두려움 때문에 말하길 꺼리지만 업계 내부에서는 개인적인 차원에서 이런 인식이 점점 커지고 있으며, 이런 사실을 입증할 증거도 있다. 이 모든 상황에서 벌거벗은 임금님의 옷이 연상되기도 한다. 그리고 이 상황을 바라보노라면 어쩐지 디지털 광풍이 불다 결국에는 닷컴 거품이 꺼지는 결과를 맞았던 예전의 일이 떠오른다.[14] 물론 당시 한창 왕성하던 여러 발상 및 기업 가운데 찬양과 찬사를 받을 자격이 있는 것들도 있었다. 그리고 몇몇 기업은 단순히 살아남는 차원을 넘어 거인으로 성장해 업계의 지형을 완전히 바꿔놓았다. 그러나 거품이 꺼지고 사람들이 정신을 차리자마자 흔적도 없이 날아가버린 싸구려도 끔찍할 정도로 많았다.

만일 지금 상황이 자율주행 자동차에 쏟은 시간과 돈이 거품으로 부풀어 오른 것이라면, 그 거품이 꺼질 때는 심각한 심판이 이루어질 것이다. 새롭게 등장한 기술 독점 기업들은 엄청나게 많은 현금을 가지고 있지만, 자동차 제조업체들은 그렇지 않다. 자동차 산업은 많은 과제에 직면해 있다. 자동차업체들이 엄청나게 많은 투자를 해왔던 그 모든 다른 과제들도 극복해야 할 대상이지만, 자율주행 자동차의 꿈이 꺼져버릴 경우 자동차업체들은 생존을 위협받을 것이다.

◆ 군사 부문에서의 응용 ◆

자율주행 자동차에 밀접하게 연관된 쟁점이 로봇과 인공지능이 군사적 목적으로 사용될 가능성이다. 여기에서도 핵심적인 쟁점은 동일하게, 과연 로봇과 인공지능이 인간을(이 경우 인간은 육해공의 군인이다) 기계로 대체할 수 있는가 하는 것이다.

로봇공학을 군사 작전에 도입한다는 발상은 사실 새로운 게 아니다. 로봇은 제2차 세계 대전 때와 냉전 때도 사용되었다. 제2차 세계 대전 때 독일과 소련은 대량 폭발물을 수송하는 데 자동화된 차량을 사용했다. 이런 차량은 기본적으로 이동성을 갖춘(비록 사람의 도움에 의지하긴 했지만) 로봇이었으며 원격으로 조종되었다.[15] 그러나 이것들이 가진 군사적 가치는 제한적이었다. 비용은 많이 들고 속도는 느렸기 때문이다.

그러나 그때 이후 사정은 크게 바뀌어왔다. 현재 군사용 로봇의 대다수는 원격으로 조종되며 적의 위치를 파악하고, 감시하고, 저격수를 포착하며, 폭발물을 해체하는 데 사용된다. 무인항공기(드론)는 현재 가장 많이 사용되는 군사용 로봇이며, 비록 이런 것들이 감시 목적으로 자주 사용되긴 하지만 미사일로 무장하는 경우도 흔하다. 미국의 무인항공기 보유 대수는 2001년 약 50대에서 2012년 7,500대 이상으로 늘어났으며, 이 가운데 약 5%는 무장하고 있다.[16] 2007년 미국 하원은 "여러 새로운 시스템을 위해서는 무기 구매 사업에서 무인 시스템을 지향한다"고 발표했다.

로봇은 감정과 아드레날린 그리고 스트레스에 영향을 받지 않기 때문에 몇몇 분석가는 사람을 로봇으로 대체하면 잔혹 행위와 전쟁 범죄가 줄어들 것이라고 믿는다. 정확성은 높아지고 인간적인 결점들이 들어설 여지가 없어 자율적인 인공지능 전투 시스템은 "위험에 노출되는 사람의 수를 줄여줄 뿐만 아니라 위험에 맞닥뜨려야만 하는 사람의 안

전성을 상당 수준으로 높여줄 것이다".[17]

이처럼 군사 로봇의 이점이 크다는 점을 염두에 둔다면, 군대에서 필요한 사람의 수가 줄어들지 않을까? 그런데 해군 소속 로봇공학 개척자인 바트 에버렛H. R. Bart Everett은 로봇이 사람을 대체할 거라고 바라보지 않고, "마치 경찰견이 이 개를 다루는 경찰관과 하나의 팀이 되듯 사람과 로봇이 하나의 팀을 구성할 것"이라고 바라본다.[18]

로봇과 인공지능은 다른 많은 경우와 마찬가지로 군사적 목적으로 응용되는 데서도 인간이 들이는 인풋을 최소화해줄 것이라는 기대나 전망이 과장되어왔다. 미국 공군 참모차장 필립 마크 브리들러브Philip Mark Breedlove 장군은 무인항공기(드론) 부대를 지휘한다. 그런데 그가 최근 주목할 만한 발언을 했다. "우리 공군에서 인력과 관련된 제1과제는 인력이 투입되지 않는 영역을 인력으로 지원하는 것이다." 그의 말은 드론을 유지보수하며 드론이 출격해 확보한 동영상 및 감시 정보를 분석하는 데 필요한 '사람'을 언급하고 있다. 미국 공군이 무인 드론을 24시간 운용하는 데 168명의 작업자가 동원되는 것으로 추정되는데, 드론의 규모가 더 커진다면 어쩌면 300명이 필요할지도 모른다.[19]

아무튼 결과는 적군과 가깝게 대면할 가능성이 높으며 거기에 대비한 훈련을 받고 전선에 투입되는 장병의 수는 줄어드는 반면에 군사적 용도의 로봇과 인공지능에 동반되는 다양한 작업을 수행할 요원의 수는 늘어날 전망이다. 이런 일자리의 이동 및 변화는 더 넓은 경제 속에서의 경험과 나란히 갈 것이다.

◆ 사람이 수행하는 육체노동 ◆

자율주행 자동차의 여지가 얼마나 되는지, 군사 부문에서 기계가 인간을 대체할 여지가 얼마나 되는지 평가하면, 다른 여러 부문에서의 일자리 전망을 분석하는 데 유용한 배경 자료를 얻을 수 있다. 몇몇 영역에서는 기계가 사람을 대체할 여지가 과장되게 부풀려 있지만, 다른 영역들에서는 자동차나 그 밖의 다른 운송 방식의 경우보다 이런 여지가 훨씬 더 넓게 열려 있다. 그리고 군사 부문의 경우와 마찬가지로 특정 부문들 안에서 사람에게 주어질 수 있는 일자리 유형이 근본적으로 바뀔 여지는 매우 크다.

로봇과 인공지능의 도전이 육체노동 직업군에서 가장 심각하게 느껴진다는 것이 일반적인 사람들의 생각이다. 그런데 실제로는 모든 육체노동 직업이 로봇과 인공지능의 위협을 강력하게 받는 게 아니다. 앞에서도 말했듯이 로봇은 앞으로도 손재주 방면에 서툴 게 분명하다. 인지과학자인 스티븐 핑커Steven Pinker는 이렇게 말했다. "인공지능 연구 역사 35년이 주는 가장 큰 교훈은 사람에게 힘든 문제들은 인공지능에게 쉽고, 반대로 사람에게 쉬운 문제들은 인공지능에게 어렵다는 사실이다."[20] 그러므로 숙련된 손재주가 필요한 일자리들은 예측 가능한 미래까지는 안전하다. 배관공, 전기공, 정원사, 미장공, 도배공 등이 그런 일자리다.

그렇긴 하지만 세계적인 컨설팅 회사 메이스Mace에서 발표한 한 연구조사 보고서는, 2040년까지 건설 부문 일자리 220만 개 중 60만 개가 자동화될 수 있다고 주장한다. 최근 여러 보고서에 따르면, 땅을 파고 상하수도관이나 가스관을 보수하는 사람들의 일자리가 대폭 줄어들 전망이다. 영국 정부는 2,500만 파운드 넘는 예산을, 굳이 도로를 파헤칠 필요도 없이 배관 속을 이동하면서 배관에 발생한 문제를 포착하고 고치는 작업을 할 미니로봇을 개발하는 프로젝트에 투자해왔다. 이 미니로봇이 하는 일은 지하를 대상으로 하는 일종의 키홀ʃ 수술인 셈이다. 그리고 인체를 대상으로 하는 키홀 수술과 마찬가지로 배관 속을 이동하는 로봇을 조종하는 주체는 사람이 될 것이다.[21]

일자리의 고도화job sophistication 순위 가장 낮은 부문에서 일자리가 대폭 줄어들 것이라고 사람들은 생각한다. 대표적으로는 소매유통업 부문이 꼽힌다. 최근 시애틀에 '아마존고Amazon Go' 매장이 문을 열었다. 이 매장에는 직원이 한 명도 없으며 계산대 앞에 사람들이 줄지어 늘어서는 풍경도 볼 수 없다. 매장에 설치된 카메라들과 인공지능 설비가 고객이 어떤 물건을 집어가는지 살펴보고, 결제는 고객이 구매 물건을 들고 매장을 나가는 순간 자동으로 이루어진다. 2017년 코너스톤캐피털Cornerstone Capital이 발표한 보고서는 이런 기술들이 미국에서만 계산원 350만 명을 포함해 소매유통업 일자리 750만 개를 없애버릴 것이라고 예측했다.

그러나 지금까지 확인된 것만 놓고 볼 때 소매유통업에서 사람 직원이 최소화될 것이라는 증거가 전적으로 설득력을 가지지는 않는다. 파

ʃ 환부를 조금만 절개한 뒤 레이저 광선을 이용하는 수술.

비오Fabio라는 이름을 가진 영국 최초 '상점로봇shopbot'은 스코틀랜드의 슈퍼마켓 체인 마지오타Margiotta의 에든버러 매장에서 한 주 동안 손님을 혼란스럽게 만든 뒤 결국 '해고'되고 말았다. 고객이 맥주가 어디 있느냐고 물었을 때 파비오는 "주류 구역에 있습니다"라고밖에 대답하지 못했던 것이다.[22] 물론 이 대답이 틀린 것은 아니지만, 고객에게 정확한 도움을 주지 못했다.

소매유통업은 전통적인 일자리가 사라지고 있을 뿐만 아니라 고용 성격이 바뀌는 흥미로운 부문이다. 계산원이라는 일자리는 소멸의 길을 걷고 있다. 그런데 반복적이고 지루한 이 일자리가 사라진다고 하더라도 이 일을 하던 사람들이 이것보다 더 좋은 일자리를 얻기만 한다면 그건 분명 가슴 아픈 일이 아닐 것이다. 즉 계산원 일자리에서 떠밀리는 사람들에게는 고객이 무엇을 살 것인지, 어떤 것이 어떤 것과 잘 어울리는지, 다양한 선택권들이 가진 각각의 특징이 어떤 것인지 등과 관련해 고객에게 도움말을 주고 안내하는 보조원이라는 전혀 다른 일자리가 새롭게 열리고 있다. 소매유통업에서 이 새로운 일자리는 인간적인 요소는 말할 것도 없고 보다 높은 숙련도와 많은 지식이 필요하다. 그러니 이 일자리를 얻을 수만 있다면 반복적이고 지루한 계산원 일자리를 얼마든지 기계에 내줘도 아쉽지 않을 것이라는 말이다.

상위 공급 체인인 영국의 인터넷 슈퍼마켓 오카도Ocado는 전 세계 소매유통업체에 물품을 공급하는 공급자로서 변신하는 중이다. 오카도는 최근 캐나다의 슈퍼마켓 체인 소비스Sobeys와 계약을 체결했는데, 소비스는 토론토 지역에 있는 자동화된 창고와 연계해서 고객의 주문을 소화하는 온라인 매장을 열 예정이다. 이 창고에는 많은 직원이 근무할 필요가 없다. 오카도의 운영 모델 한가운데 배터리로 작동하는 로봇들이 있기 때문이다.

그런데 로봇은 선반에 놓여 있는 물건을 집는 데 여전히 서툴다. 그래서 창고에서는 현재 '제니퍼 유닛Jennifer Unit'이라는 헤드셋을 사용한다. 이 헤드셋은 사람 직원에게 그때그때 무엇을 해야 할지 지시한다. 경제학자 팀 하퍼드Tim Harford는 앞으로 더 거대한 일들이 나타날 것임을 일러주는 조짐이라고 생각한다. 그는 이렇게 말한다. "설령 로봇이 생각이라는 분야에서 인간을 능가한다고 하더라도 선반에서 물건을 집어드는 데는 사람이 로봇을 능가한다. 그러니 로봇의 뇌를 가지고 사람의 신체를 조종하는 일이 일어날 수도 있지 않을까?"[23]

음식점에서 과연 로봇이 고객의 주문을 받고 서빙하는 일을 해낼 수 있을지 의심스럽다. 물론 언젠가는 주방에서 설거지까지는 할 수 있겠지만 말이다. 음식점에서 웨이터와 대화를 나누는 것도 고객에게는 음식점 경험의 한 부분인데, 로봇은 사람 웨이터가 고객에게 제공하는 서비스 경험을 제공하지 못할 것이다.

◆ 가사도우미 ◆

심각한 위협을 받는 것처럼 보이지만 실제로는 전혀 그렇지 않음이 밝혀진 또 다른 유형의 육체노동 일자리는 가사노동을 제공하는 일자리, 즉 가사도우미다. 아이로봇iRobot의 룸바Roomba는 거실 바닥을 청소할 수 있지만, 그게 할 수 있는 전부다. 이 청소기가 비록 1,000만 대 넘게 팔렸지만, 탁자에 놓인 잡지를 똑바르게 정돈하거나 수건을 개거나 쿠션을 만져 볼록한 모양이 나오게 만들지는 못한다. 아무리 잘 팔린 제품이라 하더라도 이런 간단한 일들 가운데 그 어떤 것도 하지 못한다.

이것은 특히 중요하다. 왜냐하면 인공지능의 발전으로 가능해진 소득 증가가 잠재적으로는 모든 종류의 가사에 대한 도우미 수요를 엄청나게 늘려줄 터이기 때문이다. 지금까지 드러난 모든 증거를 놓고 볼 때 이런 가사도우미의 일은 로봇이 아니라 사람만이 할 수 있을 것이다.

이런 전망은 곧바로 지나간 시대를 떠올리게 만든다. 제1차 세계 대전 전에는 심지어 서기나 행정보조원까지 포함하는 대부분의 중산층 가구에서 최소한 한 명 이상의 가사도우미를 고용했다. 소득이(그리고 지위가) 높을수록 가사도우미를 많이 두었다. 허드렛일하는 하녀, 집사, 요리사, 정원사, 세탁부, 하인 그리고 그 밖의 명칭으로 불리던 온갖 사람이 그런 가사도우미였다. 심지어 상류층 사이에서는 이런 사람들을 얼마나 많이 고용하는지를 두고 또 이 사람들이 입는 옷이 얼마나 화려한지를 두고 경쟁이 벌어지기까지 했다.

그런데 가사도우미 서비스가 거의 붕괴에 가까울 정도로 몰락해버린 경제적 이유를 살펴보면 흥미롭다. 일이 이렇게까지 진행된 데는 여러 가지 요인이 작용했다. 납세에 의해 중산층과 상류층의 소득이 줄어든 것도 하나의 요인이 되었으며, 사회적 태도가 바뀐 것도 이런 변화 과정에서 한몫했다. 또 1950년대와 1960년대 그리고 1970년대에 세탁기, 진공청소기, 식기세척기 등과 같이 집안일에 필요한 일손을 덜어주는 기기들이 많이 등장해 집안일에 소모되는 시간을 줄여준 것도 중요한 요인으로 작용했다.

그러나 보다 주요한 이유는 기계화 덕분에 공장에서의 노동생산성이 엄청나게 높아졌다는 사실이다. 이것이 사람들이 집 바깥에서 취직해 벌어들일 수 있는 실질임금을 높여주었고, 유능한 가사도우미를 고용하는 사람들이 가사도우미에게 지불해야 하는 임금과 봉급을 높여주었다. 유능한 도우미를 고용하려는 경쟁에서 이기려면 그렇게 할 수밖에 없었으니까 말이다. 그런데 만일 제조업과 사무실 부문에서 많은 수의 일자리가 로봇과 인공지능 때문에 줄어든다면, 가사도우미 고용에 반대로 작용해왔던 이 본질적인 힘이 반대 방향으로 작동할 수도 있다.

비록 '상류층 – 하류층'을 가르는 세상이 이미 오래전에 끝났지만, 가사도우미 고용은 미래 일자리의 주요한 원천이 될 수도 있다. 물론 이미 많은 사람이 어떤 형태로든 간에 가사도우미를 고용하고 있다. 특히 세탁 일이나 보모 일이 그렇다. 이 일을 하는 사람은 보통 시간제로 일하며 자기 집에 거주하면서 일할 때만 고용주의 집을 방문한다. 이런 영역은 앞으로 한층 더 넓어질 수 있다. 부유한 중산층 사람들은 돈은 많지만 시간이 부족하기 때문에 가사도우미를 한 명 정도는 채용할 수 있다.

보통은 시간제이고 자기 집에 거주하면서 출퇴근하는 이 사람들은 쇼핑, 가족 구성원을 어떤 곳에 데려다주거나 어떤 곳에서 데려오는 일이 포함된 일련의 가사를 맡아서 한다. 이렇게 되면 소득 사다리 꼭 대기에 있는 사람들은 아주 오래전 옛날 상류층이 그랬듯이 자기가 고용한 가사도우미의 수 및 이들을 통해 드러나는 장엄함을 놓고 자기들 끼리 경쟁을 벌일 수 있다.

◆ 단조로운 정신노동 ◆

로봇과 인공지능의 등장으로 가장 많이 위험해진 일자리 가운데 많은 것은 보통 육체노동이라고 일컬어지는 일자리가 아니다. 정신노동 수준이 낮은 일자리를 보면, 우선 공항에서 탑승 수속을 진행하는 사람이 일자리에서 밀려나고 있다. 한편 반대편 극단에서는 자산운용 산업 부문의 많은 일자리가 인공지능 앱에 밀려날 수 있다. 2017년에 거대 자산운용사 블랙록BlackRock이 펀드매니저 일곱 명을 해고하고 컴퓨터를 기반으로 퀀트투자⌡를 하는 SAESystematic Active Equities라는 내부 단위에 그 펀드매니저들이 운용하던 수십억 달러를 맡겼다.

2018년 독일의 코메르츠방크Commerzbank는 기업들 및 섹터별로 분석 보고서를 만들어낼 수 있는 인공지능 기술을 가지고 실험을 했다. 이

⌡ 수학적·통계적 기법을 활용해 투자 종목을 발굴하고 관리하는 투자 방식.

실험이 성공하면, 전통적으로 가장 높은 임금을 받아온 직원들로 꼽히던 수많은 경제분석가를 해고할 수도 있다[24](솔직히 나는, 어떤 형태를 띤 인공지능이든 간에 이미 인공지능이 투자은행의 분석 보고서들을 쓰고 있다는 강한 인상을 받고 있었다).

감정평가사들도 비슷하게 인공지능에 의해 대체될 위험에 놓여 있다. 겉으로 보기에는 감정평가사보다 인공지능이 과제를 더욱 빠르고 싸고 정확하게 수행할 것 같다. 매우 의미심장하게, 미국에서 자산감정평가 산업의 시장 규모는 연간 120억 달러나 되며, 이 분야에 종사하는 사람은 약 8만 명이다.

이와 비슷하게 판에 박힌 듯 일률적인 법률 관련 작업도 인공지능이 사람을 대체할 수 있다. 그런데 이런 추세가 (안타깝게도!) 미래에는 변호사의 수가 반드시 지금보다 적을 것이라는 뜻은 아니다. 일률적인 법률 관련 작업에 인공지능을 도입하면서 비용이 엄청 줄어든 덕분에 예전에는 도무지 수익성이 없던 모든 법률 관련 사업이 이제는 실행가능성을 충분히 갖추었다. 그러므로 신참 변호사들은 이 초기 단계들을 설정해 인공지능 앱들이 적절하게 사용되도록 할 필요가 있다.[25]

정신노동에 속하면서도 로봇과 인공지능의 발전 때문에 위협받는 또 다른 일자리가 번역가와 통역가다. 처음에 디지털 번역은 그야말로 코미디였다. 물론 지금도 많은 부분은 여전히 마찬가지다. 그러나 이 분야에서도 빠른 속도로 개선이 진행되고 있다. 비록 많은 사람이 만족하며 수용할 정도의 수준은 아니지만 말이다. 그러나 머지않아 단 한 번 클릭만으로 대부분의 사람 번역가의 솜씨를 능가하는 높은 수준의 번역 결과물을 내놓을 것이다. 그것도 매우 빠른 속도로.

2014년 3월, 스카이프Skype는 실시간 기계 번역 시스템을 도입했다. 2013년 6월 구글의 안드로이드 프로덕트 부사장이던 휴고 바라Hugo Barra는 몇 년 지나지 않아 '보편 번역기'가 출시될 것이며, 이 번역기만 있으면 외국인과 직접 얼굴을 맞대고 있을 때나 외국인과 통화할 때 번역 서비스를 받을 수 있을 것이라고 말했다.[26]

그런데 분명히 알아두어야 할 점이 있다. 설령 계속 개선이 이어져 단순한 번역 작업을 모두 기계가 맡아 처리한다고 하더라도, 번역업에 종사하던 사람들 가운데 이 분야에서 계속 자기 경력을 쌓아갈 사람은 여전히 있을 것이라는 사실이다. 이 사람들은 매우 높은 수준의 일을 하게 될 것이며, 인공지능이 수행하는 번역과 해석 서비스를 감독하고 개선하는 것이 많은 부분을 차지할 것이다. 그리고 필연적인 결과겠지만, 이 사람들의 수는 현재 이 부문에 종사하는 사람들에 비해 훨씬 적을 것이다.

보통 사람들이 오로지 사람만이 할 수 있을 거라고 생각하는 활동이 있다. 그것은 바로 취업 희망자를 면접하는 일이다. 사실 첨단 기업, 특히 금융 분야 첨단 기업의 경우 면접의 많은 부분이 일종의 인공지능을 통해 이루어진다. 대기업 취업 지원자들은 이미 수십 년 동안 자동화된 온라인 시험을 치러왔는데, 사람이 전혀 개입하지 않는 이 과정을 통해 지원자들이 1차로 걸러진다.

그런데 지금은 면접이 점점 더 많이 컴퓨터에 의해 진행된다. 그러므로 충분히 예상할 수 있듯이, 취업 지원자들은 일종의 인공지능이 수행하는 취업 면접에 대비하기 위해 인공지능을 이용해 준비한다. 피니토Finito라는 핀테크 스타트업은 자신의 인공지능을 가지고 취업 희망자를 지도한다.

중국에서 인공지능은 인터넷을 감시하는 일에 동원되고 있으며, 이로 인해 빠르게 증가하는 작업자들의 업무 부담을 덜어준다. 기계는 성적 내용을 담고 있는 콘텐츠를 매우 빠르게 인식하므로, 사람은 이 작업에서 해방되어 공산당이나 시진핑 주석에 대해 나쁜 말을 하는 사람들을 감시하는 일과 같이 더 중요한 일에 집중할 수 있다.

◆ 일자리 확대 ◆

일자리 파괴는 엄청난 규모로 진행되었다. 그렇다면 일자리 창출은 어떨까? 세계경제포럼과 보스턴컨설팅그룹의 합동 연구에 따르면, 2026년까지 미국에서 1,240만 개의 새로운 일자리가 생겨날 전망이다.[27] 로봇과 인공지능 앱의 확산 그 자체가 새로운 일자리로 이어질 것이다. 로봇을 설계하고 만드는 일, 로봇 소프트웨어와 인공지능 앱을 개발하는 일, 사람들에게 그들이 가지고 있는 인공지능 보조물을 최대한 활용하는 방법을 가르치는 일, 심지어 인공지능과 맺고 있는 관계 때문에 심각한 문제를 안고 있는 사람들을 상대로 상담하는 일 등이 그런 것이다.

또한 사람과 로봇 사이의 경계선을 감시하는 일, 법률 및 규제와 관련된 쟁점들을 다루는 일, 심지어 인공지능 때문에 발생하는 그 모든 윤리적인 쟁점들을(특히 빅데이터 사용과 관련된 쟁점들을) 고민하며 모니터링하는 일 등에서도 수없이 많은 일자리가 만들어질 것이다(빅데이터 사용과 관련된 쟁점은 7장에서 다룰 것이다).

그러나 세계경제포럼과 보스턴컨설팅그룹이 일자리 순 창출 수가 가장 많을 것이라고 전망하는 부문은 이미 많은 일자리를 거느리고 있는 보건 부문이다. 그 연구보고서는 이 부문에서 사라지는 일자리는 1만 개겠지만 새로 만들어질 일자리는 230만 개나 될 것이라고 예측한다.

그런데 이 수치는 결코 놀라운 게 아니다. 다가오는 기술 변화의 본질은 수많은 기계적인 일자리를 사람들에게서 걷어낸 다음, 기존 일자리에서 떨어져나온 사람들이 진정으로 인간적인 영역으로 들어갈 수 있게 해주는 것이다. 이 영역은 어쨌거나 사람이 상대적인 강점을 가장 확실하게 발휘하는 분야다. 게다가 이 영역의 규모는 엄청나게 커질 것이다. 개인적인 돌봄 서비스, 특히 노인 돌봄 서비스는 중요한 사례가 될 수 있다.

서구 모든 사회에서 노인 돌봄 서비스가 적절하게 이루어지지 않고 있다는 말을 우리는 끊임없이 듣고 있다. 관련 자원들의 공급이 부족하다. 이 돌봄 서비스를 제공하는 사람들이 충분하지 않다. 그런데 고령자가 빠른 속도로 거대하게 늘어남에 따라 이 사람들에게 돌봄 서비스를 제공할 사람들의 수요도 빠르게 늘어날 것이다.

물론 미래에는 돌봄 서비스 제공자가 훨씬 더 많을 것이다. 돌봄 서비스 제공자의 역할을 로봇이 할 것이라고 주장하는 게 아니다. 로봇이 자기 집을 방문해 돌봄 서비스를 제공해주길 기대하는 사람은 없을 것이다. 게다가 누가 자기의 늙은 가족을 로봇에게 기꺼이 맡기려 하겠는가? (가만히 생각해보니, 내 머리에 떠오르는 사람 한두 명은 그렇게 할 것 같기도 하다.) 앞으로 더 늘어날 모든 돌봄 서비스 제공자는 모두 AI 경제의 다른(즉 돌봄 일자리가 아닌) 일자리에서 떨려나온 '사람들'로 채워질 것이다.

그런데 바로 이 지점에서 로봇과 인공지능이 어떤 기여를 할 수 있다. 로봇과 인공지능이 사람을 대체하는 게 아니라 이들을 돕는다는 말이다. 돌봄 서비스 제공자가 어떤 노인의 집을 방문할 때 자기 일을 도와줄 다양한 기계를 대동하는 상황을 어렵지 않게 떠올릴 수 있다. 이 사람은 기계 하나로 세탁을 하도록 설정하고 다른 기계 하나로 고객의 머리를 감기게 설정한 다음, 자기는 고객과 그동안(한 주 혹은 사흘 동안) 어떻게 지냈는지, 고객이 하고 싶은 게 무엇인지 등에 대해 두런두런 얘기를 나눌 것이다.

그러므로 로봇과 다양한 인공지능 기기를 사용할 때 돌봄 서비스의 생산성은 가파르게 높아질 수 있을 것이다. 산업혁명 이후 전개되었던 노동 절약의 다른 발전들이 모두 그랬듯이, 돌봄 서비스 제공자의 수는 절대로 줄어들지 않을 것이다. 왜냐하면 사람들이 부자가 될수록(그리고 늙어갈수록) 이 서비스에 대한 수요는 계속 늘어날 터이기 때문이다.

실제로 이런 로봇 조력자는 지금도 존재하긴 하지만 효율성이 그다지 높지 않다. 노인을 들어 올리거나 옮기는 기계들도 있다. 그런데 문제는 이 기계들이 사람 몸무게의 10배나 될 정도로 매우 무겁다는 사실이다. 게다가 매우 비싸다.[28] 이 기계들이 한결 가벼워지고 싸질 것임은 의심할 나위가 없다.

◆ 기존 일자리의 질 향상 ◆

사람을 대체할 목적으로 도입되었다는 로봇이 실제로는 사람을 보조하며, 이 과정에서 결과적으로 사람이 수행하는 일자리의 질을 높여주는 경우가 많다. 노인을 돌보는 일자리도 바로 그런 경우다.

이런 일이 일어나는 또 다른 사례로 외과 수술을 꼽을 수 있다. 로봇이 외과 의사의 일을 점점 더 많이 떠맡는다고 한다. 런던의 유니버시티 칼리지 병원은 현재 다빈치 엑스아이da Vinci Xi 로봇 두 대가 살고 있는 집이다. 캘리포니아에 본부를 둔 인튜이티브 서지컬Intuitive Surgical이 만든 '그들'은 2017년에 700개의 방광과 전립선을 떼어냈다.

방금 나는 '그들'이라고 말했지만, 엄밀하게 말하면 이것은 정확한 표현이 아니다. 로봇이 메스를 들고 집도하긴 하지만, 이 로봇들은 수술대에서 조금 떨어진 의자에 앉아 3D 스크린을 바라보는 외과 의사의 조종을 받기 때문이다.[29] 그러니까 이 로봇은 사실 매우 정교한 도구라고 할 수 있다. 표면적으로만 보자면 이 로봇이 몰고 온 결과는 획기적이다. 개복 부위가 상대적으로 크지 않고, 한층 정확하며, 실수의 위험은 한층 적고, 합병증 위험도 한층 낮으며, 회복 예후도 한층 좋기 때문이다.

그런데 모든 게 장밋빛만이 아님을 알아야 한다. 우선 첫째, 비용 문제가 있다. 미국에서 2013년에 약 1,200대의 외과 수술용 로봇이 팔렸는데, 이 로봇들의 평균 가격은 150만 달러였다. 결코 푼돈이 아니다. 둘째, 안전기록safety record과 관련된 우려가 존재한다. 권위 있는 의학잡지 『건강관리의 질을 위한 저널Journal for Healthcare Quality』에 따르면 다빈치가 집도한 수술에서 174건의 부상 사고와 71건의 사망 사고가 발생했다.[30] 물론 자주 그렇듯 이 사고들이 다빈치가 아니라도 어차피 일어날 일이었는지, 아니면 정말로 다빈치 때문인지 확인하기란 불가능하다. 지금까지의 안전기록이야 어찌 되었든 간에 앞으로 나빠질 일은 없고 좋아지기만 할 것이라고 나는 확신한다.

의료 분야에서는 또 다른 극적인 발전이 진행되어왔다. 의료 분야에서 연구보고서는 하루가 멀다고 쏟아지는데, 의사가 이 보고서들을 빠뜨리지 않고 따라잡으려면 한 주에 160시간이나 들여서 그 보고서를 읽어야 한다는 말이 있다. 물론 이건 불가능하다. 그러나 인공지능이라면 얼마든지 가능한 일이다. 그러므로 인공지능이 환자를 진단하는 분야에서 사람보다 강점을 보인다는 사실은 그다지 놀랍지 않을 것이다. 구글의 딥마인드는 의료 관련 이미지들을 분석해 질병을 진단하는 인공지능을 개발했다. 민간 보건업체 웰포인트Wellpoint의 사무엘 누스바움Samuel Nussbaum에 따르면, 의사의 폐암 진단 정확도가 50%인 데 비해 IBM의 왓슨은 90%의 정확도를 가진다.[31]

의학적 진단 분야에서의 발전은 보다 잦은 검사와 보다 이른 진단이라는 결과를 낳는다. 머지않아 스마트폰을 몸에 대는 것만으로도 혈당, 혈압, 음성, 호흡 등에 관한 결과를 비롯해 신체의 의학적 상태를 즉각적으로 알 수 있게 될 것이다. 하지만 그렇다고 해서 이것이 의료 전문가들의 서비스 필요성이 줄어드는 상황으로 이어지지는 않을 것이다. 오히려 그 반대 현상이 일어날 것이다. 즉 의료 전문가와 더욱 많은 상담이 이루어질 것이며 보다 더 많은 치료가 진행될 것이다.

환자의 심박수와 혈압을 추적하는 여러 센서를 사용한 결과 그리고 병원보다 집에서 문제를 조기에 파악하고 대처하기 쉬워짐에 따라, 사람들이 병원에서 보내는 시간은 줄어들고, 정말로 긴급한 환자들을 위한 자원들은 그만큼 여유로워질 것이다.

또 자연어 처리 기술이 발달해 의사들은 최소한의 노력과 시간만 들여 환자 진료 내용을 기술할 수 있을 것이다. 구글 사무실에 있는 라벨링(분류 표시) 스캔 컨설턴트는, 두경부암 이미지들을 라벨링하는 작업은 "다섯 시간이나 여섯 시간 걸리는 일이다. 보통 의사들은 일이 끝난 뒤 자리에 앉아 이 작업을 한다"고 말했다.[32] / 한편 인공지능은 사고 현장이나 응급실에서 치료 우선순위를 결정하기 위한 절차인 환자 분류를 돕고 환자가 한꺼번에 몰릴 때 '정체' 현상을 줄이는 데도 도움을 줄 것이다.

인공지능이 질병의 진단 및 치료에 기여할 수 있는 범위에 대해 의료

/ 구글은 2019년 9월에 딥마인드의 의료사업부를 인수하고 이 분야 인공지능 연구에 본격적으로 박차를 가했다.

계와 각국 정부가 상당한 열정을 가지고 있다. 영국에서는 2018년 5월에 당시 보건부 장관이던 제러미 헌트Jeremy Hunt는 인공지능을 끌어안는 것이야말로 영국 국민보건서비스NHS의 미래를 보장받는 데 결정적으로 중요한 일이라고 말했다. 그리고 같은 달 영국 총리인 테리사 메이Theresa May는 심장병, 암, 당뇨병, 치매와 같은 질병들을 예방하고 조기진단하며 치료하는 데서 기존 관행을 완전히 바꾸기 위해 인공지능을 적극적으로 도입하겠다는 프로그램을 화려하게 발표했다.

이런 야심의 진실성이나 우리 앞에 펼쳐질 기회의 규모에 대해서는 의심할 여지가 없다. 그러나 엄청나게 많은 돈이 낭비될 수도 있다는 심각한 여러 위험이 도사리고 있음을 알아야 한다. 현재 진료 현장에 있는 의사든 행정직에 있는 의사든 간에 NHS에 소속된 의사들 가운데 많은 사람이 NHS를 위해 인공지능에 투자하는 막대한 예산을 적절하게 사용할 수 있는 능력과 수완을 과연 가졌는지 반드시 따져봐야 한다. NHS는 수십억 파운드의 예산을 IT 프로젝트에 쏟아부었지만 실패한 전력이 있음에도 불구하고(그 프로젝트는 처음부터 그렇게 될 수밖에 없었다) 지금도 여전히 종이로 된 모든 의료 기록을 전산화하지 못하고 있다는 사실은 반드시 지적하고 비판해야 마땅하다.

NHS처럼 인공지능을 사용하는 주체들은, 결국 아무것도 아닌 것으로 끝날 수도 있는 주요한 IT 프로젝트에 속아 아무것도 모른 채 어영부영 끌려 들어갈 게 아니라, 설령 처음에는 나아지는 것이 미미하더라도 결국 인공지능이 기대하던 결과를 내놓을 수 있는 바로 그런 영역들에 확실히 초점을 맞출 필요가 있다.

◆ 여가활동 부문에서의 고용 ◆

앞서 4장에서 로봇과 인공지능을 더 많이 사용함에 따라 발생하는 더 많은 부富는 결국 많은 사람이 보다 적게 일하고 여가시간을 늘려나가게 할 것이라고 주장했다. 사람들이 자기 여가시간을 들여서 하기로 한 많은 일은(비록 소일거리 삼아 하는 카드 게임이나 자원봉사 활동은 그렇지 않겠지만) 돈을 지출해야만 한다. 이런 사실은 설령 황당한 모순까지는 아니더라도 일종의 역설임이 분명하다. 열심히 일할 때 돈을 모으기 쉽다는 것은 잘 알려진 진리다. 일을 열심히 할 때는 돈을 쉽게 쓸 수 없다. 돈을 쓰고 싶어도 그럴 시간이 없기 때문이다. 일이 끝나도 보통 너무 피곤해서 쉬고 싶은 생각뿐 돈을 쓸 생각이 나지 않는다.

그러나 일하지 않으면서 보내는 시간은 정반대다. 여유시간을 필요한 만큼 실컷 즐기려면 돈이 필요하다. 바로 이 지점에 역설이 성립하며, 바로 이 지점에 AI 경제에서 왕성하게 나타날 고용 기회에 대한 많은 것의 열쇠가 놓여 있다. 여윳돈을 지출하고자 하는 많은 활동은 다른 사람을 고용해야만 가능하다. 스포츠, 오락, 교육, 자기계발 등의 영역에서 더욱 그렇다.

지금은 특히 더 그렇다. 소비자 선호가 한창 바뀌고 있기 때문이다. 사람들이 가지가 가진 여유시간에서 '경험'을 얻고자 하는 추세는 점점 강해지고 있다. 여기에는 파티나 휴가여행에서부터 결혼식에 이르는 모든 것에 점점 더 많은 돈을 쓰려는 추세가 포함되는데, 그런 활동들은 모두 고용집약도가 높다. 그리고 사람들이 동반하고 싶어 하거나 자기 '경험'을 함께 나누거나 들려주고 싶은 대상이 로봇은 아닐 것이다. 그 '경험'이 기분 좋게 취하는 것이든 휴가여행을 가는 것이든 결혼을 하는 것이든 간에 말이다(결혼식장의 주례 역할을 로봇이 할 수 있을까? 아마도 그렇지 않을 것이다. 비록 내가 참석했던 몇몇 결혼식장에서는 차라리 사람 대신 로봇이 주례사를 하는 게 더 좋겠다고 느낀 적이 있긴 하지만 말이다).

여가시간이 늘어나면 접대나 오락 분야 서비스 산업에서는 고용 기회가 늘어난다. 그러나 많은 사람이 아마도 자기 여가시간의 활용도를 최대로 높이려고 할 것이다. 개인적인 체력 훈련뿐만 아니라 인생 지도life coaching와 정신적인 훈련까지 모두 아우르는 자기계발은 거대한 사업 부문으로 성장할 것이다. 그런데 과연 누가 로봇에게서 인생 지도와 정신적인 훈련을 받으려 하겠는가? 로봇에게 인생의 의미가 무엇인지 한번 물어보라. 『은하수를 여행하는 히치하이커를 위한 안내서The Hitchhiker's Guide To The Galaxy』의 사례에 따르면 아마도 로봇은 그 질문에 "42"라고 대답할 것이다.[33] /

이것은 더 많은 사람이 더 많은 여가활동을 선택할수록, 일하지 않는 사람들의 여가활동 필요성에 초점을 맞춘 보다 많은 일자리가 나타날 것임을 뜻한다. 물론 이 여가활동에는 심지어 '여가 산업'에 종사하는 사람들의 여가활동도 포함된다. 이것은 모순이 아니다. 비여가활동 분야에서 일하는 것과 '여가 산업'에 종사하며 일하는 것, 그리고 여가

/ 이 소설에서 '깊은 생각'이란 슈퍼컴퓨터는 삶과 우주 그리고 모든 것에 대한 궁극적인 질문에 750만 년 동안 계산한 끝에 42란 해답을 내놓는다.

활동 그 자체 사이의 균형은 기본적으로 사람들이 자기 인생을 어떻게 살 것인가 하는 질문을 놓고 결정한 수십억 개의 선택에 따른 결과로 나타날 것이다. 그러나 이것은, 사람들의 여가시간을 채워주는 활동을 어떻게 하면 보다 간편하고 쉽게 할 수 있을 것인가 하는 점이 이 AI 경제에서 나타날 고용의 주요 원천이 될 것임을 뜻한다.

◆ 인간적인 요소 ◆

오락 산업과 '경험' 산업에서 인간 노동 수요에 대한 이 요소는 한층 폭넓은 적용성을 가진다. 모든 서비스에 대한 보다 저렴한 선택권이 그 서비스를 사람이 아니라 어떤 기계로부터 제공받는 것이라고 생각해 보자. 그런데 기계가 아니라 사람으로부터 서비스를 제공받을 때 소비자는 이 서비스에 대한 대가로 (기계로부터 서비스를 받을 때보다) 조금 더 많은 돈을 지불하고 싶은 생각이 들지 않을까? 당신은 그렇지 않은가? 이럴 때 당신은 소비자로서 더 많은 대접을 받는다고 느끼지 않을까?

슈퍼마켓 계산대나 공항의 탑승 수속 창구 같은 데서 사람이 아니라 기계로부터 서비스를 받고 싶다고 말하는 사람들이 있다. 이런 사람을 나는 직접 보았다. 사람이 서비스를 제공하는 업체가 이런 사람들을 소비자로 확보하려면 기계가 서비스를 제공하는 업체보다 할인된 가격을 제시해야 할 것이다. 그러나 대부분의 사람은 기계보다 사람으로부터 서비스를 제공받으려 한다고 나는 믿는다.

예를 들어 이런 가정을 해보자. 중국에서 마침내 로봇 웨이터 개발에 성공했다. 이 로봇은 손님에게 수프를 쏟는 일 없이 웨이터 업무를 정확하게 수행한다. 그런데 한 걸음 더 나아가, 고객의 취향에 따라 어떤 로봇 웨이터는 거만하고 무뚝뚝하게 행동하고, 어떤 로봇 웨이터는 때로 간사스러울 정도로 상냥하게 행동한다고 가정해보자. 다시 한 걸음 더 나아가, 고객이 이 로봇의 '선택 버튼을 눌러' 자기가 원하는 웨이터의 태도를 결정할 수 있다고 가정해보자. 이럴 때 당신은 무뚝뚝하든 상냥하든 간에 사람 웨이터가 아니라 로봇 웨이터의 서빙을 받고 싶겠는가? 이것과 동일한 차원의 선택은 가사도우미, 노약자 돌봄 서비스 제공자, 의사, 미용 전문가, 개인 트레이너 등 모든 경우에 적용된다.

사람은 누구나 다른 사람과 생생하게 상호작용을 나누길 바라고 즐긴다. 오락 산업을 예로 들어보자. 녹화방송이든 생방송이든 간에 스포츠와 음악 등의 '멀리 떨어져서 바라보는' 오락거리들이 온 세상에 넘쳐난다. 보통 이런 것들은 공짜거나 거의 공짜로 누릴 수 있다. 사람들은 이런 오락거리를 엄청나게 많이 소비한다. 그런데 어떤 사람들은 그런 오락거리를 현장에서 직접 보고 즐기려고 엄청 비싼 돈을 지불한다. 예를 들면 스포츠 경기와 뮤지컬 공연, 연극 공연이 그렇다. 비싼 돈을 받으면서 사람들을 끌어모으는 것은 슈퍼스타가 출연하기 때문만이 아니다. 수많은 동네 술집과 클럽은 라이브 음악을 제공함으로써 열정을 즐길 줄 아는 동네 사람들을 대규모로 끌어모은다.

심지어 사람이 손으로 직접 만든(그리고 대개는 사람이 직접 파는) 어떤 '굿즈goods'의 구매 선택에도 이유가 있다. 케일럼 체이스가 이런 선호

성향에 붙인 이름은 '장인의 변주artisanal variation'다.[34] 사치라는 차원에서 보면 이것은 사람들이 골동품을 좋아하는 핵심적인 이유 가운데 하나다. 모네나 터너와 같은 위대한 미술가의 원본 작품이 보통 사람 눈으로는 원본과 전혀 구분되지 않는 모사품에 비해 도무지 말이 되지 않을 정도로 비싸다는 사실은 놀라운 일이다.

사람들은 일상에서도 수제 장식품을 선호하며, 공장에서 대량으로 찍어낸 옷보다는 개인적으로 디자인된 옷을 선호한다. 음식도 마찬가지다. 사람들은 대량으로 생산되어 전자레인지에 간편하게 데워 먹는 음식보다 '집밥'을 확실히 더 좋아한다.

◆ 지켜보는 사람들 ◆

사람의 영역에는 사람이 하는 모든 행동을 지켜보고 바람직한 방향으로 지도하는 것까지 포함한다. 현재 금융투자 세상에서 비롯되는 그 엄청난 양의 일과 수많은 일자리를 생각해보라. 사람들이 했던 그리고 또 앞으로 할 투자 활동에 대해 자기 의견을 거들먹거리면서 말하고 조언하는 사람의 수가 이렇게 많을 줄 100년 전에는 과연 상상이나 했겠는가? 어제의 주식시장 보고서를 작성하는 것은 완전히 인간적인 어떤 일을 수행하는 것, 즉 사람이 한 행동과 사람이 가진 의견에 대해 말하는 것이다. 그런데 로봇과 인공지능의 새로운 세상에서는 어떤 형태의 인공지능이 있는 그대로의 사실들을 기록하고 '작성'할 것이며,

투자의 많은 부분도 인공지능이 수행할 것이다. 그러나 수많은 일자리가 본질적으로 사람의 생각과 의견과 행동에 중점을 둘 것이다. 그리고 사람들이 이런 일을 하게 될 것이다.

흥미롭게도 이런 결과는 과거에 이미 케인스에 의해 조짐이 나타났다. 케인스는 『고용, 이자 및 화폐에 관한 일반이론The General Theory of Employment, Interest And Money』에서 주식 투자자들이 주식을 사고파는 결정 방식을 논하면서, 주식시장에서의 투자를 미인대회에서 우승자를 뽑는 과정에 비유했다. "이것은 자기가 보기에 가장 예쁘다고 판단되는 얼굴을 선택해서 되는 상황도 아니고, 평균적인 의견으로 가장 예쁜 얼굴이라고 판단되는 얼굴을 선택해서 되는 상황도 아니다. 이렇게 해서 우리는 제3의 견해에 도달한다. 즉 우리는 우리의 지식을 사용해 평균적인 의견이 평균적인 의견일 거라고 예상하는 것을 예상한다. 내 생각으로는 이렇게 해서 제4, 제5 그리고 더 높은 정도의 생각을 하는 사람도 있을 것이다."[35]

투자에 대한 케인스의 말이 맞을 수도 있고 아닐 수도 있다(나는 그의 말이 상당히 일리 있다고 생각한다). 그러나 그는 고용과 활동의 미래 원천이 될 수 있음 직한 것을 자기도 모르게 무심코 딱 꼬집어 지적했다. 그것은 바로 자기 자신과 다른 사람들 그리고 거기에서 비롯되는 수많은 파생에 대한 다른 사람들의 의견에 사람들이 매료된다는 사실이다.

투자와 그다지 멀지 않은 활동이 도박이다. 도박시장은 최근 수십 년 동안 거대하게 확장되었으며, 거기에 따라 도박에 종사하는 사람들의 수도 늘어났고 도박꾼에게 주어진 전체 여가시간 가운데 도박에 소비되는 시간의 양 역시 그만큼 늘어났다. 인간 활동의 다른 많은 영역과 마찬가지로 도박에서도, 도박 대상이 테니스든 축구든 미식축구든 당구든 경마든 정치든 혹은 다른 무엇이든 간에, 그토록 많은 시간과 자원들을 잡아먹는 것은 도박이라는 그 활동 자체만이 아니라 그것을 포함해 거기에 딸린 모든 부수적인 것, 즉 예를 들면 미디어의 관심과 발전, 전문가라는 사람들이 거들먹거리면서 분석하고 예측하는 말, 그리고 여론의 동향에 대한 끊임없는 관심과 논평 등이다. 이 모든 활동은 본질적으로 사람만이 가지고 있는 어떤 특성, 즉 다른 사람들이 생각하고 있는 것에 대한 인간적인 관심에서 비롯되는데, 도박의 경우에는 돈이 그런 관심과 견해를 뒷받침한다.

AI 경제에서 이것과 동일한 양상이 전혀 다른 많은 영역에서도 일어날 것이다. 영국의 라디오 방송 클래식 FM은 해마다 부활절 주간에 청취자들에게 좋아하는 클래식 음악이 무엇인지 설문조사를 해서 '명예의 전당 300곡'을 선정하고, 이 가운데 최종 '우승곡'은 부활제 다음 날인 월요일 밤에 방송한다. 그런데 이 행사는 지금까지 엄청난 성공을 거두고 있다. 이 행사가 진행될 때마다 온갖 말이 돌아다니고 온갖 분석이 나오며 이와 관련된 보도가 계속 이어진다. 그런데 이런 것들 가운데 새로운 음악을 만드는 것은 더 말할 것도 없고 전문가가 특정 곡을 분석하거나 이것의 가치를 따지는 것은 단 하나도 없다. 이 행사의 전체 과정은 그저 대중의 의견을 검증하는 것일 뿐이다.

섹스에서부터 시작해 종교와 마약에 이르는 모든 것에 대한 사람들의 행동 및 의견에 대한 설문조사가 우후죽순처럼 나타날 것이라고 예상할 수 있다. 물론 그 작업의 세부적인 사항들이나 결과 집계 및 편집은 인공지능이 수행할 것이다. 그러나 설문지를 구성한다거나 응답 내용을 해석한다거나 이것을 공표한다거나 하는 일은 결국 사람이 할 것이다. 텔레비전의 리얼리티 프로그램들과 신문이나 방송에 나와 인생의 우여곡절에 초점을 맞춰 인생 상담을 전문으로 운영하는 여성 상담자들, 그리고 이런 사람들을 모방하는 보통 사람들이 폭발적으로 늘어나서 붐을 이룰 것이다.

◆ 인간관계 ◆

로봇 시대에는 사람들이 돈과 시간을 한층 넉넉하게 가질 것이므로 다른 사람들과 맺는 인간관계의 질을 여러 측면에서 높이는 데 특히 관심을 가질 것이다. 생존을 위한 필사적인 싸움은 이미 오래전 과거 일이 되어 있을 것이며, 사람들은 다른 사람에게 매력적으로 보이기 위해, 그리고 동시에 자기만족과 자존감을 얻기 위해 아름다워지는 데 보다 많은 관심을 가지고 집중할 것이다. 그리고 자기와 만나는 사람들의 아름다움이라는 요소, 즉 '인간적인' 아름다움을 과거와 다르게 훨씬 더 높이 평가할 게 분명하다. 이런 점에서 사람은, 육체가 없는 사촌인 인공지능은 말할 것도 없고 사람과 어딘가 닮은 구석이 있는 로봇에 비해 확실한 강점을 가질 것이다.

이것은 또한 성적인 관계로까지 확장돼, 인공지능 덕분에 물리적 차원에서나 '대화' 차원에서 모두 자기를 소유한 주인과 더 나은 상호작용을 할 수 있는 섹스돌sex doll을 개발하고자 하는 시도들이 진행되고 있다. 사람이 사람과 성적인 관계를 맺는다는 발상이 폐기되고 인공지능을 탑재한 기계에 성적인 욕망을 의존하는 디스토피아적인 세상을 쉽게 상상할 수 있을 것이다. 이런 일이 충분히 일어날 수 있다고 나는 생각한다. 그러나 로봇과의 성적인 관계는 그야말로 소수에게서만 일어나지 않을까 싶다. 사람은 기본적으로 친밀성을 갈망한다. 기계가 아닌 사람에게서 느낄 수 있는 친밀성 말이다.

사람들은 또한 우정과 동료애를 깊이 갈망한다. 로봇 시대에도 모든 종류의 인간관계가 지금처럼 유지되고 한층 중요해질 것임을 전제하면, 그때는 인간관계를 다루는 일자리, 즉 인간관계를 시작하는 방법과 인간관계를 유지하는 방법, 그리고 심지어 인간관계를 바꾸거나 끊어버리는 방법 등을 지도하는 일자리가 넘쳐날 것이다. 인간관계 교수법은 확실히 잘 팔리는 사업이 될 것이다. 그런데 자기가 다른 사람들과 맺는 인간관계를 어떻게 처리해야 할지 로봇에게 가르침을 받으려는 사람이 과연 있기나 할까? 적어도 로봇이 아니라면 말이다. 당신은 어떤가? 로봇 시대에도 사람들은 로봇이 아닌 사람에게 가르침을 받기를 원할 것이다. 만일 당신이 로봇이라고 하더라도 그렇게 원하도록 프로그래밍될 것이다.

로봇 시대에 질적으로 한층 좋아진 동료애 시장이 있을 수 있을까? 18세기와 19세기에 돈이 많고 혼자 사는 늙은 부인은 다른 여성, 흔히 젊고 상대적으로 가난한 여성을 돈을 주고 고용해 자기 곁에 친구로 두곤 했다. 오늘날에도 혼자 사는 늙은 남자가 젊은 청년을 자기 집에 들여 (성적인 목적이 아니라) 친구 겸 도우미 역할을 하도록 하는 몇몇 사례를 나는 알고 있다. 이런 사람들은 젊은 사람이 가사를 돕고 곁을 든든하게 지켜주며 말상대까지 해주는 동료관계를 원했다. 물론 로봇 시대에는 로봇을 고용해 말상대로 삼고 사람인 척하게 할 수도 있겠지만, 그게 '진짜'가 될 수는 없는 노릇이다.

◆ 미래의 고용을 전망하면 ◆

이제 이 장을 정리할 시점이다. 우리가 지금까지 로봇 시대에는 어떤 새로운 일자리들이 나타날 것인지 그려보려고 열심히 노력했지만, 도저히 확신할 수 없는 한 가지 사실이 뚜렷하게 남아 있다. 그것은 미래에 번성할 새로운 직업 가운데 많은 것을 내가 놓쳤을 게 분명하다는 점이다. 하지만 어쩌겠는가? 우리는 지금 완전히 새로운 세상으로 막 진입하려는 시점에 서 있으며, 우리의 상상력으로는 거기까지가 한계이니 말이다.

로봇과 인공지능이 전체 고용에 미치는 충격에 대한 전망과 평가가 이치에 맞지 않게 비관적일 수밖에 없는 핵심적인 이유도 바로 여기에 있다. 모든 일자리의 직무 내용을 샅샅이 훑으면서 어떤 유형의 일자리가 그리고 얼마나 많은 사람이 일자리에서 떨려나갈 '위험'에 처해 있는지 살피는 일은 비록 일손이 많이 들겠지만 어려운 일은 아니다.

이런 유형의 연구저작은 지금까지 수도 없이 나왔다. 물론 과거의 연구들보다 더 나을 수도 있고 나쁠 수도 있으며 한층 종말론적인 새로운 연구들도 분명 있을 수 있다. 그러나 거시경제에 미치는 충격을 살피고자 하는 목적에서 보면 이런 것들은 대개 논점에서 비켜나 있다. 진정으로 중요한 질문들이라면, 기존 일자리들에 어떤 수정이 가해질 때 이 일자리들이 미래의 수요를 감당할 수 있도록 효과적으로 변형될 것이고, 어떤 유형의 '새로운' 일자리들이 나타날 것이며, 그 일자리의 양은 얼마나 될 것인가 하는 점을 파고들어야 한다.

경제학에서 처음 있는 일도 아니지만, 그 쟁점의 가장 중요한 점들에 대해 우리는 가장 적게 알고 있다. 불확실한 미래에 대비하는 우리의 정책들을 생각할 때, 정량화할 수 없는 것처럼 보이는 것들은 무시하거나 과소평가하면서, 정량화할 수 있는 것처럼 보이는 것들만 놓고 따지려 해선 안 된다. 우리는 이런 태도를 조심해야 한다.

미래에 대해 구체적인 지식을 많이 가지고 있다고 주장할 게 아니라, 우리를 줄곧 불편하게 사로잡아왔던 생각, 즉 새로운 세상은 필연적으로 대규모 실업이 동반될 수밖에 없다는 발상을 깨부숴야 한다. 운송을 필두로 한 많은 부문에서 로봇과 인공지능이 사람을 대체할 가능성이 지나칠 정도로 과장되어왔다. 물론 소매유통업과 같은 다른 부문들에서는 상당한 규모로 사람의 일자리가 사라질 것이다. 그리고 사람이 수행하던 판에 박힌 일상적인 정신노동이 인공지능으로 대체되는 일이 벌어지는 활동들도 앞으로 더 많아질 것이다.

그러나 보건이나 여가활동을 비롯한 많은 다른 부문에서 사람이 맡아서 할 일자리가 폭발적으로 늘어날 수 있다. 의료나 법률과 같은 몇몇 부문에서 로봇과 인공지능은 기존 전문가들이 하는 일의 질을 한층 높여줄 수 있다. 그러니 이런 부문들에서 일자리가 줄어들 것이라는 전망은 터무니없다. 오히려 전문가들의 생산성이 개선됨에 따라 그들의 생산량 역시 늘어날 것이다.

한편, 지금은 거의 존재하지 않는 새로운 직업들이 나타나 퍼져나갈 것이다. 그러므로 로봇과 인공지능이 녹아 들어갈 미래의 경제에서 완전고용이 실현되지 않을 이유가 없다고 나는 생각한다.

이것은 당신이 반드시 좋아해야 할 의무가 있는 미래 전망이 아닐 수도 있다. 다른 어떤 것보다 오래된 많은 일자리 파괴와 새로운 일자리 등장이라는 변화 상황은 분명 사회의 구성과 관련된 어떤 함의를 품을 것이고, 이 함의가 어떤 정치적 결과를 결정할 수도 있다. 이 주제에 대해서는 3부에서 다룰 것이다.

그러나 3부로 넘어가기 전에 아직 정리되지 않은 또 다른 잠재적인 우려를 먼저 짚어야 한다. 사람들에게 돌아갈 일자리가 충분히 많다는 사실만으로는, 그 각각의 일자리들을 통해 사람들이 벌어들일 수 있는 돈이 어느 정도인지 유추할 수 없다. 바로 이 지점에서 다음 질문이 제기된다. 로봇과 인공지능의 지배를 받는 미래에는 필연적으로 많은 사람이 저임금을 받을 것이며, 거기에 따라 미래 사회에는 불평등이 한층 심각하게 전개될 것인가?♠

6장

승자와 패자

> *"다가오는 세기나 그즈음에 인류는 두 개의 계급으로 나뉠 것이다.*
> *하나는 신이라는 계급이고, 다른 하나는 쓸모없는 인간이라는 계급이다."*
>
> _ 유발 하라리(역사학자)[1]

> *"어떤 사람들은 인공지능을 연구해서 부자가 된다.*
> *그러나 나는 인간의 타고난 우둔함을 연구해서 돈을 번다."*
>
> _ 칼 아이컨(억만장자 기업가)[2]

지금까지 우리는 로봇과 인공지능이 가져다줄 충격을 살펴보았다. 그런데 그 효과가 마치 전 세계 모든 사람, 모든 지역에 동일하게 미치기라도 하는 것처럼 일반적인 차원에서 그 주제를 다뤘다. 하지만 그 충격의 효과는 계층별·지역별·국가별로 절대 동일하지 않을 것이다. 이 장에서 나는 바로 이 점에 초점을 맞추려 한다. 즉 제각기 다른 개인, 집단, 지역, 국가에서 그 효과가 소득분배에 각각 어떻게 작동하는

지 살펴볼 것이다. 맨 먼저 개인들에게 어떤 효과가 나타나는지 살펴보자.

◆ 혜택받을 사람과 혜택에서 소외될 사람 ◆

머지않아 우리를 덮칠 게 분명한 로봇과 AI 혁명이 직업과 소득에 가져다줄 충격에 대한 이야기를 읽으면서 독자는 이것을 인류 역사에서 완전히 새로운 것, 즉 최근까지 기록되었던 지속적인 경제발전과 뚜렷이 다른 어떤 것으로 생각할지도 모르겠다.

비록 총체적인 통계수치만 따로 떼어놓고 보면 때로 경제가 예외적일 정도로 거대한 기술 변화를 심각한 부작용 없이 극복하고 여기에 적응해온 것 같지만, 사실 그 통계수치 아래에는 고통스러운 인간의 수많은 비극이 보이지 않게 감추어져 있다. 사라지는 일자리를 상쇄할 만큼 충분히 많은 일자리가 새롭게 나타날 것이라고 해서 특정한 개인이나 집단 혹은 지역 및 나라들이 별다른 고통 없이 수요가 폭증하는 새로운 활동들로 무난하게 이행할 것이라는 뜻은 아니다.

또한 우리 앞에 닥칠 수 있는 비극은 18세기와 19세기로 거슬러 올라가는 굴뚝으로 대표되는 산업혁명 때 이야기가 아니다. 1980년대와 1990년대의 탈공업화와 세계화는 유럽의 많은 부분과 북아메리카 전역을 휩쓸면서 공동체와 지역을 초토화했다. 이 끔찍한 결과의 부작용은 지금까지도 여전히 남아 있다.

1980년대 영국에서 경제는 지금 (당시 수상이던 마거릿 대처의 이름을 딴) '대처 혁명'으로 일컬어지는 것에 의해 완전히 다른 것으로 바뀌었다. 이 혁명 내용에는 새로운 많은 일자리 창출이 포함된다. 주로 서비스 부문에서 많은 일자리가 창출되었다. 그러나 동시에 수백만 개의 '역사가 오래된' 일자리가 파괴되었다. 특히 제조업 부문에서 심했는데, 그 가운데서도 탄광업이 가장 큰 고통을 받았다. 그렇게 일자리를 잃은 사람 가운데 다수는 그 뒤로 영원히 회복하지 못했다. 50세 넘은 광부를, 그것도 거의 예외 없이 남자인 이 사람들을 훈련시켜 전화로 고객을 응대하는 콜센터 직원으로 바꿔놓기란 거의 불가능했다. 이 분야 일자리를 채운 사람들은 거의 예외 없이 여자였다.

그리고 이 문제는 개별적인 차원의 개인들에게만 영향을 준 게 아니었다. 기술 및 정책의 변화에 영향을 받는 경제활동들은 지리적으로 특정한 지역에 집중되어 있었기 때문에 해당 지역 및 공동체가 심각한 타격을 입었다. 그리고 많은 지역 및 공동체는 기본적인 경제활동 및 고용의 원천이 사라지면서 시작된 고통에서 지금도 여전히 회복하지 못하고 있다.

이와 비슷한 일이 현재 미국에서 일어나고 있다. 전체 미국 남성의 경우 노동참여율, 즉 현재 일하거나 일을 적극적으로 찾는 사람의 비율이 1990년 76%에서 2018년 약 69%로 떨어졌다. 게다가 1990년대 후반부터는 백인 중산층 미국인 사이에서 술, 마약, 자살 등과 연관된 죽음이 우려할 정도로 꾸준하게 늘어났다.[3] 그런데 노동참여율 저하와 자살을 포함한 사망률 증가는 서로 연결되어 있는 것 같다. 영국에서와 마찬가지로 전통적인 산업들이 몰락함에 따라 남성 실업률이 높아지며 심리적·사회적 장애가 많아지는 현상이 특정 지역에 집중되어 있다.

설령 AI 혁명이 물질적으로나 그 밖의 다른 여러 측면에서 인류의 삶을 풍성하게 만들어줄 것이라는 내 주장이 옳다고 하더라도, AI 혁명에 따른 혜택이 모든 사람에게 골고루 돌아가지는 않을 것이다. 아무래도 산업혁명 초창기 수십 년 동안, 그리고 최근 대부분 산업국가에서 그랬듯이, 전통적인 고용 원천들이 쇠락함에 따라 어떤 사람들은 단지 상대적으로뿐 아니라 그야말로 절대적으로 궁핍하게 살아갈 것 같다. AI 경제에서 미국 및 다른 선진국에서 수백만 명에게 이런 궁핍한 생활이 피할 수 없는 운명이 될 수 있다. 설령 '사람들에게 돌아갈 일자리가 아주 많다'고 하더라도 말이다.

이 쟁점을 살펴보기 전에 현재 상황을 전체적으로 살펴볼 필요가 있다. 왜냐하면 소득분배 및 이 소득분배와 관련해서 얼마든지 일어날 수 있는(심지어 AI 혁명으로 비롯되는 효과가 체감되기 전에라도 일어날 수 있는) 일들에 대한 불안감이 널리 퍼져 있기 때문이다. 또 불평등을 강화하는 방향으로 이미 나아가고 있는 여러 힘의 성격이 AI 혁명과 상호작용할 수 있다. 물론 이 불평등 문제를 해결하기 위해 취할 수 있고 당연히 그렇게 해야만 하는 조치들에 영향을 주기도 하겠지만 말이다(이 조치들에 대해서는 9장에서 살펴볼 것이다).

◆ 불평등 심화에 대한 몇 가지 사실 ◆

이야기의 출발점은 실제 사실들 혹은 우리가 실제 사실이라고 믿는 것들이다. 왜냐하면 경제학의 다른 많은 중요한 쟁점과 마찬가지로 이 문제는 논란의 대상이기 때문이다.

최근 여러 해 동안 소득 그리고/혹은 부의 분배가 한층 더 불평등하게 진행되어왔다는 것이 일반적인 상식임은 분명하다. 네덜란드의 역사학자 뤼트허르 브레흐만에 따르면, 미국에서 부자와 빈자의 간극은 "노예노동을 기반으로 한 경제 체제이던 고대 로마 시대보다 더 크게 벌어졌다".[4] 이런 진단이 과장이든 아니든 간에 통계수치들은 불평등이 뚜렷하게 심화되고 있음을 분명히 보여준다.

미국에서 1962~1979년에 소득분배 5구간 중 최하층에 속한 1분위 사람들의 실질적인 연간가처분소득 연평균 증가율은 5.5%로 최상층에 속한 5분위 사람들보다 2%포인트 낮았다. 그러나 1980~2014년에 전자 집단의 연간가처분소득 연평균 증가율은 0에 가까웠지만 후자 집단은 2.8%였다. 1980년만 떼어놓고 볼 때, 전체 세후 소득 가운데 44%를 최상층인 5분위가 가져갔으며, 특히 상위 1% 계층이 무려 8.5%를 독식했다. 그런데 2014년에는 이 수치가 각각 53%와 16%로 늘어났다.

그러나 모든 나라에서 이렇지는 않았다. 예를 들어 영국의 상황은 전혀 달랐다.[5] 우리는 미국의 경우를 놓고 살펴보자. 왜 불평등이 늘어났을까? 미국의 사례를 놓고 경제학자들은 논쟁을 멈추지 않았다(아마

앞으로도 경제학자들 사이에서는 의견 일치가 영원히 이루어지지 않을 것이다). 그러나 매우 많은 경제학자가 세계화와 기술 변화라는 두 가지 주요한 요인이 작동하고 있다는 점에는 동의한다. 학자들 사이에서 논쟁의 불꽃이 튀게 만드는 것은 이 두 가지 요인이 가지고 있는 상대적인 중요성이다.

◆ 세계화와 불평등 ◆

세계화에 대한 주장은 단순하다. 중국이 개방되고 중국 이외 다른 여러 신흥시장이 세계 경제에 참여함으로써 20억 명이나 되는 인구가 세계 노동시장에 진입하는 효과가 발생했다. 노동시장에서 추가로 벌어진 경쟁은 모든 범주로 골고루 퍼져나가지 않았다. 즉 그다지 큰 기술이 필요하지 않은 저가 제품에 노동력이 집중되었던 것이다. 이렇게 해서 세계화는 선진국의 저가 제품들과 관련된 인건비 억제 효과를 경향적으로 가지게 되었다.

한편 소득분배 상층에 속한 많은 사람이 더욱 큰 이득을 누렸다. 그들은 신흥시장의 저임금 노동자들이 노동시장에 진입한 데 따른 경쟁으로 그다지 큰 고통을 당하지 않았을 뿐만 아니라 과거보다 한층 싼 가격에 제품과 서비스를 구매할 수 있었다. 이렇게 해서, 과거보다 한층 형편이 좋아진 신흥시장의 수많은 사람뿐만 아니라 이 '서구 사람들'도 세계화의 승자가 된 것이다.

여기에 덧붙이자면, 세계화는 20억 명이나 되는 노동력을 별다른 자본 투입 없이 효과적으로 선진국의 노동시장에 추가함으로써, 노동에 대한 대가(임금)를 희생으로 삼아 자본에 대한 대가(이익)를 높인 셈이다. (비록 연금 펀드를 통한 간접적인 지분 소유가 널리 퍼져 있긴 하지만) 자본의 지분 소유가 소득분배 구간 상층에 집중되어 있다는 사실도 (적어도 선진국에서는) 불평등을 심화하는 데 한몫했다(여기서 강조해둘 점이 하나 있는데, 전 세계적 차원에서 볼 때 세계화는 중국을 비롯한 여러 나라에서 수백만 명의 가난한 사람의 소득을 엄청나게 높여줌으로써 불평등 규모를 상당 폭 줄여주었다는 사실이다).

◆ 기술과 관련된 왜곡 ◆

기술과 관련된 설명 역시 단순하다. 그러나 여기에는 흥미로우면서도 중요한 왜곡이 따라붙는다. 단순하다는 것은 노동 수요를 토대로 지속적인 경제화가 진행되었으며, 이것은 최근 있었던 컴퓨터 및 이와 연관된 분야의 발전 덕분이라는 점에서 그렇다.

그런데 왜곡된 부분이 있다. 이것은 통신 혁명이 이른바 '승자독식' 시장들을 왕성하게 등장시켰다는 논리다. 전통적인 여러 시장에서 보수(급료 혹은 임금)는 절대적인 성과와 연동되는 경향이 있지만, '승자독식' 시장에서는 상대적인 성과가 모든 것을 결정한다. 승자독식 시장의 범위를 제한했던 주요한 요인 가운데 하나는 거리였다. 이 거리가

2등이나 3등 혹은 그보다 못한 서비스 제공자들도 기업을 지속적으로 유지하거나 심지어 번성할 수 있게 해주었다. 그러나 지금은 사용자에게 제공되는 서비스가 디지털화될 수 있어 거리가 더는 장벽으로 작용하지 않는다. 이렇게 해서 시장이 전 세계적 차원에서 효과적으로 통합되어, 세계 최고의 서비스 제공자만이 시장을 장악할 수 있게 되었다.

게다가 디지털 상품은 막대한 규모의 경제 효과를 누린다. 그래서 시장을 선도하는 기업은 어떤 경쟁자보다 상품 가격을 낮추면서도 넉넉한 수익을 즐길 수 있다. 일단 고정비용만 들이면 각각의 추가 단위 생산에 들어가는 비용은 거의 문제가 되지 않았다. 이것의 결과는 독점이 강화되는 현상이다. 아마존이 전자책 시장의 75%, 페이스북이 소셜미디어 사용의 77%, 구글이 검색 광고 시장의 90% 가까이 각각 장악하고 있다는 주장도 나와 있다.[6]

새로운 디지털 세상은 과거엔 상상도 하지 못했던 규모로 승자들을 만들어낸다. 조앤 롤링Joan Rowling의『해리 포터』책 및 영화가 거둔 성공이 그런 사례다. 또 다른 사례로는 케이팝 〈강남스타일〉과 이 노래에 동반되는 춤이다. 만일 이 부분을 읽고 있는 당신이 이 노래 유튜브 동영상을 보지 않았다면(그 춤을 춰보겠다는 시도까지는 하지 않아도 된다) 당신은 전 세계 사람 가운데 이 동영상을 아직 보지 않은 수십억 명 가운데 한 사람일 것이다. 이 동영상은 24억 회나 조회되었고, 그 수치는 지금도 계속 올라가고 있다. 이런 규모의 조회 수는 유례가 없다.[7]

이런 식으로 축적된 거대한 부富의 일부는 이 부자에게 서비스를 제공하는 사람들에게로 넘어간다. 만일 조앤 롤링이 법률적인 분쟁에 휘

말린다면 이 작가가 분명 최고의 변호사들을 고용하지 않겠는가? 그녀는 변호사 수임료를 조금이라도 아끼려는 마음에 변호사업계의 2류나 3류 혹은 그 아래로 평가받는 변호사를 고용하는 일을 하지 않을 것이다.

그런데 이건 전혀 새로운 게 아니다. 케인스를 가르치기도 한 위대한 경제학자 앨프리드 마셜Alfred Marshall은 이렇게 썼다. "어떤 부자 고객이 자기 명성이나 재산 혹은 둘 다를 잃을 수도 있을 때 최고의 변호사로부터 서비스를 받으려 할 터이기 때문에, 이 사람이 수임료로 지불할 돈을 아끼려고 2류나 3류 변호사를 찾을 가능성은 거의 없다."

경제학자 에릭 브리뇰프슨Erik Brynjolfsson과 앤드루 맥아피Andrew McAfee 는 법정에서 자기를 변호해줄 변호사 앨런 더쇼비츠Alan Dershowitz에게 수백만 달러를 지불한 O. J. 심프슨 사례를 인용한다. 잘 알다시피 더쇼비츠의 서비스는 디지털화되지 않았으며 심프슨의 경우처럼 수백만 명에게 팔리지 않았다. 그러나 "더쇼비츠는 대리인으로서 슈퍼스타다. 그는 자기의 슈퍼스타 고객들이 가지고 있는 능력에서(이 슈퍼스타 고객들의 노동은 디지털화와 관계망들에 의해 한층 직접적으로 활용된다) 이득을 본다."[8]

슈퍼스타인 운동선수나 작가들에 대한 이런 이야기들은 승자독식 구조가 고립된 몇몇 소수의 시장에서만 통용되는 것처럼 보이게 만들지만, 사실은 전혀 그렇지 않다. 승자독식 구조는 경제의 많은 부분에서 통용된다. 당신은 1등으로 평가받는 오케스트라의 음악을 들을 수도 있는데 어째서 n등짜리 오케스트라의 음악을 듣는가? 옥스퍼드나 하버드에 있는 최고의 교수들로부터 원격으로 가르침을 받을 수도 있는데 어째서 당신은 군이 당신 지역에 있는 대학교의 그저 그런 교수에게서 가르침을 받는가? 업계 최고로 꼽히는 사람을 찾아갈 수도 있는데 어째서 당신은 9등도 아니고 10등으로 꼽히는 회계사나 자산운용가나 의사를 찾아가는가? 이 질문들을 하나로 합치면 다음과 같이 된다. '어째서 당신은 돈으로 살 수 있는 최고에 비하면 품질이 떨어지는 것을 사는 데 만족하는가?'

이 질문에 대한 대답은 '그때그때 다르다'이다. 서비스가 디지털화되고 이 서비스를 사용할 고객의 수에 제한이 없다면 그럴 이유가 전혀 없다. 극단적인 경우에는 최고의 서비스 제공자를 제외한 다른 서비스 제공자가 모두 퇴출될 것이다. 그 다른 제공자가 시장에서 충분히 경쟁할 수 있는 낮은 가격이라는 것은 아예 존재하지도 않을 것이다. 이런 내용을 브리뇰프슨과 맥아피는 다음과 같이 표현했다. "설령 우리두 사람이 사람들에게 〈만족〉이라는 노래를 공짜로 제공하겠다고 제안하더라도 사람들은 우리를 외면한 채 돈을 내고서라도 믹 재거Mick Jagger⌐의 노래를 들으려 할 것이다."[9]

이 결과는 특정한 서비스 제공자가 감당할 수 있는 고객의 수가 제한될 수밖에 없는 데서는 통하지 않는다. 하지만 그럼에도 불구하고 시장 확대 결과는, 시장 최고의 기업이 아닌 나머지 기업을 희생해 시장 선도자의 시장가치를 올려주는 것으로 귀결된다. 외과 수술을 예로 들

⌐ 그룹 롤링스톤스의 리드보컬.

어 살펴보자. 로봇공학과 인공지능 덕분에 외과 의사들은 보다 많은 환자를 수술할 수 있다. 그러나 주된 편익은 외과 의사들이 하는 일의 안전성과 신뢰성을 높이는 데서 그리고 의사들이 원격으로(어쩌면 외과 의사는 환자가 있는 장소에서 수천 킬로미터 떨어져 있을 수도 있다) 수술하는 데서 비롯된다. 그리고 그 결과는 최고의 외과 의사에 대한 수요가 늘어나는 것이다. 실질적으로 이 의사들은 세계시장을 맞이하고 있다. 그러나 능력이 최고 외과 의사 수준에 미치지 못하는 의사들은 여전히 고용은 유지되겠지만 그들이 받는 급료는 낮을 것이다. 적어도 로봇과 인공지능이 그들이 하는 수술의 품질과 신뢰성을 최고의 외과 의사 수준으로 높이기 전까지는 말이다.

◆ 새로운 마르크스? ◆

그렇다. 세계화와 디지털화는 지난 20년 동안 불평등을 심화하는 데 가장 강력한 두 개의 힘으로 작용해왔다. 그리고 지금 불평등이 급격하게 심화되는 새로운 세상에 진입하는 이 시점에서, 한 프랑스 경제학자가 가진 지적 재능이 불쑥 세상에 나타났다. 2014년 토마 피케티 Thomas Piketty는 예전과 전혀 다르면서도 강력한 방식으로 불평등의 심화로 나아가는 경향을 설명하면서 앞으로 이 경향이 한층 강화될 것임을 예측하는 책 『21세기 자본Capital in the Twenty-First Century』을 출간했다. 이 책은 전 세계에서 선풍적인 인기를 끌었으며 이 책에 자극을 받은

수천 권의 책과 연구 논문 및 박사 논문이 나왔다.[10]

부와 소득의 분배는 앞으로 한층 더 불평등해질 수밖에 없으며, 그 이유는 자본에 대한 수익이 경제성장률을 웃돌기 때문이라는 게 피케티가 펼치는 논지다. 자본에 대한 수익이 경제성장률을 웃돈다는 것은 국가의 소득보다 부가 더 빠르게 성장한다는 뜻이다. 부가 고도로 집중되므로 사회는 점점 더 불평등한 사회로 나아갈 수밖에 없다는 것이다.

피케티는 서유럽에서는 늘 그래왔다고 주장한다. 적어도 자기가 수집한 데이터가 가리키는 과거 시점에서부터만큼은 줄곧 그랬다는 것이다. 18세기와 19세기에는 소득이 기형적으로 소수 집단에 편중되었지만, 20세기 초반과 중반에 나타난 극적인 사건들(즉 두 차례 세계 대전, 대공황, 복지국가 및 공격적인 과세 개념의 등장)이 교정자 역할을 했으며 동시에 근본적인 불평등의 실체가 보이지 않도록 가렸다는 것이다. 그런데 지금 시점에 이르러 부의 분배가 19세기 말 상태로 되돌아갔으며, 이 과정을 제어할 조치를 취하지 않으면 불평등은 참혹할 정도로 커질 것이라는 주장이다.

흥미롭게도 그리고 이 책의(즉 피케티가 아닌 나의) 관점에서 보자면 정말 놀랍게도, 700쪽 가까운 피케티의 책에서 '로봇'이라는 단어는 딱 한 번 나온다. 즉 만약 당신이 로봇과 인공지능이 불평등 수준을 극적으로 강화한다고 믿는다면, 그리고 피케티의 논지를 받아들인다면, 지금 우리는 매우 불평등한 세상으로 나아가는 중이다.

◆ 피케티에 대한 비평 ◆

피케티의 책이 엄청난 충격을 가져온 만큼 그가 제시한 이론을 놓고 수많은 사람이 비판하고 나섰다. 여기서 그 비판 내용을 상세하게 설명할 필요는 없지만, 그래도 핵심적인 비판의 요지를 파악해 주요 쟁점에 대한 결론에 다다를 필요는 있다. 그런 다음 로봇과 인공지능의 충격을 살펴보는 것으로 넘어가야 할 것 같다.[11]

처음부터 시작해보면, 피케티가 모은 데이터의 방대한 규모와 분석은 그에게 폭넓은 찬사를 안겨주었지만, 이 데이터의 품질과 정확성에 대해서는 심각한 의문이 든다. 이 의문은 워낙 심각해, 이런 토대들 위에 피케티가 쌓아올린 전체 이론 체계까지도 의심스럽게 만들 정도다. 특히 중요하게는 소득 상위 1% 사람들에게 80%의 소득세를 물리자는 제안이나 20% 넘는 글로벌 부유세를 물리자는 제안이 그렇다.

이 비판은 크게 세 갈래로 분류된다. 첫째, 경제학자 마틴 펠드스타인은 피케티가 소득에 대한 증거로 삼는 것이 소득세 신고서뿐이라고 지적해왔다.[12] 미국에서 1980년 이후 소득세법의 여러 차례 개정 내용은 고소득자들을 지방채와 같은 저수익 면세 투자 상품들로 유도하는 효과가 작으며 그들이 사업을 하거나 전문적인 활동을 통해 얻는 소득을 (세율이 상대적으로 낮게 매겨지는 부문인) 기업에 투자하도록 유도하는 효과가 작다. 그래서 비록 소득 신고서만 보면 불평등이 심화되었다고 할 수 있겠지만 실제로 근본적인 불평등은 전혀 나빠지지 않았을 수도 있다.

둘째, 허버트 그루벨Herbert Grubel 교수는 피케티의 데이터가 제각기 다른 시점에 있는 개인들 사이에서 드러나는 심화된 불평등에 초점을 맞추고 있다고 지적해왔다.[13] 그러면서 그루벨은 동일한 사람이 인생을 살아가는 동안 여러 개의 소득 집단을 거쳐 사다리를 한 계단씩 올라갈 수 있다고 설명한다. 그는 1990년에 소득 구간을 5개로 나눌 때 최하층에 속한 사람 100명 가운데 그 뒤 19년 동안 87명이 보다 높은 구간으로 이동했음을 보여주는 캐나다의 데이터를 인용한다. 심지어 그 100명 가운데 21명은 최상위 구간으로까지 이동했다.

셋째, 「파이낸셜타임스」의 경제 에디터 크리스 질스Chris Giles는 피케티가 제시한 데이터가 세부적인 측면에서는 원본 출처의 데이터와 피케티가 가공한 데이터가 일치하지 않는다든가, 원본 데이터와 차이가 있는 '추정된' 데이터를 무리하게 끼워넣었다는 문제를 포함해 여러 가지 심각한 문제를 안고 있음을 입증했다. 질스는 이렇게 말한다. "「21세기 자본」이 내리는 결론은 이 책 자체가 제시하는 데이터로 뒷받침되지 못하는 것 같다."[14]

이론과 증거

피케티가 제시한 데이터에 대한 비판이 대단히 강력하다는 이유를 들어 피케티의 주장이 담고 있는 이론적 결함에 대한 논평까지 굳이 할 필요는 없다고 생각하는 독자도 있을지 모르겠다. 그러나 피케티의 이론을 간략하게 살펴봐야 한다. 경제학에서는 "그래, 그 발상은 현실에서 통하지 않지만 이론적으로는 맞잖아?"라는 널리 알려진 재담이 있으니까 말이다. 실제로 데이터를 둘러싼 논박은 앞으로도 지겹게 이어질 텐데, 이런 논박들과 관련 있는 중심적인 발상은 설령 경험적인 사실 차원에서는 아무런 근거가 없다고 하더라도 그 자체로 생명력을 가질 수 있다.

피케티의 논리에 대한 가장 일반적인 이론적 비판 가운데 하나는 자본이 다른 생산요소 및 국민소득에 비해 점점 더 커질 때 자본수익률을 확보하기가 점점 더 어려워진다는 원리와 관련된 것이다. 즉 경제학자들이 '한계수확 체감의 법칙'이라고 부르는 이 원리가, 자본수익률이 경제성장률을 거의 영원하게 지속적으로 초과한다는 피케티의 발상과 서로 통하지 않는다.

노벨상을 받은 경제학자 조지프 스티글리츠[*]는 자본수익률을 지속적으로 떨어뜨리는 것이 피케티의 데이터와 어떻게 맞아떨어지는지 매혹적이고도 강력하게 설명한다. 그는 우선 피케티가 생각하는 것처럼 부와 자본을 동일하게 바라봐선 안 된다고 말한다. 특히 현대에서 부의 상당한 증가는 토지 가치가(그리고 지대를 발생시키는 여러 자산의 가치가) 증가했기 때문이라고 말한다. 그러나 토지에 대한 수요가 늘어나 한층 높아진 토지의 가치는 땅이나 기타 생산적인 자산들의 전체 양을 증가시키지 않는다. 스티글리츠는 최근 수십 년에 걸쳐 부는 꾸준하게 상승해왔지만, 경제에 투입된 자본의 양은 어쩌면 꾸준하게 축소되었

---

[*] 그는 완전경쟁을 불가능하게 만드는 '정보의 비대칭'을 이론적으로 증명함으로써 2001년 노벨 경제학상을 수상했다.

을지도 모른다고 주장한다.[15]

또 다른 주요 비판은 피케티가 제시한 분석은 너무 단순하게도, 투자된 자본에 따라 발생한 수익 전부가 재투자되며 노동에 따라 발생한 소득은 한 푼도 저축되지 않는다는(즉 자본을 축적하는 데 사용되지 않는다는) 가정을 전제로 한다는 것이다. 그러나 현대 경제에서 자본수익 가운데 많은 부분이 소비로 지출되며 노동에 따라 발생한 소득 가운데 많은 부분이 저축된다. 특히 연금펀드(퇴직금) 및 널리 확산된 지분소유property ownership만 봐도 그렇다.[16]

한층 더 강력한 비판은 이론적인 차원이 아니라 경험적인 차원이다. 부자들, 특히 미국뿐만 아니라 다른 지역에 있는 부자들의 명단을 보면 정말 많은 슈퍼부자가 일을 통해 자기 재산을 크게 불렸다는 사실, 즉 자기가 만들고 키운 기업의 가치를 놀라울 정도로 크게 높였다는 사실이 두드러지게 드러난다. 제프 베이조스Jeff Bezos, 워런 버핏Warren Buffett, 빌 게이츠, 마크 저커버그Mark Zuckerberg 등을 비롯한 많은 사람이 그렇다.

그리고 시장에서의 핵심 참가자들이 끊임없이 바뀌고 있다. 『포브스』가 선정하는 부자 리스트를 보자. 1982년 미국에서 최고 부자 리스트에 이름을 올린 사람 가운데 2012년까지 계속 이름을 올린 사람은 채 10분의 1도 되지 않는다. 또 『포브스』 선정 400대 부자 가운데 상속을 통해 재산을 형성한 사람의 비율도 급격하게 줄어드는 양상이다.

피케티의 연구에서 나오는 흥미로운 것 가운데 하나는 임금 불평등의 최근 증가 양상이 고액 임금을 받는 상층부에 집중되어 있다는 점이다. 미국에서 숙련공과 비숙련공의 소득 격차가 대략 2000년경부터 더는 늘어나지 않았다. 이에 비해 상층부에서의 소득 격차는 어마어마하게 심화되었다. 그러나 울트라리치⌐가 기술이 발전했다거나 인건비가 싼 외국인을 고용했다거나 하는 결과로 보다 더 부유해졌다고 설명하기는 어렵다. 피케티는 상위 0.1%의 60~70%는 CEO이거나 고위경영진이라고 추정한다.[17]

이런 특징들은 인공지능 혹은 피케티의 이론과 아무 상관 없는 별개 요인들로 인해 나타난다. 이런 특징들은 기관투자자들이 고위경영진이 받는 봉급을 제대로 억제하지 못함으로써, 그리고 앵글로색슨 국가들에서 경제의 금융화⌐⌐가 이루어짐으로써 나타난다. 그런데 이 두 가지 요인을 되돌리려는 움직임이 있었다. 2007~2009년 세계금융위기 이후 은행들은 한층 강력한 규제를 받고 있다. 보다 일반적으로는 기관투자자들이 기업 이사진이 받는 봉급을 규제하는 데 한층 적극적으로 나서기 시작했다. 그러나 두 측면에서 모두 한층 더 많은 개선의 여지가 남아 있다(이와 관련해 더 자세한 이야기는 9장에서 하겠다).

피케티의 『21세기 자본』이 초래한 결과는 무엇일까? 좌파 진영의 많은 사람이 피케티를 영웅으로 치켜세우며, 불평등이 필연적으로 심화될 수밖에 없다고 주장하는 그의 이론에 강하게 집착한다. 그들은 피케티의 이론이 심지어 로봇과 인공지능에서 비롯되는 효과가 나타나

⌐ 상위 0.1%의 부자를 가리키는 용어.

⌐⌐ 1980년부터 2000년 사이 발생한 금융자본주의 현상으로, 금융의 영향력이 자본을 압도하고 금융시장이 전통적인 산업 경제 위에 군림한다.

기 전에라도 근본적인 대중 행동을 요구한다고 바라본다. 그들은 새로운 산업혁명이 초래하는 이 재분배 충격을 부가 집중되는 피케티의 과정에 추가할 어떤 것, 그리고 어쩌면 그 과정을 가속화할 어떤 것으로만 바라보거나 만일 자기들이 피케티의 논리에 몇 개의 커다란 구멍이 나 있다고 느낄 경우 불평등 심화의 새로운 어떤 대의로 갈아탈 수 있게 해주는 어떤 것으로만 바라본다.

그리고 앞에서 살펴보았듯이 피케티의 논리에는 몇 개의 심각한 구멍이 나 있다. 학자들은 여러 국가의 자료를, 게다가 그렇게나 긴 시간에 걸친 자료들을 수집한 피케티의 작업에 한결같이 찬사를 보낸다. 그러나 그가 제시하는 이론이 설득력 있다고 생각하는 사람은 별로 없다. 나도 마찬가지다. 우리가 불평등이라는 문제와 관련해 지금까지 일어난 일을 설명하는 데는 굳이 피케티의 단순하면서도 잠재적으로 강력한 이론이 필요하지 않다. 더 나아가, 현실에서의 많은 사실이 그의 주장에 심각한 반론을 제기한다. 따라서 우리는 지금 피케티가 한 작업은 경제사학자들이 데이터베이스로, 그리고 맹렬한 논박이 수없이 오간 학문적인 토론의 토대로 사용하도록 남겨두면 된다.

◆ 일자리와 보수 ◆

지금부터 AI 혁명이 소득분배에 미칠 충격을 살펴보자. 경제학자가 아닌 사람들은 절대적인 차원에서 고용에 대해 자주 말한다. 그들은 어떤 일자리들이 '사라지고 있으며' 다른 일자리들이 그 자리를 대신하고 있다고 말한다. 실제로 나는 이 단순한 접근법을 4장에서 사용했다.

그러나 경제학의 자연스러운 방법론은 경제 시스템이 기본적으로 유연하다는 사실을 전제로 한다. 그리고 이런 유연성을 보장하는 윤활유가 가격이다. 그러므로 인공지능과 로봇이 지배하는 세상에서의 노동시장을 수요와 공급의 관계에서 생각하면서, 이 두 요소에서 나타나는 변화를 양$_{quantity}$과 가격$_{price}$에서의 변화로 표현되는 것이라고 바라보는 것이 한결 정확한 관점이다. 고용의 경우 문제 되는 가격은 임금이다. 그리고 물론 여기서 일어나는 일들은 소득분배에 반영된다.

그렇다면 장차 누가 승자가 되고 누가 패자가 될까? 『와이어드』의 기자 케빈 켈리는 이 쟁점과 관련된 논의에 핵심적인 기여를 했다. 그는 이렇게 말했다. "미래에는 사람들이 로봇과 얼마나 협력을 잘하는지를 기준으로 임금을 지급받을 것이다."[18] 구글의 수석 경제분석가 할 배리언$_{Hal Varian}$은 이제 사람들은 자기 자신이 장차 풍부하게 넘쳐나고 값이 싸질 어떤 것에 '없어서는 안 되는 보완물'이 되는 방법을 찾아야 한다는 말을 자주 한다. 빌 게이츠는 이런 일이 컴퓨터에 일어나는 것을 목격하고 소프트웨어 분야로 진입하기로 결정했다고 말했다.

앞서 5장에서도 주장했듯이 실제로는 이것이 AI 경제 안에서 성공하려면 인공지능 '긱$_{geek}$'[ʃ]이 되어야 함을 뜻하지는 않는다. 나는 수없이 많은 좋은 일자리가 사람이라는 요인에 집중될 것이라고 주장했다. 사

ʃ 괴짜 마니아, 덕후.

람과 얼마나 잘 소통하는가 하는 점이 적어도 로봇과 얼마나 잘 소통하는가 하는 점만큼이나 중요해질 것이다. AI 경제에서의 패자는 본질적으로 로봇이 할 수 있는 일을 하는 사람 그리고/혹은 다른 사람을 대할 때 구제할 수 없을 정도로 로봇처럼 구는 사람이 될 것이다. 독자도 이런 부류의 사람을 숱하게 경험했을 거라고 나는 확신한다.

소득수준이 가장 낮은 사람들과 교육수준에서 로봇에 처지는 사람들이 AI 경제의 패배자가 될 것이라는 전망은 유혹적일 정도로 그럴듯하다. 이런 사람들이 일자리를 찾는다 하더라도 그 일자리에서는 매우 낮은 수준의 소득밖에 얻지 못할 것이라고 한다. 노동시장에서 이 사람들의 가치는 너무 낮아, 이들이 그 소득으로 그럭저럭 괜찮은 수준의 생활을 꾸려가기는 힘들 것이라고 한다. 그렇기 때문에 이런 사람 수백만 명은 정부가 주는 보조금을 선택하거나 어쩔 수 없이 거기에 의존하고, 소득과 기술수준이 상대적으로 높은 사람 가운데 다수가 마치 고지대에 있는 사람들이 홍수로부터 보호받듯이, 로봇과 인공지능의 일자리 빼앗기 공격으로부터 보호받을 것이라고 한다.

솔직히 이런 나의 전망이 옳다고 확신하지는 않는다. 역사 속 지난 시대에 일어난 기계화와 컴퓨터화, 심지어 로봇의 산업적 사용조차 비숙련 및 미숙련 육체노동자를 공장에서 몰아냈다. 고도의 숙련도가 필요한 일자리, 심지어 사무직 일자리조차 처음에는 충격을 그다지 느끼지 못했다. 그러나 결국 이들 역시 거대한 충격의 희생자가 되었다. 비서와 문서 정리원 일자리는 사실상 사라져버렸다. 대부분의 서구 국가에서는 이 과정이 거의 끝난 상태다.

5장에서 내가 주장했듯이, 지금 인공지능으로부터 위협받는 많은 일자리는 적절한 수준으로 숙련이 필요한 비非육체노동 일자리이며, 이 일자리에는 상당히 높은 보수가 뒤따른다. 이에 비해 기본적인 육체노동에 대한 수요는 꽤 잘 유지될 것 같고, 따라서 이 일자리에서 일하는 사람들은 여전히 괜찮은 보수를 받을 것이다. 또 AI 혁명은 어떤 방식으로든 간에 육체노동자들의 지위를 개선할 수 있다. 그들이 제공하는 서비스에 대한 수요가 늘어날 터이기 때문이다. 물론 그만큼 더 나은 소득과 재산을 보장해주면서 말이다.

널리 퍼져 있는 가설 하나가 있다. 기술로 대치된 일자리에서 일하는 압도적인 다수는 상대적으로 숙련도가 높으며 보수도 많이 받지만, 새로 나타나는 일자리들은 숙련도가 낮고 보수도 적으며 특히 서비스 부문에 집중될 것이라는 가설이다. 새로 생겨나는 일자리라고 해봐야 패스트푸드 식당의 저임금 일자리나 배달업체의 배달원과 같은 것뿐이라고 우리는 생각하고 있다. 그러나 사실 영국의 일자리들이 요구하는 평균 숙련도 수준은 꾸준하게 증가해왔다. 지난 10년 동안 영국의 고용직 가운데 보수를 가장 많이 받는 세 가지 직업 범주(즉 고위경영진, 전문 직종 그리고 전문 기술직)가 전체 직업 범주의 보수에서 차지하는 비율은 42%에서 45%로 증가했다.

게다가 숙련도가 가장 낮을 것으로 여겨지는 일자리에서조차 같은 일을 했던 과거 세대 사람들은 가지려 하지도 않았으며 가질 필요도 없었던 여러 가지 기본적인 기술을 습득한 사람만 골라 고용하고 있다. 그 기술들의 예를 들면 전화와 컴퓨터를 사용하고 이것을 가지고 소통하는 능력과 자동차를 운전하는 능력 등을 꼽을 수 있다. 그런데 이런 기술들을 가지지 않은 사람이 오늘날에도 상당히 많긴 하지만, 압도적인 다수는 이런 기술들을 가지고 있다. 게다가 이런 기술들은 보통 어떤 공식적인 경로를 통해서가 아니라 일상 속의 통상적인 한 부분으로 습득된다. 물론 운전할 수 있는 능력 혹은 적어도 운전면허 시험에 통과하는 능력은 예외지만 말이다. 그러므로 노동자들은 보통 직관적으로 생각하는 것보다 더 많은 기술을 가지고 있다. 경제학적으로 표현하면, 오늘날의 노동자들은 더욱 많은 인적자본을 가지고 있다.

◆ 인공지능은 불평등의 격차를 어떻게 줄일까? ◆

인공지능의 몇몇 발전은 저소득자에게 놀랍도록 많은 도움이 되는 결과를 낳는다. 우버 택시 서비스는 많은 도시에서 여행의 성격을 바꿔놓았다. 런던에서 이 서비스는 런던의 유명한 택시 블랙캡을 꾸준하게 잠식하고 있다. 블랙캡 운전사 자격시험은 어렵기로 유명하다. 런던 시내 구석구석을 다 외우려면 엄청난 시간과 노력이 필요하다. 일단 그런 '지식'을 갖춰야만 블랙캡 운전사가 될 수 있다. 그러나 스마트폰으로 언제든 받아볼 수 있는 위성지도가 등장함에 따라 이 지식의 가치는 급격하게 쪼그라들었다. 이런 추세에 따라 블랙캡의 위용은 자기가 운전하며 돌아다니는 도시에 대해 거의 아무것도 모르는 것이나 다름없는 운전사들에 의해 점점 허물어지고 있다.

순수하게 경제적인 관점에서 보면, 공급 측면에서의 이 증가가 균형 가격^{f}을 떨어뜨리는 결과를 낳았다. 그러나 만일 당신이 런던의 택시 기사에게 블랙캡은 너무 비싸며 이 택시업체는 운임을 낮춰야 한다고 말한다면(이 운임은 시 당국에서 정한다), 장담컨대 당신은 무사히 살아서 돌아오지 못할 것이다. 그 기사는 아마도 당신이 한 말을 자기는 예전보다 적은 돈을 받을 '자격'밖에 되지 않는다는 뜻으로 받아들여, 당신에게 차마 글로 옮겨 적을 수 없을 정도로 심한 욕을 해댈 것이다.

그러나 우버의 승차 요금은 택시보다 훨씬 싸기 때문에 우버는 택시 승차 시장 점유율을 엄청나게 확대해왔다. 게다가 기술 발전 덕분에 우버 기사들은 승객을 신속하고 효율적으로 하므로 전통적인 택시 기사들에 비해 손님을 찾으러 거리를 어슬렁거리거나 한자리에 가만히 앉아서 보내는 시간을 한층 더 절약할 수 있다. 어떤 사람의 표현을 빌리면, 그 결과 우버 기사들은 전통적인 택시 기사들보다 돈을 더 많이 번다. 미국에서는 전통적인 택시 기사가 한 시간에 약 13달러를 버는 데 비해 우버 기사는 같은 시간에 약 19달러를 번다.[19]

그런데 만일 자율주행 자동차가 대중적으로 확산된다면, 몇몇 택시 기사들의 소득 증가는 그저 일시적인 현상에 그치고 말 것이다. 그러나 앞서 5장에서 주장했듯이, 자율주행 자동차가 사람 운전자 수요에 던지는 충격은 자율주행 자동차 열광자들이 주장하는 것보다 훨씬 적

---

^{f} 시장에서 수요량과 공급량이 일치하는 가격.

을 것이다.

우버의 사례는 기술 발전의 전반적인 효과가 소득분배에 어떤 영향을 줄지 들여다볼 수 있는 흥미로운 창문 역할을 한다. 우버의 등장은 낡은 방식인 택시 기사에게서 숙련도가 낮은 우버 기사에게로 소득을 이전시킨다. 이것이 불평등을 강화할까? 거의 그렇지 않을 것이다. 전통적인 택시 기사는 다른 노동자 계층 사람들에 비해 상대적으로 꽤 높은 보수를 받아왔다. 그러므로 이런 소득 이전이 오히려 소득분배를 보다 평등하게 해준다는 말까지 할 수 있다.

게다가 소비자에게도 이득이 돌아간다. 그렇다면 이런 경향성이 더 나은 쪽으로 향하고 있을까? 반드시 그렇지만도 않다. 사실 어쩌면 반대일지도 모른다. 그리고 당신은 새로운 기술 덕분에 여행이 예전에 비해 늘어났다는(그리고 여행이 한결 간편하고 안전해졌다는) 사실의 가치를 어떻게 평가하는가? 이 편익은 소득이 낮은 사람일수록 더 예리하게 느낄 것이 분명하다. 과거에 비싼 택시를 이용할 여유가 없었던 이 사람들의 여행 수요는 가격에 상대적으로 더 민감하기 때문이다.

솔직히 우버 혁명은 소득분배를 더 불평등하게 만들 요소를 가지고 있다. 즉 우버 차량 소유자들에게만 막대한 돈을 벌어다줄 잠재적 가능성이 있다는 말이다. 우버 차량 소유자는 소득이 많고 적음에 상관없이 모든 소득 계층에 골고루 분포하지 않을 것이기 때문이다. 아무래도 우버 차량 소유자는 분명 사회에서 그래도 형편이 나은 사람일 것이다. 그러나 적어도 지금까지는 이런 점이 그저 이론적인 차원에서만 머문다. 현재로서는 우버가 막대한 손실을 기록하고 있기 때문이다.

◆ 가격이 싼 서비스가 가져다주는 혜택 ◆

우버 현상은 예외적인 것이 아니다. 오늘날 파괴적인[/] 기술 대부분은 전문직 종사자, 숙련 노동자 그리고 안정적으로 정착한 기업 등이 애지중지하는 지위를 잠식하면서 전체 구성원에게 혜택을 주고 있다.

이런 현상은 핀테크 산업에서 특히 더 그렇다. 이 산업은 외국환 거래 예대금 사업을 포함한 전통적인 은행업의 여러 영역 시장을 잠식하면서 빠르게 확산되고 있다.[//] 그 결과, 이런 서비스 제공에 소요되는 비용을 낮춤으로써 발생하는 혜택이 전체 소득분배로 퍼져나간다. 그러나 은행의 주주들 그리고 이들 외에도 지금까지 은행이 전통적인 중개자 역할을 하는 가운데 (일반적으로 매우 높은 보수를 받으면서) 안정적인 일자리를 누려왔던 은행 직원들도 손해를 볼 것이다.

기본적인 법률 서비스 영역에서도 비슷한 일이 일어나고 있다. 인공지능이 도입됨에 따라 이 분야의 서비스 가격은 한층 싸질 것이다. 그결과 이 서비스 사용이 늘어날 것이다. 그리고 지금은 가격이 비싸 법률 서비스에 엄두도 내지 못하는 저소득층 사람들에게도 이 유익한 효과가 돌아갈 것이다.

그러므로 AI 혁명이 필연적으로 소득의 불평등을 강화할 것이라는 결론은 옳지 않다. 전체 소득 계층 가운데 적어도 몇몇 부분에서는 AI

[/] 여기에서 '파괴적(disruptive)'이라 함은 기존 질서를 허물고 새로운 질서를 만든다는 뜻이다.

[//] 핀테크(FinTech)는 금융(finance)과 기술(technology)의 합성어로, 금융과 IT의 융합을 통한 금융 서비스 및 산업의 변화를 통칭한다.

혁명의 효과가 오히려 소득의 불평등을 줄여줄 가능성도 얼마든지 있다. 어쨌거나 앞서 여러 장에서 이미 우리는, 많은 육체노동 일자리에서 즉각적으로 자동화가 일어나지는 않을 것임을 확인하지 않았는가 말이다. 그러나 숙련되어 있긴 하지만 본질적으로 일상적이고 반복적으로 돌아가는 사무직 일자리 가운데 많은 것이 자동화의 길을 걸어갈 것이다. 후자의 좋은 사례로는 중간 등급의 변호사와 회계사를 들 수 있다. 지금까지는 이 사람들의 소득이 평균적인 육체노동자보다 훨씬 더 많았다.

그렇다고 해서 문제가 해결되는 것은 아니다. 미국에서 최근 소득수준이 가장 높은 계층에 속한 사람들이 가지고 있는 기술 숙련도에 대한 수요가 증가하고, 동시에 소득수준이 가장 낮은 계층에 속하며 기술 숙련도가 상대적으로 낮은 사람들의 서비스에 대한 수요도 늘어나는 가운데, 그 사이 끼여 있는 중간 정도 기술 숙련도를 가진(다시 말하면 인공지능으로 쉽게 대체될 수 있는 기술을 가진) 중간소득 계층 사람들이 희생되는 경향이 계속되고 있다. 하지만 그렇다고 해서 소득이 가장 낮은 계층의 임금을 썩 많이 끌어올리는 것 같지는 않다. 그 이유는 중간소득 계층에 속하며 중간 수준 기술 숙련도를 가진 사람들이 소득과 기술이 낮은 계층으로 지속적으로 유입되기 때문이다.

그런데 여기에 비해 이 중간소득 계층이 상층으로 올라가는 흐름은 그다지 많지 않다. 왜냐하면 상층으로 올라가려면 전문적인 자격 요건을 포함하는 훨씬 높은 수준의 교육이 필요하지만 이런 교육 요건을 금방 갖출 수는 없기 때문이다. 아무리 능력을 갖춘 사람이라도 최상층으로 진입하려면 먼저 여러 해에 걸쳐 훈련을 받아야 한다.

소득 최상층과 최하층에서 동시에 보다 많은 일자리가 형성되는 현상을 학문적으로는 '일자리 양극화'라고 부른다. 이것은 소득수준이 낮은 사람들의 소득이 앞으로 올라갈 가능성이 희박하다는 조짐을 드러내는 지표가 된다. 상층부에서 하층부로의 이동이 끊이지 않고 이어져 하층의 소득을 억누르는 요인으로 작용하기 때문이다. 그러나 MIT의 경제학자 데이비드 오토David Autor는 다르게 생각한다. 컴퓨터와 인공지능 때문에 발생하는 중간소득 계층 일자리 침식의 대부분은 이제 끝난 것 아닐까 의심한다. 지금 우리에게 남아 있는 것은 인공지능이 인간의 기술 숙련도를 보완하는 많은 직업(예를 들면 방사선이나 간호 혹은 그 밖의 의료 지원 관련 분야 일자리)이라는 말이다.[20]

오토는 기자들과 평론가들, 심지어 인공지능 전문가들조차 보통 기계가 사람을 대체할 정도를 과대평가하고 기계가 사람의 노동을 보완할 정도를 과소평가함으로써 결국 노동생산성이 증가하고 실질임금이 한층 높아질 여지가 있음을 놓쳐버린다. 예전의 컴퓨터나 그보다 훨씬 이전의 기계화에 대해 그랬던 것처럼 인공지능에 대해서도 잘못된 평가를 하는 것이다.

그러나 이것이 일반적으로 뜻하는 내용은 노동자들이 인공지능과 생산적으로 소통하려면 어느 정도로는 기술 숙련도를 높여야 한다는 사실이다. 인공지능뿐만 아니라 컴퓨터에 대해서도 마찬가지다. 오늘날 컴퓨터를 다룰 줄 모르는 사람이 사무직 일자리를 얻기란 거의 불가능하다. 삽질은 할 줄 알지만 굴착기를 작동할 줄 모르는 건설 노동자를 찾는 수요가 어느 정도는 있겠지만, 이 사람은 굴착기까지 작동할 줄 아는 노동자에 비해 훨씬 적은 돈밖에 벌지 못한다.

◆ 기술과 독점 ◆

앞에서 디지털 세상에서는, 아니 범위를 더 확장해 인공지능이 도입된 새로운 세상에서는 독점의 경향이 나타날 것이며, 다른 조건들이 모두 같다고 할 때 이 독점은 더 많은 수익으로 이어질 것이고, 따라서 독점을 누리는 기업의 소유주가 점점 더 부자가 되면서 불평등이 한층 심화될 것이라고 주장했다.

그러나 이 주장을 비판 없이 수용해서는 안 된다. 비록 디지털 세상의 특징이 높은 수준의 독과점이긴 하지만 디지털 세상의 변치 않는 특징이 파괴적인 변화임을 명심해야 한다. 어쨌거나 디지털 세상의 아이콘이라고 할 수 있는 페이스북과 구글, 아마존은 25년 전에 존재하지도 않았다. 어느 날 갑자기 불쑥 나타난 이런 기업들은 기존의 많은 기업이 안정적으로 누리던 수익을 잠식하거나 아예 파괴해버렸다.

그러므로 이 기업들의 시장 지위가 영원불변할 거라고 믿는다면 어리석기 짝이 없다. 규모의 경제와 선점자 우위 효과가 작동하므로 그들의 지위를 노리는 경쟁자들에 비해 그들이 한결 강력할 수는 있다. 그러나 그들은 결코 미래를 낙관적으로 자신할 수 없다. 그들이 가지고 있는 실질적인 취약성은, 왕년에 그들이 기존 시장 지배자들에게 그랬듯이 어떤 새로운 기술로 무장한 경쟁자가 나타나 그들을 잠식할 수 있다는 사실 그 자체다. 더 나아가, 블록체인이나 3차원 인쇄술과 같은 현대적인 기술들 덕분에 소규모 생산이 한결 쉬워졌다.

게다가 소득분배에 나타날 수 있는 놀라운 효과가 앞서 4장에서 살펴본 '일이냐, 아니면 여가시간이냐?' 하는 논의에서 갑자기 튀어나올 수도 있다. 대부분의 인류 역사에서 그랬던 것과 정반대로 오늘날 사회에서는 소득 최상층에 속한 사람들이 최하층에 속한 사람들보다 일을 더 많이 하는 경향이 있다. 그런데 이런 현상은 기본적으로 사람의 자연스러운 성향과 일치하지 않는다는 증거들도 있다.

그러면 여기에서 이것이 옳으며 미래의 경제에서는 소득이 가장 높은 계층에 속한 사람이 일을 더 적게 하고 소득이 가장 낮은 계층에 속한 사람이 일을 더 많이 한다고 치자. 이렇게 되면 당연히 최상층과 최하층 사이의 소득 격차(여가시간은 따지지 않고 오로지 돈만 따질 때의 소득 격차)가 줄어드는 경향이 나타날 것이다. 그러나 로봇과 AI 혁명은 노동보다 자본 편에 서는 경향이 있다. 그리고 자본은 주로 형편이 좋은 사람들만 가지고 있으므로, 로봇과 인공지능의 혜택이 소득 최상층에 속한 사람들에게 향할 가능성이 높다.

이런 측면은 세대와 세대 사이의 문제와 관련해 결정적인 요소로 작용할 수 있다. 자본을 소유한 사람 가운데는 노인이 압도적으로 많을 것이고, 반면에 자기 노동력을 팔겠다는 사람 가운데는 청년이 압도적으로 많을 것이다. 그러므로 AI 혁명으로 비롯된 여러 변화가 청년을 희생양으로 삼아 노인에게만 혜택이 돌아가게 만든다는 말도 쉽게 나오는 것 같다.

그리고 사회적 이동성^{f}에 미치는 주요한 충격이 얼마든지 나타날 수 있다. 만약 일자리가 드물고 귀해서든 일자리에 따르는 보수가 너무 낮아서든 간에 가난이 광범위하게 확산된다면, 소득의 일부를 떼어 자본을 축적하는 일은 매우 어려워질 것이다.

◆ 전반적인 평가 ◆

압도적으로 많은 대중이 아주 적은 보수밖에 주지 않는 일자리라도 가지겠다고 앞다퉈 경쟁할 로봇과 인공지능 시대에 이루어질 소득분배 양상을 놓고 많은 사람이 두려워하는 데는 그럴 만한 이유가 있다. 이런 조건에서는 많은 사람이 보수가 낮고 아마 불규칙적일 가능성이 높은 일자리를 가질 것인가, 아니면 장기적으로 실업 상태를 유지할 것인가를 놓고 선택해야 하는 상황에 맞닥뜨릴 것이다. 이 효과는 이미 이 방향으로 밀고 왔던 현대 경제에서의 여러 강력한 힘을 상회할 정도로 한층 강력할 것이다. 디지털 세상과 인공지능 세상의 여러 위대한 인물을 포함한 많은 사람이 이런 미래를 두려워한다.

만일 이와 비슷한 일이 일어난다면, 이것을 예방 그리고/혹은 바로잡기 위한 정부의 개입이 상당한 수준으로 펼쳐질 것이다. 이 일은 늘어

---

^{f} 사회계층 사다리에서 지위가 위 혹은 아래로 이동하는 것.

나는 불평등을 바로잡기 위해 취하는 조치들에 따르는 의도하지 않은 결과와 비용에 대한 여러 질문은 말할 것도 없고, 사회 안에서 이상적인(혹은 적어도 받아들일 수 있는) 소득분배에 대한 여러 질문과 맞닥뜨릴 것이다. 이 쟁점들에 대해서는 9장에서 다루겠다.

AI 경제에서 불평등이 과거에 비해 훨씬 심화될 것이라는 전망은 결코 필연적인 결과가 아니다. AI 혁명에서의 여러 발전은, 한층 낮은 가격의 서비스들을 제공해 중간소득 계층을 잠식하고 소득 하층에는 혜택을 줌으로써, 불평등을 줄이는 방향으로 전개될 것이다. 물론 많은 일자리가 사라지겠지만 새로운 일자리가 그 자리를 대신할 것이다. 이 새로운 일자리에 따르는 보수가 낮을 것이라는 전망은 불가피한 사실이 아니다. 일반 대중이 보수가 상대적으로 높은 일자리를 가질 수 있을지 어떨지는 다음에 열거하는 일련의 요인에 따라 좌우된다.

○ 로봇과 인공지능의 기술적인 능력(현재 시점에서 로봇과 인공지능이 사람과 상관없이 독립적으로 행동해온 광범위한 활동 분야를 살펴볼 때, 그들이 이룬 성과는 아직 실망스러운 수준이다)

○ 로봇과 인공지능을 만들고 유지하고 여기에 필요한 자금을 조달하는 데 들어가는 비용

○ 로봇과 인공지능이 사람과 소통해서 시너지 효과를 얼마나 낼 수 있을까 하는 점(로봇과 인공지능이 사람을 대체하는 게 아니라 사람의 보완 역할을 더 많이 할수록, 사람이 혼자서 일할 때보다 더 높은 수준의 임금이 비용으로 들어갈 것이다)

○ 사람들이 다른 사람으로부터 얼마나 많은 것을(구체적으로 얼마나 많은 서비스를) 사고 싶어 할까 하는 점

○ 현재 상대적으로 높은 보수를 받는 사람들이 생산자 입장에서 제공하는 서비스 가격을, 낮은 보수를 받는 소비자들에게 유리하도록 로봇과 인공지능이 얼마나 낮은 수준으로 떨어뜨릴까 하는 점

○ 사람들이 자발적으로 원하는 여가시간은 얼마나 될까 하는 점(이 수준에 따라 사람의 노동 대 자본과 인공지능 사이 협상 주도권이 달라진다)

○ 소득 최상층에 속한 사람들이 과연 어느 정도로 여가시간을 더 많이 가지려 할까 하는 점

물론 이 모든 요인은 서로 연결되어 있으며, 이 요인들의 변동 폭이 얼마나 될지 정확히 알기는 어렵다. 그러나 위에 열거한 요인들이 형성하는 균형에 따라, 로봇과 인공지능이 아무리 많이 도입되어 판을 친다고 하더라도 다수의 대중은 점점 더 늘어나는 소득의 혜택을 누릴 수도 있다. 그리고 소득 불평등이 상당한 수준으로 심화되지 않을 가능성은 거의 확실하다.

설령 소득 불평등이 심화된다고 하더라도 이것은 일시적인 현상에 그칠 것이다. 러시아 출신인 위대한 경제학자 사이먼 쿠즈네츠Simon Kuznets는 경제발전이 진행될 때 처음에는 불평등이 심화되지만 나중에 가서는 결국 역전된다고 주장했다. 그런데 이 논리는 산업혁명 역사에서도 딱 들어맞는다. 1장에서 말했듯이 19세기 초반 수십 년 동안 노동자의 실질소득이 줄어들었다.

그러니까 지금까지 살펴본 내용을 토대로 정리하면, 로봇과 인공지능이 대세를 잡으면 경제의 큰 흐름이 불평등이 심화되는 방향으로 나아갈 것이라고 결론 내리는 것은 섣부른 판단이다. 그때 가서 그 흐름이 어떻게 될지 우리는 알지 못한다.

어쨌거나 만일 우리가 19세기 말에 농업과 말 보살피기, 가사도우미 서비스 등에서의 고용이 빠르게 줄어들 것임을 알았다면, 그 당시 잘나가는 사람들의 상황이 머지않아 갑작스럽게 악화될 것이라고 결론 내리며 수적으로 한껏 부풀어오른 빈자 집단에 속한 사람들이 어떤 일이든 하겠다고 달려들 상황을 상상하기가 훨씬 쉬웠을 것이다. 물론 결과는 정확하게 정반대였다. 이와 비슷한 일이 미래에 일어나지 말라는 법이 있는가?

◆ 승자 지역과 패자 지역 ◆

그런데 지역별, 국가별로도 같은 이야기를 할 수 있을까? 로봇과 인공지능이 분명 어떤 지역이나 나라에 놓이고 거기에서 사용되긴 하겠지만, 적어도 로봇이 인간 세상을 정복하지 않는 한(이런 상황에 대해서는 에필로그에서 다룰 것이다) 로봇은 자기가 속한 지역에 대해 선호하지 않으며 설령 그렇다고 하더라도 주목받지 않는다. 그렇기 때문에 다가오는 혁명은 지리적인 집중화concentration나 복합화agglomeration의 강점들을 무력하게 만들 것이다.

이런 사실은 경제활동이 어디에서든 일어날 수 있다는 뜻으로 이해할 수 있다. 그러므로 이것은, 경제활동 그리고 이것에 따른 사람들의 거주지가 땅과 여러 서비스의 가격이 낮은 곳이면 어디로든 쉽게 이전될 수 있어, 지역적인 차이가 대폭 줄어들 수 있음을 뜻하기도 한다. 다시 말하면, 모든 것의 가격이 높은 대도시에서 가격이 상대적으로 낮은 중소도시나 시골로 경제활동 중심지가 옮겨갈 것이라는 말이다.

그러나 나는 이런 결론을 수용하기가 조심스럽다. '거리 개념의 소멸 death of distance'이 선포된 게 이번이 처음은 아니다. 과거에도 여러 번 선포되었다. 컴퓨터 및 통신 혁명의 결과, 즉 사람들은 멀리 떨어져 있는 사람과도 함께 일하고 놀고 소통할 수 있게 되어 거리라는 개념이 이미 죽었어야 한다. 물론 그런 일이 어느 정도 일어나긴 했지만 경제활동이 분산될 정도는 아니었다. 오히려 복합화는 그때 이후 계속 강화되어온 것처럼 보인다.

런던이 좋은 사례다. 통신혁명이 금융 중심지로서 런던의 위상을 축소하고 영국 내 다른 지역, 예를 들면 에든버러, 글래스고, 던디, 퍼스, 버밍엄, 노리치, 브리스틀, 리즈, 맨체스터, 엑서터 등의 위상을 높여줄 것이라고 누구나 상상했을 것이다. 내가 젊은 시절 금융시장 분석가로 일할 때 가본 이 지역들은 이미 상당한 규모의 경제활동이 이루어지고 있었다. 그러나 이 도시들은 독자적인 단위로 살아남지 못하고 인수되거나 합병되어 지역 본부로만 남았다. 경제활동들이 모두 런던으로 이동해버렸기 때문이다. 겨우 에든버러 한 곳만 의미 있는 금융 중심지로 살아남았을 뿐이다. 비록 런던에 비하면 작은 부스러기 정도밖에 되지 않지만 말이다.

그런데 흥미롭게도, 런던 안에서는 이런 경향성이 정반대로 작동한다. 과거에는 누구든 금융계에서 무언가 성취하고자 한다면 런던의 시티오브런던City of London의 심장부에, 즉 잉글랜드은행에서 도보로 걸어갈 수 있는 거리 안에 있어야 한다는 말이 있었지만 지금은 달라졌다. 지금까지 금융서비스 산업은 통합이 아닌 분리 과정을 겪어왔다. 많은 기관이 여전히 런던 구시가지에 남아 있지만, 많은 기업이 동쪽에 있는 카나리워프로 이주했으며 다른 많은 기업은 서쪽으로, 즉 헤지펀드의 본산인 세인트제임스와 메이페어로 이주했다. 그리고 빅토리아와 메릴본으로도 한 갈래가 나가 있다.

이 두 가지 뚜렷한 경향을 어떻게 설명할 수 있을까? 많은 사업을 멀리 떨어진 곳에서도 수행할 수 있지만, 바로 이런 이유로 직접 얼굴을 보면서 진행하는 만남의 의미가 한층 커졌기 때문 아닐까. 만일 당신이 세인트제임스의 헤지펀드 거리에 회사를 두고 있다면, 당신은 구도심지에 있는 혹은 심지어 카나리워프에 있는 누군가와 금방이라도 쉽게 만날 수 있다. 그러나 글래스고에 있는 회사의 사람은 말할 것도 없고 버밍엄에 있는 회사의 사람과도 그렇게 할 수 없다.

비슷하게, 런던의 제각기 다른 지역에서 운영되는 기업들은 모두 엄청나게 거대하며 동일한 숙련된 인력 풀에 함께 효과적으로 의존할 수 있다. 이에 비해 글래스고나 버밍엄, 런던 구시가지 바깥에 있는 노동

ʃ 런던 중앙부의 구시가지로 금융 중심지를 가리킨다.

자들은 상당한 수준으로 분리되어 있다.

복합화로 나아가는 비슷한 힘들은 여가시간 세상에서도 작동한다. 축구 경기, 경마, 극장, 오페라하우스, 콘서트홀, 최고의 식당 등은 모두 고객이 쉽게 다다를 수 있는 지역적인 범위 안에 있을 필요가 있다. 그리고 이런 필요성은 많은 경제활동 위치에 명백한 연쇄반응 효과를 가져다준다. 그러나 다양한 오락 서비스를 제공하는 것과 관련된 모든 게 그렇지는 않다. 만일 당신이 식당이나 쇼핑몰 그리고/혹은 오페라 등에 쓸 수 있는 상당히 많은 가처분소득을 기록하고 있다면, 당신은 스컨소프나 런던 가운데 어디에 회사를 두겠는가? (미국으로 치면 이 두 도시는 일리노이의 피오리아와 맨해튼이 될 것이다.)

심지어 불리한 세제 변화 때문에 회사를 스위스로 옮기는 것이 한층 매력적으로 비친 이후로도, 이 요소는 많은 헤지펀드사가 런던에 계속 몰려 있는 것과 뚜렷한 연관성을 가진다는 말이 있다. 그렇다. 제네바는 확실히 자기만의 매력 요소를 가지고 있다. 그러나 쇼핑과 음악, 식당이라는 점에서 제네바는 런던과 비교 상대가 되지 않는다. 그리고 스위스의 지방도시 추크도 있다(물론 추크를 비하할 생각은 전혀 아니다. 추크에는 나와 정말 친한 친구들이 살기도 한다).

세계은행World Bank 부총재를 역임한 옥스퍼드 대학교 미래학자 이언 골딘Ian Goldin은, AI 혁명 때문에 나타날 변화들은 지역 불균형 현상을 사실상 강화할 것이라고 주장해왔다. 가장 취약한 도시나 지역은 강력한 성장세를 경험하고 있는 역동적인 도시와 지리적으로 멀리 떨어져 있다. 높은 주택 가격과 출퇴근 비용 때문에 이런 도시들로 이주하기가 사실상 금지되다시피 한 상태다.

영국의 독립적 도시 정책 연구소인 도시연구소Centre for Cities가 펴낸 연구보고서도 비슷한 결론을 내린다. 이 보고서는 자동화와 세계화라는 쌍둥이 충격 때문에 영국의 전체 일자리 가운데 약 20%나 되는 360만 개가 2030년까지 다른 것으로 대체될 거라고 전망한다. 그리고 일자리 소멸은 잉글랜드 북부와 중부 지역에서 한층 심각할 것이라고 바라본다. 한편 남쪽에서는 도시들이 소프트웨어 개발과 같은 분야에서 이미 멀찌감치 앞서가고 있는데, 이 도시들은 늘어나는 수요를 즐길 것이며 여기에 비례해 일자리 소멸의 고통을 상대적으로 적게 받을 것 같다.[21]

영국의 싱크탱크인 공공정책연구소IPPR의 경제정의위원회는 영국 내에서 런던의 일자리 비율이 가장 높으며, 이런 양상은 자동화 과정에서도 꾸준하게 이어질 것이라고 결론 내렸다.[22] 그런데 흥미롭게도 이 보고서는 또한 여성과 몇몇 인종 집단이 자동화에 민감하게 반응하는 일자리에 예외적으로 많이 고용되어 있다고 주장했다.

인공지능 선지자인 케일럼 체이스는, 사람들은 소득이 늘어남에 따라 점점 더 많이 한곳에 모여 무리 지을 것이라고 주장한다. 샌프란시스코와 뉴욕의 온실 도시들은 상대적으로 더 가난한 85%의 사람 대부분에게는 출입금지 구역이 될 것이라고도 한다. 그 사람들은 "무료로 제공되는 오락 및 소셜미디어라는 아편"에 취해 그 엄청난 불평등 속으로 스스로 걸어 들어갈 것이라고 그는 말한다.[23]

개인적으로 나는 이런 일들이 일어날 것이라고 생각하지 않는다. 소득분배 양상에 미치는 효과의 경우와 마찬가지로 미래의 너무 많은 부분이 불확실성의 구름에 싸여 있을 때는 굳이 성급하게 결론을 내리지 않도록 조심해야 한다. 어떤 쪽으로든 간에 깜짝 놀라지 않도록 철저하게 대비하고 있어야 한다.

◆ 승자 나라와 패자 나라 ◆

지금까지 나는 로봇과 AI 혁명이 전 세계 모든 나라를 동일한 강도로 쓸어버릴 것이라는 함의를 담은 채 여러 쟁점을 다루어왔다. 정확하게 말하면, 그 혁명의 충격이 나라마다 다를 것이라는 전제를 하지 않았다. 그러나 조금만 생각해보면 이렇게 되지 않을 것이 분명하다.

우리가 한 걸음씩 진입하는 새로운 세상은 이전 세상과 너무 다르며 이 세상이 개인과 기업과 정부에 제기하는 과제들은 너무 강렬해, 나라들은 다른 선택을 할 것이고 이 각각의 선택에서는 성공과 실패가 엇갈릴 것이라고 생각해야 한다.

산업혁명이 국제적인 힘의 균형을 혁명적으로 바꿔놓았는데, AI 혁명이라는 이 새로운 혁명으로도 똑같은 일이 일어날 수 있다. 산업혁명은 영국을 최고의 강자 자리에 올려놓았다. 영국은 최초의 산업국가였으며, 독일과 미국에 따라잡히기 전까지 선점자 우위 효과를 톡톡히 누렸기 때문이다. 그렇다면 로봇 시대에도 선두주자 자리에 올라서는 나라가 있을까? 그리고 로봇 시대 전쟁에서 패자로 우리가 쉽게 알아볼 수 있는 나라들이 있을까?

인공지능을 최대한 이용하는 것은 생산과 소비라는 두 가지 형태로 나타난다는 사실을 분명히 알아야 한다. 둘이 반드시 나란히 가지는 않는다. 소수 나라만이 인공지능이 장착된 제품과 서비스를 생산하는 데서 선두에 설 것이고(아마 미국과 중국이 선두 대열을 형성할 것이고, 몇몇 분야에서는 영국도 그 대열에 낄 수 있다), 이들 나라에서 생산된 제품과 서비스는 그보다 더 많은 나라에서 소비될 것이다.

AI 혁명의 미래는 컴퓨터의 발전 과정을 반영한다. 매우 소수의 나라만 컴퓨터를 생산하며, 적절한 소프트웨어 개발 분야는 미국이 압도적으로 지배하고 있다. 그러나 물론 컴퓨터는 세계 모든 곳에서 사용된다. 또 만일 어떤 나라가 자국이 컴퓨터를 생산하지 않는다는 이유로 컴퓨터 사용을 삼가기로 결정 내린다면, 그 나라는 스스로 경제 쓰레기 더미에 머리를 처박는 셈이 될 것이다.

인공지능의 경우도 마찬가지다. 당신 나라가 인공지능을 생산하지 않는다고 해서, 다시 말해 알고리즘을 만들지 않고, 인공지능을 운전하는 딥러닝 앱도 만들지 않으며, 로봇처럼 물리적인 실체를 가진 물건을 만들지 않는다고 해서, 당신이 인공지능을 채택해 어떤 편익을 누리는 일이 불가능하다는 뜻은 아니다. 그런 편익을 포기한다는 것은 경제성을 상실할 위험을 무릅쓴다는 뜻이다.

그렇긴 하지만, 인공지능 및 여기에서 비롯되는 이득을 포함하는 혁신이 전 세계적으로 어떻게 확산될 것인가를 놓고 기술 전문가들 사이에서 뚜렷한 의견 차이를 보인다. 이 의견 스펙트럼의 한 극단에 '세계는 평평하다world is flat'는 견해가 있는데, 「뉴욕타임스」 칼럼니스트 톰 프리드먼Tom Friedman이 지지하는 이 견해는, 현대 기술들이 가격이 싸고 서로 연결되는 특성을 가진 덕분에 인터넷에 접속하는 사람이면 누구나 세계적 규모로 확장될 잠재력을 지닌 제품이나 서비스를 발명할 수 있다고 주장한다.

그런데 반대편 극단에는 세상이 전혀 평평하지 않다는 견해가 놓여 있다. 사실 이 견해를 지지하는 진영에는 거물 인사들이 적지 않게 포진해 있다. 토론토 대학교의 리처드 플로리다Richard Florida 교수가 이 견해를 지지하는데, 혁신은 몇몇 선택된 대도시 지역, 구체적으로 말하면 성공한 대기업 그리고/혹은 선도적인 대학교로 둘러싸인 지역들에서만 일어난다는 사실을 그는 강조한다.

그러나 비록 세상은 미국의 여러 기술기업의 지배를 받는 것처럼 보이지만, 시작 단계 혹은 시작 단계를 갓 지난 시점에서 중국과 인도와 유럽의 기술 분야 중심지들이 활발하게 일어나면서 혁신은 세계화되었다. 플로리다 교수가 공동 저자로 참여한 한 연구보고서에 따르면, 전체 벤처 투자금 가운데 실리콘밸리가 차지하는 비중이 1990년대 중반에는 95%였으나 지금은 기껏해야 50%밖에 되지 않는다.[24]

그러나 이 보고서는 또한 상위 6개 도시에 전체 벤처 투자금 가운데 절반이 집중되었으며 상위 24개 도시에 4분의 3이 집중되었다는 사실도 함께 드러낸다. 놀랍게도 벤처 투자금이 가장 많이 몰린 상위 10개 도시 가운데 3개가 중국에 있다.

OECD의 2018년 보고서는, 일반적으로 볼 때 북유럽과 북아메리카의 일자리는 남유럽과 동유럽의 일자리보다 덜 위험하다고 결론 내렸다. 서부 슬로바키아에서는 전체 일자리의 40%가 위협받는 데 비해, 노르웨이의 오슬로에서는 위협받는 일자리가 전체 일자리 가운데 4%밖에 되지 않는다고도 했다.

이런 차이는 본질적으로 현재의 고용 구조와 관련 있다. 그러나 장차 여러 나라에서 AI 혁명의 성공과 실패를 결정하는 핵심적 특징은 다음과 같은 여러 가지로 달라질 수 있다. 인공지능 개발 및 연구에 투입되는 노력과 예산의 양, 로봇과 인공지능에 대한 규제 그리고/혹은 세금의 강도, 사람들이 전반적으로 로봇과 인공지능을 얼마나 쉽게 수용할 것인지 결정하는 문화적 요인 등이 그것이다.

◆ 투자 지출상의 격차 ◆

로봇을 도입하는 강도는 이미 나라별로 엄청난 차이가 난다. 2016년 제조업 부문에서 직원 1만 명당 로봇 수는 한국이 631대로 가장 높다. 그 뒤로 이어지는 주요국의 순위는 싱가포르(488대), 독일(309대), 일본(303대), 미국(189대), 이탈리아(185대), 프랑스(132대), 영국(71대), 중국(68대), 러시아(3대)다.[25]

그리고 인공지능에 투자하는 금액도 나라마다 큰 차이가 난다. 골드만삭스에 따르면 2012년 1/4분기부터 2016년 2/4분기까지 영국은 8억 5,000만 달러를 투자했는데, 중국과 미국은 각각 26억 달러와 182억 달러를 투자했다. 영국은 중국과 미국에 크게 뒤처졌으나 세계 3위 투자국이다. 중국은 2030년까지 인공지능 분야에서 최고가 되겠다는 의지를 다지고 있다. 중국은 그때까지 '인공지능 생태계'가 1,500억 달러 규모로 커질 것이라 예상하고 거기에 대비하고 있다.[26]

사람들은 인공지능을 흔히 로봇이나 드론과 연결해서 생각하지만, 오히려 눈에 잘 띄지 않는 영역인 데이터 분석 능력에서 비롯되는 인공지능의 충격이 가장 크다. 중국은 이 분야에서 거대한 잠재적 강점을 지니고 있다. 다른 나라들에 비해 데이터가 그만큼 더 클 수 있기 때문이다.

중국은 세계 최대 인공지능 도입국 가운데 하나로 성장할 것으로 보인다. 2017년에 중국은 카메라와 동영상 감시 관련 특허를 530개나 신청했는데, 이 신청 규모는 무려 미국의 5배다. 중국인은 이미 얼굴 인식 방식으로 쇼핑과 결제를 하거나, 보안문을 통과해 건물 안으로 들어간다.

미국에서 인공지능 연구 노력은 지금까지 주로 인터넷과 연관되어 있었던 데 비해, 독일에서는 인공지능이 생산 공정을 개선한다거나 자동차와 가전제품 같은 인공지능을 통합하는 '스마트 제품'의 생산을 개선하는 분야에 초점을 맞춰 연구가 진행되어왔다는 사실은 주목할 필요가 있다. 또 영국에서는 정부가 이 분야가 나아갈 방향을 결정하려는 노력을 전혀 하지 않는 가운데(정부는 심지어 여기에 대해 어떤 영향을 주려는 노력조차 하지 않고 있다) 민간 차원에서만 산업적·지적 역사의 흐름에 뒤처지지 않으려 연구 노력을 기울여왔다는 사실도 주목할 가치가 있다.

그러나 2018년 4월 영국 정부는 인공지능 연구 분야에 3억 파운드를 투자할 것이라고 발표했다. 이 투자가 대단한 것처럼 들리긴 하지만 사실 전 세계가 투자하고 있는 규모에 비하면 그야말로 부스러기밖에 안 된다. 상원의 인공위성위원회에 보고된 서면 자료에서 마이크로소 프트는 "중국과 인도에서 해마다 30만 명이나 되는 컴퓨터학 전공 졸업자가 배출되지만 영국에서는 이 수가 겨우 7,000명밖에 되지 않는다"고 지적했다.

비록 영국이 인공지능 분야 연구에서 두드러진 기록을 가지고 있긴 하지만, 다른 많은 분야에서처럼 이 기량을 상업적인 성공으로 전환하는 데는 지금까지 이렇다 할 성과를 내지 못했다. 게다가 소규모 혁신적인 영국 인공지능 기업들이 외국의 대기업들에(대부분 미국 기업이다) 인수합병되는 일이 뚜렷한 경향이라고 할 수 있을 정도로 잦았다. 딥마인드가 구글에 팔린 것이 가장 확실하고 대표적인 사례다. 딥마인드는 2010년 9월 설립되어 2014년에 팔렸다. 그리고 영국에서 설립한 기업들이 외국 기업에 팔리는 것도 중요한 문제지만, 영국에서 내로라하는 인공지능 인재들이 다른 나라로(역시 주로 미국이다) 빠져나가는 것도 중요한 문제다.

영국이 다른 많은 분야에서처럼 인공지능 분야에도 투자를 하긴 하지만 중국이나 미국에 비해 상대가 되지 않는 수준의 자금 투자밖에 하지 않음으로써 결국 실패하고 말 것이라는 심각한 전망이 나와 있다. 위에서 언급한 상원의 인공위성위원회의 바로 그 보고서는 영국이 인공지능의 윤리적인 측면과 규제적 측면에서 세계적인 선도자가 될 것이라고 생각한다. 그러나 이런 측면에서의 성공이 과연 경제적 차원의 성공으로 전환될 수 있을지는 여전히 불투명하다.[27]

그러나 영국 인공지능 전문화 영역은 한층 더 넓어질 수 있다. 장차 숙련 수준이 높은 노동의 여러 유형을 인공지능이 보조하고 보완할 것임을 전제로 한다면, 사람이 강점을 지닌 이런 인간적인 기술의 전국적인 확산을 잘 보여주는 인공지능 응용이 전문화되어 나타난다고 하더라도 그다지 놀라운 일이 아니다. 이런 맥락에서 미국과 영국은 금융, 법률, 회계, 서비스 사업 혹은 의료 등과 같은 분야에 인공지능을 응용하는 사업을 전문적으로 파고들 수 있다. 독일과 중국, 일본은 인공지능을 첨단 제조업 설비에 응용하는 분야에서 선두 그룹을 형성할 것이다.

한편 지금 당장만 놓고 보면, 아프리카의 많은 나라가 AI 혁명을 성공적으로 수행하는 데 필요한 근본적인 조직적 변화를 꾀한다거나 충분한 자본을 투자하지는 않을 것 같다. 만일 그 나라들이 실제로 그렇게 하겠다고 나선다면, 그들이 특화할 가능성이 높은 분야는 인공지능을 기초적인 제조업과 광산업 그리고 농업에 응용하는 것이다.

그런데 분명히 명심해야 할 점은, 어떤 나라에서 '선두'로 출발했다거나 특정한 분야에서 전문성을 가지고 있다고 해서 반드시 이 나라가 끝까지 선두를 지키면서 인공지능 해당 분야 전문성을 성공적으로 발전시켜나갈 것이라고 보장할 수는 없다는 사실이다. 상대적으로 뒤처지는 능력이나 전문 분야는 얼마든지 바뀔 수 있다. 만약 어떤 나라가 전문성을 개발한 어떤 특정한 분야의 활동에 인공지능을 적절하게 결합하지 못할 경우, 다른 나라가 치고 들어와 그 분야에 인공지능을 더욱 잘 결합해 그 분야의 최고 강자가 되는 일은 얼마든지 일어날 수 있다.

◆ 규제, 강화할 것인가 풀 것인가? ◆

현재 인공지능에 투자되는 금액을 기준으로 할 때뿐만 아니라 과거를 기준으로 하더라도 미국과 중국이 인공지능 및 관련 개발 사업의 선두 그룹을 형성하고 있다는 것은 누구나 쉽게 추정하고 기대한다. 이 두 나라는 AI 혁명에 의한 변화에 가장 너그러운 편이어서 이런저런 사회적 이유를 들어 그런 변화를 누그러뜨리거나 짓누르려 하지 않는다.

인터넷 슈퍼마켓 오카도는 위에서 언급한 상원위원회에서 중국의 규제가 상대적으로 느슨하기 때문에 중국이 강점을 가진다면서, "기술을 다양한 분야에 응용하는 것, 관련된 규제를 줄이는 것, 이 두 가지가 데이터와 인공지능의 사용과 관련된 것들을 포함한 실험과 혁신이 더욱 빨리 이루어지게 해주는 연료로 작용한다"고 논평했다.[28]

이에 비해 몇몇 나라는 로봇과 인공지능을 상대적으로 더 강력하게 규제하며 관련 분야에 세금도 많이 매긴다. 일반적으로 볼 때 이런 나라들은 기존 생산자 집단의 이익을 강력하게 보호하고자 하는 경향이 있다. 예를 들어 로봇을 규제하고 무거운 세금을 매길 것 같은 주체로 유럽연합이 가장 쉽게 떠오른다. 영국이 이런 유형에 속하지 않을 것이라고 확신할 수는 없다. 영국이 브렉시트 이후 세상에서 자기 위치를 어떻게 규정하느냐에 따라 많은 것이 결정될 것이다. 아마도 영국의 위치가 미국과 유럽연합 중간쯤 되지 않을까 예상한다.

전 세계 여러 나라가 로봇과 인공지능을 규제하는 것과 관련해 어떤 정책을 선택할 것인지, 그 선택에 따른 결과(여기에는 로봇세 도입 등과 같은 쟁점이 포함된다)가 어떨 것인지에 대해서는 다음 장에서 살펴볼 것이다.

◆ 문화적인 요인 ◆

세금과 규제만이 관건은 아니다. 문화 역시 중요하다. 일반적으로 볼 때 아시아 국가들, 특히 중국, 일본, 한국은 서구 여러 나라에 비해 로봇을 한층 쉽게 받아들이는 것 같다. 일반적으로 아시아 사람들은 로봇을 위협적인 존재로 바라보지 않는다. 일본 어린이들은 여러 세대에 걸쳐 로봇을 사람들에게 도움을 주는 영웅으로 생각하면서 성장했다. 『우주소년 아톰Astro Boy』은 1억 부나 팔려나간 만화 시리즈다.ʃ 이에 비해 서구에서는 로봇이 매우 위협적인 존재로 비친다. 사람들이

ʃ 일본에서 1952년부터 연재되던 만화를 원작으로 1963년에 일본 최초 텔레비전 애니메이션 영화 시리즈로 제작되었다. 원래 제목은 '무쇠팔 아톰'이다.

로봇에 대해 내면 깊숙이 지닌 편견은 영화 〈터미네이터〉 시리즈로 강력하게 영향을 받아 형성되었다.

그러나 이런 차이는 어쩌면 문화적 뿌리에서 비롯되었을 수도 있다. 도쿄 대학교 로봇공학과 마사토시 이시카와Masatoshi Ishikawa 교수는 그렇게 생각하면서, 이런 차이의 본질적인 이유를 종교에 둔다. 그는 사물에는 지능이나 지성이 없다고 믿는 서구의 일신론적인 종교를 동양의 범신론적인 종교와 대조하는데, 후자의 종교관에서는 로봇도 '영혼'을 가진다고 믿기가 한결 쉽다.

그 차이의 뿌리가 종교적이든 아니든 간에 서구 문학에는, 사람이 사물을 창조했는데 이 사물을 사람이 온전하게 통제하지 못하게 된다는 식의 온갖 이야기로 가득하다. 이런 내용으로 가장 유명한 것이 영국 소설가 메리 셸리Mary Shelley의 괴기 소설 『프랑켄슈타인Frankenstein』 아닐까 싶다.

이런 결과로 아시아에 비해 미국과 유럽에서 로봇과 인공지능은 대중에게 한결 어렵게 받아들여진다. 이런 점이 로봇과 인공지능을 법률적으로 강하게 규제하며 여기에 무거운 세금을 매기는 사회적 경향에 영향을 줄 수 있다.

◆ 나라마다 달라지는 선택 ◆

만일 이 책에서 주장한 것처럼 로봇과 인공지능 채택이 확산되고 생산성이 극적으로 높아지면 국가별 GDP의 상대적인 순위는, 로봇과 인공지능을 규제하고 세금을 매기는 억압의 기준이 아니라, 이것들을 환영하는 포용의 기준에 따라 많이 바뀔 것이다.

이것과 비슷한 결과는, 일과 여가시간 사이의 균형이 나라별로 제각기 다를 수밖에 없는 선택에서도 나타날 것이다. 어떤 나라는 인공지능이 기여한 몫의 가치를 그만큼 늘어나는 여가시간으로 환산해 사람들에게 돌려줄 것이고, 어떤 나라는 그 가치를 그만큼 늘어나는 생산량과 소득으로 환산해 사람들에게 돌려줄 것이다. 이 경우 전자의 나라는 후자의 나라에 비해 경제활동량이 떨어진다.

많은 점에서 이런 사실은 전혀 문제가 되지 않겠지만, 한 가지 측면에서는 문제가 될 수 있다. 그것은 바로 방위력이다. 다른 모든 조건이 동일하다는 전제 아래, 한 나라는 보다 많은 여가시간을 선호하고 다른 나라는 생산량과 소득을 선호한다고 치자. 이런 양상이 오랫동안 지속되면 후자의 방어력이 전자의 방어력보다 더 커질 것이다. 나는 여기에서 '방어'라고 표현했지만, '공격'이 더 정확한 표현 아닐까 싶다. 만일 제각기 다른 나라들이 로봇과 인공지능에 매기고 가하는 세금과 규제에 대해 제각기 다른 정책을 펼칠 때도 위와 똑같은 일이 일어날 것이다.

그러나 정책적 차원의 대응이 있을 수 있다. 어떤 나라의 지도자들에게 자국의 방위비 지출 능력이 다른 나라에 뒤처질 수 있다는 걱정이 작용해, 더 많은 생산량보다는 더 많은 여가시간을 중시하는 정책을 누그러뜨리거나 뒤집고 로봇과 인공지능에 무거운 세금을 매기며 규제하는 정책 방향을 누그러뜨릴 수도 있다.

◆ 개발 과정에서의 장애물 ◆

AI 혁명의 한 가지 함의는 개발도상국들이 경제발전의 선두 대열에 합류하는 것을 어렵게 만들겠다는 것일 수도 있다. 최근 수십 년 동안 일련의 나라, 특히 동아시아 나라들이 저임금을 기반으로 이런 이행을 빠르게 수행하면서, 수출을 통해 제조업 부문에서 역량을 확장해왔다. 이것이 바로 일본, 한국, 대만, 중국, 싱가포르, 홍콩이 걸어온 길이다. 이 나라들은 수출 규모에서 눈부신 성장을 이루었으며, 그 결과 규모의 경제 효과를 톡톡히 누렸다.

처음에는 이 성장이 제조업에 한정되었지만 통신혁명과 함께 서비스 부문으로까지 확대되었다. 콜센터 작업과 기초적인 회계 및 법률 작업은 임금 수준이 낮은 외국, 특히 인도로 점점 더 많이 이전해가고 있다.

그러나 로봇과 인공지능의 새로운 시대에는 인건비의 비중이 한층 줄어들 것이다. 인력을 적게 들이고도 제품을 싸게 만들 수 있다면 자기 지역에서 제품을 만들어 물류비나 물류시간을 줄일 수 있는데 굳이 멀리 있는 아시아까지 가서 제품을 만들 필요가 있겠는가? 이런 상황을 고려한다면 지난 30년 동안 서구의 많은 제조업체가 동양으로 이전했던 양상과 정반대 양상이 전개될 수도 있음을 쉽게 상상할 수 있다

(만일 이와 같은 일이 일어난다면 국제 운송 집단이라는 기업 범주가 가장 큰 피해를 입을 것이다).

마찬가지로, 행정적 업무를 처리하는 데서도 비용이 거의 들지 않는 앱을 채택할 수 있는데도 굳이 온갖 문제가 발생할 수 있는 위험을 무릅쓰면서 인도까지 가서 저임금이긴 하나 어쨌든 비용이 드는 사람을 고용할 필요가 있겠는가?

지역과 지역 사이 디지털 서비스 교환은 몇 가지 놀라운 특징을 드러낼 수 있다. 최근에는 서버를 낮은 온도로 유지하는 데 들어가는 비용을 줄일 목적으로 관련된 설비나 공장(데이터센터)을 '기온이 낮은' 지역으로 이전하는 움직임이 이어지고 있다.[29] 이렇게 보면 확실히 아이슬란드가 1순위 선호 지역이다.

물론 데이비드 리카도가 200년 전 비교우위 이론에서 정리했듯이, 국제 거래를 결정하는 기본적인 요소는 상대적인 비용의 차이다. 그렇기 때문에 거래하지 않는 것보다는 거래하는 것이 항상 유리하다. 그런데도 이 원리는 수익성이 있는(즉 바람직한) 거래의 양을 결정하지는 않는다. 그리고 아마도 새로운 여러 경제 조건 속에서는 좁은 시각에서 그리고 전체 세계 차원에서 생각할 때. 국제 거래의 양을 줄이는 것이 이득이 될 수도 있을 것이다.

그러나 이런 경향이 많은 개발도상국이 번영으로 나아가는 경로를 가로막을까? 그렇다고 해도 동아시아 국가들의 발전을 억제하는 효과는 전혀 나타나지 않을 것이다. 그들로서는 이미 화살이 시위를 떠난 거나 마찬가지다. 그들 가운데 다수는 서구 선진국 수준의 생활수준에 이미 도달했거나 근접했다.

물론 중국과 인도는 그렇지 않지만, 그래도 거대한 국내시장을 가지고 있어 굳이 선진국 진입의 경로로 수출을 택하지 않아도 된다. 또 이두 나라에서는(특히 인도에서는) 인건비가 여전히 싸서 온갖 경제활동 분야에서 로봇이나 인공지능 대신 사람을 고용해도 여전히 수익성이 보장된다.

개발의 사다리에서 아직 미처 위로 많이 올라가지 못한 나라들이 심각한 패배자가 될 수 있다. 경제학자 대니 로드릭Dani Rodrik은 개발의 사다리에서 아직 아래쪽에 머물러 있는 나라들이 수출을 통한 산업화가 가로막히며 서비스 중심의 경제 체제로 내몰리는 현상을 '때 이른 탈산업화premature deindustrialization'라는 표현으로 경고했다.

이 경고를 들으면 아프리카의 많은 나라가 갑자기 생각난다. 이들 가운데 몇몇 나라는 동아시아의 많은 나라가 걸어간 길을 걸어갈 수도 있다는 주장이 상식으로 통했다. 어쨌거나 동아시아 나라들이 발전해감에 따라 이 나라들의 인건비가 상승해, 일본이 자국의 생산 시설을 인건비가 싼 중국으로 이전한 것과 마찬가지로, 중국의 인건비가 상승함에 따라 중국이 자국의 생산시설을 아프리카로 이전하지 않겠느냐는 기대가 나오는 것은 당연하다.

그러나 인건비가 예전처럼 그렇게 중요한 변수로 작용하지 않는다면 이런 기대는 결코 실현되지 않을 것이다. 그러면 아프리카는 아시아의 많은 나라가 경제성장의 디딤돌로 삼았던 수출 붐을 누릴 수 없다. 이 경우 아프리카 나라들은 오로지 내수에만 의존해 경제성장을 꾀해야 한다. 그러나 국내 인건비가 그토록 낮은 상황에서는 이들 나라가 로봇과 인공지능의 도입에 뒤처질 수밖에 없고, 결국 여전히 개발에서 뒤처지는 미래 상황이 너무 쉽게 전망된다.

많은 개발도상국에서 개발의 사다리가 걷어차여 나뒹굴지도 모른다는 이 공포는 최근 들어 국제통화기금IMF이 발표한 한 연구보고서에 의해 크게 한 방 얻어맞았다. 이 연구보고서는 제조업이라고 해서 특별한 것이 아무것도 없다고 주장한다. 제조업의 성장이 개발도상국이 경제발전을 이루는 전제조건이 아니며 '좋은 일자리'와 '나쁜 일자리' 사이에 발생할 상당한 수준의 격차를 예방하는 열쇠도 아니라는 것이다.

또 이 보고서는 여러 서비스 부문이, 현재 최고 성과를 내는 제조업의 여러 부문과 동일한 수준의 향상성 증가를 기록하고 있음을 확인했다. 그러면서 구체적으로는 우편 서비스 및 전기통신, 금융 중개업, 도소매 유통 등을 예로 들어 인용했다. 그리고는 전통적인 산업화 국면을 '건너뛰는 것'이 개발도상국들의 경제 전반에서 생산성이 증가하는 것을 반드시 가로막지는 않는다고 결론 내렸다.[30]

◆ 결론 ◆

앞에서 AI 혁명이 불평등에 던지는 충격에 관해 설명하면서, 그런 전반적인 효과를 확신하기에는 시기상조이므로 다른 가능성에도 마음을 활짝 열어둘 필요가 있다고 주장했다. AI 혁명이 지역적 차원의 불평등에 가져다줄 충격에 대해서도 마찬가지다. 이것과 관련된 확정적인 결론을 내리는 일은 나중으로 미뤄야 한다. 그러나 로봇과 인공지능이 국가별 소득 격차에 미칠 효과가 어떨지는 충분히 확신할 수 있다. 이 효과는 부분적으로 각 나라가 인공지능에 얼마나 많은 돈을 지출하는가 하는 점에 따라 달라질 것이다. 그러나 이것 역시 기본적으로 로봇과 인공지능 생산에서 각 나라가 수행하는 역할에 영향을 줄 것이다.

미래에 나타날 결과를 결정할 정말 중요한 변수는, 각 나라가 로봇과 인공지능의 사용을 얼마나 즉각적으로 받아들일 것인가 혹은 이것들을 얼마나 엄격하게 규제하고 (혹은) 세금을 매길 것인가 하는 점이다. 이런 쟁점들을 놓고 볼 때 아무래도 중국이 인공지능 분야에서 승자가 될 것 같다. 이렇게 되면, 중국의 1인당 GDP가 미국이나 유럽보다 훨씬 낮기 때문에 AI 혁명의 효과는 세계적 차원의 불평등을 줄이는 데 기여할 것이다. 세계화 결과가 지난 20년에 걸쳐 그랬던 것처럼 말이다.

AI 혁명이 불평등에 미칠 수 있는 이 모든 효과는 정부 차원의 정책적 대응이 필요할 수도 있다. 이런 대응을 개인이나 민간기업에 맡겨둘 수 없음은 분명하다. 그러니 당연히 국가가 떠맡아서 해야 한다. AI 경제에 대비할 때 국가는 다음 세 가지 정책적 쟁점 한가운데 설 필요가 있다.

○ 로봇과 인공지능에 대한 규제와 세금 부과

○ 로봇 시대의 일과 여가시간에 사람들이 올바르게 대비할 수 있도록 가르
  치는 교육 체계의 근본적인 개혁

○ 보편기본소득의 도입 등을 통한 소득의 재분배

　지금은 이런 문제들을 놓고 말로 따지고 논의하는 차원에서 벗어나
행동으로 실천할 시점이거나 적어도 그 실천을 적극적으로 생각해볼
때다. ♠

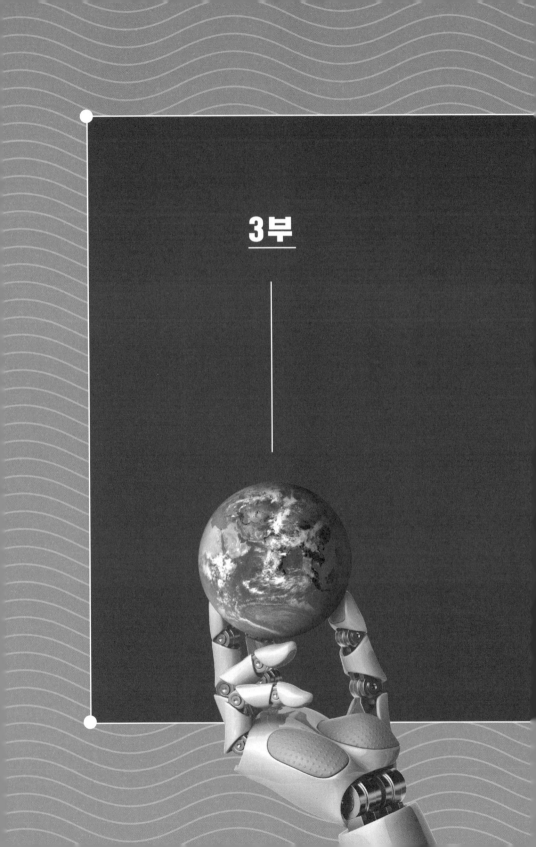

3부

무엇을
해야 할까?

7장

로봇을 권장할까, 세금을 매기고 규제할까?

"불행하게도 로봇은 세금을 내지 않는다."

_ 루치아노 플로리디(옥스퍼드 대학교 디지털윤리연구소 소장)[1]

"문제 해결의 도구가 오로지 망치밖에 없는 경우라면,
모든 문제를 마치 못을 박듯이 망치질하는 것도 괜찮은 방법일 것 같다."

_ 에이브러햄 매슬로(심리학자)[2]

로봇공학과 인공지능 분야의 발전이 인류에게 좋을까 아니면 나쁠까? 앞의 여러 장에서 살펴본 주제 가운데 많은 것의 핵심이 바로 이 질문에 담겨 있다. 이 질문에서 다음과 같은 일련의 정책 관련 질문이 꼬리에 꼬리를 물고 일어난다. 우리는 인공지능 분야의 발전을 자극하고 권장하는 것을 목표로 삼아야 할까? 만일 그렇다면, 어떻게 해야 할까? 혹은 우리는 그 분야의 발전을 규제하는 것을 목표로 삼아야 할까? 아니면 적어도 발전 속도를 늦추는 것을 목표로 삼아야 할까? 그 렇다면 이런 경우에는 구체적으로 어떻게 해야 할까? 인두세와 같은 성격의 '로봇세'를 매기자는 주장에는 충분한 근거가 있을까?

이런 질문들에 덧붙여 앞선 여러 장은 인공지능이 우리에게 제기한 윤리적·규제적·법률적 쟁점들을 다루었다. 인공지능이 인간의 행복에 이득이 되든 해가 되든 간에 이 쟁점들은 어떤 식으로든 반드시 처리 되어야 한다. 그리고 이 쟁점들은 정부가 선택하고 실행하는 온갖 다 양한 측면의 공공정책에 의해서만 처리될 수 있다.

나는 로봇과 인공지능의 사용을 금지하는 것 혹은 장려하는 것이 바 람직하며 실행가능성이 있는지 따져보는 것에서부터 이야기를 풀어나 간 다음 로봇세를 둘러싼 찬반 논의를 살펴보려 한다. 그런 뒤 윤리적· 규제적·법률적 쟁점들을 알아보고, 이어서 사이버 범죄와 사이버 테러 를 예방하려는 노력을 이야기하려 한다. 마지막에는 민주적인 정치 체 계들과 관련해 인공지능이 가지는 함의에 대해 논의하려 한다.

◆ 로봇과 인공지능을 중단시켜야 옳을까? ◆

로봇과 인공지능을 중단시켜야 한다는 주장에서는 AI 혁명이 인류 복지를 위협한다고 말한다. 그러므로 로봇과 인공지능의 확산을 막는 것이야말로 공공의 이익에 부합한다는 게 이 주장의 논리다. 사람을 기계로 대체하는 것은 대량 실업 그리고/혹은 노동자의 소득 감소 및 불평등의 급격한 심화라는 위협과 곧바로 이어진다는 것이다.

일이 없어진다는 것은 많은 사람에게 가난은 말할 것도 없고 지루함과 소외로 내몰리는 결과를 안겨줄 것이다. 아울러 이런 상황에 당연히 뒤따를 수밖에 없는 온갖 병리 현상이 사회에 횡행할 것이라는 의미로 여겨질 것이다.

이런 주장의 한 갈래는, 설령 로봇과 인공지능이 인류에게 나쁜 것이 아니라고 하더라도 현재 우리 사회가 그것에 동반되는 온갖 변화에 적응하지 못해 사람들과 기관들에 적응할 시간을 주기 위해서라도 로봇과 인공지능 도입을 지연하는 것이야말로 공공의 이익에 부합한다는 것이다.

그러나 지금까지 내가 줄곧 주장해왔듯이, 로봇과 AI 혁명은 사람들이 두려워하는 것과 정반대 결과를 가져다줄 것이라는 강력한 사례가 있다. 이 혁명은 우리의 생산 능력을 높여줄 것이고, 그 과정에서 소비와 여가시간(그리고 여가활동)이 동시에 늘어나는 생활을 사람들이 누릴 수 있도록 해줄 것이라는 말이다.

앞서 5장에서 나는 만일 로봇과 AI 혁명을 그냥 내버려둘 경우 필연적으로 역사가 오래된 몇몇 일자리는 소멸하고, 다른 일자리들은 더 좋아지며, 예전에 없었던 새로운 일자리들이 나타날 것이라고 주장했다. 그리고 많은 부문에서 사람의 노동과 로봇이 서로 보완하는 관계가 형성될 것이라고도 했다.

그러나 우리는 그 파괴와 개선과 창조 효과의 규모가 어느 정도일지는 말할 것도 없고, 정확하게 어떤 일자리에서 그런 일들이 일어날지

앞질러서 알 수는 없다. 또한 장차 사람들이 일보다 여가시간을 어느 정도로 더 선호할지, 자기가 선택한 여가시간에 무엇을 하려고 할지도 알 수 없다. 여기에 대해서는 오로지 미래의 시장만이 알아서 판단하고 길을 열어갈 뿐이라고 생각할 부분이 많다. 그러므로 시장이 알아서 하도록 맡겨두지 않고 정책 입안자들의 선택이나 추정을 전적으로 믿고 따르는 것은 위험할 수도 있다.

노동과 여가시간의 선택과 관련해서는 특히 더 그렇다. 인류 역사의 결정적인 시점에서 사람들이 내리는 이 판단과 결정이 정책 입안자들의 인식에 의해 심각하게 구속될 이유는 없다. 정책 입안자들은 자기들이 영향력을 행사하려고 하는 것이 잘 확립되어 있고 잘 이해되어 있을 때도 꽤 큰 해를 끼칠 수 있다. 그러니, 정책 입안자들이 자기들도 잘 알지 못하는 미지의 영역 안에서 일할 때 아무 생각 없이 실행하는 시장 개입의 어떤 결정에서 나타날 수 있는 위해危害 규모는 무제한으로 커질 수 있다. 설령 그 사람들이 아무리 선의를 가지고 그런 개입 결정을 내리고 어떤 정책을 추진한다고 하더라도 말이다.

기자이자 인공지능 전문가인 케빈 켈리가 올바른 생각을 가지고 있다. 그는 다음과 같이 주장했다.

> 로봇이 다가오지 못하도록 정치인들이 맞서고 있는 일자리 가운데 많은 것이 실제로는 사람들이 아침에 눈을 뜨고 일어났을 때 결코 하고 싶은 마음이 들지 않는 일이다.[3]

그렇기 때문에 나는, 비록 로봇과 인공지능 그리고 기술 변화 때문에 일자리를 잃는 사람들을 공적자금을 동원해 지원하고 재교육시키는 프로그램들은 필요하지만, 로봇과 인공지능의 확산을 막으려 하거나 심지어 그 확산을 늦추려 시도하는 것은 전혀 이치에 맞지 않다고 주장한다.

◆ 인공지능을 장려해야 할까? ◆

그렇다면 나의 이런 주장은 정부가 앞장서서 AI 혁명을 장려하고 자극해야 한다는 뜻일까? 카네기멜런 대학교 컴퓨터공학부 학과장인 앤드루 무어Andrew Moore는 여기에 대해 단호한 입장을 보인다. "기술을 배척하는 것은 도덕적 차원에서 긴급하고도 중요하다고 많은 사람이 믿는다. 그러나 나는 기술을 의도적으로 배척하는 것은 말도 안 되는 것이라고 생각한다."

그러니까 이것은 인공지능의 발전을 의도적으로 장려하자는 것이라기보다 발전을 금지하지 말자는 주장이다. 그러므로 인공지능 발전을 장려하는 것에 반대하는 주된 주장은 그것을 억제하는 데 반대한다는 주장과 사실상 일맥상통한다.

인공지능이 경제와 사회에 어떤 영향을 줄지 우리는 충분히 알지 못한다. 게다가 그것을 알아낼 유일한 길은 사람들이나 기업들이 자유로운 선택을 하게 두는 것이다. 정부가 정말 마지막으로 해야 할 일, 즉 될 수 있으면 하지 말아야 할 일은 장차 어떤 고약한 결과가 빚어질지, 어떤 대가와 비용을 치러야 할지 전혀 알지 못한 채 인공지능을 적극적으로 권장하는 것이다.

정부가 취할 수 있는 어떤 행동을 제시하는 사례가 하나 있다. 앞에서도 언급했던 짐 알칼릴리는 정부와 공식적인 기관들이 인공지능이 가져다줄 위험과 이득에 대해 일반 대중을 교육하고자 하는 진지한 노력을 기울인다거나 대중과 함께 본격적이고 심층적인 토론을 하지 않는 한, 여러 해 전 유전자변형농산물GMO을 두고 반대운동이 일어났던 것처럼 인공지능에 반대하는 대중의 심각한 반발이 얼마든지 일어날 수 있다고 걱정한다.[4]

◆ 로봇세 신설을 지지해야 할까? ◆

나는 이런 행동이 일리 있다고 생각하지 않지만, 만일 사회가 로봇과 인공지능의 확산을 억제하거나 적어도 지연시키기 위한 노력이 필요하다는 판단이 전 사회적 차원에서 공감을 얻는다면, 그런 노력의 가장 매력적인 방법은 조세 제도를 동원하는 것 아닐까 생각한다. 어쨌거나 로봇에 부과되는 세금의 납부 의무는 '그들'에게 주어지는 것처럼 보일 테니까 말이다(물론 실제로 세금을 내는 주체는 어딘가에 있을 어떤 '사람'이 되겠지만).

그리고 '로봇세'라는 발상은 지금까지 상당한 지지를 모으고 있다.

빌 게이츠도 이 발상에 동의하는데, 그는 이렇게 말했다. "현재 공장에서 예컨대 연봉 5만 달러를 받고 일하는 노동자는 자기가 벌어들이는 소득에 대해 소득세와 사회보장세 등 세금을 내고 있으니, 만일 이 사람이 하던 일을 로봇이 대신하게 된다면 이 로봇에도 비슷한 수준의 세금을 부과하는 것이 당연하지 않은가?"[5] 빌 게이츠는 또 고용과 관련된 미래의 모습을 다음과 같이 믿는다. "창고에서 하는 일, 운전, 집안 청소 등 20년 뒤에는 기계로 대체될 것이 확실한 일자리 범주가 꽤 넓다."[6]

한국은 이미 로봇 사용을 제한하는 방향으로 한 걸음 나아갔다. 자동화 기계들에 대한 투자에 적용하는 조세 감면 혜택에 제한을 두겠다고 발표한 것이다. 프랑스에서 2017년 대통령 선거에서 사회당 후보자로 나섰던 브누아 아몽Benôit Hamon도 같은 생각을 공약으로 내세웠다(이 선거에서 아몽은 많은 표 차이로 패배했다). 그리고 영국에서는 로봇세라는 발상을 노동당 당수인 제러미 코빈Jeremy Corbyn이 지지하고 있다. 그는 노동당 전당대회에서 이렇게 말했다. "우리는 자동화의 도전에 긴급하게 대응할 필요가 있습니다. 로봇이 얼마나 많은 노동자를 쓸모없는 존재로 만들어버릴지 모릅니다." 그리고 코빈은 성인 대상 교육에 필요한 재원 마련을 목적으로 로봇과 인공지능에 세금을 매길 계획을 마련했다.[7]

또 유럽연합 의회에도 다음과 같은 취지를 바탕으로 로봇세가 제안되었다. "로봇 때문에 일자리가 줄어들거나 완전히 사라져버려 일자리를 잃어버린 노동자들을 지원하고 재교육하기 위한 자금을 마련하기 위해, 로봇이 수행하는 작업에 세금을 매기거나 로봇을 사용하고 유지하는 행위에 수수료를 매기는 방안을 검토해야 한다."[8] 그러나 이 제안은 기각되었다.

유럽연합 집행위원회 디지털 단일시장Digital Single Market, DSM의 부회장 안드루스 안시프Andrus Ansip는 로봇세에 강력하게 반대하면서, 만일 유럽연합이 로봇세를 채택한다면 "다른 누군가가 이 분야 시장의 선도적인 자리를 차지할 것"이라고 말했다. 그러면서 그는 국가경쟁력이라는 발상을 제시했다. "어떤 나라가 다른 나라에서 시행되지 않은 로봇세를 도입하면 이것이 다른 나라에서의 혁신으로 이어지고, 기업과 숙련 노동자 양측 모두 자기에게 더 유리한 조세 제도가 마련된 나라로 떠나버릴 것이다."[9]

기술 산업 분야의 수장들이나 몇몇 국제적 기업의 수장들은 로봇세에 '혁신에 대한 벌칙innovation penalty'이라는 이름을 붙였다. 국제로봇협회는 로봇세가 도입되면 "경쟁력과 고용이 매우 부정적인 충격을 받을 것"이라 믿고 있다.[10]

◆ 로봇세를 둘러싼 찬반 논쟁 ◆

그렇다면 로봇세의 장단점을 어떻게 정리할 수 있을까? 나는 이미 앞에서 줄곧 로봇과 인공지능에 대한 제한 그리고/혹은 억제는 적절하지 않다고 주장해왔다. 그런데도 로봇세를 찬성하려고 한다면 다음 세

가지 국가 재정적 측면을 고려해야 한다. 이에 대해 하나씩 자세히 살펴보자.

재정의 중립성

첫 번째는 만일 로봇과 인공지능에 세금을 매기지 않으면 조세 제도가 왜곡된다는 주장이다. 인간의 노동에 대해서는 소득 주체인 개인이 부담하는 소득세뿐만 아니라 고용주와 직원이 모두 부담하는 고용세(영국에서는 국민보험national insurance이고 다른 나라들에서는 사회보장세social security tax다) 형태로 세금이 부과된다. 그런데 인간의 노동을 대체한 로봇과 인공지능에 이에 해당하는 세금을 매기지 않으면 조세 제도는 중립성을 잃고, 결국 인간의 노동을 로봇과 인공지능으로 대체하라고 사실상 장려하는 셈이라는 것이다.[11]

이렇게 될 때 조세 제도는 기술 발전에 따른 실업, 억제되는 임금, 심화되는 불평등 등 여러 문제를 악화시킬 수 있다. 설령 대규모 빈곤 사태까지는 진행되지 않는다고 하더라도, 자원 할당이 왜곡되는 결과가 빚어져 사회의 전반적인 소득이 줄어들 것이 분명하다.

그러나 조세 제도에서 중립성과 비중립성의 판정은, 로봇과 인공지능을 인력을 대체하는 '인공적인 노동자'로 바라볼 것인가, 아니면 자본투자의 결과인 어떤 설비로 바라볼 것인가 하는 선택에 따라 결정된다. 만일 로봇과 인공지능을 인공적인 노동자로 여길 경우, 거기에 사람보다 적은 세금을 매긴다면 이상하게 보일 것이다. 즉 똑같은 노동자 두 사람에게 다른 과세 기준을 설정하는 것이나 마찬가지라는 말이다. 동일한 노동자에게 키가 큰 사람과 작은 사람 혹은 생일이 상반기인 사람과 하반기인 사람을 차별해서 과세 기준을 설정하는 게 말이 되느냐는 주장이다.

그러나 로봇과 인공지능을 기계 설비로 바라본다면, 이 쟁점의 양상이 완전히 바뀌어버린다. 어쨌거나 자본투자의 한 형태인 기계에는 세금을 매기지 않을 뿐만 아니라, 많은 나라에서 오히려 반대로 보조금을 지급하거나 세금감면 혜택을 준다. 그런데 이런 자본투자가 특정 직업군에서는 노동자의 수를 줄이는 결과를 낳는다.

자본투자에 대해 세금 감면 혜택을 주는 것은 다음 세 가지 가정을 전제로 한다.

○ 어느 한 직업이나 산업 부문에서 사라진 일자리는 다른 직업이나 산업 부문에서 새롭게 생겨난 일자리로 늘 보충된다. 만일 이 결과가 통상적인 시장 작동 원리를 통해 자연스럽게 나타나지 않을 때는, 정부가 구조적 문제들을 해결하기 위해 시행하는 프로그램들이, 완전고용 실현을 목적으로 당국이 실시하는 금융·재정 정책들의 지원을 받으면서, 결국 사라진 일자리만큼 새로운 일자리가 생기도록 보장한다.

○ 온전한 전체로서의 사회는 높은 수준의 투자를 확보하는 것에 강력한 관심을 가지는데, 이럴 때 비로소 1인당 GDP가 높아지고 여기에 따라 생활수준도 높아지기 때문이다. 그런데 다양한 이유로 기업들은 공익적 차원에서 바람직하다고 여기는 수준만큼 충분히 많은 투자를 하지 않으려 할 수도 있다. 그래서 기업이 더 많은 투자를 하도록 유인하기 위한

방법으로 정부가 조세 제도를 동원한다. 이것은 자본 투자에 혁신이라는 요소(이 요소는 당연히 로봇 및 인공지능과 연결된다)가 포함될 때 특히 더 그렇다. 그런데 혁신은 혁신가 및 혁신기업을 위해 창출되는 이득 외에 사회에도 이득을 안겨주기 때문에, 전 미국 재무장관 로런스 서머스는 "혁신을 구체화하는 자본의 여러 유형에 세금을 매기는 것만큼이나 거기에 보조금을 지급하는 것이 중요하다"고 주장한다.[12]

○ 세계화가 점점 더 진행되는 세상에서 어떤 나라가 자본설비에 세금을 매기면 그 나라에서는 설비 투자가 줄어든다. 그뿐만 아니라 기업 차원이든 산업 차원이든 간에 관련 활동의 일부 혹은 전부가 그 나라를 떠나 다른 나라로 가버린다.

이 세 가지 가정을 전제로 할 때, 자본설비에 대한 과세율을 사실상 높여 자본설비에 대한 과세와 노동에 대한 과세를 동등하게 만드는 것은 매력적인 선택이 아니다. 그리고 로봇과 인공지능을 굳이 다른 유형의 자본설비와 다르다고 여길 이유가 있을까? 로봇과 인공지능에는 세금을 매기면서, 단기적으로 보면 노동자의 일자리를 위협하는 로봇 및 인공지능과 마찬가지인 다른 기계나 소프트웨어에는 세금을 매기지 않는다면 이것 또한 이상할 것이다.

만일 로봇과 인공지능이 특정한 항목의 과세 대상이 된다면, 이런 조치는 조세 정책에서의 거대한 왜곡으로 이어질 수 있다. 도대체 무엇이 로봇이란 말인가? 또 무엇이 인공지능이란 말인가? 은행의 ATM 기술도 창구 일자리를 파괴했는데, 여기에도 세금을 매겨야 하지 않는가? 이것뿐만이 아니다. 회계 소프트웨어 프로그램도 마찬가지다.

나는 이 책을 시작하는 시점에서 로봇과 인공지능에 대해 일반적으로 합의된 정의가 없다고 말했다. 이럴 수밖에 없는 충분한 이유가 있다. 자동화를 지원하는 심포니벤처스Symphony Ventures 대표 데이비드 풀David Poole은 이렇게 말했다. "로봇은 사람과 동일한 단위가 아니다. 최근 개발되는 로봇은 대부분 물리적인 로봇이 아니라 소프트웨어이며, 사실상 스프레드시트와 전혀 다르지 않다." 그러므로 만일 정부가 로봇과 인공지능에 세금을 매기려고 한다면 탈세를 포함한 법률적인 쟁점들이 엄청나게 많이 발생할 것이다. 물론 '로봇이 아니지만 거의 로봇' 그리고 '인공지능이 아니지만 거의 인공지능인 것'으로 투자가 우회하는 사례도 많이 나타날 것이다.

로봇과 인공지능에 세금을 매기는 문제에 대한 논의에서 건질 수 있는 적절한 내용은, 이것과 비슷한 고용세를 그들에게('그들'이 무엇이든 간에) 매겨야 한다는 것이 아니라 노동자에게 매겨지는 그런 세금이 폐지되어야 한다는 것 아닐까 싶다.

그런데 다른 모든 조건이 동일하다고 설정할 때 노동자에게 매기는 그런 세금을 폐지하면 공공재정이 부족해지고, 이 부족분을 메우려면 또 다른 세금을 올려 채워야 하거나 지출을 줄여야 한다. 그러나 사람들은 어떤 종류든 간에 세금이 오르거나 정부의 재정 지출이 줄어드는 것을 반기지 않는다.

노벨 경제학상을 받은 로버트 실러Robert Shiller는 모든 세금은 어떤 식으로든 왜곡을 유발하므로 로봇세가 왜곡을 유발할 것이라는 주장은 문제의 핵심에 만족할 정도로 다가가지 않는다고 지적한다. 핵심은 로봇세를 도입할 때 왜곡이 어느 정도 심각하게 전개될 것인가 그리고 대안은 무엇인가 하는 점이다.[13] 그러나 로봇과 인공지능을 위에서 언급했던 다른 형태의 여러 자본투자와 구분하는 정의상 여러 문제는, '로봇세'로 유발되는 왜곡이 매우 강력한 피해를 안겨줄 것임을 확실하게 암시한다.

세수의 감소

그럼에도 불구하고 로봇세를 지지하는 두 번째 국가 재정적 측면이 있다. 미국의 경우 연방정부의 세수 총액 가운데 약 80%가 소득세에서 나오며, 미국 이외 나라도 대개 비슷하다. 인간의 노동이 로봇과 인공지능으로 대체될 때 소득세와 비슷한 세금을 이들에게 부과하지 않는다면 극단적인 상황에서는 세원 구조가 완전히 무너질 수 있다. 그러므로 이런 세수 축소 부분을 메울 필요성이 심각하다는 주장이 뒤따른다.

그러나 노동자가 로봇과 인공지능으로 대체되는 현상이 곧바로 세수 감소로 이어질지 여부는 노동자들에게 어떤 일이 일어나느냐에 따라 달라진다. 만일 이 사람들이 실직한다면 분명 세수는 줄어들 것이다. 그러나 이 사람들이 다른 곳에 취직한다면 그 짜증 나는 고용세까지 포함해 노동소득에 따르는 세금을 계속해서 낼 터이기 때문에 세수는 줄어들지 않을 것이다.

이게 전부가 아니다. 로봇과 인공지능의 도입으로 생산량이 늘어남에 따라, 사람들이 전반적으로 과거에 비해 같거나 더 많은 소득세를 낼 터이기 때문에 세수는 '늘어날' 것이다. 이런 현상은 산업혁명 이후 줄곧 확인한 경험이다. 그렇다면 세원이 잠식될 일은 전혀 없으므로 세금이 인상될 이유도 없다. 오히려 그 반대다.

유일하게 중요한 단서 조건은 과연 인공지능으로 비롯된 배당금을 늘어난 생산량(늘어난 소득, 늘어난 지출)이라는 형태가 아니라 늘어난 여가시간이라는 형태로 얼마나 많이 가져갈 것인가 하는 점이다. 여가시간은 직접적으로 과세할 수 있는 대상이 아니므로 여가시간이 늘어난다고 해서 세수가 전반적으로 늘어나지는 않으며 오히려 줄어들 수 있다. 세수가 조금이라도 줄어들면 당국에서는 다른 세원에서 어떻게든 세금을 더 거둬들일 수밖에 없다. 로봇과 인공지능이 바로 그 후보가 될 수 있다.

사실 이것이 로봇과 인공지능에 세금을 매길 좋은 이유가 되지는 못한다. 4장에서 주장했듯이 사람들은 인공지능이 가져다주는 이득에 따른 배당금을 늘어난 여가시간이라는 형태로 모두 가져가지는 않을 것이기 때문이다. 만일 사람들이 그 배당금의 일부를 그 형태로 가져가고 나머지는 늘어난 소득과 지출 형태로 가져간다면(이렇게 될 가능성이 높다고 나는 앞에서 주장했다) 세수가 늘어날 여지는 충분하다. 또 설령 앞에서 말한 이유로 세수가 늘어나지 않는다고 하더라도 추가 세수는 왜곡을 최소화하는 방식으로 찾아낼 필요가 있다. 위에서 언급했듯이 '로봇세'가 인정되고 정식으로 자리 잡을 것 같지는 않기 때문이다.

정부의 재정 지출 증가

'로봇세'를 지지하는 세 번째 국가 재정적 측면은 위에서 살펴본 두 번째 측면의 연장선에 있다. 로봇과 인공지능이 사람을 대체할 때 정부의 세수가 줄어들 뿐만 아니라 실업수당을 포함해 여러 항목에서 정부의 지출이 대폭 늘어날 수 있다. 일자리가 대폭 사라져 보편기본소득UBI이나 최저보장소득GMI이 어떤 형태로든 도입될 수 있다(여기에 대한 찬반 의견은 9장에서 살펴볼 것이다). 이 경우에는 정부 지출 증가에 책임 있는 대상, 즉 로봇과 인공지능의 확산에 세금을 매기는 것이 올바른 동시에 효율적이다.

물론 로봇과 인공지능의 확산으로 특히 심각하게 피해를 보는 특정 개인이나 집단이 있을 수 있다. 가지고 있던 기술이 쓸모없어져 이들은 심한 경우 생계수단을 완전히 잃어버릴 수도 있다. 이들은 다른 곳에 가서 일자리를 찾아야 하는데, 이 과정에는 새로운 기술을 익히는 데 들어가는 비용을 감당하는 것까지 포함된다. 그들 가운데 일부는 새로운 세상에서 수요가 늘어나는 기술을 습득할 능력이 없을 수도 있다. 그렇기 때문에 이런 사람들이 새로운 일자리를 가질 수 있도록 돕거나 어떤 이유로든 간에 새로운 일자리를 전혀 찾을 수 없는 사람들을 지원하는 데 필요한 공적자금이 강력하게 필요해진다.

그러나 일자리 이전을 쉽게 해주거나, 어려움에 빠진 사람을 지원하거나, 보편기본소득을 제공하는 등의 조치를 취하는 데 필요한 재정 마련을 위해 세수를 늘릴 필요가 있다면, 정부 지출의 다른 모든 항목과 마찬가지로 시장 왜곡을 최소화하는 방식으로 모든 세원에 대해 그리고 모든 통상적인 경로를 통해 세수를 늘려야 한다. 특히 앞에서 언급했던 정의와 관련된 쟁점들을 전제로 한다면, 세수를 늘리는 최상의 방법 즉 왜곡을 최소화하는 방법이 로봇과 인공지능에 세금을 매기는 것이 될 가능성은 적다.

그러므로 인공지능의 확산을 막아 사람의 일자리를 보호할 목적으로 인공지능에 세금을 부과할 것인가 말 것인가 하는 쟁점은, 인공지능의 발전이 특정 개인이나 집단에 미치는 부작용을 완화하며 동시에 보다 일반적인 관점에서 사람들 사이의 소득 격차를 줄이는 방법을 제공하기 위해 공적 부조(예컨대 보편기본소득이나 최저보장소득)의 어떤 형태를 도입하거나 확대할 것인가 말 것인가 하는 쟁점과 분리될 필요가 있다.

◆ 로봇과 공공정책 ◆

로봇세가 좋지 않은 발상이며 로봇과 인공지능의 적절한 확산을 시장이 스스로 알아서 결정하도록 맡기는 것이 좋다고 해서, 정부가 완전히 물러서서 팔짱을 낀 채 인공지능 분야를 바라봐야 한다는 뜻은 아니다. 로봇 및 인공지능과 관련해 정부가 반드시 개입해야 하는 일련의 쟁점이 있기 때문이다.

오래전에 소설가 아이작 아시모프는 로봇이 인간에 해를 끼칠 수도 있으며, 따라서 로봇의 사용 및 로봇의 발전을 통제하는 윤리적인 (그리고 어쩌면 법률적인) 틀이 필요하다는 사실을 알았다.[14] 그래서 그는 세 가지 원칙을 설정했다. 이 원칙들은 비록 아직도 해결되지 않은 전문적인 차원의 여러 가지 쟁점을 남기긴 했지만, 어쨌거나 개인적인 행위 및 공공정책 양쪽에 모두 생각해봐야 할 좋은 출발점이 되었다.

○ 로봇은 인간에게 위해를 가하거나 어떤 행동을 해야 함에도 그 행동을 하지 않는 방식으로 인간에게 해를 끼치지 않는다.

○ 로봇은 첫 번째 원칙에 위배되지 않는 한 인간이 내리는 명령에 복종해야 한다.

○ 로봇은 첫 번째와 두 번째 원칙을 위배하지 않는 선에서 로봇 자신의 존재를 보호해야 한다.

유럽연합 의회는 최근 로봇과 관련해 윤리적-법률적 틀을 마련하기로 의결했다. 분명히 이것은 원칙적으로 올바르다. 그러나 과연 유럽연합이 실제로 이런 틀을 만들지는 아무도 모른다. 모든 종류의 규제가 그렇듯이 규제 조치 자체가 특정 분야의 고용 혹은 고용 전체를 보호하기 위한 방편이 되어 혁신을 사실상 방해하기 위해 사용될 수도 있다. 경제와 상업 발전의 역사에 비춰보더라도 언제나 그랬으며, 유럽연합의 역사 및 태생적 성향에 비춰보더라도 마찬가지다. 그러므로 정부로서는 균형을 올바르게 잡는 것이 중요하다.

◆ 인공지능 연구에 대한 제한 ◆

설령 우리가 로봇과 인공지능 채택을 제한하거나 말리려는 노력을 하지 않는다고 하더라도, 공공의 이익에 위배되는 발전을 예방하기 위한 목적으로 인공지능 연구를 제한해야 한다는 주장이 있을 수 있다.

우선, 로봇과 인공지능이 인류에게 필연적으로(무조건!) 위해가 될 것이라는 초超비관적 견해를 가진 경우라면 연구에 대한 전반적인 제한이 의미를 지닌다는 말부터 해야 할 것 같다. 만일 당신이 내가 에필로그에서 다룰 인류의 운명에 대한 급진적인 이런저런 견해 가운데 어떤 것을 받아들인다면, 그런 전반적인 제한이 일리 있다. 그러나 이 책 전반에서 내가 로봇과 인공지능 및 인류의 미래에 관해 설명하고 주장하는 내용을 전제로 한다면, 인공지능 연구를 제한하거나 말리려는 그 어떤 시도도 터무니없을 뿐이다.

그러나 이런 결론에도 단서 조항으로 예외와 제한이 따라붙는다. 로봇과 인공지능이 특정한 유형으로 발전해나갈 때 (위에서 살펴보았듯이 일반적인 차원이 아니라 구체적인 점에서) 인간에게 위해가 될 경우, 그런 방향으로 나아가려는 연구에 대한 제한은 얼마든지 할 수 있다.

미시적 차원에서 몇몇 규제 행동은 이미 일어나고 있다. 한국의 카이스트KAIST는 최근 인공지능 무기 연구소인 국방인공지능융합연구센터를 열었는데,⸍ 이때 전 세계 선도적인 로봇공학 전문가 50여 명이 공

⸍ 2018년 2월 카이스트가 한화시스템과 공동으로 열었다.

동으로 경고 서한을 보내 인간의 통제 없이 자율적으로 행동을 결정하는 무기를 개발하지 말라고 촉구했다. 현재 미국, 러시아, 중국, 이스라엘, 한국을 포함한 여러 나라는 인간의 통제와 개입 없이 스스로 공격 경로를 선택하고 실행하는 자율 무기를 개발하고 있다. 유엔과 휴먼라이츠워치Human Rights Watch는 이런 무기를 금지하는 원칙을 지지해왔다.

그러나 보다 일반적이고 폭넓은 제한이 과연 가능할지 여부는 또 다른 문제다. 과학적·기술적 발전을 막겠다는 시도 혹은 심지어 그 속도를 늦추겠다는 시도가 역사적으로 성공한 적이 없었다. 핵무기를 예로 들어보자. 제2차 세계 대전 말 두 개의 원자폭탄이 일본에 투하된 이후 적대적인 두 나라가 핵 공격을 주고받은 적이 한 번도 없었다. 비록 핵 보유국의 수가 늘어나긴 했지만, 협정에 의해 어느 정도 제한을 받았다. 비슷하게, 생화학무기 역시 국제협약에 의해 제한을 받았고 완전한 성공까지는 아니지만 상당한 성공을 거두었다. 그러나 이 모든 것은 사용과 관련된 것이다. 즉 인류가 그런 대량살상 무기를 만들거나 운송하는 방법 혹은 그 무기의 파괴력을 높이는 방법에 대한 지식 축적을 중단했다는 증거는 어디에도 없다.

이에 비해, 우리가 아는 한 우생학에 대한 연구나 나치가 수행했던 것과 같은 종류의 인류를 대상으로 한 실험은, 비록 국제협약에 따른 게 아니라 각국의 윤리적이고 법률적인 제한에 따른 것이지만, 오래전에 중단되어 더는 진행되지 않고 있다. 그러나 이것은 전혀 다른 문제다. 왜냐하면 나치 경험과 그 여파가 엄청나게 많은 개인에게 고통과 위해를 가했으며 이런 일이 최근에 있었기 때문이다.

그런데 인공지능이 사람들에게 곧 매우 많은 편익을 가져다줄 것이라는 전망이 나와 있으며 특이점이 다가올 시점은 어쨌거나 지금으로선 까마득하게 먼 미래인 상황에서, 인공지능 연구를 제한하기가 특히 어렵다. 게다가 우리는 다시 한번 개념의 정의와 관련된 쟁점에 맞닥뜨린다. 만일 로봇과 인공지능 연구를 금지하거나 제한하려고 한다면, 이런 것들과 다른 기계 혹은 소프트웨어와의 경계선을 어디에 어떻게 정할 것인가 말이다.

또한 공동 행동이라는 해묵은 문제가 있다. 어떤 나라가 인류가 직면하고 있는 위험이 너무 커 인공지능 연구를 사실상 억누르며 로봇과 인공지능이 사회에서 사용되지 못하도록 방해하는 방안을 모색하기로 혼자 결정할 수 있다. 그러나 만일 이 나라가 이런 조치를 단독으로 실행하려 한다면, 이런 행위가 국제적 차원에서 이미 설정되어 있던 서열을 무너뜨릴 것이 확실하다. 즉 그 나라가 자기를 방어하고(혹은 방어하거나) 세계정세에 영향을 줄 수 있는 능력에 상당한 변수로 작용한다는 말이다. 이런 사실은 인공지능 연구를 제한하는 것에 대해 국제적 합의가 필요함을 말해준다. 그러나 이런 합의를 이끌어내는 것은 말할 것도 없고, 어떤 나라가 로봇과 인공지능 분야의 지식을 축적하려고 할 때 이것을 막기란 극도로 어렵다.

그런데 만일 전 세계가 그런 규제 합의를 하지 않을 경우에는 정말 고약한 일이 일어날 수 있다. 전 세계가 그런 연구를 제한하고 있는데 한 나라만 이런 합의에 따르지 않을 때 어떤 일이 일어날지 상상해보

라. 그 한 나라가 나머지 나라들을 완전하게 지배할 능력을 가질 것이다. 그리고 만일 과격 테러 집단 이슬람국가ISIS나 이와 비슷한 조직이 인공지능 개발을 계속해나가는데 전 세계가 손을 놓고 있다면 어떤 일이 일어날지 상상해보라. 생각만 해도 끔찍하다.

◆ 로봇과 인공지능의 범죄 도구화 가능성 ◆

정부의 심각한 개입을 부르는 인공지능의 또 다른 측면은 사이버 테러와 이것의 예방이다. 이와 관련해서 여러 가지 가능성이 존재하는데, 그 가운데 하나는 계좌 해킹이나 사기를 목적으로 인터넷 연결 기록이나 개인 정보를 훔치려는 멀웨어malware, 즉 악성 소프트웨어의 발전이다(멀웨어에는 바이러스와 스파이웨어 그리고 그 밖에 사용자가 원하지 않는 소프트웨어가 포함되는데, 이것들은 사용자의 동의 없이 컴퓨터나 모바일 기기에 설치된다). 보고에 따르면 멀웨어의 숫자는 2014년에 2억 7,500만 개이던 것이 2016년에 3억 5,700만 개로 크게 늘어났다.[15] 게다가 데이터의 패턴을 인식할 수 있으며 특별히 프로그래밍되지 않았어도 '학습'할 수 있는 능력을 갖춘 기계학습 시스템으로 한층 심각한 위험이 초래되었다.

어떤 인공지능 프로그램이 개인의 이메일이나 문자 메시지를 자동으로 모니터링하거나 특정한 대상과 목적으로 특화된 '피싱 메일 phishing mail'을 만들어낼 수도 있다. 여기에는 사용자 누군가에게 보안

이 뚫렸다고 거짓으로 경고해 특정한 링크를 클릭하게 한 다음 개인정보를 빼내려는 신용사기 메일이나 문자 메시지가 포함된다. 인공지능의 도움으로 이런 신용사기 메일이나 문자 메시지가 한층 더 정교해졌다. 그러므로 보안 시스템이 이런 것들을 포착하려면 한층 높은 지능이 필요하다.

또한 인공지능의 사용으로, 보안 소프트웨어 전문업체 시만텍 Symantec이 '사이버 범죄자와 보안업체 사이의 전면적인 군비 경쟁'이라고 부르는 상태가 전개될 수도 있다. 캐나다의 미래학자 조지 드보르스키George P. Dvorsky가 지적했듯이 "인공지능이 현대의 해커들이 구사하는 도구 가운데 하나가 됨에 따라, 이들을 막으려는 사람들은 취약한 시스템들을 방어하기 위해 온갖 기발한 방법을 동원해야 한다".[16] 그러나 다른 많은 사례와 마찬가지로 이런 문제를 효과적으로 다룰 조치들에 따르는 비용에 대해서는 심각한 의문이 제기된다. 만일 이런 문제가 걷잡을 수 없이 많다면, 그런 것들과 그냥 함께 살아가는 것이 보다 나은 행동 선택일지도 모른다는 말이다.

◆ 인공지능과 테러 ◆

테러리스트들 역시 암호화 목적으로 인공지능을 사용하기 시작한다. 극단주의 집단들은 단독으로 테러 공격을 감행하는 대원을 관리하는 하나의 방법으로 테러의 '가상 플래너virtual planner' 모델을 채용하기 시작했다. 이 모델을 이용할 때 이 집단의 지도부는 당국에 전혀 포착되지 않은 채로 테러를 감행할 대원들을 모집하고 테러 대상 및 시간을 선정하며 폭탄 제조와 관련된 여러 가지 지원을 할 수 있다. 더 나아가 테러리스트가 테러 공격을 하는 데 자율주행 자동차나 드론을 이용할 수도 있다.

당연한 결과지만 전통적인 무기와 마찬가지로 이런 위험들이 커짐에 따라 방어활동도 함께 커졌다. 페이스북은 인공지능을 사용해 테러 움직임을 감지하는 시스템을 가지고 있다. 페이스북은 2018년 1/4분기에만 테러와 연결되는 콘텐츠 190만 개를 제거하거나 위험을 표시했다고 밝혔는데, 이 수치는 2017년 4/4분기의 두 배에 육박한다. 그런데도 페이스북의 방어 움직임은 여전히 적절한 수준에 미치지 못하고 있다. 2018년 3월 유럽연합 집행위원회는 페이스북이나 트위터와 같은 소셜미디어 플랫폼들이 테러를 부추기는 급진적인 게시물을 게시된 지 한 시간 안에 포착해 삭제하도록 하는 한층 강화된 지침을 발표했다.

범죄자나 테러리스트의 위험한 행동에 저항할 수 있는 사회의 역량을 개선할 여지는 분명 여전히 크다. 비록 미국에서 1986년에 의결된 전기통신프라이버시법Electronic Communications Privacy Act 덕분에 정부가 이메일, 소셜미디어 메시지, 공공 클라우드 데이터베이스에 올라온 정보 등에 접근할 수 있긴 하지만, 암호화된 메시지들은 여전히 당국에 포착되지 않은 채 유포되고 있다.

개인적으로 암호화된 메시지들에 정부가 접근할 수 있도록 하자는 제안이 그동안 줄곧 있었으며, 이를 둘러싼 논의가 뜨거웠다. 한 무리의 컴퓨터학 학자들은, 인터넷 관련 취약성이 극단적인 경제적 위해를 일으키고 있는 현재 시점에서 이런 제안은 현실에서 실현되기 어렵고, 법률적·윤리적 문제들만 잔뜩 일으킬 뿐 아니라 보안 관련 발전을 사실상 무효화할 수도 있다고 결론 내렸다. 그리고 만일 정부가 모든 사람의 개인적 메시지에 접속할 수 있도록 한다면, 해커 입장에서는 정부의 방화벽을 뚫기만 하면 그 모든 정보를 대량으로 손에 넣을 수 있으니 오히려 더 반길지도 모른다는 것이다.

◆ 법률 및 보험과 관련된 쟁점들 ◆

설령 로봇과 인공지능 분야의 발전을 제한하거나 늦추려는 시도를 하지 않는다고 하더라도 이런 것들의 운용을 감독하는 법률적인 틀은 필요하다. 첫 번째 쟁점은 로봇이나 인공지능이 사람에게 피해를 줄 수 있는 능력과 관련된 것이다. 그런 피해가 발생했을 때 누가 책임져야 하는가 하는 핵심적인 질문이 있다. 그 책임이 사용자에게 있을까, 로봇 제조업체에 있을까, 아니면 로봇 설계자에게 있을까? 아니면, 이 세 부류의 관계자에게는 아무런 책임도 없는 것 아닐까? 로봇 및 인공지능과 상호작용하는 대중의 모든 구성원이 자기의 운명에 책임을 져야 하는 것 아닐까?

이런 질문에 대해 로마법은 노예와 관계된 법으로써 해결의 실마리를 제공한다. 노예가 어떤 사고를 일으키거나 다른 사람의 재산에 피해를 입혔을 때 그 책임은 노예의 주인에게 돌아갔다. 고대 로마의 노예처럼 로봇과 인공지능이 저지른 잘못의 책임을 로봇과 인공지능 소유자에게 물릴 수 있을까? (로봇과 인공지능을 노예와 동일시하는 걸 보면 아직 특이점이 도래하지 않은 게 확실하다. 이 특이점에 관한 논의는 에필로그에서 하기로 하자.)

이제는 진부해져버린 자율주행 자동차 예를 들어보자. 자율주행 자동차가 사고를 냈을 때 누가 책임져야 할까? 자율주행 자동차와 소통했던 사람 운전자에게는 어떤 책임이 돌아갈까? 보험사는 어디까지 책임을 져야 할까? 이런 문제들을 해결하려면 관련 법률들을 조심스럽게 검토하고 조합해야만 한다.

이것은 단순한 추가 선택사항이 아니다. 법률적으로 명확하게 규정되지 않으면 인공지능 채택은 상당한 수준으로 줄어들 것이다. 그러면 결국 인공지능을 사용할 때 기술적으로 가능한 것과 현실에서 인공지능이 채택되어 사용되는 것 사이의 격차는 한층 커질 것이다.

법률적으로 명확하게 규정하는 작업은 오로지 정부만이 할 수 있다. 만일 인공지능의 사용과 확산을 장려하기 위해 정부가 할 수 있는 일이 딱 한 가지밖에 없다면, 그것은 바로 법률 및 보험과 관련해 책임성 소재를 분명히 해두는 것이다. RCR The Royal College of Radiologists은 상원의 인공지능 선별위원회Lords Select Committee on Artificial Intelligence에서 다음과 같이 밝혔다. "법률적 책임은 인공지능이 하나의 현실적인 실체로 널리 채택되기 전에 반드시 넘어야 할 사회적 차원의 주요한 장애물이라고 흔히 일컬어진다."[17]

그러나 정부의 역할 외에, 안전을 보장하고 인공지능의 대중적 수용을 촉진하는 데 필요한 개인적 차원의 행동들도 있다. 2016년 6월에 구글의 딥마인드가 옥스퍼드 대학교 교수들과 함께 이른바 '킬 스위치 kill switch'를 개발하고 있다는 보도가 나왔다. 킬 스위치는 "인공지능이 중대한 실수를 저지를 때, 인공지능이 인간의 개입을 피하거나 인간의 개입 내용을 조작하지 못하도록 하면서 인간이 개입해 잘못된 실행 내용을 반복적이고 안전하게 차단하는 기술"이다.[18]

안전을 보장하고 대중의 신뢰를 강화하려면 투명성이 필수적이다. 예를 들어 현재 단계에서는 질병을 앓고 있는 환자들이, 어떤 알고리즘(즉 인공지능)이 질병 데이터를 분석한 다음 이것을 토대로 어떤 치료 방법을 제시할 때, 이것을 받아들일 준비가 되어 있지 않다. 환자들은 분명 자격을 갖춘 전문가가 나서서 그 치료법을 받아들이는 게 좋다는 명쾌한 설명을 원할 것이다. 그러나 이 전문가의 의견이 가치 있으려면 그 알고리즘이 해당 결론에 도달한 경로를 전문가가 충분히 알고 이해할 수 있어야만 한다.

영국의 브리스톨 로보틱스 연구소Bristol Robotics Laboratory의 앨런 윈필드Alan Winfield는 하원 과학기술위원회에서 이렇게 말했다. "인공지능 시스템이 터무니없이 잘못된 판단을 내렸을 경우 그 판단을 유도한 알고리즘 논리를 철저하게 조사하는 일이 가능하도록, 알고리즘 검사 역량을 갖추는 것이 중요하다."[19] 마이크로소프트의 데이브 코플린Dave Coplin은 동일한 위원회에서 "어떤 알고리즘이 만들어져 인공지능에 들어갈 때마다 그 알고리즘을 만든 사람에게 존재하는 모든 편견도 함께 인공지능 안으로 들어간다"고 말하면서 "우리가 날마다 점점 더 많이 의존하게 될 알고리즘을 만들어내는 기관들의 철학과 도덕과 윤리에 많은 주의를 기울이며 조심할 필요가 있다"고 강조했다.

흥미롭게도 현재 로봇 및 인공지능과 사람 사이의 상호작용을 통제할 필요성에 대한 인식이 점점 커지고 있다. 그 이유는 로봇과 인공지능이 사람에게 끼칠 수 있는 위해 때문이 아니라 일부 사람들과 기관들이(특히 경찰관과 공무원이) 자기가 저지른 잘못을 로봇과 인공지능 탓으로 돌리며 책임을 피하려 하기 때문이다. 2018년 9월 영국의 싱크탱크인 왕립합동군사연구소RUSI에서 낸 보고서는, 용의자를 붙잡아둬야 할지 아니면 풀어줘야 할지 결정할 때 알고리즘 사용이 점점 늘어나는 상황과 관련해 '명확한 지침과 행동원칙'이 부족하다고 지적했다.

◆ 데이터의 힘 ◆

그런데 데이터와 관련해서도 법률적인 쟁점과 윤리적인 쟁점이 제기된다. 인공지능의 유용한 응용 가운데 많은 것이 기계학습에서 비롯되는데, 이 기계학습은 방대한 양의 데이터를 처리하고 분석하고 조작하는 작업에 의존한다. '빅데이터'라는 표현이 널리 사용되는 이유도 여기에 있다. 이 데이터에는 개인의 선호, 습관, 행동, 신념, 다른 사람들과 맺는 온갖 인맥이 대규모로 포함된다.[20] 이런 데이터의 수집과 분석은 개인들에 대한 지식(정보)의 원천을 마련해주며, 이 지식을 토대로 그 사람들에게 마케팅할 재화와 서비스 공급을 개선할 수 있다. 그러나 이렇게 한다면 그 사람들의 사생활과 인권이 침해당할 수 있다.

이 데이터가 종합되고 분석된다면, 자기 상품의 대상 고객층을 정밀하게 표적으로 삼으려는 기업들에 소중한 가치로 사용될 수 있는 총체적 행동 관련 정보의 원천이 된다. 그러나 이 데이터는 또한 선거에 영향을 주어 결과를 조작하는 데 사용될 수도 있다. 그런데 누가 그 데이터를 '소유'하고 있으며 이것을 다른 잠재적인 사용자들에게 넘겨줄 수 있는 (이런 행위가 어떤 결과를 초래할지는 아무도 알지 못하는 가운데) 능력과 법률적 권리를 가지고 있느냐 하는 질문이 이 쟁점 전체를 관통한다.

정부의 개입 행위를 지지하는 좋은 사례가 있다. 기술이 가지고 있는 사회적 함의를 연구하는 노스캐롤라이나 대학교의 제이넵 투펙치 Zeynep Tufekci 교수는 이렇게 말했다. "데이터의 프라이버시는 개인 대 개인 차원에서(즉 정부가 개입하지 않는 차원에서) 협상 대상이 될 수 없다. 왜냐하면 거기에서는 정확한 정보를 토대로 한 의미 있는 동의가 존재하지 않기 때문이다. 사람들은 자기와 관련된 데이터가 드러내는 것, 특히 다른 데이터들과 결합해 드러내는 것이 무엇인지 온전하게 이해할 수 없다. 심지어 기업들도 이것을 알지 못한다. 그래서 그들은 누구에게 해당 정보를 온전하게 알려줄 수도 없다."[21]

사용자 데이터의 재판매는 중요한 문제를 안고 있는 영역이다. 『이커머스 타임스 E-Commerce Times』의 기사에서 팸 베이커 Pam Baker는 이렇게 말한다. "데이터를 주물러서 돈으로 만들어내는 것은 페이스북의 사업 모델이다. 페이스북을 비롯한 몇몇 기술 기업은 순전히 사람들의 데이터를 수집하고 팔기 위해 존재하면서 사람들이 살아가는 모습을 점점 더 세밀하게 노출한다."[22]

최근 데이터 분석 기업 케임브리지 애널리티카Cambridge Analytica가 관련된 부정한 사건이 있었다. 이 회사는 페이스북의 데이터를 부정한 방법으로 수집해 유권자의 여론에 영향을 주려 시도했다는 혐의를 받았다. 케임브리지 대학교 한 교수가 대학교 바깥에서 만든 어떤 페이스북 앱이 약 8,700만 명이나 되는 페이스북 사용자의 데이터를 수집했다.[23] 그래서 그 회사는 '정교한 심리학적 프로파일링과 개인 맞춤형 알고리즘'을 개발할 수 있었다.[24] 그리고 정치인들은 이 회사를 고용해 유권자 여론에 영향을 줄 수 있었다. 케임브리지 애널리티카의 어떤 경영진은 신분을 숨긴 기자에게 "사실에 기초해 선거전을 펼쳐서는 좋은 싸움을 할 수 없다"면서, 자기들은 "유권자의 감정에 호소하는 것이 최고"라고 믿는다고 말했다.[25]

자기와 관련된 자료에 무슨 일이 생기면 어쩌나 하는 공포가 사람들의 행동에 영향을 주기 시작한다. 글로벌 시장조사업체인 민텔Mintel은 영국 소비자의 71%가 어떤 회사든 간에 회사를 상대로 새로운 계정을 만드는 것을 꺼린다는 사실을 확인했다. 실제로 영국인은 자기 금융 관련 데이터의 안전성을 가장 우려하는데, 영국인의 87%는 이런 세부 정보를 기업에 공유하는 것을 우려한다. 이런 현상과 관련해 민텔의 고위 기술 담당자 에이드리언 레이놀즈Adrian Reynolds는 이렇게 말했다. "웹사이트와 앱에 접속하는 연결 기기들의 사용이 늘어나면서 개인 데이터의 공유량이 늘어나고, 그에 따라 소비자는 이런 데이터를 관리하기가 매우 어렵게 되었다. 많은 사람은 될 수 있으면 추가 노출을 꺼리는 것이 자기가 선호할 수밖에 없는 선택이다."[26]

비록 특히 인공지능에 관해서는 제한된 정책과 법률밖에 마련되어 있지 않지만, 개인적인 차원의 데이터를 보호하기 위한 조치들은 이미 자리를 잡고 있다. 2018년 5월에 도입된 유럽연합의 일반개인정보보호법GDPR은 "유럽연합 모든 시민의 데이터 프라이버시를 보호하고 강화하기 위해 그리고 유럽연합 각국의 기업들이 데이터 프라이버시에 접근하는 방식을 새롭게 규정하는 것"을 목적으로 한다. GDPR은 기업이 자신에게 꼭 필요하다고 여겨지는 데이터만 가질 수 있도록 했으며, 만일 이 데이터가 외부로 유출될 경우 기업은 72시간 안에 당국과 해당 소비자에게 이 사실을 알리도록 규정하고 있다. GDPR을 어길 경우에는 연간 총매출액의 최대 4%까지 벌금을 물을 수도 있다.[27]

◆ 인간의 자유와 존엄성 ◆

인공지능은 인간의 자유와 프라이버시를 위협한다. 인공지능이 탑재된 감시 카메라 연결망은 인터넷 활동에 대한 모니터링과 연계되어 정부의 대중 감시 수단으로 이용될 수 있다. 예를 들어 유럽연합은 유럽의 여러 대학교가 공동으로 진행하는 이른바 '인덱트INDECT' 연구 프로젝트에 예산을 제공한다. 이 프로젝트는 유럽의 과학자들과 연구자들이 자동화된 위협 탐지를 위한 도구 및 해법 개발 작업을 지원하는데, 어떤 사람들은 이 프로젝트가 프라이버시를 침해한다고 비난한다. 이언 존스턴Ian Johnston은 「텔레그래프The Telegraph」에 기고한 글에서 이것을 '조지 오웰적인 인공지능 계획'이라고 부른다. 인권단체인 리버티Liberty의 회장을 역임했던 샤미 차크라바티Shami Chakrabarti는 이런 대중 감시 기법 도입을 두고 어떤 나라에서든 간에 '불길한 발걸음'이며 유럽 차원에서는 '매우 으스스한 것'이라고 표현했다.[28]

유럽연합과 영국 그리고 미국은 대중 감시 분야에 관심을 기울이는 게 아니다. 아시아도 이 분야에 크게 투자하고 있다. 인도 델리의 국립법률대학교NLU 산하 커뮤니케이션 거버넌스센터Centre for Communication Governance 연구 책임자인 친마이 아룬Chinmayi Arun은 인도의 시민 자유와 민주주의에 인공지능이 제기하는 위협에 대해 이렇게 주장한다. "민주주의 국가에서 시민과 국가 사이의 권력 균형은 매우 민감한 것이며, 인공지능이 이 균형을 국가에 유리한 쪽으로 흔들어놓을 잠재적 위험이 매우 크다."[29]

중국에서 대중 감시라는 이 발상은 정부의 2020년 프로젝트로 귀결되었다. 이 프로젝트는 전국적 차원의 동영상 감시망이 "모든 곳을 살피고, 완전하게 네트워크화되어 있으며, 언제나 작동하고 완벽하게 통제될 것"이라고 천명한다.[30] 이와 비슷한 프로젝트가 이미 중국의 신장新疆 지역에서 시행되고 있는데,ʃ 이 지역에서는 안면 인식 기술, 자

ʃ 위구르 자치구에서는 이슬람교를 믿는 위구르족의 독립 주장 목소리가 높다.

동차 번호판 스캐너, 홍채 스캐너, CCTV 등이 하나로 묶여 '총체적인 감시 국가'의 요건을 갖추고 있다.[31]

게다가 2020년 프로젝트는 '중국 사회의 통합성 인식과 신뢰성 수준을 높이는 것'을 과제로 설정해 사회신용 시스템Social Credit System을 전국적으로 실행하려 한다.[32] CCTV와 소셜미디어를 통한 대중 감시는 개인의 행동을 기록하고, 그 기록에 따라 각 개인에게 '시민 점수'를 매긴다. 점수가 너무 낮은 사람은 기차 승차권 구매나 식당 예약을 못 하게 하는 벌칙을 받을 수 있다. 여러 지방에서는 실제로 공공장소에서 텔레비전이나 LED 조명을 이용해 이 점수가 낮은 사람을 공개하고 모욕하며, 어떤 경우에는 악성 채무자 목록을 작성해 누군가 이 사람들에게 전화라도 걸면 "당신이 통화하려고 하는 이 사람은 정직하지 못한 빚쟁이입니다"와 같은 메시지가 들리도록 설정해두었다.[33]

네덜란드 라이던 대학교에서 중국의 국가 통치를 연구하는 로히어르 크레이머르스Rogier Creemers는 중국이 다른 나라들에 비해 대중 감시를 많이 하는 이유를 강조하면서 중국의 역사적 맥락을 주목한다. "자유주의적인 민주적 기관들은 국가 권력이 시민의 손에 있다는 발상을 토대로 한다. 국가가 알려고 하거나 하려고 해서는 안 되는 어떤 것이 있다는 말이다. (…) 그러나 중국은 전혀 다른 발상에서 출발한다. 국가가 강력한 권한을 가지는 것은 국가를 전진시키기 위해 필연적이라고 생각한다. 중국에서 대중 감시는 국가가 당연히 해야 하는 것으로 되어 있는데, 시민을 안전하게 보호할 책임을 국가가 지고 있다고 생각하기 때문이다."[34]

개인적인 자유에 대한 우려는 국가가 하는 이런저런 활동에서만 비롯되지 않는다. 민간기업 역시 이런 우려의 원천이다. 중국에서 노동자는 전자 센서가 부착된 모자와 헬멧을 쓴다. 이런 장치를 통해 고용주는 직원들의 정서 상태를 읽는다.[35] 이런 감시와 관찰을 통해 그 사람들이 무엇을 알게 될지 쉽게 상상할 수 있으며, 이런 사실에 담긴 뜻을 생각하면 몸서리를 칠 수밖에 없다.

화제를 바꾸는 의미에서 질문을 하나 하겠다. 우리 인간이 과연 로봇과 인공지능의 권리와 복지에 신경 쓰고 걱정해야 할까? 그것도 지금 시점에서? 어떤 사람들은 이런 질문들을 던지기 시작했다. 로봇과 인공지능이 정신과 마음을 가지지 않은 기계인 한 생각하거나 느낄 수 없으며, 그들이 취하는 어떤 '의사결정'은 궁극적으로 자기를 창조한 인간과 자기 소유주들에게서 비롯된 것이다. 이것이 현재 진행되는 상황이며 사람들이 로봇과 인공지능을 바라보면서 생각하는 내용이다. 그러므로 이런 상황에서 로봇과 인공지능이 도덕이나 윤리 차원에서 어떤 쟁점을 제기할 일은 없다.

물론 상황이 앞으로도 영원히 이럴 것이라는 보장은 없다. 로봇과 인공지능이 스스로 생각하고 느끼고 인간의 개입 없이 독립적으로 의사결정을 내리게 되면 심각한 윤리적 쟁점들이 제기될 수 있다. 그러나 우리는 그런 까다로운 문제들을 살펴보는 일은 특이점을 코앞에 둔 시점에 대해 살펴볼 에필로그에서 하기로 하고 일단 미뤄두자.

◆ 정치 구조와 관련해 인공지능이 의미하는 것 ◆

한층 더 임박한 인공지능 문제는 민주주의에 끼칠 수 있는 잠재적 충격이다. 많은 인공지능 전문가가 로봇과 인공지능 분야의 발전이, 소수의 엘리트가 '룸펜 여가주의자lumpen leisuriat'[f]와는 멀리 동떨어진 삶을 주도함에 따라, 사회의 형태를 바꿔놓을 것이라고 결론 내렸다. 미래의 사회 구조는 농노가 존재했다는 점만 빼고 중세 시대를 닮은 모습으로 바뀔 것이다. 중세 시대에 농노가 없었다면 영주는 아무런 소득도 없었을 것이고 막대한 재산을 가질 수도 없었을 것이다. 이에 비해 새로운 세상에서는 대중이 일하지 않을 것임에도 불구하고 엘리트들의 재산과 복지가 아무런 영향을 받지 않을 것이다.

모든 재산과 권력의 원천인 로봇과 인공지능 군단을 과연 누가 소유하며 통제할까? 많은 인공지능 전문가가 그것은 필연적으로 민주주의의 종말로 이어질 것이라고 주장한다. 미래는 어떤 형태로든 독재정치 혹은 최소한 과두정치가 나타날 것이라고 그들은 말한다.

이와 관련해 나이절 섀드볼트Nigel Shadbolt와 로저 햄프슨Roger Hampson은 다음과 같이 표현했다. "문제는 기계가 우리 삶의 통제권을 엘리트들로부터 탈취했다는 데 있지 않다. 사람들 대부분이 명령을 내리는 지위를 차지하는 사람들로부터 기계에 대한 통제권을 빼앗을 능력이 없다는 사실이 문제다."[36]

---

[f] '룸펜 프롤레타리아트'를 패러디한 말이다.

이런 상황은 역설적이다. 왜냐하면 월드와이드웹과 그 뒤로 이어진 디지털 발전의 기원이 극단적인 자유주의 정신에서 비롯되었기 때문이다. 인터넷 창시자 팀 버너스리Tim Berners-Lee는 자기가 창조한 월드와이드웹에 대해 그 어떤 특허권이나 권리도 설정하지 않았다. 그것이 자유롭게 사용되길 바랐기 때문이다. 인터넷으로 연결된 세상은 사회를 평평하게 고르는 힘으로 작용할 것으로 다들 생각하며, 이 힘이 발휘하는 효과는 반反권위주의적이고 반反위계적이라고 다들 생각한다. 적어도 서구에서는 인터넷이 정부에 속한, 정부의 도구가 아니다. 하지만 중국에서는 그렇지 않음이 분명하다.

그러나 조금 전에 살펴보았듯이 심지어 서구에서도 개인적인 자유와 사생활을 침해받지 않을 권리가 위협받고 있다. 심지어 사적인 부문에서도 그렇다. 게다가 현대 사회를 지배한 위대한 기업(예컨대 아마존, 구글, 애플 등)을 일으킨 사람들은 누가 뭐라고 해도 동일한 유형이다. 서구 사람들은 모두 미국인이고 백인이며 남자다. 이 창업자들은 자기가 일군 기업의 지분을 팔아 거대한 재산을 일궜지만, 여전히 자기 기업에 대한 통제권을 장악하고 있다.

2012년 미국 대통령 선거에서 버락 오바마Barack Obama는 기계학습과 빅데이터를 사용했다. 그 결과 선거운동은 "대중 동원에서뿐만 아니라 오바마를 지지하라고 설득하는 데서도 매우 성공적"이었다.[37] 그런데 2016년 미국 대통령 선거 기간에 케임브리지 애널리티카는 빅데이터와 기계학습을 사용해, 유권자들이 자기 생각을 버리고 다른 주장을 쉽게 받아들일 수 있는 점에 관한 예측을 토대로 유권자들의 마음을 흔들

어놓을 메시지를 보냈다.[38]

최근 부각된 또 다른 쟁점은 가짜 뉴스를 사용해 선거에 영향을 줌으로써 '공정한' 선거를 방해하는 문제다. '가짜 뉴스'는 지금까지 늘 어느 정도 있었지만 소셜미디어와 기계학습은 "가짜 뉴스가 보다 교묘하고 효과적으로 확산되도록" 해준다.[39] 봇bot[ᶴ]은 흔히 반대 정당 지지자들을 표적으로 삼아 이들이 투표를 포기하도록 만드는 데 자주 효과를 발휘한다.

봇은 가장 최근에 있었던 프랑스 대통령 선거 직전 소셜미디어에 '마크롱리크스 해시태그#MacronLeaks'를 퍼트리는 데 사용되기도 했는데, 페이스북과 트위터는 마크롱이 사기꾼이며 위선자라는 말이 사실임을 퍼뜨리는 보고서들로 도배되었다.[40] 그런데도 마크롱이 당선되는 것을 막지는 못했다.

가짜 뉴스가 확산되는 것에 대한 책임을 누가 져야 하느냐는 문제를 놓고 논박이 이어지고 있다. 페이스북이나 유튜브와 같은 기업들은 자신은 콘텐츠를 올릴 수 있는 '플랫폼'일 뿐이지 콘텐츠를 올리는 주체가 아니므로, 플랫폼에 올라온 콘텐츠에 대해서는 책임을 질 수 없다고 주장한다.[41] 그러나 페이스북은 미국 선거 기간에 사람들이 이 소셜 네트워크를 이용해 "민주주의를 좀먹는" 행위를 저지하는 데 지나치게 느리게 대응했다는 사실만큼은 인정했다.[42] 프랑스 대통령 에마뉘엘 마크롱Emmanuel Macron은 『와이어드』지에 만일 인공지능을 제어하지 않

ᶴ 특정 작업을 반복 수행하는 프로그램.

고 그냥 내버려둔다면 인공지능이 "민주주의를 완전히 위태롭게 만들 것"이라고 말했다.[43]

이 쟁점에 반영되는 보다 폭넓은 정치경제적 문제가 있다. 로봇과 인공지능의 세상은 소득분배와 관련해 반反민주적인 경향을 가질까? 만일 그렇다면 보다 평등한 결과를 달성하기 위한 소득재분배가 이런 결과를 막아내며 민주주의를 지켜낼 수 있을까? 그게 아니라면 그 문제를 한층 악화시킬까? 이 점에 대해서는 9장에서 살펴볼 것이다.

물론 이것은 인공지능 비관주의자들의 말처럼 반드시 고약한 문제만은 아니다. 앞에서 여러 장에 걸쳐 주장했듯이 로봇과 인공지능이 대량실업 그리고/혹은 궁핍을 가져다줄 것이라는 주장은 최종적인 결론이 난 사실과 거리가 멀다. 사실 나는 지금까지 계속해서 이것과 정반대 주장을 해왔다.

◆ 공익적 행동의 필요성 ◆

이 장의 결과는 로봇과 인공지능을 근본적으로 제약하자는 것도 아니고 완전한 자유방임주의를 채택하자는 것도 아니다. 공익적 행동의 필요성에 관한 한 이 둘을 섞어놓은 것이 결론이 될 수 있다.

○ 로봇과 인공지능에 세금을 매기는 게 바람직하다고 주장할 수는 없다. 게다가 이런 조치에 뒤따르는 현실적 어려움이 어마어마하다.

○ 로봇과 인공지능에 대한 일반적인 연구를 제한하는 게 바람직하다고 주장할 수도 없다. 어떤 경우에서든 이렇게 하려는 시도는 현실적 어려움에 부닥쳐 실패로 돌아갈 가능성이 크다.

○ 그런데도 로봇과 인공지능의 적용 및 응용이 명백하게 해로운 영역에서는(여기에는 로봇과 인공지능 때문에 범죄자나 테러리스트의 준동이 더 활발해지는 경우도 포함된다) 이들에 대한 연구를 제한하는 게 바람직하다. 물론 현실적인 어려움이 엄청나게 클 것이다. 사이버 범죄나 사이버 테러에 대응하는 것과 관련해 보다 전망이 높은 방안은, 로봇과 인공지능의 도움을 받아 이런 활동들에 어떻게 대응할 수 있을지 탐색하는 연구를 공적자금을 이용해 지원하는 것이다.

○ 설령 로봇과 인공지능을 촉진하거나 제한하기 위해 아무런 행동을 취하지 않는다고 하더라도, 국가 차원에서는 로봇과 인공지능을 통제하는 법률적·규제적 틀을 개발하기 위한 행동을 할 필요가 있다. 이런 틀이 없다면 기업으로선 로봇과 인공지능이 제공하는 기회를 온전하게 활용하기 어려울 것이다.

○ 데이터 사용을 감독하는 틀을 한층 더 개발할 필요성이 긴급하다.

○ 로봇과 인공지능의 복지에 대해서는 특이점이 코앞에 다가오는 시점으로 미뤄도 된다. 특이점이 올지 오지 않을지 지금으로선 알 수 없지만 말이다.

○ 정부가 아닌 누군가는 긴급하게 새로운 인공지능 세상이 정치 구조와 기관에 가지는 함의를 연구할 필요가 있다.

어쩌면 이 마지막 항목이야말로 로봇 시대의 일과 생활에 대해 교육받고 싶어 하는 모든 사람에게 주어진 에세이 쓰기 과제의 핵심 가운데 하나가 되어야 하지 않을까 싶다(물론 에세이를 쓰는 사람의 기술이 인공지능이 벌이는 살육에서 살아남을 때의 얘기겠지만 말이다). 왜냐하면 인공지능의 가장 큰 함의 가운데 몇몇은 교육 분야에 놓여 있기 때문이다. 그러나 그 함의들이 반드시, 당신이 지금 상상하는 그것이 되어야 할 이유는 없다. ♠

어린이와 청년을 어떻게 가르쳐야 할까?

> "교육은 사회가 당신에게 행하는 것이고,
> 배움은 당신이 당신 자신을 위해서 하는 것이다."
>
> _ 이토 조이(과학자)[1]

> "컴퓨터는 쓸모가 없다.
> 컴퓨터는 기껏해야 대답을 해줄 뿐이다."
>
> _ 파블로 피카소(화가)[2]

좋은 교육의 본질은 변하지 않는다는 말을 믿고 싶다. 그러나 그렇지 않다는 것도 솔깃한 말이다. 중세 유럽에서 대학교의 역할은 교회의 성직자와 변호사 그리고 교사를 훈련시키는 것이었다. 그들이 공부한 과목들에는 이런 필요성이 반영되었다.

19세기를 통틀어 그리고 제2차 세계 대전까지도 줄곧 영국의 위대한 '공립' 학교들은 제국을 운영할 사람들을 훈련시키는 것을 기본적인 역할로 여겼다. 이 기간 초기에 옥스퍼드와 케임브리지에서는 신학과 고전을 공부하는 학생들의 비율이 여전히 높았다. 그러다가 나중에야 화학, 물리학, 생물학, 공학 등과 같은 과학 및 기술 과목을 공부하는 학생이 많아졌다(경제학이니 정치학이니 사회학이니 하는 어딘가 의심스러운 구석이 있는 과목들은 한참 뒤에야 학생들이 공부하기 시작했다).

그때는 그랬다. 지금은 물론 그때와 완전히 다르다. 오늘날에는 신학과 고전을 공부하는 학생이 소수다. 그러므로 교육 분야가 현대적인 실체에 '사로잡혀 있으며', 지금은 더 이상의 근본적인 변화가 필요하지 않다는 생각을 할 수도 있다. 교육 체계는 다른 어떤 것보다 구닥다리 그대로 남아 있으며 현대 사회의 면모와 동기화되어 있지 않다. 그리고 로봇과 인공지능 때문에 경제와 사회 둘 다 또 다른 근본적인 변화의 거대한 파도 위에 막 올라타려 하고 있다.

이 장에서 살펴볼 네 가지 주요 쟁점은 다음과 같다.

- ○ 로봇과 인공지능에 의해 고용 전망이 달라지고 여가시간과 여가활동 기회가 달라진다는 점을 염두에 둘 때, 학교와 대학교에서는 무슨 과목을 가르쳐야 할까?
- ○ 교육 방법론과 관련해 로봇과 인공지능이 의미하는 것은 무엇일까?
- ○ 전일제 교육 연수와 관련해 로봇과 인공지능이 의미하는 것은 무엇일까?
- ○ 새로운 세상에 적절하고 효과적인 교육을 마련하는 과정에서 국가의 역할은 무엇일까?

◆ 로봇 시대의 교육 ◆

'일의 세상'을 위한 교육을 생각하는 것에서부터 시작해보자. 인공지능은 1950년대 과학의 한 과목으로 시작된 이후 난해한 과목, 심지어 주요 대학교에서 컴퓨터학을 전공하는 대학원생들만 주로 공부하는 엘리트 과목으로 군림해왔다.[3] 어쨌거나 지금은 인공지능이 주류 학과목으로 자리 잡은 것이 분명하다. 게다가 이것은 어린이들이 학교에서 배워야 할 것들에 핵심적인 영향을 주고 있다. 그런데 무슨 영향을 주고 있을까?

미래는 오로지 STEM, 즉 과학, 기술, 공학, 수학이라는 네 과목에만 달려 있다는 주장이 종종 제기되곤 한다. 그 이유는 당신도 알 수 있다. 특히 5장에서 설명했듯이 미래에는 로봇 및 인공지능과 직접적으로 관련 있는 일자리가 많을 뿐만 아니라 일상 속에서 그것들을 상대할 필요가 있기 때문이다. 전화기와 자동차 그리고 컴퓨터를 다룰 줄 알아야 했던 것과 마찬가지로, 사람들은 적어도 로봇 및 인공지능과 소통하는 방법만큼은 반드시 배워야 할 것이다.

그래서 많은 사람이 미술과 음악 그리고 드라마뿐만 아니라 언어학, 역사학, 지리학 등과 같은 인문학 과목들까지 찬밥 신세가 되어 없어지거나 뒷자리로 밀려날 것이라고 주장한다. 이런 과목들은 현대판 (중세에 각광받았다 산업혁명 이후 뒤로 밀려난) 신학과 고전이라고 할 수 있다. 그래도 적지 않은 학생들은 이런 과목들을 여전히 공부할 것이다. 그렇지만 아마도 대학원 과정에서만 공부할 것이고, 게다가 이런 과목들은 커리큘럼에서 주요 과목에 끼지 못할 것이다. 분젠버너[1]를 처음 보고 기겁했거나 2차 방정식을 생각하면 주눅 들었던 학생들, 그리고 프랑스어의 불규칙 동사 활용이나 영국의 역대 국왕 이름에서 공황 상태를 경험한 학생들은 정신을 똑바로 차릴 필요가 있다. 지금은 컴퓨터만 아는 괴짜들이 상승세다.

만일 이것이 장차 벌어질 일들의 필연적인 과정이라면, 앞으로 가야 할 길은 멀다. 2016년 미국 학교의 약 40%만이 컴퓨터 프로그래밍을 가르쳤다.[2] AP 컴퓨터학 A 시험은 5만 8,000명이 봤는데, 미적분 시험은 30만 8,000명이 봤다. 비록 이 수치가 점점 늘어나긴 하지만 컴퓨터 관련 실력이 일반수학만큼이나 중요하게 여겨지기까지는 아직도 갈 길이 멀다.

그러나 변해가는 세상과 관련 있음을 암시하는 이름이 붙은 과목 수 강생의 비율만 그런 게 아니다. 현재 학교에서 가르치고 있는 정보통신 기술 관련 교육 내용은 전반적으로 시대에 뒤떨어진 것이다. 더 첨단의 틀이 되려면 인공지능을 교육과정에 담아야 한다. 비록 2015년 영국에서 정보통신기술 분야 중등교육 자격검정시험GCSE이 한층 개선된 컴퓨터학 자격시험으로 대체되었지만, 지금까지 이 시험을 보는 학생의 증가율은 그저 미미할 뿐이다.[4] 그리고 교육 내용의 많은 부분이 코딩과 프로그래밍에 초점을 맞추고 있다.

---

[1] 가스를 연소시켜 고온을 얻는 장치. 1855년 독일의 로베르트 분젠이 발명했다.
[2] 여기에서 '학교'는 대학교 과정 이전의 학교를 가리킨다.

그런데 이 과목이 필수 과목이 아닐 때는 학생들이 관심을 가지지 않는 한 내용을 아무리 개선한다고 해도 효과가 없다. IBM의 개발자로 '어린이용 기계학습Machine Learning for Kids'이라는 교육 도구 개발 작업을 함께했던 데일 레인Dale Lane은 이렇게 말한다. "커리큘럼에서 인공지능이 핵심적인 과목이 되지 못함에 따라 교실에서 이 과목을 가르칠 시간을 찾기가 여간 어렵지 않은데, 이것이 교육 현장에서 인공지능 채택이 지금까지 더딜 수밖에 없었던 이유 가운데 하나다."[5]

컴퓨터학 훈련을 받은 교사가 심각하게 부족하다는 사실 또한 커다란 장애물이다. 사실 공익을 제공하겠다는 명백한 동기가 부족하긴 하지만, 그래도 몇몇 민간기업이 나서서 인공지능 교육이 활성화되는 데 나름대로 열심히 기여하고 있다.

훈련을 더 잘 받은 교사들을 확보하기 위한 한 가지 가능한 경로는 학교들이 기술기업들과 손잡는 것이다. 예를 들어 마이크로소프트가 지원하는 프로그램 'TEALSTechnology, Education and Literacy in Schools'는 고등학교에서 컴퓨터학 강좌들을 개발하는 데 도움을 준다.[6] 일주일에 몇 시간씩 컴퓨터 전문가와 고등학교 교사를 짝지어주는데, 이렇게 해서 파급효과가 나타나기를 기대하는 것이다.[7] 이와 같이 교육자와 정부 그리고 산업 분야 전문가 사이의 협력이 성공을 향해 나아가는 길이 될 수 있다.

마침 점점 더 많은 초·중등학교에서 학생들에게 코딩 교육을 하고 있다. 그렇지만 이렇게 한다고 해서 반드시 학생들이 AI 경제에 적합한 인간형이 되지는 않는다. 런던 대학교 교육연구소의 로즈 러킨Rose

Luckin 교수는, 이렇게 배우는 기술은 그래봐야 결국 지금 학생들이 직장에 취직할 때가 되면 '구닥다리 모자'가 되어버리고 말 것이라고 믿는다.[8]

학교에서 가르칠 필요가 있는 것이 단지 코딩만이 아님은 분명하다. 이와 관련해 교육 전문가인 벤 윌리엄슨Ben Williamson은 다음과 같이 말한다.

> 의미 있는 컴퓨터 교육이 되려면 교육 내용 가운데 다음과 같은 것이 포함되어야 한다. 사생활 및 데이터 보호, 뉴스가 소비되는 과정, 사이버 공격에 대한 이해, 봇과 해킹, 알고리즘과 자동화에 의해 달라질 미래의 노동, 그리고 이런 것들 뒤에는 프로그래머, 사업계획, 정치적인 쟁점, 이익집단 등이 놓여 있다는 사실.[9]

또 인공지능이 가미된 교육 프로그램에서는 윤리적인 측면이 강조되어야 한다는 사실도 중요하다. 왜냐하면 인공지능 기술들 앞에는 심각한 윤리적 딜레마가 많이 놓여 있기 때문이다. 인공지능을 개발하고 운용하는 일에 직접 관여하는 사람들이라면, 이런 윤리적인 쟁점들을 잘 알고 있어야 할 뿐만 아니라, 이런 쟁점들을 두고 벌어지는 사회적 논의에 기여할 수 있어야 한다. 또한 정책 입안자들과 효과적으로 상호작용할 수 있어야 한다는 점 역시 중요하다.

◆ 전통적인 교육을 변호하자면 ◆

인공지능에 더 많은 관심을 기울여 이 결과가 학교의 교육과정(커리큘럼)에 반영되도록 할 필요가 있다. 그러나 교육이 오로지(혹은 주로) 로봇공학과 프로그래밍을 다루도록 해야 한다는 말은 아니다. 지난 50년 동안 자동차가 우리 생활의 중심에 놓여 있었다. 그러나 자기 자동차의 내부에서 돌아가는 구체적인 기계적 작동에 대해 세부적이고 구체적으로 알고 있는 사람은 거의 없고 그럴 필요도 없었다. 그렇기 때문에 굳이 이런 내용을 학교나 대학교에서 가르칠 필요가 별로 없었다.

컴퓨터도 마찬가지다. 비록 학교에서 오랜 세월 컴퓨터의 기본적 사용법을 가르쳤지만, 이것이 컴퓨터의 폭넓은 사용에 중심적으로 작용했다고는 확신할 수 없다. 학생들을 제외한 나머지 사람들 역시 그와 관련된 기술을 배워야 했으며, 어쩔 수 없이 주로 혼자서 학습했다(물론 나이 든 사람 가운데 컴퓨터를 어떻게 사용하는지 모르는 사람이 여전히 많으며, 컴퓨터가 가진 기능을 모두 활용할 줄 모르는 사람은 그보다 더 많다).

보다 최근에는 스마트폰이 어디에서나 볼 수 있고 활용되는 기기가 되었다. 내가 아는 한 그 어떤 학교에서도 스마트폰 사용법을 정식 교과목으로 선정해서 가르치지 않았으며, 그럴 필요도 없었다. 사람들은 스마트폰을 접하면서 사용법을 그저 습득하게 되었다. 내 생각에는 로봇 및 다양한 형태의 인공지능과의 소통 역시 스마트폰 사용법을 배우는 것과 동일할 것 같다.

로봇 및 인공지능과의 소통 기술도 (누군가로부터 배우든 스스로 터득하든 간에) 유일하게 필요한 기술이 아닐 것이며, 절대적으로 많이 필요한 기술이 되지는 않을 것이다. 앞서 여러 장에서 AI 경제는 인간적인 영역을 더 새롭게 찾아 나가는 것으로 이어질 것이라고 주장했다. 그러므로 로봇 시대라고 해서 교육이 오로지 기계적인 영역에 대한 발견만 다룬다는 것도 이상할 수밖에 없다.

전통적인 학과목 및 교육에 대한 전통적인 접근법은 여전히 유효할 것이다. 모든 사람이 통합적인 교육에서 이득을 얻을 것이다. 그리고 기업이든 국가든 문화적 활동 단위든 간에 상층부를 구성하는 사람들은 여전히 결정적으로 중요한 사고思考의 기술들을 개발하고 다듬을 필요가 있을 것이다. 이것이 역사, 종교, 미술, 드라마, 음악, 철학 및 다른 교양 과목 등을 포함하는 전통적인 교육 과목에 대한 필요성을 뒷받침해준다.

현재 기업계 저작물과 교육계 저작물에서 모두 이 쟁점과 관련해 활발하게 토론에 참여하는 기업가와 교육 전문가 모두 이런 결론을 전반적으로 받아들이고 있다. 이 과목을 다루는 미니 산업이 등장했다. 이 분야의 선도적인 주인공 몇 사람의 말을 소개하면 다음과 같다.

미국의 억만장자 마크 큐번Mark Cuban은 자동화가 표준이 됨에 따라 수요가 몰리는 사람은 "자유주의적인 예술 분야에서 탁월함을 드러내는 자유로운 발상의 소유자"가 될 것이라는 예측까지 내놓았다.[10] 이런 맥락에서 몇몇 평론가들은 예술 과목들이야말로 STEM(과학·기술·공학·수학) 과목들과 동등한 비중으로 다뤄질 필요가 있으며, 따라서

'STEM' 대신 예술을 추가한 'STEAM'이 되어야 한다고 주장해왔다.

이와 관련해 세계적 미래학자이자 기술 분야 권위자인 게르트 레온하르트Gerd Leonhard는 한쪽에 치우쳐 있는 STEM 과목들의 균형을 잡아주려면 인간적인 것들에 초점을 맞춘 과목들을 강조할 필요가 있다고 주장해왔다. 그래서 그는 (머리글자 싸움에서 돋보이고자 하는 의도에서) CORE를 제안했다. CORE는 창의성Creativity/Compassion, 독창성Originality, 책임성Reciprocity/Responsibility, 공감Empathy의 머리글자를 합친 것이다.[11]

카네기멜런 대학교 데이비드 코스비David Kosbie와 그의 공동 저자들도 『하버드 비즈니스 리뷰Harvard Business Review』에 발표한 논문에서 비슷한 견해를 드러냈는데, 이들은 다음과 같이 주장했다. "인공지능이 작업 현장에서 일상적인 정보와 그동안 사람들이 했던 육체노동을 대신함에 따라 우리는 사람 노동자를 인공지능과 구분해주는 몇몇 특성에 새롭게 초점을 맞추고 이것들을 강조할 필요가 있다. 그 특성들이란 바로 창의성과 적응성 그리고 개인과 개인 사이의 소통 기술이다."[12]

교육 전문가이자 사상가인 그레이엄 브라운마틴Graham Brown-Martin은 로봇이 복제할 수 없는 기술 개발에 힘써야 한다면서 "이것은 가장 위대한 소식이다. 왜냐하면 일을 자동화하고 일자리를 인간적으로 만들 수 있음을 뜻하기 때문이다"라고 말한다.[13]

미국 노스이스턴 대학교 총장 조지프 아운Joseph Aoun은 디지털 시대에 사람들이 배울 필요가 있는 새로운 원리에 '인간학Humanics'이라는 이름을 붙였다(머리글자 조합이 아니어서 얼마나 고마운지 모르겠다). 그는 학생들이 기존 문장 읽기 능력에 세 가지를 추가할 필요가 있을 것이라고 말한다. 그 세 가지는 데이터 읽기 능력, 기술 읽기 능력 그리고 인간성 읽기 능력이다.[14]

◆ 개혁의 필요성 ◆

예술과 인문학을 포함하는 전통적인 학과목들이 가지는 중요성을 인정한다고 하더라도, 이것 자체만으로는 교육이 현재 모습을 그대로 유지할 수 있다는 뜻이 아니다. 사실 로봇과 인공지능을 굳이 전제하지 않는다고 하더라도, 고용주가 자기가 채용한 직원들에게서 가장 높이 평가하는 덕목은 전통적인 학과목에서 가르치거나 심지어 장려하는 것들이 아닌 것 같다. 2006년 실시된 어떤 여론조사에서 고용주들이 자기 직원에게서 가장 높이 평가하며 기대하는 덕목은 '리더십'과 '팀 안에서의 협업 능력'이다. 그리고 문서 소통 능력과 문제 해결 능력이 그 뒤를 따른다. 순수하게 기술적인 역량은 중간 정도 순위에 놓이는데, 이 순위는 심지어 강력한 노동윤리와 진취성보다도 낮다.

어떤 독자는 이 여론조사에서 가장 높이 평가된 것으로 드러난 역량은 기술 교육보다 전통적인 자유주의적 예술 교육에 의해 더 많이 강화된다고 주장할지도 모르겠다. 그렇지만 전통적인 자유주의적 예술 교육이 그런 역량을 강화하는 데 특히 더 유효할까? 아마도 그렇지 않을 것이다. 우리가 원하는 사람이 창의성, 진취성, 리더십, 팀 안에서의 협업 능력 등을 갖춘 청년이라면, 교육에 대한 현대적인 접근법 전체를 심각하게 비판적으로 바라보는 것이 옳다. 교육 전문가 켄 로빈슨Sir Ken Robinson은 '잘못된 대답'에 대한 처벌을 당연하게 여겨왔지만 실제로는 창의성을 억눌러왔다면서 "우리는 창의성을 강화하는 방향으로 성장하지 않았다. 우리는 창의성을 잃어가면서 성장했다. 어쩌면 창의성을 가지지 않도록 교육받았는지도 모른다"고 말했다.[15]

교육education은 때로 '학습learning(배움)'과 동일시되곤 하며, 과거에는 기계적 암기에 동반되는 상당한 스트레스를 당연하게 여겼다. 이런 일은 지금도 여전히 이어지고 있다. 연대표나 국왕의 재임 기간 등을 외워야 하는 과제들이 여전히 학생들에게 주어진다. 아시아 몇몇 나라에서는 기계적 암기가 특히 강조되고 있다. 그러나 이런 학습이 가지는 가치의 많은 부분은 기본적으로 정보와 지식을 검색하는 일의 어려움(그리고 비용)에서 비롯된다.

그러나 지금은 모든 것에 대한 그 모든 내용이 클릭 몇 번으로 금방 해결된다. 그러므로 교육은 정보를 어디에서 찾을 것인지, 그 정보를 신뢰할 것인지 말 것인지, 그리고 그 정보가 가지는 가중치를 어떻게 평가할 것인지 등에 초점을 맞추는 것이 옳다. 이 기준 하나만이 교육이 본질적으로 목표로 삼아야 하는 것의 수정과 변화를 정당화할 수 있다.

당연한 말이긴 하지만, 아기를 목욕시킨 다음 그 물을 버리면서 아기까지 함께 버리지 않도록 조심해야 한다. 만일 우리가 실제 사실들을 조금도 '학습하려(배우려)' 하지 않는다면 우리는 과연 무엇을 알고 이해하겠는가? 예를 들어 과거에 무슨 일이 언제 일어났으며 그 일 뒤에는 또 무슨 일이 일어났는지 알지 못한다면 역사 속의 커다란 쟁점들을 앞에 두고 우리가 무슨 생각을 할 수 있을까? 그런 생각들을 할 수 있기나 할까?

그러니까 인공지능이 교육에 미치는 영향이 커질수록 우리는 기존 교육 체계를 강화하는 방안만 찾으려 해서는 안 된다. 인공지능 때문에 진행되고 있는 지금의 변화들이 교육 체계가 어떻게 작동하는지, 교육이 무엇을 위한 것인지 본질적인 차원에서 다시 한번 생각할 기회를 제공하고 있다.

두 번째 질문에 대해 고대 철학자들이나 현대 교육 전문가들은 분명 '교육받는 사람들의 삶을 개선하는 것'이라고 입을 모아 대답할 것이다. 나 역시 여기에 동의한다. 그런데 여기에 덧붙여 교육받는 사람 외 다른 사람들의 삶을 개선하는 것도 교육의 목적이 된다. 왜냐하면 교육은 경제학자들이 '외부효과externality'ʃ라고 부르는 결과를 만들어내기 때문이다. 즉 교육은 교육받는 사람을 초월해 다른 사람들에게까지도 파급효과를 만들어낸다는 말이다. 이것은 교육을 상대적으로 더 잘 받은 사람은 개인적으로 더 많은 소득을 얻지만, 이것 외에도 이 사람은 사회의 전체 경제에 더 생산적인 기여를 할 뿐만 아니라 시민으로서 한층 더 풍성하고 가치 있는 역할을 할 수 있기 때문이다. 교육은 친

ʃ 경제 주체의 행위가 다른 경제 주체들에게 전혀 기대하지 않았던 혜택이나 손해를 발생시키는 효과.

절함과 정직성 그리고 평화를 사랑하는 성정을 강화하는데, 이런 덕목들은 모두 사회 전체의 편익을 한층 넓혀줄 것이라고 주장할 수도 있다. 하지만 마지막에 언급한 이 효과는 매우 미심쩍다는 사실을 명심할 필요가 있다.

◆ 여가시간과 여가활동 ◆

일할 수 있게 하고 사회에 참여하기 위해 준비시키는 것이 교육의 유일한 목적은 아니다. 여가활동을 잘할 수 있도록 준비시키는 것 역시 교육의 한 부분이 되어야 한다. 나는 앞서 4장에서 AI 경제 안에서는 사람들이 지금보다 더 많은 여가시간을 선택할 것이라고 주장했다. 추가되는 여가시간 가운데 많은 부분은 자기 혼자 혹은 가족이나 친구와 함께 보내는 일상적인 활동에 사용될 것이다. 그리고 많은 사람이 여가시간을 이렇게 즐겁고 보람차게 보내거나 새로운 취미나 활동을 개발하는 데 굳이 교육이라는 형태의 도움이 필요하다고 느끼지 않는다.

그러나 이미 많은 사람이 자기에게 주어진 자유로운 시간을 충분히 효과적으로 사용하는 게 어렵다는 사실을 깨달았다. 여가시간이 점점 더 늘어남에 따라 성취감을 느끼는 방향으로 그 시간을 활용하기란 쉽지 않은 과제가 될 것이다. 바로 이 지점에서 교육이 중요한 역할을 해야 한다. 교육은 사람들에게 스스로 충족감을 얻는 방법을 가르칠 수 있다. 여기에는 문학과 음악을 비롯해 사람들에게 즐거움을 줄 수 있는 다른 많은 것이 포함될 수 있다.

그런데 이런 발상은 어딘가 권위주의적이거나 엘리트주의적으로 들릴 수도 있다. 예를 들어 베토벤이나 발자크를 감상하는 것을 여가시간을 보내는 '공인된' 방법으로 규정한다고 하자. 이런 발상은 조지 오웰의 소설 『1984』에 나오는 '빅 브라더'를 연상시키는 것 같다. 물론 실제 현실에서는 사람들이 여가시간을 보내는 방법을 교육자들이 전혀 통제할 수 없다. 그렇게 해서도 안 되고.

그러나 어린 시절에 사람들이 많이 노출되는 것을 무엇으로 정할지 결정하는 데 교육자들이 결정적으로 중요한 영향력을 행사할 수 있다. 또 그렇게 노출되는 것은 그 사람들이 나중에 인생을 살아가는 데 중요한 도움이 될 수 있다. 가장 바람직하게는, 교육 제도는 교육 제도의 개입이 없었더라면 사람들이 절대 접하거나 경험할 수 없었던 것을 접하고 경험할 수 있게 해준다. 많은 학생에게 그것은 베토벤이 될 수도 있고 발자크가 될 수도 있다. 이것을 두고 엘리트주의적이라고 한다면, 할 말이 없다.

적어도 베토벤이나 발자크와 같은 멋진 신사들과의 만남(이런 만남은 교육 제도 덕분에 한결 쉬워졌다)은 〈셀러브리티 빅 브라더Celebrity Big Brother〉∫나 〈카다시안 따라잡기Keeping Up With The Kardashians〉∬ 같은 인

∫ 연예인들이 한 집에 모여 몇 주일 동안 같이 지내면서 일거수일투족을 공개하고, 시청자들이 한 명씩 탈락할 사람을 선정하는 텔레비전 프로그램.
∬ 패션모델인 카다시안의 가족 일상을 담아낸 텔레비전 프로그램.

기 텔레비전 프로그램들을 평가할 수 있는 척도가 되어준다(그런데 이 프로그램들이 무엇인지 모르는 사람이라면 자기가 축복받은 사람이라고 생각해도 된다. 이 프로그램들은 '리얼리티 텔레비전 프로그램'의 표본인데, 여기에 등장하는 사람들은 시청자들에게 즐거움을 주기 위해 자기의 온갖 모습과 행동을 고스란히 노출한다).

어린 학생과 청년에게 어떤 것들을 소개한다는 발상은 교육이 담당해야 할 역할의 핵심이 무엇인지 말해준다. 'education'이라는 단어는 라틴어에 뿌리를 둔 두 동사, 즉 훈련시키거나 틀을 잡아준다는 뜻의 동사 'educare'와 어떤 곳에서부터 빼내준다는 뜻의 동사 'educere'에서 비롯된 것으로 추정된다. 그리고 어린 학생과 청년을 빼내려고 하는 곳은 빈곤과 편견과 무지의 세상만이 아니라 〈셀레브리티 빅 브라더〉와 〈카다시안 따라잡기〉의 세상이기도 하다. 설령 이런 참혹한 왜곡 성장의 세상에서 구조되었다고 하더라도, 그들이 거기로 다시 돌아가겠다는 결정을 내릴 수도 있다. 하지만 이건 그들이 선택하고 감당할 몫이다. 그러나 애초부터 그런 도움을 주지 않는다면, 이것은 교육의 책임을 지고 있는 사람들이 자기에게 주어진 책임을 내팽개치는 셈이다.

여가시간과 여가활동을 위한 교육이 반드시 지적이거나 교양과 관련 있을 필요는 없다. 이 교육은 젊은 사람들을 목공, 페인트칠, 요리 등과 같은 기술 쪽으로 유도해야 한다. 또한 단순히 바라보기만 하는 게 아니라 실제로 참여하는 운동 경기로 유도해야 한다. 교육은 또 그들 안에 잠재된 신체적으로 건강할 때의 즐거움을 개발하는 데, 그리고 이런 즐거움을 유지하기 위한 방법을 이해하는 데 도움을 줄 수도 있다. 현대 사회를 살아가는 많은 사람은 교육이 적절하게 개입하지 않을 경우 이런 것들을 전혀 모른 채 성장할 수 있으며, 적어도 무기력한 생활에 자기도 모르게 젖어들 수 있다.

게다가 교육은 사람들에게 공동체의 가치와 시민의 의무를 심어주는 것 외에도 다른 사람들과 사회적 관계를 형성하고 유지하는 데 필요한 기술을 가르치는 데 핵심적 역할을 한다. 그리고 교육은 봉사활동이 가지는 가치와 힘이 무엇인지 소개해줄 수도 있다.

지금 주장하는 이 모든 내용은, 학생들이 AI 경제에 가장 잘 준비할 수 있도록 하고/하거나 학생들이 장차 가지게 될 일자리와 직접 연결되는 기술 습득 및 해당 분야의 협소한 기본지식에 초점을 맞추는 데 가장 중요한 STEM 과목들을 중점으로 한 학문적 차원의 교육 필요성을 강조해온 최근 교육 제도의 취지 및 논지와 거리가 멀다. 사람이 살아가는 인생에는 일보다 훨씬 많은 것이 있다. 즉 인생을 살면서 해야 할 일은 직업적인 차원에서 하는 일보다 훨씬 더 많다.

◆ 교육 방법론 ◆

로봇 시대에는 학교 및 대학교에서 무슨 과목을 가르쳐야 할 것인가 하는 점 외에 교육 방법론도 혁명을 거칠 필요가 있다. 오늘날 그리고 지금 시대에는 교실에서 혹은 강연장에서 강의하는 교사나 강연자가 늘 그렇듯이 강의 노트를 읽어대는 것 혹은 이 노트를 달달 외워 읊어대는 것이 무슨 의미가 있을까? 이것과 비슷한 행태가 우리 교육기관 대부분에서 여전히 반복되고 있다는 점은 언어도단이라고 할 정도로 놀라운 일이다.

버킹엄 대학교 부총장이자 유명한 교육 전문가 앤서니 셀던Anthony Seldon에 따르면, 많은 교육기관이 로봇공학의 발전에는 전혀 신경도 쓰지 않은 채 1600년에 사용되었던 방법론들을 그대로 답습하고 있다.[16] 사실 나는 기원전 4세기 아리스토텔레스 시대 이후 교육 방법론이 크게 바뀐 게 없다고 생각한다. 그런데 인공지능을 효과적으로 사용하기만 하면 이런 잘못된 행태에 종지부를 찍을 수 있다.

사람들은 대부분 AI 혁명이 교육 분야에 몰고 올 충격 가운데 교사 수요의 급감이 포함된다고 생각한다. 예컨대 미래학자이자 인공지능 전문가인 마틴 포드는 이렇게 말했다.

> 대학생들이 하버드 대학교나 옥스퍼드 대학교의 교수들이 하는 무료 온라인 강의를 들을 수 있고 직장이나 대학원이 인정해주는 졸업장을 받게 될 미래의 모습을 상상해보라. 이렇게 될 때 누가 비싼 등록금을 내면서 3류 혹은 4류로 평가되는 대학교에 입학하려고 하겠는가?[17]

사실 그런 혁명은 이미 진행되고 있다. 거의 400년 가까이 존속해온 '물리적인' 대학교에 등록하는 것보다 더 많은 사람이 하버드 대학교 온라인 강좌에 등록했다.[18]

그러나 학교 및 대학교에서 교사나 교수에 대한 수요가 지금 당장 갑작스럽게 떨어질 것이라는 결론에 나는 동의하지 않는다. 어떤 경우든 간에 현재 교사들의 어깨에 놓인 짐의 양으로만 보면 현재 체계는 기존 자원들만 가지고 지속될 수 없다. 「가디언The Guardian」이 2016년에 의뢰한 설문조사 결과를 보면, 영국에서 교사 82%는 자기에게 지워진 짐을 감당할 수 없을 정도라고 응답했다. 그리고 교사 가운데 3분의 2에 해당하는 사람이 한 주에 60시간 넘게 일한다.[19]

영국의 교육 지원 파트너십Education Support Partnership이 조사한 자료에 따르면 교사 80%가 설문 응답 시점 기준으로 지난 2년 동안 적어도 한 번은 정신건강에 문제가 있었다고 대답했다.

학급 규모는 끈질기게 해결되지 않고 있는 쟁점이다. 영국에서 한 학급의 학생 수가 30명 넘는 경우를 쉽게 찾아볼 수 있다. 개발도상국에서는 60명 혹은 그보다 더 많을 수도 있다. 그러나 교육학자 존 듀이John Dewey는 이미 100년 전에 한 학급의 가장 이상적인 학생 수는 8명에서 12명 사이라고 했다. 대학교에서도 사정은 비슷하다. 때로는 수강생이 수백 명이나 되는 강의실에서 강의가 이루어지다보니, 학생과 교수 사이의 직접적인 소통과 접촉이 최소화될 수밖에 없다.

이처럼 현재 교육 체계에서는 교사의 공급이 매우 부족한 실정이다. 로봇과 인공지능이 교사 역량의 한 부분을 맡으면서, 교사가 전체적으로 도태되기보다는 학급의 규모가 줄어들고 강의의 중요성이 줄어드는 양상으로 전개될 것 같다. 그러나 사실 잠재적인 변화는 이것보다 훨씬 더 근본적이다. 다른 많은 것과 마찬가지로 새로운 세상에서는 인공지능이 발전함에 따라 교육 서비스도 근본적으로 재규정될 수밖에 없다.

켄 로빈슨은 절묘한 표현을 들어 현재의 교육 구조를 묘사한다. "학생들이 가진 가장 중요한 공통점이 이들의 생산 연도라도 되는 듯이 학생들은 연령별로 제각기 다른 묶음으로 묶여 교육받는다."[20] 개인적인 접촉이 더 확대되고 세미나나 개별 지도를 통해 상호소통의 폭이 한층 커지는 수업이 성공으로 나아가는 길임은 확실하다. 일단 이런 게 이루어지고 나면 두루 적용되도록 만들어진 교육의 뿌리 깊은 병폐도 해결될 것이다.

역설적이게도 옥스퍼드 대학교나 케임브리지 대학교에서의 연륜 깊은 일대일 교육 지도 방식과 같은 학습 방법이 지금까지 낡은 방식이며 따라서 소멸되어야 할 방식으로 지금까지 널리 매도되어왔지만, 사실 이것이 엘리트 교육기관들뿐 아니라 이보다 훨씬 더 넓은 차원에서 미래의 교육 방식이 될 수 있다.

인공지능은 학생들에게 맞춤형 수업을 제공함으로써 비효율적인 집단학습에 마침표를 찍을 수 있다. 교사들은 더 자유로운 상태에서 보다 적극적으로 일대일 교습에 매진할 수 있을 것이다. 이렇게 되면 설령 로봇과 인공지능이 지식과 정보의 전달이라는 전통적인 교육자 역할을 떠맡는다고 하더라도 교사의 수요는 오히려 '늘어날 수도 있다'.

기술은 학생들을 학습에 몰입하게 하고 개인 맞춤형 학습을 용이하게 하는 데 사용될 수 있지만, 예전에는 여러 가지 다양한 이유로 전통적인 교육을 받을 수 없었던 학생들에게 학습 관련 자료들에 접속할 수 있는 온라인 플랫폼을 제공할 수도 있다. 도널드 클라크Donald Clark가 표현했듯이 "구글은 교육 방면의 가장 위대한 성공이며, 구글도 인공지능의 한 조각인 셈이다".[21] 지금은 사용자에게 특화된 교과서를 만들 수 있는 회사들이 있다. 가르쳐야 할 내용 및 개별 학생들에 대한 정보를 제공하는 교사와 인공지능 알고리즘 사이의 상호작용을 통해 개별 학생들에게 꼭 필요한 교육 관련 자료가 만들어질 수 있다.

2012년에 당시 영국 교육부 장관이던 마이클 고브Michael Gove는 게임 및 쌍방향 소프트웨어가 학생들을 사로잡아 학습 과정을 유쾌하게 만들어주며 학생들이 복잡한 기술 및 철저한 지식을 얻는 데 도움을 주는 방식을 높이 평가했다. 더 나아가 적응형 소프트웨어adaptive software는 제각기 다른 학생들의 이해 수준을 반영해 교습 과정을 개인별 맞춤형으로 만들 수 있다.[22] 이런 쌍방향 체계는 학생들에게 도움을 줄 뿐만 아니라, 교사들의 지식이 얕을 수도 있는 컴퓨터학 등의 과목을 가르치는 데도 도움을 줄 수 있다.

비록 우리는 교육 분야에서 인공지능 사용이 늘어날 것임을 확신하고 그 효과가 유익하게 작용할 것임을 확신하지만, 그런데도 그 충격 규모가 어느 정도일지 확신을 가지고 말할 수 없다. 그러나 이런 상황에서도 몇몇 기관 및 사람들은 여전히 장차 나타날 수 있는 효과에 대한 이야기를 마구 늘어놓는다. 이스쿨뉴스eSchool News(www.eschoolnews.com)는 최근 발표한 논문을 통해 '교육 산업'에서의 인공지능 사용이 2021년까지 47.5% 늘어날 것이라고 밝혔다.

평생 경제를 예측하면서 살다보니 3년 뒤에 일어날 일의 소수점 단위 예측은 그 예측 결과를 적어놓는 종이가(물론 요즘에는 예측 결과를 종이에 쓰지 않는 경우가 더 많지만) 아까울 지경이라는 사실을 깨닫게 되었다. 위험한 운전으로 인한 사고와 거기에 따르는 사망자의 수, 중앙아메리카의 강수 확률, 결혼한 부부 사이에 태어나는 신생아 수 등 예측 대상이 무엇이든 간에 우리는 확실성을 가지고 미래를 예측할 수 없다. 소수점 단위의 정확성을 기대할 수 없음은 굳이 말할 필요도 없다. 그런데 교육 분야에서는 인공지능 사용이 절반쯤 늘어날 것이라는 말조차 충분히 영웅적이다.

◆ 인공지능이 할 수 있는 것과 할 수 없는 것 ◆

영국 교육계의 거물인 앤서니 셀던은 인공지능이 한 학급의 학생 수를 줄이기 쉽게 할 뿐 아니라 궁극적으로는 학생을 직접 가르치고 과제를 채점하며 보고서를 쓰는 일까지 할 수 있을 것이라고 바라본다. 그의 전망이 맞을까? 단답형 문제나 사지선다형 문제로 된 시험지 채점은 인공지능이 어렵지 않게 수행할 수 있다. 심지어 어떤 열광주의자는 인공지능이 에세이 과제를 읽고 점수를 매기는 일까지 가능하다고 주장한다. 하지만 나는 그렇게 생각하지 않는다. 물론 가장 기본적인 질문이나 상식에 관한 채점이라면 예외겠지만 말이다. 인공지능이 아무리 똑똑하다고 해도 특이점이 오기 전까지는 결코 사람 채점자보다 더 정확한 채점을 하지 못할 것이다(특이점에 대해서는 에필로그에서 살펴볼 것이고, 이 예고는 앞에서도 이미 여러 차례 했다).

내가 옥스퍼드 대학교에 다닐 때 철학과 입학시험 문제와 관련된 출처 불명의 어떤 이야기가 학교에 떠돌았다. 그 입학시험 문제는 "이것은 질문입니까?"였는데, 어떤 용감한 수험생이 그저 단순하게 "만일 그게 질문이라면, 이게 대답입니다"라는 답을 제출했다. 어떤 인공지능이 이 답을 채점할 수 있을까? 실제로 옥스퍼드 대학교 교수들이라고 하더라도 이 문제를 어렵다고 여길 게 분명했다. 만일 내가 그 시험을 채점해야 한다면, 그렇게 대답한 학생을 절대로 떨어뜨리지 않을 것이다. 그 학생은 무지하고 게을렀을 수도 있고, (용감했을 뿐만 아니라) 놀랍도록 똑똑했을 수도 있다. 나라면 적어도 이 학생을 직접 만나서 면접을 해보고 싶을 것이다. 인공지능에 그 일을 맡기지 않고 말이다.

이것 말고도 내가 좋아하는 철학적인 질문은 있다. "어떤 남자가 물도 없는 사막을 가로지르는 위험한 여행을 하려고 한다. 남자는 물주머니 하나 가득 물을 채웠다. 그런데 남자가 잠잘 때 이 남자를 적으로 여긴 한 사람이 그 물에 독을 탔다. 또 다른 적은 이 물주머니에 구멍을 뚫어 물이 조금씩 빠져나가도록 했다. 그렇다면 이 남자를 죽인 것은 누구일까? 이 질문에 대한 답안 역시 나는 인공지능이 채점하도록 맡겨두고 싶지 않다.

복잡한 질문은 철학에만 국한되지 않는다. 내가 옥스퍼드에 있을 때 접한 마음에 들었던 경제학 문제 가운데 하나는 "흑사병은 유익한 것이었을까?"였다. 이 질문에 답하는 데는 14세기 흑사병이 창궐할 때 무슨 일이 일어났는지 상세하게 알 필요가 없으며 중세 유럽에 대한 일반적인 지식을 몰라도 상관없다. 흑사병이 상당히 많은 유럽 인구를 쓸어버렸다는 사실만 알면 된다. 이 질문이 요구하는 것은 경제학에 대한 이해를 토대로 흑사병의 결과를 분석하라는 것이다. 어떤 형태의 인공지능이든 간에 이 문제에 대한 답변 범위를 적절하게 설정한 다음 거기에 맞게 답변할 수 있으리라고는 도저히 상상할 수 없다.

그리고 인공지능은 보다 일반적인 한계를 가지고 있다. 누군가를 가르친다는 것은 매우 인간적인 차원의 일이다. 교습이 진행될 때는 교사와 학생 사이 특별한 공감대가 형성되는 것을 전제로 한다. 교사라는 직업에 소명의식을 가지고 있는 사람들이 자기가 하는 일에 대해 그토록 커다란 보상과 만족을 느끼는 이유도 바로 여기에 있다. 그리고 학생도 인간적인 상호작용 속에서 잘 성장할 수 있다. 내가 그나마 이렇게 세상에 이름을 알리고 살아가는 것이나 지금까지 내가 성취한 모든 것은 나에게 특별했던 스승 한 분이 있었기 때문인데, 이런 행복한 경우는 결코 나뿐만이 아니다. 나는 그 스승에게 엄청난 빚을 지고 있다(물론 잘못된 모든 일은 순전히 내 탓이다). 로봇이 아무리 지식 전달을 잘한다고 하더라도 이런 효과는 결코 따라 할 수 없다. 여기에는 그만한 이유가 있다. 공감이라는 덕목은 인간적인 덕목이기 때문이다. 영감도 마찬가지다.

인간적인 요소는 모든 과목에서 중요하다. 특히 미술, 음악, 드라마, 스포츠와 같은 비학문적인 과목들에서 더 그렇다. 앞에서도 말했지만 이런 과목들은 통합적인 교육에서 중심적 역할을 한다. 인공지능의 도움을 받을 때 교사는 더 많은 시간을 기계적인 업무에서 해방되어 그만큼 비학문적인 활동에 전념할 수 있을 것이다.

◆ 교육을 어디까지, 얼마나 해야 할까? ◆

교과목과 교육 방법론에 대해 앞에서 얘기한 것 대부분은 교육의 모든 단계에 적용된다. 그러나 대학교 이상의 교육인 3차 교육과 관련된 질문이 하나 존재한다. 교육을 많이 할수록 좋을까?

고등학교 이후 교육은 AI 혁명 이전에도 개혁이 필요했다. 그러나 로봇과 인공지능 때문에 나타난 교육 부문의 여러 변화 덕분에 교육이 무엇을 위한 것인지, 그 목적을 달성하는 데 현대의 교육 체계가 얼마나 효과적인지 다시 한번 생각해볼 수 있게 되었다. 만일 사회가 이런 질문들을 제대로 소화하지 못한다면 AI 혁명은 이미 심각한 수준에 도달한 자원 낭비를 한층 더 강화할 것이다.

영국에서 토니 블레어Tony Blair의 노동당 정부는 출범 당시 대학진학률을 50%로 끌어올리겠다고 약속했다. 이것은 내가 대학교에 진학한 1970년 대학진학률 5~6%와 비교하면 엄청난 차이다. 물론 우리 때는 폴리텍이라는 다른 교육기관이 있었지만, 이것까지 합하더라도 대학진학률이 14%밖에 되지 않았다. 실제로 영국에서 2016년까지 30세 미만 청년의 대학진학률이 49%로 증가해 블레어 총리의 공약은 달성된 것이나 다름없다. 그리고 2017년 교육 전문가 닉 힐먼Nick Hillman은 2035년까지 70%라는 목표치를 설정했다.

대학진학률 높이기라는 블레어 정부의 이런 발상에는, 대학교 졸업자가 비졸업자보다 높은 소득을 올리므로(그리고 경제에도 그만큼 더 많이 기여할 것이라 추정할 수 있으므로) 대학진학률을 높이면 대학교에 갈 수 없었던 사람들의 소득이 그만큼 높아지고, 따라서 국가의 생산력도 그만큼 향상될 것이라는 논리가 작용했다.

그러나 이 추론은 언제나 틀린 것이다. 평균적으로 볼 때 대학교 졸업자가 고등학교 졸업자보다 더 많은 소득을 벌어들인다고 해서, 대학교 졸업자의 수를 늘릴수록 그들이 대학교 학위 없이 벌 수 있었던 것보다 더 많은 돈을 벌 것이라는 결론이 자동으로 뒤따르는 것은 아니다. 교육 체계의 많은 부분은 학생들이 자기 앞에 나타나는 임의의 장애물을 넘어가는 법을 가르치는 데 투입되지만, 이런 가르침은 생산적인 잠재력과 거의 관련 없다. 보다 많은 학생이 장애물들을 뛰어넘는 법을 익힌다고 해서 얻을 수 있는 것은 아무것도 없다. 장애물들을 더 쉽게 넘도록 만들어 얻을 수 있는 것도 여전히 적다.

이 문제와 관련된 쟁점은 최근 있었던 3차 교육의 지나친 확대보다 더 심각하다. 이 쟁점은 교육의 본질과 연결된다. 교사가 학생들을 위해서 해주는 것들이 사회의 총체적인 생산 능력을(혹은 행복 능력을) 높여줄까? 이 교사가 비록 누군가가 누릴 행복의 크기를 키워주긴 하지만 이 과정에서 (다른 교사의 가르침을 받는) 다른 누군가가 누릴 수 있는 행복의 크기를 그만큼 줄이는 것은 아닐까? 『시장의 문제The Trouble with Markets』에서 나는 이 차이를 설명하기 위해 '창조적인creative'과 '유통적인distributive'이라는 용어를 사용했다.[23]

경제에서, 특히 금융 부문에서 진행되고 있는 것 가운데 많은 부분이 본질적으로 유통적이다. 즉 승자와 패자를 가르는 데, 그리고 거기에 따른 사회 전체 차원의 소득분배에 영향을 주지만 사회의 총소득에는 영향을 주지 않는다는 말이다(오히려 희소한 자원을 사회적으로 아무 쓸모 없는 활동에 투입함으로써 사회의 총소득을 줄인다).

이런 일이 교육 부문에서도 일어난다. 역대 국왕의 재임 기간을 학생들이 달달 외우도록 지식을 주입하는 것은 개인의 생산 능력에 조금도 보탬이 되지 않는다. 범위를 확장하면, 사회의 생산 능력에도 보탬이 되지 않는다. 그런데도 좋은 교사가 하는 일은 '자기' 학생들이 역사 시험을 잘 봐서 좋은 대학교에 진학할 수 있는 자격을 갖추도록 도와 그 학생들이 장차 좋은 일자리를 얻을 가능성을 높여주는 것이다. 교사나 학생 모두 자기가 바라는 대로 될 때 만족감을 느낄 것이다. 그러나 그런 활동들은 창조적이라기보다 순전히 유통적인 것이다.

현재 진행되는 교육활동의 많은 부분이 기본적인 성격상 유통적이다. 이런 활동은 개별 학생의 생산 능력에 거의 아무런 기여도 하지 않는다. 설령 그 학생이 특정한 학습 과정을 거친다고 해도 달라지는 것은 없다. 그런데도 성공은 '승자'와 '패자'를 가르는 기능을 한다. 교육 과정의 많은 부분이 일련의 임의적인 장애물들로 구성되어 있다. 학생들이 장애물을 넘어갈 때마다 새로운 장애물이 나타나고, 이 과정은 장애물 넘기에 통달한 '완성품'이 만들어질 때까지 계속 반복된다. 하지만 그 장애물들은 장차 학생들이 인생을 살면서 맞닥뜨릴 장애물과 거의 아무런 관계가 없다는 점이 문제다.

◆ 교육을 줄이면 어떻게 될까? ◆

교육과정에서 '유통적인' 활동이 지나칠 정도로 우세하고 많다는 점을 인정한다면, 보다 많은 교육이 필요하다는 생각이 통상적인 관념으로 널리 퍼져 있긴 하지만 실제로는 오히려 교육을 줄일 필요가 있다는 결론이 나온다.

조지메이슨 대학교 경제학자 브라이언 캐플런Bryan Caplan은 저서 『교육에 반대하는 사례The Case against Education』에서 이 점을 정확하게 주장한다.[24] 그는 현대의 교육 체계가 본질적으로 인적자본을 창조하는 것이라기보다는 '학력주의'에 물들어 있다는 증거를 두 가지 제시한다. 첫째, 대학교에 다니다가 졸업 직전에 학위를 따지 않고 중퇴한 사람은 대학교 졸업자보다 훨씬 적은 돈밖에 벌지 못한다(심지어 고등학교 졸업자보다 낫다고 할 수 없는 정도밖에 벌지 못한다). 대학교에서 배우는 것이 생산 능력과 관련해 정말로 중요한 것이라면 중퇴자와 졸업자의 소득 차이가 그렇게 많이 날 수 없다는 말이다.

둘째, 많은 학생이 '학력'을 확보하는 데 최소한의 노력만 들인다. 고등학교든 대학교든 간에 교육 당국이 자기들에게 주려는 지식이나 기술의 가치가 그다지 큰 의미 없음을 잘 알기 때문이다. 캐플런은 50년 전에 전형적인 미국 대학생이 강의실이나 도서관에서 공부한 시간이 한 주에 약 40시간이었지만 지금은 이 수치가 20시간밖에 되지 않는다고 말한다.[25]

교육 체계에 대해 캐플런이 퍼붓는 비판은 지나칠 정도로 날이 서 있다. 설령 학생들에게 지식을 아무리 주입식으로 잘 욱여넣는다고 하더라도 이 지식은 금방 잊힌다. 잊히지 않는다고 하더라도 대부분 쓸모없으며, 특정한 직무를 수행하는 개인의 능력에 별로 보탬이 되지 않는다. 그러니까 그렇게 배운 지식은 전체적으로 쓸모없다는 뜻이다. 주입식을 포함한 학습 및 미리 정해진 특정한 방식으로 해당 정보를 쏟아내는 것과 관련된 기술은 경력의 여러 측면에서 유용할 수 있다. 그리고 학습하고 학습 내용을 활용하는 데는 규율과 투지가 필요하다. 게다가 고용주로서는 어떤 선택을 하는 데 도움이 되는 어떤 종류의 학력이 필요할 수도 있다.

그러나 학력주의가 지나칠 정도로 멀리까지 나가버렸다는 캐플런의 주장은 분명히 옳다. 대학진학률을 높인다는 블레어의 교육 정책의 결과는 애초에 의도했던 목적과 완전히 동떨어진 결과를 빚어냈다. 청년에게 학위를 주는 것만으로는 이 청년의 노동력 가치를 실질적으로 높여주지 못한다. 그리고 학위를 따기까지 과정에 들어가는 비용은 그야말로 폭탄이나 다름없다.

그래서 지금 노동시장에서는 아무런 의미도 없는 '자격'을 갖춘 20대 청년들로 넘쳐난다. 이들은 일자리를 찾지 못하거나 '대학교 졸업 자격'과 아무 상관 없는 일자리를 얻는다. 그 결과 '대학교 졸업 자격'이 사실상 필요 없는 일자리를 얻을 때조차 대학교 학위가 필요하게 되었다. 그 학위가 그 일자리를 수행할 수 있는 구직자의 능력과 아무런 상관이 없음에도 말이다.

영국 공인인력개발연구소CIPD가 발표한 최근 보고서는 영국의 대학교 졸업자 가운데 58%는 대학교 졸업 자격이 필요하지 않은 일자리를 가지고 있음을 확인했다. 이 수치는 독일의 10%와 크게 차이 난다. 그리고 여기에 따른 한 가지 불행한 결과는 대학교 졸업자가 아니지만 해당 업무를 완벽하게 수행할 수 있는 많은 사람이 그 일자리에서 배제된다는 점이다. 이렇게 떠밀리는 청년들 가운데 사회경제적으로 혜택을 받지 못하는 가구 출신자가 차지하는 비율은 기형적으로 높다. 그러므로 이런 '학위 인플레이션'은 공정한 게임과 거리가 멀다고 할 수 있다. 학위 인플레이션은 엄청나게 많은 돈의 낭비일 뿐만 아니라 사회 불평등을 심화하고 이 불평등이 대물림되도록 만든다.

영국에서 젊은 사람들이 본질적으로 거의 쓸모없으며 기존 대학교 비졸업자들이 일자리에서 밀려나게 만드는 대학교 학위를 따려고 애쓰는데, 이 과정에서 그들은 엄청난 빚을 짊어진다. 이 문제는 영국에만 국한되지 않는다. 미국에서도 2018년 기준 전체 학생이 지고 있는 빚의 규모가 1조 5,000억 달러를 넘어섰다. 브루킹스 연구소Brookings study의 최근 논문은 2023년까지 이 채무자들 가운데 거의 40%가 파산할 것이라고 예측한다.[26]

교육 부문의 이 전체 체계는 비싼 돈이 들어가는 불명예다. 우리는 훨씬 적은 수의 대학교에 진학하도록 준비를 갖춰야 한다. 그러나 고등학교 졸업자가 대학교 교육을 받지 말아야 한다거나 학습을 이어가지 말아야 한다는 뜻은 아니다. 이들 역시 특정한 기술을 가르치는 단기 강좌 등과 결합해 '직무' 관련 학습을 더 많이 할 필요가 있다. 또한 그들도 일하는 인생의 여러 다양한 단계를 거치면서 때로는 짧은 기간 동안 일손을 놓고 학문적 연구를 함으로써 교육에 따른 어떤 혜택을 누릴 수 있을 것이다. 물론 '혜택'이 재정적 측면만을 뜻하는 건 아니다.

◆ 창조적인 교육 ◆

AI 혁명이 그런 결과가 쉽게 도출되도록 도움을 줄 수 있다. 그러나 이렇게 되려면 인공지능을 단순하게 기존 교육 체계에 끌어들여 적당하게 갖다 붙여선 안 된다. 로봇과 인공지능 세상에서는 새롭게 증가한 교육 능력이 곧바로 교육의 (유통적 측면들이 아니라) 창의적 측면들로 향하도록 하는 게 필수적이다. 사회적으로 아무런 쓸모가 없는 장애물을 기술적으로 세련된 최첨단 장애물로 대체하는 것은 아무런 의미가 없다. 기본적으로 이 장애물들은 장애물 넘기를 상대적으로 못 하는 사람을 걸러내기 위한 목적으로 설계되어 있기 때문이다. 로봇과 AI 혁명은 교육을, 교육이 지향하는 목적을, 그리고 사회가 합의한 교육 목표를 달성하기 위한 최상의 방법을 전면적으로 새롭게 생각할 수 있게 해주는 촉매제가 될 필요가 있다.

창조적인 교육과 유통적인 교육을 구분하는 것에는, 학문적이며 경력을 드높이기 위한 차원의 연구와 여가시간을 최대한 활용하며 한층 풍성하게 보내기 위한 차원의 연구 사이에서 이루어져야 할 교육의 바람직한 균형과 관련된 놀라운 함의가 포함되어 있다. 전자의 연구에 들어가는 노력의 상당량이 부분적으로 그리고 어떤 경우에 성격상 대개 유통적인 데 비해, 후자에 들어가는 노력은 본질적으로 창조적이다. 어쨌거나 어떤 학생이 발자크와 베토벤을 접하는 것이 〈셀러브리티 빅 브라더〉나 〈카다시안 따라잡기〉에서 벗어나는 데 도움이 된다면, 그에게 이것은 다른 누군가가 즐거움을 누릴 수 있는 능력을 손상하지 않으면서도 어떤 이득이 되니까 말이다.

흥미롭게도 모든 선진국 가운데 스위스의 대학진학률이 가장 낮다. 하지만 그렇다고 해서 스위스가 실패한 나라라고는 아무도 말하지 못한다. 스위스 노동자들의 실력 수준은 매우 높으며, 이들은 전 세계에서 가장 높은 실질소득이라는 혜택을 누리고 있다. 이런 사실은 순전히 대학교에 진학하지 않는 사람들을 위해 높은 수준의 직업 훈련 및 기술 훈련을 제공하는 기관이 많다는 사실과 관련 있다.

그런데 이런 접근법이 대학교의 학문 수준을 떨어뜨리는 것 아니냐고 생각하는 사람도 있겠지만, 스위스가 영국을 제외한 유럽에서는 유일하게 세계에서 손꼽히는 명문 대학인 취리히 대학교를 보유하고 있다는 점을 알아야 한다. 우리는 스위스로부터 많은 것을 배워야 한다.

◆ 어디에 그리고 언제 ◆

AI 혁명의 한 부분으로서 우리는 하루 수업 시간, 학년의 기간 그리고 방학 기간 등과 같은 교육과 관련된 관습에 대해 근본적으로 다시 생각할 필요가 있을 것이다. 또한 학위 과정의 기간도 다시 생각할 필요가 있을 것이다. 통상적으로 3년, 길면 4년이 걸리지만 실제로 대학교에서 보내는 시간은 이것의 절반밖에 되지 않기 때문이다. 왜 그럴까? 1년이나 2년이면 끝나는 집중적인 학위 과정이 신설될 여지는 분명히 있다. 어쨌거나 인공지능이 학습을 한층 개인별 맞춤형으로 진행될 수 있도록 해줄 것이므로 학위 과정도 더 단축될 수 있다.

교육이 고등학교나 대학교라는 물리적 공간에서만 이루어질 필요도 없다. 많은 교육이 학생들이 인공지능을 활용한 교육 프로그램과 상호작용하는 방식으로 진행될 테니, 집에서도 얼마든지 가능할 수 있다. 실제로 홈스쿨링이 점점 늘어나는 추세다. 2016~2017년 영국에서 3만 명이나 되는 아이가 부모의 선택에 따라 홈스쿨링을 했다. 미국에서는 이런 학생의 수가 약 200만 명이나 된다.[27]

대학 교육에 대해서는 인공지능의 발전이 원거리 학습을 한결 쉽게 해주기 훨씬 전에 이미 영국의 개방대학Open University이 이런 분야를 개척했다. 게다가 많은 대학교가 부분적으로나 전면적으로 원격 학습이 가능한 학위 과정을 꾸준하게 개발해오고 있다.

그런데도 한계는 분명히 있다. 나는 전면적이고도 적절한 교육에는 사람이 가지고 있는 잠재력과 개성을 개발시키는 것도 포함된다고 앞에서 주장했다. 이런 교육에는 스포츠와 드라마 등은 물론이고 사회적 소통도 반드시 포함되어야 한다. 이렇게 되려면 사람들이 학교니 대학교니 하고 부르길 원하는 물리적 공간이 필요하다.

그러나 로봇 시대에는 교육에 바치는 시간의 전부 혹은 대부분을 그런 장소에서 보낼 필요가 없을 것이다. 물리적 '배움의 장'에는 이따금 찾아가고 전체 교육 시간 가운데 많은 부분을 집이나 작업 현장에서 보낼 수 있다. 이런 모습이 당연하게 여겨지도록 하려면 건물이나 물리적 기본 시설 등 교육 관련 자원들을 활용하는 방식을 놓고 본질적으로 다시 생각해야 한다.

◆ 끊임없는 학습 ◆

이 장의 제목 '어린이와 청년을 어떻게 가르쳐야 할까?'는 어떤 점에서 보면 적절하지 않다. 교육을 해야 하는 사람은 어린이와 청년만이 아니기 때문이다. 전통적인 교육 및 훈련 모델은 10~20세를 대상으로 한다. 그 뒤로 40~50년에 이르는 전업적인 고용 기간에는 공식적인 교육 혹은 학습과 훈련이 거의 이루어지지 않는다.

이 모델은 경제가 정적일 때 혹은 비록 경제가 성장한다고 하더라도 경제 구조와 특정 기술에 대한 수요가 상당히 안정적일 때 나름대로 일리가 있다. 그런데 사실 지금까지 한동안은 그런 세상이 아니었다. 그러나 일과 교육의 관계는 그동안 마치 아무런 변화도 없었던 것처럼 그냥 변함없이 유지되어왔다. 그렇지만 AI 경제는 우리가 성장했던 환경과 매우 다를 수밖에 없다는 것이 일반적인 전망이다.

AI 경제에는 사람들이 평생 살아가는 동안 직업을 가지고 일하면서도 짬짬이 여러 차례 학습 및 훈련 기간을 가질 필요가 있다는 함의가 담겨 있다.[28] 위대한 사상가이자 미래학자인 앨빈 토플러Alvin Toffler도 오래전에 "21세기의 문맹자는 글을 읽거나 쓰지 못하는 사람이 아니라 배우고 또 그 뒤에는 배운 것을 잊어버리고 다시 또 배울 수 없는 사람이 될 것이다"라고 주장했다.[29] 이것은 노동인구는 자기 주변의 환경이 바뀜에 따라 최대한 빠르게 바뀔 수 있어야 한다는 뜻이다.

이런 원칙은 '여가시간과 여가활동을 위한 교육'에도 똑같이 적용될 수 있다. 스스로 즐길 줄 알며 여가시간에 깊은 즐거움을 이끌어내는 자기 능력에 대한 투자가 생애 첫 10년에서 20년 사이에만 한정될 이유는 전혀 없다.

기술 발전이 교육 및 시민의 전반적인 복지에 늘 긍정적으로만 작용하는 것은 아니라는 사실을 명심해야 한다. 최근의 기술 발전, 특히 비디오게임과 스마트폰 관련 기술의 발전으로 인지 퇴행cognitive decay 현상이 나타난다는 증거가 있다. 미래학자인 니컬러스 카Nicholas Carr는 『생각하지 않는 사람들The Shallows』에서 인터넷이 사람의 사고 능력에 부정적인 영향을 준다고 주장한다.[30] 2013년 『애틀랜틱The Atlantic』지에 실린 「모든 것을 잃을 수 있다—우리의 지식을 기계의 손에 넘겨주는 것의 위험All Can Be Lost: The Risk of Putting Our Knowledge in the Hands of Machines」이라는 글에서 카는 "기술의 능력을 사람의 이익보다 더 높이 치는 기술 중심의 자동화"가 일어나는 현상을 개탄했다. 또한 길을 찾을 때 위성항법장치GPS에 의존하면 사람이 공간에 대해 가지고 있는 추론 및 기억 능력이 방해를 받는다는 주장도 제기되고 있다.[31]

만일 이런 일들이 과도하게 일어날 경우 우리의 인지 능력이 손상된다는 사실이 입증된다면, 이런 기술에 과도하게 의존하는 것을 제한하자는 주장도 나올 수 있다. 교육과정의 핵심적인 역할은 사람들에게 새로운 기술이 나왔을 때 그 기술에 중독되지 않은 채, 또 인지 퇴화로 고통받지 않으면서도 그 기술을 최대한 활용하는 방법을 가르쳐주는 것일지도 모른다.

◆ 국가의 역할 ◆

로봇 시대에는 교육 훈련에 관한 국가의 정책이 어떻게 되어야 할까? 지금까지 나는 로봇의 확산과 인공지능의 발달이 가장 수익성이 높고 바람직한 교육 유형에 대해 가지는 여러 함의를 살펴보고, 어떤 교육 방법론이 새로운 환경에서 가장 잘 통할지도 알아보았다. 원칙적으로, 교사와 교육 전문가뿐만 아니라 부모와 그들의 아이가 새로운 세상에서 무엇이 필요한지 깨닫고 그에 따라 자기의 교육 관련 선호 내용을 바꿀 때, 교육을 이 방향에 초점을 맞추는 것은 통상적인 시장의 힘이 할 수 있는 일이고 당연히 해야 할 몫이다.

그런데 오늘날 교육을 순전히 민간 부문에 맡기고 국가가 손을 떼는 나라는 사실상 없다. 이렇게 된 데는 크게 두 가지 이유가 있다. 첫째, 앞에서 살펴보았듯이 교육은 강력한 긍정적 외부효과를 가지고 있기 때문이다. 즉 교육의 이득이 교육을 받는 당사자뿐 아니라 사회 전체로 확산되기 때문이다. 사회는 사회 구성원이 교육받기를 바란다. 다른 말로 하면, 만약 교육이 민간 부문의 손에 전적으로 맡겨질 경우에는 교육 덕분에 발생하는 이득 가운데 상당히 많은 부분이 공공의 이익을 위해 제공되지 않을 것이라는 뜻이다.

그 이유는 한편으로는 교육 관련 예산을 시장 자체에서 상당히 확보할 수 없기 때문이고, 또 다른 한편으로는 교육이 상대적으로 가난한 사회 구성원들(이 사람들은 일반적으로 교육을 덜 받은 사람들이다)에 대한 정보 부족과 근시안 때문이다.

앞에서 언급했던 브라이언 캐플런과 같이 교육이 '부정적인' 외부효과를 발휘할 수 있다고 주장하는 사상가들도 있다. 이 주장이 옳다고 할 정도로 교육 관련 국가 예산을 '줄이는' 사례도 있긴 하다. 캐플런이 주장하는 내용도 바로 이것이다. 그는 학교와 국가를 완전하게 분리하는 걸 지지한다고 말한다. 그러나 앞에서도 말했듯이 캐플런은 과장되어 있다.

설령 캐플런의 주장이 상당 부분 옳다고 하더라도 그가 제시하는 급진적인 처방은 국가가 교육에 개입하는 두 번째 논리인 소득분배라는 측면과 정면으로 어긋난다. 어떤 형태로든 국가가 개입하지 않으면 교육은 사회 구성원들 가운데 잘사는 사람들에게만 유리한 방향으로 작용할 것이며, 이럴 때 분열과 불평등은 한층 심화되고, 이 불평등은 세대에서 세대로 이어질 것이다.

다음 장에서는 불평등을 해소할 방안을 살펴볼 것이다. 그러나 어쩌면 AI 경제에서 불평등을 줄이기 위해 국가가 할 수 있는 최선의 선택은 교육에 투자하는 것일지도 모른다. 실제로 AI 혁명이 시작되기 직전에 분명히 그랬고, 지금은 한층 더 그렇다.

효과적인 교육 정책이 불평등 해소에 기여하는 방식은 여러 가지가 있다. 가장 중요한 것으로는, 잘살고 성공한 부모의 아이들이 사립학교에 다니면서 개인 교습을 받는다거나 집에서 교육과 관련해 여러 가지 이득을 누릴 때 이들의 이런 강점을 상쇄할 수 있다는 점을 꼽을 수 있다.

한층 많은 공적자금을 동원한 국가 교육 체계의 근본적인 개혁은 공립학교의 여러 가지 교육 관련 수준을 사립학교 수준으로 높여줄 것이다. 그리고 이 개혁안에는, 장차 늘어날 여가시간을 최대한 그리고 '수익성 높게' 활용할 수 있는 능력을 갖추는 데 도움이 될 비학문적인 교과목들에 대한 교육을 강화하는 것도 포함된다.

국가는 학생들에게 가르쳐야 할 내용을 적절하게 구성하고 조직함으로써 미래 노동시장에서 좋은 일자리를 얻는 데 도움이 될 기술과 적성을 학생들에게 마련해줄 수 있다. 그러나 국가는 또한 평생 학습 및 재교육에 필요한 예산 조성에 기여해 유용한 기술을 새롭게 습득하려는 사람을 도울 수도 있다. 이것은 로봇과 인공지능의 확산을 비롯해 여러 가지 이유로 경제 전반에 불어닥치는 창조적인 파괴 폭풍으로 종종 고통받을 수백만 명의 조건을 개선하는 방법으로, 특히 중요하다.

그러나 무엇보다 중요한 것은, 교육 체계가 인공지능 시대의 불평등을 줄이려면, 인공지능을 보완하는 일자리를 확고하게 붙잡는 유형의 노동자를 배출하는 데 도움을 줄 필요가 있다는 사실이다. MIT 경제학자 데이비드 오토는 1900년 미국 본토에서 출생한 전형적인 청년은 아주 초보적인 교육밖에 받지 않았다고 주장한다. 농업이 가파르게 쇠퇴하고 산업 고용이 증가함에 따라 아이들에게는 예전에 필요하지 않았던 기술들이 필요해졌다. 그러자 미국 정부는 세계 최초로 고등학교 보통교육을 실시하는 것으로 대응했다. 정말 주목해야 할 점은 고등학교 보통교육 제안과 관련된 운동을 이끈 주체가 '농업을 중심으로 하던 여러 주'였다는 사실이다.[32]

물론 개인들도 그런 평생학습 및 훈련을 받는 것에 이기적인 마음을 가지고 달려들 것이다. 그러나 개인은 거기에 들어가는 비용을 감당할 처지가 못 될 수도 있다. 사람들이 일자리를 가질 수 있음을 보장해주는 것과 관련된 외부효과도 있다. 고용주가 사람들의 평생학습 및 훈련에 투자할 것이라고 기대할 수는 없다. 필요한 최소한의 투자도 그들에게서는 기대할 수 없다. 왜냐하면 일하던 직원이 다른 데로 가버릴 수도 있고 고용주가 그렇게 투자한 돈을 회수하기 전에 회사가 파산할 수도 있기 때문이다. 이것은 고용주가 투자에 대한 사회적 이득을 온전하게 받을 수 없게 된다는 뜻이다. 그러니 고용주로서는 투자에 소극적일 수밖에 없다.

그런데 이 문제와 관련해 한 걸음 앞으로 나가기가 어렵다. 기존 구조에 돈을 들이붓는 것은 아무 소용이 없다. 앞에서도 주장했듯이, 유치원부터 대학교 그리고 평생학습 및 훈련에 이르는 전반적인 교육 구조가 근본적으로 개혁되어야 한다. 그런데 이런 개혁 조치들은 이미 교사와 교수들로부터 강력한 저항을 받고 있다. 이 저항은 앞으로도 계속될 것이며 더욱 격렬해질 것이다.

교육 체계는 현대 사회에서 가장 보수적인 것 가운데 하나로 꼽힌다. 교육 부문의 기득권 집단이 변화에 반대하는 것은, 국가가 적극적으로 개입해 교육 부문이 새롭게 제기되는 필연적인 변화를 수용하도록 유도해야 하는 또 다른 이유다.

그런데도 정부에 전적으로 의존하는 것은 해답이 아니라는 경고는 반드시 귀담아들어야 한다. 어떻게 보면 개인이 스스로 자기 교육을 책임져야 한다. 인공지능이 독학의 여지를 활짝 열어주고 있다. 그리고 주변에 있는 가족 구성원에게서도 많은 것을 배울 수 있다. 전 세계 각국 정부는 교육을 학교나 대학교에서 이루어지는 것 혹은 작업 현장에서 이루어지는 것과 동일시하는 실수를 흔히 저지른다.

또 국가가 예산을 지원하는 교육 프로그램은 음악, 드라마, 스포츠 등과 같은 '한층 모호하며' 핵심적이지 않은 활동들과 관련해 자격증명서를 딸 것을 강조하고 요구하는 경향이 있다. 그러나 앞에서도 설명했듯이 이런 활동들을 통해 개발되는 덕목을 고용주들은 앞으로 점점 더 많이 찾을 것이다. 그런데 실망스럽게도 그들은 민간 교육 체계에서 그런 덕목 및 그런 덕목을 갖춘 사람을 찾으려는 경향이 있다. 그러므로 바뀌어야 할 사람은 교사와 교육자만이 아니다. 국가가 예산을 대는 교육 사업을 계획하고 수행하는 데 관련된 모든 사람이 바뀌어야 한다.

AI 경제에서 정부가 예산을 지원하는 교육의 목표는 수준 높은 학문적 훈련을 제공할 뿐만 아니라 학생들에게 비학문적인 활동 경험을 민간 부문에서 제공하는 것만큼 많이 제공하는 것으로 설정되어야 한다.

이럴 때 학생들은 인간적인 차원에서 발전할 뿐만 아니라 미래 노동자로서의 생산 능력도 함께 키울 수 있다.

◆ 결론 ◆

교육은 이 책을 통해 우리가 맞닥뜨린 현상의 또 다른 사례다. 인공지능 열광자들은 로봇과 인공지능이 사회의 특정한 어느 한 측면(이 경우에는 교육 부문이다)을 바꿔놓으려 하는 것에 온갖 말을 쏟아내지만, 그들은 그런 전환의 성격을 완전히 잘못 파악하고 있다. 그들은, 교사들이 필연적으로 택시 운전사나 트럭 운전사가 걸어갈 수밖에 없는 길을 함께 따라가고, 높은 수준의 기술을 가지고 있지만 그 기술이 쓸모없어져 실업자로 전락해서 생계를 유지할 새로운 길을 찾아 헤맬 운명이라고 생각한다. 한편 학교에서는 가르칠 필요가 있는 과목이 혁명적으로 퇴출당하는데, 이 와중에 전통적인 예술 과목들은 쓰레기통에 처박히고 오로지 STEM 과목만 교실에 남을 것이라고 생각한다.

그러나 실제 현실은 이 사람들이 생각하는 것과 전혀 다를 것이다. 교육은 로봇과 인공지능이 등장하기 전에 이미 개혁 필요성이 강력하게 요구된 부문이다. 이 부문에 속한 사람들은 지구에서 가장 보수적이다. 로봇과 인공지능으로 비롯된 변화는 논외로 치더라도, 이들은 이미 오래전에 충격받았어야 했다.

AI 혁명이 그 충격을 가져다줄 것이다. 그러나 AI 혁명은 인공지능 근본주의자들이 주장하는 것과 전혀 다른 변화를 가져다줄 것이다. 자유주의적인 예술 교육은 사라지지 않고 여전히 남을 것이다. 아니, 남을 뿐만 아니라 한층 더 중요해질 것이다. 교육의 목표는 사람을 노동 시장에 적합하도록 틀에 맞게 찍어내는 차원을 넘어 사람들이 통합적인 개인이 되도록, 그리고 자기 경력을 개선하고 사회에 기여할 뿐만 아니라 자기에게 주어지는 여가시간을 최대한 이용할 줄 아는 사람이 되도록 바꿔놓을 것이다.

그리고 교육 부문에 종사하는 사람의 수도 과격한 근본주의자들이 주장하는 것처럼 급격하게 줄어들지 않을 것이다. 교육 부문 종사자가 오히려 늘어날 수도 있다. 로봇과 인공지능이 교육 방법론을 개혁함에 따라 교육은 한층 더 개인 맞춤형으로 바뀌고 교습 행위가 (자동차 공장이 연상되는 것처럼) 대량생산이라는 접근법으로는 더는 이루어지지 않을 것이다.

근본적인 변화로 나아갈 많은 것은 시장을 통해 자연스럽게 진행될 것이고, 학교는 시장의 압력과 학부모의 선호에 어떤 식으로든 대응할 것이다. 그러나 교사와 학부모는 변화에 적응하고, 로봇과 AI 혁명이 자유주의적인 예술 교육의 끝장이 아니며 비학문적인 과목들의 중요성이 줄어드는 것도 아님을 깨달을 것이다. 교육은 사람들이 바라 마지않는 결과를 시장이 혼자 힘으로 가져다줄 수 있는 그런 부문이 아니다.

교육 체계의 많은 부분은 국가가 예산을 대고 통제해야만 한다. 그러므로 교육계와 정치 지도자들이 로봇과 인공지능이 교육 부문에서 어떤 의미인지 제대로 이해하는 것이 절대적으로 필요하며, 인공지능에 대한 과대선전에 속지 말아야 한다.

교육 체계를 바로잡는 것은 건강한 사회를 이루기 위해 더 중요해진다. 왜냐하면 로봇 시대에 우리가 직면하는 주요 과제 가운데 하나, 즉 사회 구성원 가운데 다수가 뒤처지지 않게 하는 과제를 성공적으로 수행하려면 그것이 결정적일 정도로 매우 중요하기 때문이다. ♠

9장

모두를 위한 번영

> "궁극적으로 우리는 직업과 돈을 나눠 생각할 필요가 있을 것이며,
> 이런 변화는 우리가 소중하게 여기는 가치관 및 정체성과 관련된
> 몇몇 중심적인 가설을 위태롭게 만들 것이다."
>
> _ 게르트 레온하르트(미래학자)[1]

> "무언가는 반드시 해야 한다. 이것이 그 무엇이다.
> 그러므로 우리는 이것을 반드시 해야 한다."
>
> _ 익명자[2]

3장부터 6장에 걸쳐 나는 로봇 시대가 된다고 해서 사람이 하는 일이 사라질 것이라고 믿을 근거는 전혀 없다고 주장했다. 그때가 되면 사람이 할 일이 매우 많을 것이다. 비록 사회 전체의 재산이 점점 늘어나 사람이 평균적으로 일에 매달리는 시간이 지금보다 많이 줄어들고 여가시간이 그만큼 늘어나겠지만 말이다. 5장에서 나는 미래에 어떤 종류의 일자리가 새롭게 나타날지 밝혔다.

아무리 그렇다고 하더라도 많은 사람이 얻을 수 있는 일자리는 임시 직이고 불안정하며 보수도 낮을 가능성이 있다. 어쩌면 현재 몇몇 가난한 나라의 고용시장 모습이 미래에 우리가 살아갈 사회의 고용시장 모습일 수도 있다. 당신이 어떤 공항에 도착했다고 치자. 당신의 모습이 보이는 순간 한 무리의 사람이 우르르 달려와서, 수하물 수레가 주변에 널려 있는데도 당신의 여행가방을 들어주는(도무지 가치라고는 찾아볼 수 없는) 서비스를 제공할 테니 돈을 달라고 아우성칠 수도 있다. 그리고 호텔이나 식당 같은 데서 하인 군단이 당신의 지시를 기다리며 대기할 수도 있다. 그러나 이 지시 내용이라는 게 변변한 가치를 창출하는 것이 아니므로 그 사람들도 푼돈밖에 쥐지 못할 것이다.

이와 다르게 혹은 어쩌면 여기에 추가해, 미래의 고용시장은 5장에서 제시한 것처럼 많은 사람이 요리사로든 정원사로든 부유한 사람의 집안일에 종사하고, 정말 돈이 많은 부자는 충복 군단을 거느렸던 근대 사회 이전 모습과 비슷할 수도 있다.

이것은 미래에 대한 두 개의 전망이다. 그러나 6장에서도 주장했듯이 이런 전망만 있는 게 아니다. 실제로 나는 불평등 심화 경향을 저지하거나 뒤집을 수도 있는 여러 변수를 제시했다. 최소한 이것은 불필요하며 동시에 해로울 수도 있는 소득 혹은 부의 재분배를 위한 근본적인 프로그램을 채택하는 것으로, 우리가 곧바로 돌진하지 말아야 함을 뜻한다.

그런데도 로봇과 인공지능이 소득분배에 영향을 미치는 것에 대해 내가 자칫 오해받을 수도 있다는 생각이 든다. 만일 내 전망이 심각하게 잘못되었다면, 그때 우리는 많은 사람이 부당하며 수용할 수 없다고 생각하는 소득분배 체계 아래 놓여 있을 것이며, 사회의 형태나 성격도 도저히 받아들일 수 없을 것이다. 이것은 많은 인공지능 전문가와 그 밖의 수많은 사람을 괴롭히고 있는 미래 전망이다. 그러므로 우리는 만일 이런 악몽이 실제 현실이 될 경우 무엇을 해야 할지 미리 생각해둘 필요가 있다.

이런 상황을 예방하고 분배가 더 호혜적인 방향으로 이루어지게 하려면 공공정책은 과연 어떤 것을 할 수 있을까? 적절하게 개혁되고 개선되어 있을 소득분배의 기존 체계에 의존해야 할까? 정말 그렇게 할 수 있을까? 새롭게 채택할 수 있는 근본적인 새로운 조치들이 있을까? 있다면 그것들을 받아들여야 할까? 이 장에서 나는 보편기본소득UBI을 도입하는 발상에 대해 특히 관심을 기울여 설명할 것이다.

그러나 현재 조세 제도와 재분배 제도를 찢어발기기 전에 처음의 원칙들로 돌아갈 필요가 있다. 로봇과 인공지능은 잠시 옆으로 밀쳐두고, 다음 질문에 어떻게 대답할지 생각해보자. 어떤 종류의 소득분배가 '좋을까'? 혹은, 최소한 어떤 종류의 소득분배를 수용할 수 있을까? 그리고 현재의 소득재분배 제도로는 이런 목적을 얼마나 달성할 수 있을까?

AI 경제를 지지하는 잠재적인 정책 조치들이 설득력을 가지는 것은 우리가 추정해볼 수 있는 어떤 새로운 제도를 기존 제도와 나란히 놓고 비교할 때뿐이다. 그러므로 이런 쟁점들을 선명하게 이해하는 것이 결정적으로 중요하다. 왜냐하면 사회는 복잡한 유기체이며, 따라서 사회의 관습과 제도를 바꾸기 위해 어떤 개입을 할 때는 애초에 의도하지 않았던 심각한 결과가 빚어질 수도 있기 때문이다.

◆ 이상적인 소득분배 ◆

고대 그리스 시대 이후 수많은 철학자와 정치경제학자가 소득의 이상적인 분배라는 주제를 놓고 온갖 생각을 해왔다. 다소 직설적으로 말해 이 문제만 놓고 본다면 그때에 비해 지금 사람들이 더 현명하다고 말할 수도 없다.

마르크스는 공산주의라는 이름의 놀랍도록 평등한 미래 전망을 내놓았는데, 공산주의는 자본주의 아래에서 불평등과 부당함이라는 고뇌의 기간을 지나야만 가능한 것이었다. 그의 통렬한 분석과 냉혹한 결론은 '잉여가치'와 '착취'라는 개념들에서 비롯되었다. 불행하게도 비록 이 개념들이 강력해 보이긴 하지만 실제 현실에서는 너무 불안정하며 쉽게 부서진다. 마르크스주의에 대해서는 굳이 여기서 그 엉성함을 설명하며 어떤 질책을 보태지 않겠다.[3]

소득을 가장 공정하게 분배하는 방법을 찾아내려 한다는 것 자체가 현명하지 않고 불가능하기까지 하다. 여기서 우리는 부당한 분배의 지독한 사례들을 파악하고 그런 사례들에 대해 어떤 논평을 하는 것에만 초점을 맞추는 게 좋겠다. 인도의 뭄바이 거리나 라틴아메리카 빈민가에서 엄청나게 많은 재산과 평온함이 지독한 가난 및 박탈과 나란히 있는 모습을 바라볼 때 무언가 잘못되어 있음을 우리는 안다. 그러나 이보다는 참혹함이 덜한 대비도 있다. 슈퍼부자가 슈퍼요트를 타고 한 가롭게 여유를 즐길 때 평범한 수백만 명은 그저 하루하루 평범한 일상을 유지하기 위해 힘든 일을 노예처럼 죽어라 한다.

이런 대비는 우리를 불편하게 만든다. 심지어 그 슈퍼부자가 그 엄청난 재산을 '자기 스스로 벌었다'고 해도 마찬가지다. 그러나 가난한 사람이 대를 이어 가난을 물려받을 때 슈퍼부자가 상속을 통해 그 엄청난 재산을 물려받는다고 치자. 이때 우리는 당연히 해결해야 하는 과제에 맞닥뜨린다.

소득과 부의 이런 비교는 단지 정의나 도덕 혹은 심지어 탐욕과 질투의 문제만이 아니다. 이것은 효율성과 관련된 문제이기도 하다. 경제학자들은 소득의 '한계효용 체감'이라는 개념을 가지고 있다. 쉽게 설명하면 어떤 사람이 점점 더 큰 부자가 될 때, 추가되는 한 단위의 소득이 가져다주는 추가효용이 점점 줄어든다는 말이다. 이런 점은 일상적인 경험에서도 쉽게 확인할 수 있다. 배고픔을 잊게 해줄 만큼의 음식을 살 수 있는 첫 번째 추가 소득 단위는 그 사람이 부자가 되었을 때에 비해 가치가 훨씬 더 크다. 예컨대 그 추가 단위로 근사한 외식을 할 수 있다고 하더라도 혼자 음식을 조리해 먹을 수 있었던 최초의 추가 단위에 비해 가치가 적다는 말이다.

이런 관점에서 보면, 슈퍼부자에게 주어지는 1달러의 가치는 무료 급식소 앞에 줄지어 서 있는 사람에게 주어지는 1달러의 가치보다 훨씬 작다는 주장은 결코 비약이 아니다. 마찬가지로, 슈퍼부자에게서 받아내는 1달러가 그 사람에게 끼치는 손실은 가난한 사람에게 주어지는 1달러가 그 사람에게 주는 이득보다 훨씬 작다는 주장 역시 결코 비약이 아니다.

이 논리에 따라, 만약 당신이 저 유명한 공리주의 철학자 제러미 벤담Jeremy Bentham이 '최대 다수의 최대 행복'이라는 주장과 함께 제시했던 목적을 달성하려고 한다면, 아마도 당신은 소득의 완전한(혹은 그와 비슷한 수준의) 평등을 추구할 것이다.

물론 이것은 매우 엉성한 견해이며 매우 엉성한 결론으로 이어진다. 실제 현실에서는 한 뭉치의 돈이나 지출이 각각의 개인에게 어느 정도 가치가 있는지 결코 알 수 없다. 그러므로 각 개인의 '효용'을 모두 합산해서 사회 전체의 총합을 계산한다는 발상은 전제와 토대가 이미 잘못된 것이다. 또 사회는 원자화된 개인들을(혹은 심지어 가족들을) 그들이 각자 느끼는 '효용'을 최대화하기 위해 단순히 합쳐놓은 집합체가 아니라, 그 이상의 의미를 지니는 집단이다. 그러므로 인간적인 행복을 증진하려고 애쓰는 사람이라면 사회가 가지는 복잡성 그리고 개인들과 기관들 사이의 복잡한 동기 및 상호작용부터 충분히 이해해야 한다.

◆ 서로 모순되는 원칙들 ◆

실제 현실에서는 서로 대립하는 여러 원칙을 동시에 고려해야만 한다. 현대 정치인들은 말할 것도 없고 심지어 철인왕˩이 소득을 평등하게 분배하려 한다고 하더라도 마찬가지다. 사람들은 저마다 재능과 성향 그리고 노력하는 정도가 다르다. 그러므로 생산물(결과) 분배의 완벽한 평등이라는 발상은 온당하지 않다. 완벽한 평등이라는 조건이 전제되는 게 아니라면 당연히 소득의 최상층에 놓일 사람들 대부분이 이런 발상에 분노할 것이다.

게다가 사람들은 인센티브에 민감하게 반응한다. 자기에게 주어진 운명을 개선하는 능력은 노력에 대한 인센티브다. 따라서 모든 사람에게 동일한 결과를 강제하는 사회는 누구나 자기 노력에 따라 얼마든지 부자가 될 수 있는 사회에 비해 더 가난한 사회다. 그리고 사람들은 또한 자기가 놓인 상대적인 위치에 따라서도 어느 정도 동기부여가 된다. 예를 들어 앞서 있는 사람들은 앞으로도 계속 그렇게 앞서길 원하고 뒤처져 있는 사람들은 앞선 사람들을 따라잡고 싶어 할 것이다. 그러므로 평등한 사회는 상대적으로 가난한 사회일 수밖에 없다. 또 사람들은 자기가 번 재산을 자기 자식에게 물려주려 하는 뿌리 깊은 본능을 가지고 있다. 이 사람들이 그렇게 하지 못하도록 막으면 불행으로 이어질 수도 있다. 그 사람들이 가진 동기부여를 잠식하기 때문이다.

보다 근본적으로 보면, 사람들이 저마다 맞이하는 인생의 결과가 서로 다른 것은 각 사람이 경험했던 행운이나 불운의 결과일 때도 있다. 예를 들면 복권에 당첨되었다거나 교통사고를 당했다거나 하는 게 그

˩ 플라톤이 이상적인 지배자로 삼았던 철학적으로 완성된 군주.

런 행운이고 불운이다. 좋은 사회는 사람들이 불운을 당하지 않도록 예방하려 하겠지만, 이런 의도에서 나온 조치들이 행운을 배제하거나 제한할 목적으로 인간의 삶을 축소하는 것이 될 수도 있다.

만일 소득분배를 '바로잡기 위한' 어떤 시도가 있어야 할 때 누군가는 이것을 책임져야 한다. 여기에서 '누군가'는 국가다. 소득재분배 과정은 정치적인 과정에서 나타날 수 있는 모든 예측불허의 변동에 종속되며, 그 결과는 철인왕이 기대함 직한 것과 비교하면 한참 부족하다.

또 이 과정은 개인뿐만 아니라 시민사회의 여러 기관과 제도에 대해서도 대항하는 국가의 힘을 강화할 수 있다. 그런데 만일 국가를 이상적인 존재인 철인왕이 장악하고 있다면 문제가 되지 않겠지만, 실제 현실에서는 피와 살을 가진 정치 지도자들이 국가를 장악하고 있어 문제가 될 수밖에 없다. 그러므로 자유가 유지되도록 보장하고 과도한 권력을 가진 지배자에게 저항하는 목적은 독립적으로 부유하고 따라서 국가 권력의 온갖 감언이설에도 저항할 수 있는 사람들이 사회에 존재할 때 잘 지켜질 수 있다(그러나 이 말이 언제나 통용되는 철의 원칙은 결코 아님을 알아야 한다. 실제로 오늘날 전 세계에는 억만장자가 수없이 많음에도 독재라고 말할 수 있는 정권이 들어선 나라가 여럿 있다).

이런 일련의 원칙이 현대 사회에서 사람들이 100% 평등한 결과를 강제하길 꺼리는 양상의 토대가 된다. AI 혁명이 소득분배에 미치는 충격, 그리고 소득분배 방식을 바꾸기 위해 취할 수 있는 어떤 정책적 조치들을 고려할 때 우리는 그 원칙들을 반드시 깊이 새겨야 한다. 지금 이 원칙들을 관심 있게 살펴볼 필요가 있다. 그리고 최근 들어 특히 로봇 및 인공지능과 관련해 두드러지게 나타난 두 개의 서로 다른 주장도 관심을 가지고 살펴봐야 한다.

첫 번째 주장은 가장 본질적인 것인데, 어떤 사람이 가진 능력이 실제로는 '그 사람의 것'이 전혀 아니라는 내용이다. 재능과 성향과 노력에서 드러나는 차이가 정말로 각 개인에게서 비롯된 것일까? 적어도 부분적으로는 상속의 결과라고 할 수 있지 않을까? 아름다운 외모가 지금보다 훨씬 높이 칭송될 다가올 세상에서는 말할 것도 없지만, 아름다운 외모를 가진 사람이 텔레비전의 리얼리티 프로그램에서 슈퍼스타가 되고 그래서 억만장자가 될 수 있는 오늘날에도, 이 사람이 지닌 '재능', 즉 아름다운 외모가 정말 부모로부터 물려받은 것이 아니라 온전히 그 사람이 노력해서 획득한 것일까? 이 사람이 가진 이 재능 역시 상속으로 물려받는 재산에 대한 모든 반대 대상에 포함되어야 하는 것 아닐까? 또 선천적으로 타고난 높은 지능이나 강력한 노동윤리도 상속된 것 아닐까? 그렇다면 '재능'을 바탕으로 일군 높은 소득 수혜자들이 그 소득을 자기 것으로 가질 '자격'이 없다는 주장도 가능하지 않을까?

둘째, 발전 정도가 제각기 다른 나라에 사는 사람들은 동일한 일을 수행함에도 불구하고 각자 노동에 따른 대가로 받는 소득이 천차만별이다. 우간다 엔테베의 버스 운전사는 동일한 일을 하면서도 독일 베를린의 버스 운전사보다 훨씬 적게 번다. 다른 직업의 경우에도 마찬가지다. 즉 개인이 벌어들이는 소득은 그 개인의 노력과 기술의 결과만이 아니라 상당 부분 그 사람이 속한 사회의 결과이기도 하다. 따라서 부유한 나라의 사람들이 벌어들이는 소득 가운데 많은 부분은 그 사회 전체에 '속하는 것'이라고 할 수 있다.

◆ 원칙의 타협 ◆

그렇다면 서로 모순되는 이 원칙들을 어떻게 해야 조화롭게 만들 수 있을까? 유일한 해답은 어떤 식으로든 타협하는 것이다. 보다 직설적으로 말하면, 임시방편으로 얼버무리는 방법밖에 없다. 이것은 로봇과 인공지능이 아득하게 먼 꿈이었던 태곳적부터 인류 사회가 대응해온 방식이다.

역사적으로 보면 가난한 사람들의 처지를 개선하기 위해 이따금 임시방편적인 조치를 취한 경우가 늘 있었다. 그러나 이런 재분배 조치는 규모나 보편성 측면으로 볼 때 근대 국가에서부터 특히 두드러지게 나타났다. 이런 변화는 19세기 말 제국주의 독일의 재상 비스마르크가 실시한 조치들에서 시작되었다고 할 수 있다. 국가가 재정을 마련해 노인에게 연금을 지급한다거나 실업자 혹은 병자에게 보조금을 지급하는 조치가 그런 것들이었다.

국가의 역할은 제2차 세계 대전 이후 복지국가라는 개념이 자리 잡으면서 결실을 맺었다. 이 분야는 유럽 여러 나라에서 가장 많이 발전했지만, 북아메리카와 아시아 그리고 전 세계 다른 지역에서도 복지국가적인 요소는 작동하고 있다. 본질적으로 복지국가는 소득분배에서의 완전한 자유방임주의와 앞에서 살펴본 생산물(결과)의 평등한 분배 추구라는 서로 모순되는 주장을 타협 과정을 통해 하나의 해결책으로 마련하는 것이 목표다. 이 타협의 해결책에는 다음과 같은 여러 요소가 포함되어 있다.

- **특정한 공공 서비스를 무료로 제공하거나 정부 보조금 지급을 통해 싸게 제공한다.** 가난한 사람들에게는 이런 서비스에 대한 지출이 전체 지출 가운데 매우 높은 비중을 차지하므로, 이런 서비스를 시장 가격보다 싸게 제공하면 가난한 사람들에게 소득분배가 조금이라도 유리하게 이루어진다. 이런 서비스에는 교육, 보건, 대중교통 등이 포함된다. 그런데 가난한 사람들의 가계부에서 큰 몫을 차지하는 다른 세 가지 핵심적인 지출 범주, 즉 음식과 의복과 난방은 포함되지 않는 게 보통이다. 국가가 무료로 제공하거나 보조금을 지급하는 서비스들은 사회 구성원이 내는 세금을 재원으로 사용하기 때문에, 조세 제도가 부유한 계층에 불균형적으로 유리하게 되어 있을 경우에는 이런 조치가 세후 가처분소득에 대한 재분배 효과에 힘을 실어준다.

- **저소득층의 주거에 보조금을 지급한다.**

- **고용보험 및 질병보험을 제공한다.** 이 혜택이 처음 시작되었을 때는 일종의 보험 형식이었다. 국가가 세금 형식으로 보험료를 거둔 다음 필요한 경우 보험금 형식으로 지급한다는 것이었다. 그러나 실제 현실에서는 정부가 분리된 예산을 유지하지 않고 수혜자에게 주어지는 혜택이 '보험료'를 낸 사람이든 내지 않은 사람이든 가리지 않고 어느 정도 선까지는 모두에게 보장되어 보험적인 요소가 희석되었다.

○ **소득이 특정한 기준 아래로 떨어진 사람들에게 특별 보조금을 지급한다.** 보통 이 혜택은 가구소득이 특정한 기준 아래로 내려갈 때 주어져, 가구소득이 기준 위로 다시 올라가면 철회된다.

○ **저임금 소득에 대해 정부가 추가로 보조금을 지급한다.**

○ **특정한 조건이 충족될 경우에는 수혜자의 조건을 따로 따지지 않고 보조금을 지원한다.** 여기에는 노인연금, 연금생활자 무료 통행권, 75세 이상 고령자에 대한 무료 텔레비전 시청권, 연금생활자에 대한 동절기 난방비 지원, 어린이 양육급여, 장애급여 등이 포함된다.

○ **저소득자의 소득에는 세금을 매기지 않고 세율을 낮춰주는 것을 포함한 세제 혜택을 준다.** 대부분의 나라에서는 한계세율^{f}이든 평균세율이든 간에 세율이 소득 증가에 따라 올라간다(그런데 최근에는 단일세율로 나아가는 움직임이 지속적으로 전개되고 있다. 특히 홍콩과 러시아는 소득이 아무리 많아도 세율이 기준율보다 높이 올라가지 않는 제도를 시행하고 있다).

○ **투자 수익이 발생했을 때 거기에 대한 세금을 냈다고 하더라도 한 번 더 그 수익에 세금을 매긴다.**

○ **상속 수익이 발생했을 때 거기에 대한 세금을 냈다고 하더라도 한 번 더 그 수익에 세금을 매긴다.**

○ **몇몇 나라에서 시행되고 있는 부유세.**

○ **기부금에 대한 세금 우대 조치를 통해 기부 행위를 권장한다.**

---

^{f} 초과수익에 대해 세금으로 지불해야 할 비율.

이 제도에는 정말이지 아무런 질서도 없다. 그러므로 심지어 AI 혁명에 의한 압박이 없는 상태에서도 개혁 필요성이 무르익었음이 확실하다. 이런 제도는 몇 가지 주요한 약점을 가지고 있다. 우선 복잡해서 사람들이 이해하기 어려우며 관리에 많은 비용이 들어간다. 게다가 대부분의 나라에서 개인은 국가가 제공하는 연금 수령 권리 및 그 밖의 여러 수혜 권리에 대한 소유 의식을 지니지 않으며, (싱가포르는 예외지만) 개인은 해당 자산들에 유연하게 접근할 수 없다.

현재 시행 중인 프로그램 가운데 많은 것이 한 손으로는 시민에게 돈을 받고 다른 손으로는 같은 사람에게 그 돈을 내준다. 그런데 이처럼 돈이 돌고 도는 과정을 관리하는 데 많은 비용이 들고 지출에 필요한 재원을 마련하려면 한계세율이 높아야 하므로, 이 과정에서 많은 낭비가 발생한다.

과연 국가가 보험을 제공하는 사업까지 떠맡아야 하는지, 나로서는 의심스러울 뿐이다. 설령 어떤 보장 사항을 제공하거나 보조금을 지급하는 데 예산이 필요하다고 하더라도 보험적인 요소는 민간 부문이 맡으면 더 잘할 수 있다(그러나 건강보험의 경우에는 역선택 문제가 존재한다. 즉 건강보험 회사로서는 머지않아 병원 신세를 질 가능성이 높은 환자와의 보험 계약을 꺼릴 수밖에 없기 때문이다. 따라서 이 경우에는 어떤 형태로든 국가가 개입해서 해결해야 한다).

게다가 건강과 교육 등의 분야에서 국가가 제공하는 서비스들은 기록이 일정하지 않다. 이런 제도를 비판하는 사람들은 품질과 소비자 선택 그리고 효율성이라는 측면에서 결과가 변변찮을 수밖에 없다고 주장할 것이다.

수혜자에게 직접 전달되는 지원금 제도는 수혜자가 일을 기피하게 만드는 효과가 있다. 일해서 소득이 늘어나면 지원이 중단되기 때문이다. 몇몇 경우에 사람들은 한계세율이(그리고 지원금 철회율이) 100% 이상 되기도 한다. 한편 세금 제도는 온갖 허점투성이다. 세금 제도는 중간소득층에서 전체 세수 가운데 높은 비율을 거둬들이는데, 재산이 많은 사람은 외국으로 나돌아다니기 쉽고 최고 세무 전문가로부터 조언을 들을 수 있기 때문에 납세 법망에서 빠져나갈 구멍을 훨씬 쉽게 찾아낸다.

실제로 많은 나라에서 세금 제도의 허점과 변칙이 너무 많아 부자와 슈퍼부자가 소득 가운데 세금으로 내는 비율이 입법 의도보다 혹은 심지어 '그들이 고용하고 있는 미화원이 내는 비율보다 낮은' 경우가 허다하다. 한편 소규모 기업은 국세청에서 내라는 대로 세금을 꼬박꼬박 내는 데 비해 글로벌 대기업은 법인세를 거의 내지 않는다.

어쩌면 가장 중요한 사실일지도 모르는데, 복지국가의 전체 비용은 어마어마하며 인구가 점차 고령화됨에 따라 앞으로 점점 더 늘어나게 되어 있다. 그러므로 이 세금 제도를 재정적으로 뒷받침하는 데 필요한 높은 한계세율에 따른 반反인센티브 효과는 앞으로 더 커질 전망이다.

이 제도는 뒤죽박죽으로 성장해왔다. 기여 원칙을 보존하고자 하는 바람과 사람들에게 도움이 필요할 때만 돕고자 하는 바람이 상호작용하면서 뒤엉키기 때문이다. 특정한 '자격을 갖춘 집단(예를 들면 부모, 연금생활자 혹은 장기질병자)'에게 지원금을 주려고 하면서 다른 한편으로는 비용 및 인센티브에 대한 역효과에 한계를 설정하길 바라는 마음이 한데 뒤엉키면서 그렇게 된 것이다. 어쨌거나 변화가 절실하게 필요한 시점인 것만은 분명하다.

◆ 로봇과 인공지능 시대에는 어떻게 될까? ◆

그런데 AI 혁명으로 이 쟁점은 무엇이 어떻게 달라질까? 첫 번째로 꼽을 수 있는 것은 현재의 소득분배에 대해 우리가 아무리 만족스럽지 않다고 하더라도, 그리고 소득재분배 정책의 부재 속에서 소득분배가 한층 더 만족스럽지 않다고 하더라도, 만일 비관주의자들의 전망이 맞는다면, 인공지능과 로봇이 경제에 한층 더 강력한 충격을 주어 불평등이 한층 더 심화될 것이다. 게다가 AI 혁명은 소득분배를 왜곡할 뿐만 아니라 사회 계층 간 이동성을 약화시켜 불평등한 소득분배가 세대에서 세대로 대물림되게 만들 수 있다.

이것이 전부가 아니다. 그런 불평등한 분배는 반갑지 않은 두 가지 부작용을 낳는다. 지출을 가장 꺼리는 사람들의 손에 구매력이 집중되어(3장 참조) 불평등한 분배는 총수요를 억누르는 경향을 나타낸다. 그리고 여기에 따라, 불평등한 분배는 효과가 완벽하지 않은 수요 관리 정책들에 한층 강화된 압력을 준다. 게다가 AI 혁명은 민주주의를 잠식하는 경향을 보일 수도 있다(7장 참조).

만일 이런 결과 가운데 하나라도 발생한다면, 그리고 만약 우리가 이 결과에 저항하고자 한다면, 소득을 재분배하거나 새로운 소득을 개발하고자 설계된 현재 일련의 정책을 단계적으로 늘려나갈 필요가 있다.

◆ 현재 제도를 고치는 방안 ◆

현재 소득재분배 제도를 수정하기로 결정했다고 가정해보자. 무엇을 할 수 있을까? 다음에 이어질 내용에서 원칙적으로 무엇을 할 수 있을지 간단히 설명할 것이다. 이 개요는 한층 더 근본적인 조치, 즉 조금 뒤 자세히 살펴볼 보편기본소득UBI의 도입에 대해 균형추 구실을 해줄 어떤 것을 일러준다. 그러나 내가 여기서 기존 제도를 개혁하는 것과 관련해 살펴본 여러 조치가 정치적으로 쉽다거나 필연적으로 바람직하다는 뜻은 아니다. 그런데도 그것들은 실행 가능하다, 적어도 원칙적으로는.

가장 중요한 첫 번째로는, 국가가 소득을 재분배하기 위한 여러 정책에서 효율성을 한층 강화할 수 있다. 공공 서비스의 효율성을 개선해 같은 금액의 예산으로 더 나은 성과를 거둘 수 있는데, 이것은 상대적으로 가난한 사람들에게 특별히 더 이득을 안겨줄 것이다. 여기에서는 교육이 특히 중요하다. 교육은 가난한 부모 아래에서 태어난 아이들이 돈을 벌고 인생에서 성공할 기회와 관련 있기 때문이다. 다시 말하면 교육은 사회적 이동과 중요한 관계가 있다(8장에서 국가가 교육 정책을 이용해 소득분배에 영향을 줄 수 있는 몇 가지 방법을 이야기했다).

GDP 대비 정부 지출 및 세금 비율이 낮은 전 세계 많은 나라에서(여기에는 미국, 일본, 스위스 및 그 밖의 여러 나라가 포함된다) 이 비율을 프랑스와 스칸디나비아를 포함한 유럽 여러 나라 수준으로 높여, 추가되는 정부 지출을 가난한 사람의 복지 수준을 높이는 데 사용하고 여기에 필요한 재원을 잘사는 사람에게 매기는 불균형적인 세금으로 조달할 수 있다. 많은 저자가 설령 AI 혁명이 없다고 하더라도 사회적 편익을 한층 더 강화하는 제도가 지금 당장 필요하다고 주장해왔다. 2011년 네덜란드 보건부는 노숙자 문제 해결을 놓고 비용편익분석[ʃ]을 의뢰했는데, 분석 결과 노숙자들에게 투자하는 것이 투자 대비 효율이 가장 높다는 결론이 나왔다. 네덜란드에서 노숙자 문제 예방과 해결에 1유로를 투자한다고 할 때 사회적 서비스와 경찰 그리고 재판 등에 들어가는 비용을 2유로 혹은 3유로나 줄일 수 있다는 분석이 나온 것이다.[4]

불평등 완화를 위한 또 다른 접근법은 국가가 아동수당이나 특정한 나이 이상의 노인에게 지급하는 노인수당 등과 같은 특정한 보편적 지원금 제도를 없애고 그 예산을 '충분히 그럴 가치가 있는 경우들'로 돌리는 것이다. 또한 슈퍼부자에게 거두는 세금을 올릴 수도 있다. 표준 세율을 올리는 것은 모든 나라에서 할 수 있는 조치지만, 실제 현실에서는 합리적인 방법이 아닐 수도 있다. 세율이 낮다고 하더라도 예외

ʃ 여러 정책 대안 가운데 목표 달성에 가장 효과적인 대안을 찾기 위해 각 대안이 초래할 비용과 편익을 비교·분석하는 기법.

조항들을 줄이고 제도상 허점을 줄이면 세수는 얼마든지 늘어날 수 있다. 부유한 개인이나 기업이 탈세를 시도하겠지만, 이것을 막기 위한 행동도 얼마든지 가능하며, 이런 행동이 효과적으로 이루어지려면 국제 공조가 필요할 것이다.

각 나라에서 부유세를 신설할 수도 있다. 이미 부유세를 도입한 나라에서는 이것의 세율을 높일 수 있다. 자본도피 [/] 와 같은 방식으로 이런 조치를 무력화하려는 시도에 대해서는 국제적인 공조로써 대처해야 할 것이다. 그러나 현재 상태로선 부유세 도입에 대한 국제적 합의가 이루어질 가능성이 매우 희박해 보인다.

◆ 경쟁과 개혁 ◆

불평등 완화 혹은 해소에 접근하는 전혀 다른 접근법으로는 불평등의 모든 뿌리를(혹은 적어도 그것 가운데 일부라도) 없애는 것이다. 미국에서 최근 심화된 불평등은 기본적으로 자본수익률이 늘어났기 때문이 아니라(이 논리는 토마 피케티가 주장했으며, 6장에서 살펴보았다), 고소득 노동자와 저소득 노동자 사이 소득 격차가 커졌기 때문이다. 게다가 늘어난 불평등 가운데 상당한 부분은 CEO 및 고위경영진에 대한 보수가

[/] 경제적·정치적·군사적 불안으로부터 가치를 보전하기 위해 한 나라에서 다른 나라로 통화를 대량 이전하는 것.

크게 늘어났고 금융 부문 종사자들이 받는 보수가 상대적으로 많이 늘어난 사실로 설명된다.[5]

불평등의 이런 증가는 인공지능과 직접적으로 관계없다. 그런데도 만일 사회가 불평등을 줄일 목적으로 어떤 것을 하고자 한다면, 적어도 미국과 영국의 경우에는 CEO를 포함한 기업 상층부 임원들이 받는 보수를 내리는 쪽으로 기업의 관행적인 절차를 강화하는 한편, 경제에서 금융 부문이 차지하는 몫을 줄여나가는 것에서부터 시작해야 할 것이다. 또한 정부는 반反독점 조치 프로그램들을 도입할 수 있다. 여러 기업이 독점이나 다름없는 지위를 누려 막대한 이익을 얻고 있는 디지털 부문에서 특히 그렇다. 이 조치는 20세기 초 미국에서 '반독점' 프로그램이 도입되었을 때 일어난 일들을 연상시킨다.

물론 이상의 제안이 어느 것 하나 쉽지 않을 것이다. 적어도 정치적으로는 확실히 어려울 것이다. 그리고 언뜻 보기에도, 인공지능과 관련된 미래를 생각하는 많은 사람에게는 그 제안들이 모두 로봇과 인공지능 때문에 이제 막 일어나고자 하는 일의 규모나 심각성에 미치지 못하는 것 같다. 즉 소득재분배에 대한 진정으로 근본적인 어떤 접근법에 대한 지지가 지금 고조되고 있는데, 이 접근법은 상대적으로 쉬우며 지금 당장 문제를 해결하는 데 적절해 보이고 정치적으로도 가능해 보인다. 그 접근법이란 바로 어떤 형태로든 기본소득 제도나 보편소득 제도를 도입하는 것이다.[∫] 이 발상은 로봇과 인공지능에 따른 효

∫ '기본'은 '최소한/최저'의 뜻이고 '보편'은 '누구에게나 적용되는'이라는 뜻이다.

과가 없어도 반향을 불러일으킨다. 그러나 뒤에서 구체적으로 살펴보면 한층 더 분명하게 드러나겠지만, 로봇과 인공지능이 커다란 충격을 가져다줄 세상에서는 이런 제도의 도입이 특히 더 타당해 보인다.

◆ 보편기본소득 ◆

보편기본소득UBI으로 흔히 얘기되는 최저보장소득GMI은 여러 다양한 이름과 형식으로 나타난다.[6] 가장 순수한 형식으로 보면 보편기본소득 제도는 각 개인에게(혹은 각 가구에) 정기적으로 고정된 금액을 지급하는 제도다. 이때 수혜자의 환경이나 재정 상태 등은 전혀 따지지 않는다. 그러므로 수혜자가 되기 위한 조건 같은 건 아예 없다. 그러나 단 한 가지 예외조항이 있다. 그 나라 시민이어야 한다거나 그 나라에서 일정 기간 거주해야 한다는 조건을 충족해야 한다.

그런데 맨 마지막 자격 요건이 까다로운 쟁점을 유발한다. 만일 최근 이민 온 사람이 보편기본소득 수혜 대상에서 제외된다면, 이런 사람들이 생활고를 겪을 때 이들이 느끼는 여러 가지 필요성이나 결핍을 해결해줄 별도의 보조적인 제도가 있어야만 한다. 그리고 만일 그 사람들이 수혜 대상에서 배제되지 않고 보편기본소득을 받는다면, 성실하게 세금을 내는 토착민들로서는 억울함이나 분노를 느낄 수 있다. 게다가 어떤 나라는 이민자에게 보편기본소득을 지급하는데 어떤 나라는 지급하지 않을 경우, 당연히 보편기본소득을 지급하는 나라로 이민자가 대거 몰릴 것이다.

보편기본소득 제도의 몇몇 유형에서는 아기가 태어나는 순간부터 수혜 대상이 되지만, 어떤 유형에서는 성인이 된 뒤에야 비로소 수혜 대상이 된다. 나이를 많이 먹을수록 금액이 늘어나는 경우도 있으며, 개인별 환경(예를 들면 자녀의 수, 거주 지역)을 기준으로 정해지는 등급에 따라 지급액이 달라지기도 한다. '무조건'이라는 단서가 상대적으로 약한 경우에는 수혜 대상이 되려면 소득이 특정 기준보다 낮아야 한다. 수혜 대상자에게 구직 활동을 요구하는 경우도 있다.

지급액이 물가지수나 임금지수와 연동되는 경우도 있고 1인당 GDP에 따라 자동으로 올라가는 경우도 있다. 이 혜택을 받을 수 있는 기간이 1인당 몇 년으로 제한되는 경우도 있다. 한편, 이 보편기본소득이 담보나 과세 대상이 되지 못하도록 하는 규정은 일반적이다. 이 소득에 세금을 매기는 경우는(조세 정책이 공격적일 경우에는 충분히 그럴 수 있다) 정부로부터 보편기본소득을 받지 않아도 잘사는 소득이 높은 사람들만을 대상으로 수혜금의 일부를 환수하기 위함이다.

순수한 의미의 보편기본소득은 애초에 모든 형태의 복지를 대체하는 것이다. 그러나 몇몇 나라에서는 이것이 모든 복지 혹은 복지의 일부를 대체하는 것이라기보다는 보조하는 것으로 설정되어 있다. 그래서 어떤 경우에는 이 제도가 소득세 제도와 병합되어 있다. 이 경우 소득이 특정 소득 기준에 미치지 못하는 사람에게는 세율이 마이너스가 되어 세제 당국으로부터 오히려 돈을 받는다(이것을 부의소득세negative income tax라고 부른다).

심지어 국가가 '보편최저상속universal minimum inheritance'을 제공해야 한다는 제안도 있다. 예컨대 25세 이상 모든 사람에게 국가가 1만 파운드를 지급하도록 해야 한다는 것이다.[7] 보편기본소득 제도의 한 변형으로, 이 제도의 장단점을 동시에 가지고 있다. 이 제안은 특별히 AI 혁명을 염두에 두고 나타난 것이 아니며, 이것과 전혀 상관없이 성립하기도 하고 폐지되기도 한다. 이 제안은 우리 사회에서 한층 심화되는 불평등에 대한 우려가 점점 커지는 가운데 나왔다. 그러나 AI 혁명의 분배와 관련된 결과에 대한 특정한 우려 및 그 결과를 바로잡기 위해 무엇을 할 것인가 고민이라는 관점에서 볼 때, 국가가 개인에게 일시불을 지급하자는 제안은 특히 AI 경제에 대비하는 조치로서 타당한 것 같다.

그러나 실제 현실에서 이 제도는 비록 묘책이긴 하지만 그저 속임수에 지나지 않는다. 여기에 필요한 재원을 마련하기 위해 기업에 대한 추가 부담금을 설정할 것, 새로운 세금을 신설할 것, 국가 자산을 매각해 해당 재원으로 전용할 것 등이 제안되었지만, 이런 것은 소득 심사가 따로 필요 없는 지원금을 공공의 재원으로 시민에게 지급한다는 보편기본소득 제도의 기본적인 발상과 다른 점이 전혀 없다. 재원을 마련하기 위한 방안으로 제안된 여러 가지 방법에 대해서는 할 말이 그다지 많지 않다. 우리는 장차 무슨 일이 일어날 것인지에 대해 정직하고 분명한 모습을 보이는 게 좋으며, 종합적인 일반 과세를 통해 그 지원금의 재원을 마련해야 한다.

설령 보편최저상속 제도의 일시금 지급과 보편기본소득 제도가 서로 대체하는 양자택일 제도라고 하더라도 일시금 지급이 매주, 매달 혹은 매분기 지급되는 정기적인 소득을 개선할 것인지는 확실하지도 않다. 일시금 지급의 한 가지 장점은 돈을 모으거나 보존하는 데 한층 유리하다는 점이다. 지원금 수혜자가 정기적으로 받는 돈을 몽땅 저축해 그 정도로 큰돈을 마련할 수는 있지만, 대부분의 사람은 그런 자제력을 발휘하기가 쉽지 않다. 또한 일시금을 받은 사람이 그 돈을 한꺼번에 날려버릴 수도 있다. 이렇게 될 경우 이 사람은 정기적인 소득 지원도 없는 막막한 상태가 되고 만다.

뒤에 이어질 내용에서는 이 일시금 지급이라는 발상은 젖혀두고 정기적으로 지급되는 소득 지원금을 분석하려 한다.

◆ 기본일자리보장 ◆

중심 주제로 넘어가기 전에 보편기본소득 제도의 두 가지 변형부터 살펴보자. 그것은 기본일자리보장basic jobs guarantee, BJG과 보편기본서비스universal basic services, UBS다. 미국에서 버니 샌더스, 엘리자베스 워런, 코리 부커, 커스틴 질리브랜드 등의 상원의원이 기본일자리보장 제도를 심의 안건으로 올렸다.

이 발상은 보편기본소득 제도에 대한 비판 가운데 하나를 회피하고자 하는 것이었지만, 즉각적으로 이 제도의 핵심적인 매력 하나를 잠식해버렸다. 기본일자리보장 제도를 제안한 것은 보편기본소득 제도가 노동 공급량을 줄이며 노동윤리를 훼손할 것이라는 비판에 대응하고자 한 것임이 명백하다(노동윤리에 대해서는 잠시 뒤에 살펴볼 것이다). 그러나 이 반대에 대응하기 위해 기본일자리보장 제안은 노동과 소득 사이 연결성을 재차 주장하고, 그 바람에 (장차 시인, 작가, 화가, 작곡가가 될 사람들을 포함한) 일부 사람들이 보수를 지급받는 일을 직업적으로 따로 하지 않고도 기본적인 소득을 누릴 수 있게 해주는 보편기본소득이 가진 매력 요소가 빠져버린다.

적어도 지금까지로만 보면 기본일자리보장이라는 발상은, 일반적으로 좌파 진영의 핵심적인 인물들로 꼽히며 이 제안에 공감할 것이라고 예상되던 사람들을 열광시키는 데 실패했다. 비용도 비용이지만 이 제도의 수혜자가 실제로 무엇을 할 것인가 하는 점에 대한 의구심 때문이었다. 미국 재무장관을 역임한 로런스 서머스는, 이 제도가 시행될 때 시급 15달러의 보장된 일자리가 400만 명을 추가로 노동인구로 유입시키며 1,000만 명의 기존 노동자를 끌어들일 것이라고 상정했다(이 기존 노동자 가운데 4분의 1에는 시급 15달러가 임금 인상을 뜻한다). 그는 노동자 한 사람당 6만 달러의 비용이 들 것이며, 따라서 연간 정부 지출 증가액은 8,400억 달러로 현재 총액의 약 20%에 해당할 것이라고 추정한다.[8] 이 예산 규모가 감당하기 어려울 정도로 크고 매우 비효율적임은 분명하다. 그러므로 이 기본일자리보장 제도는 제안만 되었을 뿐 제도로 정착되지 못할 것이라고 생각할 수밖에 없다.

◆ 보편기본서비스 ◆

또 다른 발상은 무료 주거지, 음식, 대중교통, 통신을 아우르는 패키지 형태의 보편기본서비스를 제공하자는 것이다. 이 발상은 영국의 노동당 소속으로 그림자 내각[/] 재무장관인 존 맥도널John McDonnell을 포함한 많은 좌파 정치인을 사로잡았다.

보편기본서비스 제도를 지지하는 사람들은 무료 보건과 무료 교육 서비스를 제공하는 기존 제도의 확대일 뿐이라고 주장한다. 이 주장이 맞긴 하지만 거기에는 위험이 암시되어 있다. 왜냐하면 영국에서 이런 서비스는 그동안 전반적으로 불만족스럽다는 평가를 받아왔기 때문이다.

게다가 음식, 주거, 대중교통 등과 같은 다른 무료 혜택을 확대하면 엄청난 낭비와 비효율로 이어질 것이고 국가의 촉수가 사회 속으로 보다 넓게 뻗어나갈 것이다. 그뿐만 아니라 이것은 보편기본소득의 두 가지 핵심 매력 요소, 즉 단순함과 국가로부터 제공받은 돈으로 무엇을 할 것인지 개인이 선택할 자유를 손상할 것이다.

이렇게 되면 보편기본소득이라는 발상은 오로지 좌파 진영의 상대적 소수 집단에만 매력적으로 비쳐 모든 진영을 아우르는 폭넓은 지지를 받기 어려울 것이다. 그러므로 우리로서는 이 문제를 젖혀두고 보편기본소득이라는 발상의 본류에 집중하는 게 맞다. 보편기본소득이

[/] 주로 영국식 의원내각제에서 제1야당 소속 당원들로 구성된 부차적인 내각.

실행될 가능성이 훨씬 높아 보이기 때문이다. 어떤 의미에서는 이 제도가 이미 정착되어 실행된다고 볼 수도 있다.

◆ 유명한 지지자들 ◆

보편기본소득의 본질적인 원칙은 최근 폭넓은 지지를 받고 있다. 이런 지지를 보내는 사람 가운데 페이스북의 마크 저커버그와 테슬라의 일론 머스크도 포함되어 있다. 2017년 두바이에서 열린 세계정부정상회의World Government Summit에서 머스크는 다가오는 운송 분야 변혁과 관련해 이렇게 말했다. "20년이라는 시간은 전체 노동인구의 12~15%가 일자리를 잃게 될 시간치고는 너무 짧다. (…) 우리에게 달리 어떤 선택권이 주어질 것이라고는 생각하지 않는다. 그렇기 때문에 보편기본소득이 필요할 것이라고 나는 생각한다."[9]

이런 지지가 놀라워 보일 수도 있다. 돈을 거저 나눠준다는 것이 급진적인 발상으로 들린다. 심지어 자본주의 경제를 뒤집어엎자는 불온한 발상으로까지 비친다. 어쨌거나 자본주의는 인센티브라는 개념을 토대로 하기 때문이다. 누군가에게 주어지는 보상은 반드시 그 사람이 기울인 노력 및 그 사람이 감당한 위험과 관련 있어야 한다. 그리고 보상의 뒷면은 일이 잘못되었을 경우에 받는 처벌이다. 그러므로 단지 사회 구성원이라는 이유만으로 정기적으로 그 사람의 지갑에 돈을 넣어준다는 것은 우리가 자본주의라고 부르는 체제의 정신과 완전히 배치되는 것처럼 보인다. 그러나 저커버그나 머스크와 같은 저명한 기업가 및 전문가들은 보편기본소득이 궁극적으로는 자본주의 체제를 지탱한다고 바라본다. 일론 머스크가 암시했듯이 어떤 경우든 대안이 많지 않다고 생각하기 때문이다.

실제로 이미 오래전부터 유명한 사람들이 보편기본소득의 본질적인 발상을 지지했다. 튜더 시대 위대한 학자이자 정치가이며 성인이었던 토머스 모어Sir Thomas More는 자기가 이상적으로 생각하던 유토피아의 주민이 계속 유지되도록 하려면 보편기본소득과 같은 제도가 있어야 한다고 생각했다. 이 경우와 비슷하게 18세기 미국 작가 토머스 페인Thomas Paine도 1797년 출간한 저서 『토지 분배의 정의Agrarian Justice』에서 누구나 성인이 되는 순간 국가로부터 일시금을 받게 해, 어떤 사람은 부유한 집에서 태어나고 어떤 사람은 가난한 집에서 태어나 필연적으로 발생하는 빈부 격차의 부당함을 최소화해야 한다고 주장했다.

20세기에는 영국의 위대한 철학자 버트런드 러셀Bertrand Russell이 보편기본소득을 지지하면서 이렇게 말했다. "게으름을 경제적으로 가능하게 만드는 것의 한 가지 위대한 장점은 일을 유쾌한 것으로 만드는 강력한 동기를 제공한다는 점이다. 그리고 대부분의 일이 유쾌하지 않은 사회는 경제적인 문제들의 해결책을 찾았다고 할 수 없다." 그리고 그는 다른 곳에서 "노동의 도덕은 노예의 도덕인데, 현대 세상에는 노예가 필요하지 않다"고 썼다.[10]

경제학자 가운데 존 스튜어트 밀John Stuart Mill, 존 케네스 갤브레이스, 제임스 토빈James Tobin, 폴 새뮤얼슨Paul Samuelson 등이 보편기본소득의 제각기 다른 형태를 지지했다. 이들 가운데 몇몇은 자유주의적인 좌파와 연결되어 있는데, 일반적으로 보면 바로 여기에서 보편기본소득 지지자 대부분이 나왔다.

그러므로 경제학자 중에서도 자본주의를 가장 앞장서서 지지했던 사람 가운데 몇몇이 보편기본소득이라는 발상을 지지했다는 사실은 놀라울 수도 있다. 예를 들어 『노예의 길The Road to Serfdom』의 저자이며 케인스와 케인스주의의 적이었던 프리드리히 폰 하이에크Friedrich von Hayek와 통화주의의 스승으로 『선택할 자유Free to Choose』와 『자본주의와 자유Capitalism and Freedom』의 저자이자 시장자본주의의 강력한 지지자였던 밀턴 프리드먼이 그런 경제학자다(프리드먼은 보편기본소득 제도의 또 다른 형태인 부의소득세를 옹호했다).

정치계에서도 놀라운 일들이 있었다. 1980년대 말 리처드 닉슨Richard Nixon은 기본소득 법안을 제출하면서 이것을 "우리 나라 역사상 가장 의미 있는 사회적 법안"이라고 말했다. 이 법안은 하원에서 통과했으나 상원에서 부결되었다.

그렇다면 하이에크나 프리드먼과 같은 경제학자들이 어떻게 보편기본소득 제도를 지지할 수 있었을까? 문명사회에서 가장 약하고 가장 불운한 사람들에게 재정적 지원이 돌아가도록 하는 것은 (바람직할 뿐만 아니라) 당연하고도 필연적이라는 게 두 사람의 논지다. 앞에서 살펴보았듯이 이 지원 과정은 보통 거미줄처럼 복잡한 혜택의 그물망(예를 들면 노령연금, 장애급여, 실업급여, 주택수당, 질병급여, 소득보조금, 아동수당 등)을 통해 이루어진다.

이런 혜택 가운데 어떤 것은 아주 단순한 기준만 충족하면 곧바로 지급된다. 예를 들어 노령연금은 일정한 나이가 되면 무조건 수혜 대상자가 된다. 즉 이런 혜택들은 당사자의 필요성 여부와 상관없이 무조건 지급된다. 그러나 대부분은 예상되는 재정적 필요성의 기준에 따라 지급된다. 예컨대 실업급여는 실업자에게 지급되며, 소득보조금은 설정된 기준보다 소득이 낮은 사람에게 지급된다.

이것은 도움이 꼭 필요해 보이는 사람들에게만 도움을 준다는 점에서 한정된 공적 자금의 낭비를 훨씬 줄이는 것처럼 보인다. 그러나 이것 역시 인센티브를 제공해 일하게 만들어야 한다는 자본주의적 원칙과 정반대로 작용한다. 만일 당신이 일자리를 잃은 사람에게 급여를 지급한다면, 그 사람을 자발적 실업으로 유도하는 셈이 되기 때문이다. 이것은 잠재적 노동 수요를 줄이고, 그 결과 생산물을 줄임으로써 사회의 이익에 어긋날 뿐만 아니라 수혜자들의 이익에도 장기적으로 어긋날 수 있다. 왜냐하면 일자리를 가지고 있을 때 자긍심이나 공동체에 대한 소속감이 생기는 것은 말할 것도 없고 보수가 보다 더 높은 일자리로 옮겨갈 기회가 생기기 때문이다. 이런 점을 바탕으로, 이런 체계는 막대한 비용이 들고 비효율적이며 낭비가 심하다는 결론이 나온다.

그래서 자본주의의 위대한 지지자들은 보편기본소득 제도를, 이 장 앞부분에서 묘사한 수많은 혜택, 즉 관리하기에 비용이 많이 들고 잠재적 수혜자들이 이해하기 어려운 수많은 혜택으로 이루어진 덤불들 사이로 길을 내는 방법, 그러면서도 사람들이 일을 통해 자기 운명을 개선하려는 인센티브를 줄이지 않는 효과적인 방법으로 바라보았다. 우파 진영의 몇몇 지지자 역시 이 제도를 정부가 최소임금을 낮추게 해서 고용 수준을 높이도록 유도하는 것으로 바라보았다.

한편 놀랍게도 녹색운동 종사자들은 전혀 다른 이유로 보편기본소득이라는 발상이 매력적이라고 느낀다. 소비지상주의와 성장에 사로잡힌 무한경쟁의 바깥에서도 얼마든지 생활이 가능하게 해주는 것으로 보편기본소득 제도를 바라본다. 즉 이 제도가 환경에 미치는 압력을 누그러뜨리는 데 도움을 준다고 생각하는 것이다.

비록 보편기본소득이라는 발상이 로봇과 인공지능이 등장하기 훨씬 전에 매력을 발산했으며(이런 사실은 보편기본소득을 지지했던 과거 많은 지지자의 목록으로도 입증된다) 로봇과 인공지능 없이 뿌리내릴 수도 있고 사라질 수도 있지만, 그런데도 로봇과 인공지능의 효과에 대한 긴급한 우려로 보편기본소득에 대한 관점은 한층 커지고 있다. 이것은 당연한 결과다.

그 이유는 매우 단순하다. 모든 시민에게 돌아가는 '사회적 배당social dividend'[f]에 대해서는 늘 논박이 있었다. 그러나 소득분배에서의 잠재적 변화 때문에 사회적 배당은 한층 더 매력적으로 비친다.

로봇과 인공지능의 확산이 일자리를 파괴하거나 실질임금을 잠식함으로써 소득분배를 한층 더 불평등하게 만드는 것만은 아니다. 로봇과 인공지능은 토지와 희귀한 자원 그리고 지적재산에서 높은 소득이 점

---

[f] 사회가 소유하는 자본 자산에 발생한 수익.

점 더 많이 생성되는 세상 역시 만들어낸다. 즉 높은 소득을 누릴 '자격'이 없는 사람들에게도 높은 소득이 생길 수 있다는 말이다.

그렇다면 보편기본소득이라는 발상에 저항하는 요소는 무엇일까? 이제 핵심적인 주장들을 살펴볼 차례다. 먼저, 일하고자 하는 인센티브에 미칠 수 있는 효과부터 살펴보자.

◆ 보편기본소득과 노동 공급 ◆

보편기본소득 제도가 도입되어 조건을 따져 지급되는 여러 가지 선별적 혜택을 대체한다고 가정할 때 노동 공급에는 어떤 일이 일어날까? 몇몇 경제학자는(심지어 위대한 경제학자들조차) 이것이 일하고자 하는 충동을 강화할 것이라고 생각해왔다. 이런 변화에 영향을 받은 사람들은 기존에 받던 혜택을 그대로 받으면서도 일해서 돈을 벌 수 있기 때문에 일하고자 하는 충동이 그만큼 더 강화된다는 것이다. 그러나 다른 경제학자들은 이 제도가 일하고자 하는 충동을 누그러뜨린다고 주장해왔다. 이들은 일부 사람들, 아니 어쩌면 많은 사람이 일단 특정한 소득수준에 도달하고 나면 보다 많은 소득을 얻으려고 추가로 더 많은 노력을 하지 않을 것이라고 주장한다(이것은 4장에서 살펴본 인간의 잠재적인 욕구, 즉 될 수 있으면 여가시간을 많이 가지려고 하는 욕구와 일치한다).

이 말은 보편기본소득과 같은 제도를 도입하면 노동 공급이 늘어날 수도 있고 줄어들 수도 있다는 뜻이다. 과연 실제 현실에서 어떤 일이 일어날지는 부분적으로 보편기본소득 금액에 따라 좌우될 것이다. 금액이 적으면 사람들은 그것만으로 생계를 유지할 수 없기 때문에 일을 포기하지 않을 것이고, 따라서 노동 공급이 줄지 않을 것이다. 물론 이건 어디까지나 가설이다.

그런데 금액이 꽤 많아서 사람들이 그것만 가지고도 생활해나갈 수 있다면, 사람들은 노동 공급을 줄일 것이다. 그리고 보편기본소득 금액을 높게 설정할수록 이 효과는 더욱 커져 일을 완전히 포기하는 사람들이 나타날 것이다. 즉 보편기본소득 금액이 높아짐에 따라 이런 효과는 더욱 커질 것이다. 이런 상황에서는 더 많은 사람이 보편기본소득에만 의존해서 살려고 할 것이므로 이런 생활방식이 사회적으로 더 너그럽게 수용될 것이고, 그럴수록 더 많은 사람이 그렇게 살려고 할 터이기 때문이다. 게다가 조금 뒤에 살펴보겠지만 보편기본소득 제도를 유지할 재원을 마련해야 하는 필요성 때문에 세율은 상당한 폭으로 올라갈 것이고, 그러면 더 높은 소득계층으로 올라가려는 동기부여가 줄어들 것이다.

◆ 고전적인 인물들의 반대 논리 ◆

보편기본소득과 같은 종류의 복지 체계에 대한 논박은 이미 여러 시대에 걸쳐 진행되어왔다. 경제학자 칼 폴라니는 1944년에 펴낸 『거대한 전환The Great Transformation』에서 초기 복지 제도 가운데 하나인 스핀햄랜드 제도Speenhamland system ∫를 공격했다(이 제도가 시행된 지역의 이름을 딴 것이다). 폴라니에 따르면 이 제도는 "생존권이라고 말할 수 있는 사회경제적 차원의 혁신을 도입했으며, 1834년에 폐지되기까지 경쟁력 있는 노동시장이 생기는 것을 효과적으로 가로막았다". 그러다가 결국 이 제도는 "인간적인 형상을 거의 잃어버릴 정도까지 치달은 (…) 대중의 궁핍화"라는 결과를 빚어내고 말았다고 폴라니는 결론 내린다. 그러면서 그는 기본소득은 최하 수준이 아니라 최고 수준으로 운용되어야 한다고 주장했다.[11]

그다지 놀랍지도 않은 사실이지만, 토머스 맬서스 역시 폴라니보다 무려 100년도 더 전에 보편기본소득이라는 발상에 반대했다. 그는 스핀햄랜드 제도가 사람들이 자식을 최대한 많이 낳도록 유도했다고 생각했다(맬서스 목사는 출산에 무척 많은 관심을 가졌던 것 같다). 위대한 경제학자 데이비드 리카도 역시 기본소득은 노동의 감소 및 식량 생산량의 감소를 유발한다고 믿었다. 심지어 카를 마르크스조차 1867년 출간한 『자본론Das Kapital』에서 스핀햄랜드 제도를 규탄했다. 그는 당시 그 지방의 당국자들에게 책임을 지우면서 당시 구빈 행위가 저임금을 유지하기 위한 고용주들의 전술로 사용되었다고 주장했다. 이들 외에도 제러미 벤담과 알렉시 드 토크빌Alexis de Tocqueville 등과 같은 저명한 사상가들이 스핀햄랜드 제도를 강력하게 비난했다.

∫ 1795년 잉글랜드 남부 버크셔주의 치안판사들이 스핀햄랜드에서 구빈법의 원외 구제를 목적으로 실시한 제도로, 빵의 가격과 가족의 수에 따라 최저생활기준을 설정한 다음 실업자와 저임금노동자에게 구빈세에 의한 수당을 지급했다.

그러나 1988년생인 급진적 네덜란드 역사학자 뤼트허르 브레흐만은 그 모든 사상가가 데이터를 정밀하게 살펴보지도 않은 채 스핀햄랜드 제도를 비난했다고 몰아붙였다. 당시 그 제도 아래에서 사람들이 겪었던 고통은 영국이 그동안 중단했던 금본위제로 1821년 다시 돌아갔고 사람의 노동을 절약해주는 기계가 등장했기 때문에 유발된 것이라고 그는 말한다.[12] "자본주의자든 공산주의자든 간에 두 개 유형의 가난을 아무런 의미도 없이 구분하는 실수, 그리고 우리가 대략 40년 전에 거의 떨쳐냈던 중대한 오해, 즉 가난이 없는 삶은 우리 모두가 누릴 자격이 있는 권리라기보다는 일을 해서 획득해야 하는 어떤 특권이라고 생각하는 오류에 빠지는 실수를 저지르고 말았다."[13]

◆ 보편기본소득의 부작용 ◆

보편기본소득이 일하고자 하는 동기에 미치는 영향에 대해 경제학자들이 논란을 벌이는 동안(이들은 서로 다른 두 방향에서 나름대로 존중할 만한 주장을 펼쳤다), 이 발상을 옹호하려는 한 무리의 사람이 전혀 다르면서도 때로는 기발하기까지 한 주장을 가지고 반박하고 나섰다.

존 케네스 갤브레이스는 길고도 유명한 경력 속에서 처음에는 보편기본소득에 반대했다가 나중에 찬성하는 쪽으로 돌아섰다. 그는 보편기본소득이 노동 공급을 줄여줄 것이라는 가능성을 걱정하지 않았으며, 전형적인 특유의 문체로 이렇게 썼다. "부자들뿐만 아니라 가난한 사람들도 여가시간을 즐기도록 해주자."[14]

보편기본소득을 지지하는 사람들은 이 제도의 이점 가운데 하나로 저소득 계층의 결혼율이 높아지며 부부 가운데 한 사람이 일하지 않고 집에서 육아를 맡을 가능성을 높여주는 것을 꼽는다. 몇몇 지지자는 또한 보편기본소득 덕분에 젊은 사람들이 자신을 교육하고 훈련하는 데 투자하거나 저임금 인턴직이나 수습직 일자리를 받아들이기가 한층 쉬워진다고 주장한다. 또한 보편기본소득이 도입되면 고용주가 일자리를 제안하기가 한결 쉬워지는데, 그 이유는 이런 일자리는 고용주에게 비용이 그다지 많이 들지 않기 때문이라고, 즉 국가에 의존해 기본소득을 제공하면 되기 때문이라고 지지자들은 말한다.

어떤 분석가들은 만일 보편기본소득이 일하고자 하는 노력을 꺾어놓고 GDP를 축소하는 효과를 낸다고 하더라도 이런 상황을 굳이 나쁘다고만 할 수 없다고 주장해왔다. 현대 서구 사회에서 사람들은 경쟁에 내몰리는데, 보통 이 경쟁은 당사자가 원하지도 않고 자기에게 이득이 되지 않는 극심한 수준으로까지 치닫는다. 사정이 이렇다보니 경쟁 본능을 억누르고 일하고 싶은 마음이 사라지게 하는 것이 얼마든지 환영받는다는 말이다. 경제 방면에서 인류가 기울이는 노력이, 자원 고갈이든 오염이든 기후변화든 간에 이런 것들을 통해 지구를 위태롭게 만든다고 믿을 때 이 주장은 한층 강화된다.[15]

이 접근법의 또 다른 버전은 우리 사회에서 발생하는 고소득의 많은 몫이 경제학자들이 '지대rent'라고 부르는 것에 해당한다는 견해다. 여기에서 지대는 공급이 희소하기 때문에 가치가 붙긴 하지만 대가를 지불하지 않더라도 늘 존재하는 어떤 것으로, 토지가 고전적인 사례다.

영국 금융감독청장을 역임한 아데어 터너Adair Turner는 미래의 경제에서는 '지대'가 차지하는 비중이 점점 늘어나는 것 외에 경제활동 비중이 점점 늘어난다고 해도, 사회 전체의 총생산량이나 총소득이 늘어나지는 않으므로 결국 제로섬zero-sum이 될 것이라고 주장해왔다.[16] 금융시장 안에서 이루어지는 활동의 많은 부분이 이 범주에 속한다(나는 2009년 출간한『시장의 문제』마지막 장에서, 경제 전체의 크기를 확대하는 '창조적인creative 활동'과 구분하기 위해 이런 활동을 '유통적인distributive 활동'이라고 불렀다).[17]

만일 터너의 말이 옳다면, 이것은 보편기본소득 제도가 도입되어 노동 공급이 줄어들고 GDP가 쪼그라든다고 하더라도 전혀 걱정할 게 아니다. GDP 축소분의 많은 부분이 실제로는 가짜이기 때문이다. 그러므로 그런 축소 변화는 전반적인 복지와 아무런 관련이 없다. 그런데 보편기본소득 제도가 GDP 가운데 오로지 '유통적인 부분'이나 제로섬 부분만 줄이고 '창조적인 부분'은 그대로 남을 것이라고 어떻게 확신할 수 있을까?

또 다른 그럴듯한 주장으로는 설령 보편기본소득 제도가 도입되어 사람들의 일할 의욕을 꺾고 GDP가 줄어든다고 하더라도, 심지어 GDP의 축소 규모가 터너의 주장처럼 상당한 수준이라고 하더라도, 그 정도는 충분히 참을 만하다는 것이다. 4차 산업혁명의 힘을 믿는다면, 장차 우리가 사는 사회와 우리 각자가 한층 부유해지면서 일을 예전보다 덜 해도 될 터이기 때문이라는 말이다. 세제나 재분배에 따라 발생하는 일에 대한 의욕 부진이 가지는 무게감은 예전보다 줄어들 수밖에 없다는 것이다. 이렇게 되면 또 그만큼 사회 정의라는 대의에 더욱 무게가 실릴 것이다. 요컨대 새로운 세상에서는 공정함에 대해 예전보다 더 많은 관심을 기울일 여유가 생긴다는 말이다. 이 논지는, 만일 인공지능과 로봇이 사람 대신 모든 일을 수행하고 사람은 그저 여유로운 삶을 즐긴다면, 그리고 그때가 된다면, 극단에 다다른다. 이런 상태에서 일에 대한 인센티브나 동기부여가 무슨 의미 있을까? 그러나 물론 우리는 아직 그 지점까지는 도달하지 않았고, 이 책에서 주장하는 중심적인 주장이 옳다면 그렇게 될 일은 결코 없다.

◆ 기발한 비판들 ◆

보편기본소득 제도를 지지하는 급진적이고 기발한 주장들이 있지만 여기에 반대하는 기발한 주장들도 있다. 어떤 논평자들은 이 제도가 인플레이션을 조장할 것이라고 경고해왔다. 예를 들어 인공지능 선지자인 케일럼 체이스는 이렇게 주장했다. "다른 모든 조건이 동일하다고 할 때 거대한 양의 돈이 경제에 투입되면 물가가 오르고 결국 갑작스러운 인플레이션이 일어날 것이다. 어쩌면 심지어 하이퍼인플레이션⌡이 일어날지도 모른다."[18]

⌡ 물가 상승이 통제를 벗어난 상태로 수백 %의 인플레이션율을 기록하는 상황.

이런 주장은 논점을 한참 벗어난 것이다. 만일 보편기본소득 제도가 도입되면 위에서 언급한 온갖 이유로 노동 공급량, 실업과 인플레이션 사이의 상관성이 바뀔 것이다. 그러나 금리를 결정하는 중앙은행을 포함한 정책 입안자들이 이런 효과들을 얼마든지 고려할 수 있다. 인플레이션을 유발할 것이라는 이유를 들어 보편기본소득 제도를 반대할 근거는 어디에도 없다.

또 다른 비판으로, 모든 혜택을 대신해 보편기본소득 제도가 도입된다면 외부 충격에 대응하는 경제 체제의 안정성이 줄어들 것이라는 주장이 있다. 현재 체제에서는 수혜자에게 지급되는 많은('모든'이 아니다!) 혜택이 가지는 전체 가치는 경제 주기에 따라 오르내림을 반복할 것이라는 게, 즉 경기가 나쁠 때는 그 가치가 높아지고 경기가 좋을 때는 그 가치가 낮아질 것이라는 게 비판자들이 제시하는 근거다. 혜택 지급이 일종의 '자동 안정화 장치들'처럼 작동한다는 말이다. 그런데 보편기본소득 제도가 그 모든 혜택을 대체해버리면 이 기능이 경제에서 사라져버린다는 게 이 비판의 중심적인 논리다.

틀린 말은 아니지만 강력한 설득력을 갖춘 주장이라고 할 수는 없다. 그 주장은 경제가 불황일 때 금융 당국이 나서서 재량적인 안정화 정책으로써 그 안정화 장치들을 대신해야 한다는 뜻이다. 현재 경제 체계에서 이런 일은, 자동 안정화 장치들만으로는 충분하지 않다고 정부가 믿을 때면 언제든 일어날 수 있다. 그 추가적인 안정화 정책들은 여러 가지 형태로 나타날 수 있는데, 그 가운데 한 가지 가능성은 경기 불황이 끝날 때까지 일시적으로 수혜자에게 지급하는 보편기본소득 금액을 높이는 것이 될 수도 있다(물론 재량적인 안정화 정책들은 자동 안정화 장치들에 비해 시간 차이가 나타날 수 있다). 그러므로 자동 안정화 장치들이 없다고 해서 심각한 문제가 일어날 것 같지는 않다.

◆ 보편기본소득의 현실 검증 ◆

보편기본소득 제도는 단순한 이론적 차원의 제안이 아니다. 실제 현실에서 이것을 검증하고자 하는 시도는 이미 여러 차례 진행되었다. 1970년대 캐나다의 도핀이라는 작은 도시에서도 시도되었다. 보편기본소득 지지자들은 그때의 결과가 매우 좋았다고 주장한다. 심각한 정신 질병으로 고통받은 사람들의 수도 상대적으로 적었고, 학교를 중퇴한 10대 청소년의 수도 상대적으로 적었다. 정말 놀랍게도 보편기본소득 수혜자가 된다고 해서 일을 포기한 사람은 거의 없었다.

보다 최근에는 캐나다의 온타리오에서 이 제도가 도입되었다가 2018년 여름 철폐되었다. 온타리오에서 사회복지 담당 책임자 라이자 매클라우드Liza Macleod는 그 프로젝트가 '매우 비싸다'고 말했다.

2017년 1월에는 핀란드에서 실직 상태의 2,000명을 무작위로 선정해 보편기본소득 제도를 시험적으로 실시했으나 2018년 3월 철폐했다. OECD의 한 논문은 만일 그 제도가 전체 국민을 대상으로 실시하려고 했다면 핀란드가 소득세를 거의 30%나 인상했어야 한다고 결론 내렸다.

2018년 6월 프랑스는 보편기본소득 제도를 시험적으로 실시한다고 발표했다. 그리고 아이가 없는 사람에게 한 달에 최소 600유로ˢ를 실직 상태의 2만 명에게 지급했다. 지원자들을 대상으로 수혜자의 자격을 확인하긴 했지만 구직활동을 해야 한다든가 하는 등의 조건은 전혀 없었다. 이 원고를 쓰고 있는 지금 시점에선 결과가 어떻게 되었는지 확인할 수 없다.

보편기본소득을 강력하게 지지하는 기자 애니 로리Annie Lowrey는 다소 덜 알려진 사례 두 개를 인용한다.[19] 2010년 이란 정부는 석유나 식품과 같은 상품들에 지급하던 보조금을 중단하고 그 대신 시민들에게 돈을 지급했다. 이런 조치에 따른 효과를 조사한 경제 전문가들은 다음과 같이 결론을 내렸다. "노동시장과의 연결성이 약한 청년층을 예외로 한 가운데 우리는 현금 지급이 노동 공급량을 줄인다는 증거를 단 하나도 확인하지 못했으며, 오히려 서비스 부문 노동자들이 일하는 시간을 늘렸다는 사실을 확인했다."(물론 이것을 두고 보편기본소득 제도를 고전적인 의미에서 검증한 것이라고 말할 수는 없다.)

로리가 소개한 두 번째 사례는 한층 더 인상적이며, 동시에 첫 번째 사례와 다른 결과를 나타낸다. 부족 차원에서 화려한 카지노 두 개를 소유하고 연간 4,000~6,000달러를 이익 배당금으로 지급받는 체로키 인디언 부족 사람들은 그 지급에 대응해 아주 조금만 노동 공급을 줄였다. 그런데 정반대 결과는 미네소타의 새코피 수 인디언 부족에

ˢ 2020년 6월 26일 기준으로 80만 7,216원이다.

서 나타났다. 이들도 대규모 카지노에서 나오는 수익금에 대한 몫으로 2012년 각자 한 달에 8만 4,000달러를 받았는데, 이 부족의 관리 한 사람이 「뉴욕타임스」에 자기들은 99.2%가 실업 상태라면서 보수를 지급받는 노동은 완전히 자발적인 것이라고 덧붙였다.[20]

미국에는 보편기본소득과 비슷한 사례가 실제로 오랫동안 존재해왔다. 1982년부터 알래스카 주민들은 알래스카에 매장되어 있는 석유 등 천연자원을 소유하는 알래스카영구기금Alaska Permanent Fund으로부터 해마다 배당금을 받아왔다. 2015년을 예로 들면, 63만 명의 주민이 알래스카 1인당 GDP의 약 3%에 해당하는 2,072달러의 배당금 수혜 자격을 받았다. 그러나 이 돈은 노동 공급에 영향을 줄 것이라고 기대하기에는 너무 적은 금액이었다.

이런 검증 결과들이 무엇을 보여주든 간에 그 결과들만 가지고는 단정적으로 결론을 내릴 수 없다. 경제적·사회적 정책의 다른 쟁점을 놓고 볼 때 많은 것이 태도 및 사회적 규범에 따라 달라지는데, 이런 것들은 변화 속도가 느리다. 단정적인 결론을 내릴 수 있는 결과를 얻으려면 이 제도를 최소한 한 세대 동안 운영해봐야 한다. 게다가 특정 지역에서만이 아니라 전국적인 차원에서 시행되어야 할 필요가 있다. 그렇지만 이런 실험이 현실에서 진행될 가능성이 매우 낮다는 것은 굳이 말할 필요가 없다.

그러나 보편기본소득이라는 발상은 상당한 인기를 얻고 있다. 심지어 전혀 뜻밖의 지역에서도 인기가 놀랍다. 2016년에 스위스는 상당히 높은 수준의 보편기본소득 도입을 놓고 국민투표를 했는데, 비록 통과되지 못했지만 약 25%의 찬성률을 기록했다.

이탈리아에서 새로운 정부의 연정 파트너 가운데 하나인 오성운동 Five Star Movement^ſ은 보편기본소득의 한 형태를 포함하는 개혁적인 공약으로 2018년 선거를 치렀다. 예산상의 제약이나 공공지출의 추가 확대에 대해 유럽연합이 반대했는데도 보편기본소득 제도를 당의 기본 정책으로 밀고 나가겠다는 의지를 불태웠다.

영국에서는 노동당 소속으로 그림자 내각 재무장관 존 맥도널이 다음번 노동당 선언문에 보편기본소득 제도 도입을 명문화하려 노력한다고 말했다. 그러므로 만일 노동당이 차기 총선에서 승리한다면 전 세계는 보편기본소득과 관련된 최대 규모의 실험을 지켜볼 수 있을 것이다.

◆ 평가 ◆

보편기본소득 수혜자들이 노동시장에 적극적으로 나서지 않으면서 노동 공급이 축소될 것이라는 주장과 별도로(사실 이 주장은 위에서 살펴본 것처럼 명확하지 않다) 이 제도를 반대하는 실질적인 논리적 근거로 다음 네 가지를 들 수 있다.

ſ Movimento 5 stelle(M5S)라고도 한다. 2009년에 창당한 신생 정당으로 기성 정치권의 부패를 강력히 비난하며 인기를 얻었다.

- 이 제도는 대부분의 사람이 가지고 있는 공정함에 대한 정서에 불쾌감을 안겨줄 것이다.
- 이 제도는 사회적 배척social exclusion [1]을 강화하고 사회 내부의 분열을 확대할 것이다.
- 이 제도는 공공재정에 막대한 비용을 초래할 것이며, 이렇게 되면 필연적으로 세금이 올라 사람들을 힘들게 할 것이다.
- 이 모든 어려움 때문에 이 제도는 복지 체계를 단순하게 만드는 게 아니라 오히려 더 복잡하게 만들 것이다.

우선 별 가치 없는 정도의 보편기본소득 금액이 현실에서 사회적으로 바람직하거나 지속가능할 것인가 하는 점은 사실 의심스럽다. 대부분의 시민은 점차 일하는 시간을 줄이고 더 많은 여가시간을 누릴 수 있다. 그러나 특정 계층에 속한 사람들은 늘 하던 대로 묵묵히 열심히 일하는데 많은 사람이 설렁설렁 일하면서 그저 공짜로 업혀가려는 것은 전혀 다른 문제다.

만일 보편기본소득 수혜자가 모두 예술가나 수도자라면 받아들여질 수도 있다. 심지어 그들이 이 제도의 혜택을 받으면서 바구니 짜는 법이나 하프 연주하는 법을 배우며 살아간다고 하더라도 얼마든지 받아들여질 수 있다. 그러나 이 제도 수혜자가 대부분의 시간을 술에 취해 있거나 마약을 하거나 포르노 동영상을 보면서 보낸다고 생각해보라.

---

[1] 자신이 속한 집단에서 소외되거나 거부당하는 현상.

과연 사람들이 이 제도를 받아들일 수 있을까? '근면한 가족들'은 이런 상황을 결코 인정하려 들지 않을 것이다.

사회적 배척

보편기본소득을 지지하는 사람들은 오늘날의 심각한 사회적 문제 가운데 많은 것이 자발적 및 비자발적 실업과 관련 있다는 사실과 씨름해야 한다. 상당히 많은 사람이 일하지 않는 상황이 예상되는 길을 열어나간다면 여러 가지 심각한 문제가 동반될 수밖에 없을 것 같다.

어쨌거나 보편기본소득을 지지하는 사람들이 흔히 제각기 다른 집단 사이에서 발생하는 금융소득의 차이에 대한 우려뿐만 아니라 최하층 사람들이 느끼는 소외감, 즉 다른 사람들로부터 배척당하는 느낌에 대한 우려 때문에 그런 입장을 가지는 것은 충분히 이해할 수 있다. 그러나 만일 보편기본소득의 효과가 상당히 많은 사람이 일하지 않는 상황을 허용하고 장려한다면, 사회 안에서 근본적인 분열이 강화될 게 분명하다.

게다가 이런 분열이 저절로 계속 이어질 수도 있다. 일하지 않고 보편기본소득에 의존하기로 선택해 그렇게 살다보면 다시 일하며 살아가는 생활로 돌아오기가 힘들어진다. 이 사람들은 자기가 가진 노동 기술과 의향 및 노동 윤리를 잃어버릴 것이고 고용주들은 이들을 마땅찮게 여길 것이다. 또 보편기본소득으로 살아가는 사람의 자녀들은 분명 자기 부모와 비슷한 생활을 살아가려는 성향을 그렇지 않은 성향보다 더 많이 가질 것이다.

비용
......

보편기본소득의 금액 수준은 긍정적인 방향으로든 부정적인 방향으로든 간에 이 제도의 효과를 결정적으로 좌우한다. 밀턴 프리드먼은 자기가 주장하는 부의소득세가 "충분히 적은 금액이라서 수혜자들이 빨리 일하고 돈벌어 그 혜택을 받지 말아야지 하는 각성과 동기"를 주길 바랐다. 그는 이 제도가 보장하는 소득 금액의 수준과 이 제도에 필요한 재원을 마련하기 위해 상향 조정될 세율에 따라 이 제도는 탁월하게 바람직한 것이 될 수도 있고 형편없이 무책임한 것이 될 수도 있다고 생각했다. 그래서 그는 다음과 같이 바라보았다. "정치적으로 매우 다양한 견해를 가진 사람들이 부의소득세의 이런저런 형태를 찬성할 수 있는 이유도 바로 여기에 있다."[21]

그런데 프리드먼이 애착을 가졌던 부의소득세의 결정적인 부작용 하나는, 계층별 소득분포표 가운데 맨 아랫자리를 차지하는 사람들이 이 혜택을 계속 받을 자격을 유지하기 위해, 즉 소득이 발생하지 않도록 하기 위해 계속 빈둥거리며 살게 만드는 유인책으로 작용한다는 점이다.

이에 비해 단순하기 짝이 없는 보편기본소득 제도 아래에서는 그런 부정적인 인센티브가 작동하지 않는다. 상대적으로 낮은 소득 구간에서는 사람들이 벌어들이는 소득에 대해 국가는 아무런 관심을 가지지 않는다. 왜냐하면 보편기본소득은 사람들이 벌어들이는 소득과 상관없이 지급되기 때문이다.

보편기본소득을 지지하는 사람들은 대부분 이 제도로 수혜자들에게 지급되는 금액이 빈곤선poverty level ʃ 을 기준으로 해야 한다고 주장해왔다. 빈곤선이라는 기준이 보편기본소득 금액이 감당할 수 없을 정도로 높고/높거나 이 제도가 사람들을 게으름뱅이로 만들 거라고 생각하는 사람들이 제기할 반대를 최소화하기 위한 것임은 의심할 여지가 없다. 그러나 이 수준은 일하지 않을 경우 최저생활을 꾸려나가는 데 필요한 소득을 제공하겠다는 열망을 충족하지 못하는데도, 여전히 매우 높은 수준이다. 만일 인공지능이 고용 기회를 대량으로 없애버려 많은 사람이 실업 상태에 놓일 경우, 그런 수준의 금액은 경제적으로나 정치적으로 모두 적절하지 않을 것이다.

　보편기본소득을 강력하게 지지하는 정치철학자 필리프 판 파레이스Philippe Van Parijs와 야니크 판데르보흐트Yannick Vanderborght는 1인당 GDP의 4분의 1에 해당하는 금액이 보편기본소득으로 지급되어야 한다고 주장한다.[22] 미국으로 치면 한 달에 1,163달러이고 영국으로 치면 한 달에 910달러다. 또한 두 사람은 보편기본소득이 이 금액보다 낮은 다른 지원금들만 대체하도록 해야 한다고 주장한다. 수혜자들의 여러 자격 조건과 함께 그보다 높은 지원금들은 그대로 유지되어야 한다는 것이다. 그러나 이렇게 될 경우 그 금액은 지나치게 높아질 수밖에 없다. 보편기본소득 금액보다 낮은 다른 지원금들을 제외하기 이전 기준으로 할 때 보편기본소득으로 지급되는 총비용이 GDP의 4분의 1이나 되기 때문이다. 보편기본소득 금액보다 낮은 다른 지원금들을 대체함

ʃ 육체적 능률을 유지하는 데 필요한 최소한도의 생활수준.

으로써 절감되는 비용은 상당하겠지만, 순비용은 여전히 매우 유효한 금액일 것이다.

그렇긴 하지만 국가 재정상 중립적일 수 있는 보편기본소득 제도를 설계할 수도 있다. 다른 모든 복지 혜택을 철폐함으로써 절감되는 돈만큼 정확하게 모두 보편기본소득으로 지급할 수 있도록 금액을 설정하면 된다. 이렇게 할 때 어떤 결과가 빚어질지 살펴보는 것은 유용한 사고실험[ʃ]이 될 수 있다.

대항력 있는 상응 조치들이 없는 가운데 만일 수혜 자격을 토대로 현재 지급되고 있는 여러 가지 혜택이나 지원금 총액이 보편기본소득으로 지급된다면, 그 결과가 애초에 의도했던 것과 반대 방향으로 나타날 수도 있다. 현재 아무런 혜택이나 지원금을 받지 않는 사람들까지, 심지어 억만장자들까지 포함해 모든 사람이 보편기본소득 수혜자가 되기 때문에, 현재 혜택을 받는 사람들이 받는 수혜 금액의 평균치가 낮아질 수밖에 없다. 그리고 이런 사람들은 일반적으로 소득이 낮은 계층에 속하기 때문에 사회 불평등이 심화될 수밖에 없다.

물론 이 효과를 상쇄하기 위해 소득이 높은 계층이 부담하는 세율을 올릴 수도 있다. 그러나 이것 역시 문제점을 안고 있다. 로봇 시대는 부가 넘쳐나긴 하지만 여전히 인센티브가 문제다. 적어도 로봇과 인공지능이 현재 사람이 하는 모든 일을 떠맡고 사람들은 그저 여가시간을 즐기면서 살기 전까지는 그럴 수밖에 없다. 만일 넉넉한 금액의 보편

ʃ 머릿속에서 생각으로 진행하는 실험.

기본소득 재원을 마련하기 위해 한계세율이 지금보다 훨씬 높아진다면 일해서 소득을 높이겠다는 동기를 심각하게 꺾어놓는 부작용이 생길 수도 있다.

바로 이 지점에서 노동 공급과 관련해 심각한 역효과가 나타날 수도 있다. 저임금 노동자들이 일해서 자기 생활수준을 높이겠다는 동기를 희석하는 부정적인 효과에서 비롯되는 역효과가 문제가 아니라, 사람들이 살아갈 수 있을 정도의 보편기본소득을 지급하려면 세금 수입이 엄청나게 늘어나야 한다는 점이 심각한 문제로 나타날 수 있다는 말이다. 이렇게 되려면 대부분의 사람은 아니더라도 많은 사람의 평균세율과 한계세율이 모두 올라야 한다. 이렇게 되면 아마도(확실하다는 말은 아니라는 뜻이다) 노동 공급이 줄어들 것이다.

비용을 피하는 한 가지 방법

보편기본소득에 반대하는 근거가 공공재정에 무거운 부담을 지운다는 것이지만, 이 반대 논리를 피해나갈 한 가지 방법이 있다. 3장에서 나는 AI 경제에서는 총수요가 줄어드는 경향을 띨 거라고 주장했다. 만일 이런 경향이 실제로 나타난다면 확대 재정 정책, 즉 보다 높은 정부 지출 그리고/혹은 보다 낮은 세금을 유지하는 데 필요한 재원을 마련하기 위해 의도적으로 예산 규모를 크게 해서 운용하는 것이 총수요 감소 추세에 대응하는 한 가지 방법이 될 수 있다. 그런 확대 재정 정책에 보편기본소득 제도의 도입을 결합할 수 있다. 이럴 경우 추가적인 예산을 지출하는 것이 반드시 세수 증가로 이어지지는 않을 것이다.

잠재적으로 매력적이며 구미가 당기는 전망이다. 그러나 여기에는 적지 않은 문제점과 전제조건이 따라붙는다.

- ○ **원칙**. 매우 불평등한 경제라고 해서 수요 부족 사태를 초래한다는 것은 전혀 필연적인 과정이 아니다.
- ○ **타이밍**. 소득분배를 새롭게 조정할 필요가 있는 시점이 거시경제가 재정 지출 확대를 해야 하는 시점과 반드시 일치한다는 보장은 없다.
- ○ **규모**. 설령 그 시점이 일치한다고 하더라도, 두 개의 정책에 요구되는 재정 규모가 일치할 거라고 예측할 근거가 없다. 재정적자가 GDP의 5% 늘어날 때 경제는 엄청나게 큰 자극을 받을 테지만, GDP의 5%라고 해 봐야 보편기본소득의 최소 금액 수준을 유지하는 데 충분한 재원이 되지 못할 것이다.
- ○ **지속가능성**. 3장에서 살펴보았듯이 장기간 지속되는 재정적자는 거시경제 차원의 여러 가지 문제를 낳는 공공부채를 높은 수준으로 올려놓는 결과를 빚어낸다. 그러므로 보편기본소득을 위한 적자재정은 반드시 일시적이어야 한다. 그러나 보편기본소득을 찬성하고 받아들이는 입장에서는 이것의 필요성이 일시적이 아니라 영속적이다.

결론은 적자재정이 합리적인 수준의 보편기본소득 금액 자금을 조달하기 위해 실질적으로 세금을 인상해야 하는 필요에서 가능한 탈출구를 제공하지 못한다는 것이다.

한층 높은 복잡성

우파 진영의 사상가들에게 보편기본소득의 실질적인 매력은 이것이 명백하게 단순하다는 점이다. 온갖 혜택 및 지원 제도 그리고 이를 집행하는 기관의 관료주의적 체계는 복잡하고 비효율적인데, 보편기본소득 제도가 이런 것을 한꺼번에 모두 없애버림으로써 인센티브 구조와 관리 비용 차원에서 긍정적인 효과를 기대할 수 있다는 말이다. 그러나 다른 모든 혜택 및 지원을 철폐해도 될 정도로 보편기본소득 금액을 높이 설정할 때의 재정적 결과 때문에, 설령 어떤 선진국이 이 제도를 도입한다고 하더라도 실제로 지급되는 금액은 낮은 수준에 머무를 가능성이 높다. 그렇다면 결국 다른 복지 제도들도 없어지지 않고 여전히 존속할 게 분명하다는 뜻이다.

이렇게 되면 복잡하기 짝이 없는 기존의 온갖 복잡한 제도를 하나로 뭉뚱그려 단순하게 만드는 것이 아니라 기존 복잡성에 또 하나의 복잡성을 보탤 뿐만 아니라 공공재정 지출까지 늘어난다는 말이 된다. 그러니 정책 입안자들로서는 복지 체계의 다른 모든 요소를 놓고 그랬던 것처럼 보편기본소득 제도를 주물러 바꿔놓고 싶은 충동에 저항할 수 없을 것이다.

이 지점에서 우리는 애초에 국가의 복지 체계를 지탱해온 보험이라는 원칙을 다시 생각해볼 필요가 있다. 그런데 이 원칙은 지금 거의 지켜지지 않고 있다. 비록 많은 나라에서 '사회보험'의 보험료 형태로 여전히 거둬들이지만, 앞에서도 언급했듯이 현실에서 이것은 그저 세금의 또 다른 이름일 뿐이다.

정치인들이 보편기본소득의 금액이나 비율을 놓고 이것저것 주물럭거리는 모습을 상상할 수 있다. 그들은 새로운 자격 조건을 만들어 넣기도 하고, 보편기본소득과 다른 복지 혜택들 사이의 관계를 바꿔놓기도 할 것이다. 그러다보면 애초에 보편기본소득이라는 발상이 담고 있던 취지는 희석되고 만다. 결국 머지않아 모든 게 뒤죽박죽되어버릴 것이다.

◆ 어느 것 하나라도 건질 수 있을까? ◆

그렇다면 보편기본소득이라는 발상은 장차 어떻게 될까? 위에서 보편기본소득의 발상과 제도에 대한 반대 논리와 문제점들을 살펴보았다. 그런데도 매우 적은 금액의 기본소득이 기존의 많은 혜택 및 지원금 제도에 덧붙는 것을 여전히 상상할 수 있다. 몇몇 제한적인 경우에는 이것도 충분히 가치 있어, 여러 가지 형태의 국가보조금이나 혜택을 받기 위해 자격을 검증받고 승인받아야 하는 번거롭기 짝이 없는 관료주의적인 절차를 밟지 않고도 사람들이 한동안 국가로부터 약간의 돈을 받을 수 있게 해준다.

그러나 그런 복잡한 구조는 많지도 않은 돈을 받기 위해 시도하기엔 수혜자에게 너무 비싼 대가를 요구한다. 그리고 이런 상황은 우파 진영에서 보편기본소득을 지지하는 사람이 생각하는 전망과 거리가 멀다. 이 사람들은 이 제도가 다른 모든 복지 제도를 대체해 비용을 줄이는 한편 사람들에게 일하고자 하는 동기를 강하게 불어넣을 수 있을 거라고 기대하지만, 이 기대는 허망하게 무너지고 만다. 그뿐만 아니라 그 상황은 많은 사람에게 일하지 않고서도 살아갈 정도로 충분히 많은 금액을 줄 거라고 생각하면서 보편기본소득을 지지하는 좌파 진영 사람들의 전망과도 거리가 멀다.

경제학자 존 케이John Kay는 이 쟁점과 관련해 다음과 같이 간결하게 말했다. "기본소득 금액 수준이 수용할 수 없을 정도로 낮거나, 그게 아니면 이것을 제공하는 비용이 수용할 수 없을 정도로 높다. 이런 점이야말로, 이 제도에 내재한 철학의 매력이 무엇이든 간에 이 제도가 안고 있는 문제의 결말이다."[23] 이 의견에는 나도 동의할 수밖에 없다.

◆ 불평등이라는 문제에 대한 또 다른 접근법 ◆

이 책에서 나는 지금까지 AI 혁명이 불평등을 심화할 것이라는 주장이 별로 설득력 없다고 주장해왔다. 그리고 설령 불평등이 심화된다고 하더라도 그다지 의미 있는 규모로 진행되지는 않을 것이다(물론 어떤 사람이든 간에, 현재 불평등 수준이 매우 심각하므로 효과적인 대응조치가 필요하다고 주장할 수 있다).

그러나 불평등에 대응할 수 있는 또 다른 접근법이 있다. 그것은 불평등을 안고 그대로 살아가는 것이다. 냉담하게 들릴지도 모르지만, 그저 농담으로 하는 소리가 아니다. 실제로 이 접근법을 주장하고 지지하는 사람들이 있다. 앞에서도 주장했듯이 소득을 완벽할 정도로 공정하게 분배할 길은 없다. 게다가 우리는 지금 모두 과거에 비해 훨씬 부유해졌고 앞으로 더욱더 부유해질 것이므로, 불평등이라는 문제가 예전처럼 그렇게 큰 문제는 아니다.

물론 엄청난 부와 사치가 가난과 나란히 붙어 있는 모습을 바라보는 게 마음 편치 않고 공정성이 훼손된다는 느낌에 사로잡힐 수밖에 없다. 그러나 지금 선진국에서는 절대적인 빈곤을, 적어도 우리가 알고 있던 그런 빈곤을 거의 찾아보기 어렵다. 불평등이 심화되었다고 해서 사람들이 굶어 죽는다거나, 집 혹은 편히 쉴 곳이 없는 채로 살아간다는 뜻은 아니다(물론 그렇지 않은 곳이 전 세계에 여전히 많고 그래서 불평등이 문제가 되긴 하지만, 인공지능 때문에 비롯된 불평등은 그런 유형의 문제가 아닌 것 같다).

하버드 대학교 심리학자 스티븐 핑커는 반反불평등운동 진영의 분노 가운데 일부는 오해에서 비롯된 것이라고 말한다. 그는 피케티의 저서 『21세기 자본』에서(이 책에 대해서는 6장에서도 언급했다) 상대적인 것과 절대적인 것 사이에 어떤 혼동이 나타난 것 같다고 말한다. "전체 인구 가운데 가난한 사람들은 과거에 그랬던 것처럼 지금도 가난하다. 1910년에 그들은 사회 전체에 존재하는 부 가운데 겨우 5%를 가지고 있었는데 2010년에도 이 비율은 마찬가지다."[24] 그러나 핑커는, 그 부가 2010년에는 100년 전에 비해 엄청나게 많아져, 지금 인구 가운데 상대적으로 가난한 절반의 인구가 예전과 동일한 비율로 사회 전체의 부를 가지고 있다고 하더라도, 이들이 가지고 있는 부의 절대적인 양은 예전보다 훨씬 더 커졌고, 따라서 이 사람들은 사실상 과거에 비해 엄청나게 부자가 된 셈이라고 지적한다.[25]

핑커는 상대적으로 불평등이 심한 사회일수록 덜 성공하고 덜 행복한 사회라고 주장한다. 불평등과 경제적인 성공 및 행복 사이에 어떤 연관성이 존재한다면, 인과관계의 방향이 반대거나 둘 다 제3의 요인(혹은 요인들의 집합)에 의해 야기될 것이다.

또한 사람들이 일반적으로 예전처럼 불평등 때문에 많은 괴로움을 당할 것이라는 점도 확실하지는 않다. 물론 사람들은 뚜렷하게 인지되는 불공정성에 마음이 쓰일 것이다. 그리고 사람들은 결코 불평등에서 불공정함을 연상하지 않을 것이다. 그것은 얼마나 더 많은 재산(혹은 소득)이 달성되느냐에 따라 달라질 것이다.

예를 들어 디지털 억만장자들의 재산이 엄청나게 많다고 사회 전반에 불안한 동요가 확산되는 것 같지는 않다. 그리고 디지털 세상의 슈퍼스타가 형성한 엄청난 재산이 흔적도 없이 사라져버릴 가능성도 얼마든지 있다. 어쨌거나 이런 일들은 과거에 그 사람의 재산이 얼마나 많았는가 하는 점과 전혀 상관없이 일어났다. 지금 엄청나게 많은 재산을 가진 사람 가운데 다수는 좋은 일에 자기 재산을 기부하겠다고 선택하기도 한다. 워런 버핏은 자식들에게 많은 재산을 물려줄 생각이 없다고 말했다. 빌 게이츠도 이미 막대한 재산을 '빌 앤드 멜린다 게이츠 자선재단'에 기부했다.

실제 현실에서는 많은 것이 규모에 의존한다. 불평등이 상대적으로 작은 규모로 심화된다고 하더라도 사회의 응집력을 해치지 않는 범위 안에서 진행된다면 얼마든지 수용될 수 있다. 그러나 만일 AI 혁명이 소수의 행운아를 엄청난 부자로 만들어주는 반면 대다수 평범한 사람을 가난의 구렁텅이에 빠뜨린다면, 이럴 때 발생하는 불평등은 사회에서 수용되지 않을 것이다. 이런 경우에는 어떤 것이든 간에 조치를 취해야 할 것이다.

그러나 그 조치라는 것도 어떤 정책 수립자가 고안해서 내놓는 과거의 낡은 어떤 해법이 될 필요는 없다.

◆ 결론 ◆

어떤 미래 전망이 하나 나와 있다. 로봇과 인공지능의 확산에 의해 인간에게 재앙으로 다가올 일들을 예방하기 위한 근본적인 공공정책을 요구하는 이 전망에는 다음 네 가지 핵심 요소가 포함되어 있다.

○ 로봇과 인공지능의 효과는 혁명적일 것이다.

○ 이것이 함의하는 내용은 사람이 가질 수 있는 일자리가 대규모로 사라지는 것과 취업을 했든 실업 상태든 간에 소득이 가장 낮은 계층이 벌어들이는 소득 규모가 급격하게 줄어든다는 것이다.

○ 이 효과에 대응하는 유일한 방법은 소득재분배라는 근본적인 정책을 마련해서 실행하는 것이다.

○ 현재의 여러 제도가 이 소득재분배를 수행하기에는 적절하지 않음을 고

려해, 우리는 필요하든 필요하지 않든 모든 사람에게 돈을 나눠주는 근본적으로 새로운 체계를 도입할 필요가 있다.

적어도 이 전망은 한결같다. 그리고 우리는 이 전망을 존중해야 한다. 하지만 그렇다고 해서 이 전망이 눈을 뗄 수 없을 정도로 강렬하다는 뜻은 아니다.

이 책에서 지금까지 나는 위 네 가지 가운데 세 가지를 쟁점으로 다루었다. 나는 로봇과 AI 혁명이 의미심장하다는 점에 이의를 제기하지 않는다. 만일 내가 다르게 생각하고 있었다면 애초에 이 책을 쓰려고 달려들지도 않았을 것이다. 그러나 나는 이 혁명이 산업혁명 이후 우리 역사의 흐름과 일치하지 않는다고는 생각하지 않는다. 수많은 일자리가 새로 생겨나 파괴되어 사라지는 일자리들을 대체할 것이다. 그런데 이런 변화가 반드시 소득분배를 보다 평등하게 만들어줄 것이라는 예측도 절대 확실하지 않다.

그러나 설령 AI 혁명이 소득분배에 끼치는 영향에 대해 내가 잘못 생각하고 있다고 하더라도 보편기본소득 제도와 같은 근본적인 개입 장치를 마련하는 것이 필연적이라거나 권장할 만하다는 뜻은 아니다. 앞서 1장에서 보았듯이 경제사를 살펴보면, 비록 기술 발전이 인간의 복지에 필수적이긴 해도 일과 자본 축적에 유리한 적절한 인센티브 구조와 정치적·법률적 체계가 갖춰져 있지 않을 때는 기술적인 발전 그 자체만으로 경제발전을 보장하기에 충분하지 않음을 알 수 있다. 공산주의의 실패는 인센티브와 관리(거버넌스)의 실패였다. 사람을 달에 보낼 수 있고 핵무기로 지구를 여러 차례 멸망시킬 수도 있는 체제는 기술 능력이 부족해서 사람들에게 필요한 것을 적절하게 제공하지 못했던 게 아니다.

인공지능 전문가들이나 기술 분야 전문가들 사이에는, 설령 아무것도 하지 않는다고 하더라도 로봇과 인공지능이 지배하는 미래에는, 권력이 돈을 좇고 돈이 소수의 손에 집중될 것이라는 바로 그 이유로, 우리가 알고 있는 민주주의가 망쳐질 것이라는 믿음이 상식으로 통한다. 어떤 사람들은 독재적이고 기술주의적인 지배 가능성을 보다 나은 정부로 나아가는 길이라고 생각한다. 그러나 대부분은 이것을 독재의 위협적인 어떤 형태라고 바라본다. 미래의 이런 재앙을 미연에 방지하기 위해 많은 사람이 인공지능을 제한하고 세수 및 정부 지출을 늘려야 한다고 주장한다. 그러나 이런 것들은 바로 그 사람들이 두려워하는 국가 권력의 확대로 이어진다.

우리는 모든 곳에서 문제를 발견하며 탁상에서 곧바로 해결책을 찾아내는 정책 입안자들을 조심해야 한다. 비록 그들은 미래에 대해 나름대로 확신을 가지고 있지만, 장차 AI 경제에서 일들이 어떻게 전개될지 확신을 가지고 말할 수 있는 것은 아무것도 없다. 4차 산업혁명의 놀라운 발전으로 우리의 경제 성과가 한껏 부풀어오를 시점에서 우리가 절대로 하지 말아야 할 것은 근본적인 새로운 복지 혜택 프로그램을 신설하고 세수를 늘림으로써 우리가 지금껏 이뤄놓은 개선 사항을 위험하게 만드는 것이다.

가장 중요한 것은 우리의 번영과 우리의 자유를 모두 지탱하는 제도 및 관습들을 고수하는 것이다. 장차 키메라^ʃ로 판명될 수도 있는 것과 맞닥뜨리는 상황을 맞이하지 않으려면, 대규모 국가 개입을 지향하는 최근의 유행에 영합해서 우리의 번영과 자유를 위험에 빠뜨리는 모험을 경계해야 한다.

사실, 이 장 앞부분에서 주장했듯이 근본적인 개혁을 주장하는 사람들이 전심전력을 다할 수 있는 잠재적인 조치들의 길고 긴 목록이 있다. 조세 정책과 복지 관련 지원금 등과 관련된 조치, 기업 관리 체계, 경제 체제, 교육 체계, 금융 부문의 규모 및 보상과 관련 있는 모든 조치 등이 근본적인 개혁 대상이 될 가치가 있다. 이것은 인공지능과 전혀 상관없다.

이런 쟁점들에 대해 유일하게 올바른 대답이라는 것은 없다. 온갖 다양한 제안이 나올 수 있지만, 이 제안들 가운데 무엇이 권할 만하고 무엇이 바람직한지에 대한 판단은 사람마다 제각기 다를 수밖에 없다. 그러나 함께 살아가야 하는 사회라는 점을 전제로 할 때 우리의 의제는 근본적인 개혁을 고민하고 합당한 것이 있으면 실행하는 것에 초점을 맞춰야 한다.

AI 혁명이 뜻하는 것이 무엇이든 간에 우리 사회에 존재하는 불평등을 줄이기 위한 조치들이 필요하다는 데는 강력한 동의가 존재한다. 우리는 이 의제를 추구할 수 있고 그렇게 추구해야 한다. 이 과정에서 우리는 인공지능 전문가라는 사람들에게 미혹되어 그들이 만들어놓은

ʃ 사자의 머리에 염소 몸통과 뱀 꼬리를 한 그리스 신화 속 괴물.

잘못된 길로 빠져들지 않아야 한다. 즉 위험하고 파괴적이며 재앙이 될 정도로 비용이 많이 드는 소득재분배 체계를 도입하는 일에 사로잡히지 말아야 한다. 그 잘못된 길로 빠져들 경우, 경제 분야와 사회 분야에서 국가가 수행해야 할 역할이 정확하게 잘못된 시간에 정확하게 잘못된 방식으로 설정되기 때문이다. ♠

결론

"미래는 과거의 그 모습이 아니다."

_ 요기 베라(야구감독)[1]

"아무것도 없는 데서 애플파이를 만들고 싶다면
우선 우주부터 만들어야 한다."

_ 칼 세이건(천문학자)[2]

　이 책에서 나는 AI 혁명에서 우리가 무엇을 기대할 것인지 찾아나서는 안내서를 독자에게 제공하겠다는 과제를 스스로 짊어졌다. 그리고 AI 혁명이 진행되는 과정에서 개인과 기업과 정부가 '생각해야 할' 목록뿐만 아니라 '실천해야 할' 목록과 관련해 독자를 자극하는 역할도 함께 자임했다. 물론 현재 세상은 불확실하며, 미래 세상은 한층 더 그렇다. "한편으로는 이렇게 하고, 다른 한편으로는 저렇게 하라"고 말하는 것이 가장 손쉬운 해결책이 될 것이다. 혹은 대부분의 논문이 내리는 상투적인 결론, 즉 "이 주제에 대해서는 보다 많은 연구조사가 필요하다"는 결론을 독자에게 제시하는 것도 가장 손쉬운 해결책이 될 수 있다.

하지만 이렇게 하는 것은 일종의 배신이다. 물론 모든 것이 불확실하고 더 많은 연구조사는 더 많은 정보를 가져다줄 것이다. 그러나 이 불확실성을 앞에 두고 사람들은 무엇을 할 것인지 판단을 내려야 한다. 설령 그 판단이 아무것도 하지 않는 것이라고 하더라도 말이다. 학문의 길고 긴 주기가 돌아올 때까지 기다린 다음 비로소 어떤 판단을 내릴 수는 없기 때문이다.

나는 나름의 분석을 통해 결론을 이끌어내려고 한다. 어디까지나 내가 틀렸을 수도 있음을 염두에 두고 이 주제를 늘 괴롭히는 불확실성을 인정하면서 말이다. 두루뭉술하게 말할 수밖에 없음을 독자가 너그럽게 받아들여주길 바랄 뿐이다. 어쨌거나 내 말이 형편없이 틀렸을 수도 있기 때문이다. 이것은 불확실성을 분석하며 미래를 엿보려는 위험한 행동을 하는 한 어쩔 수 없이 감당해야 하는 벌칙이다.

◆ 전반적인 전망 ◆

내가 내리는 결론 가운데 어쩌면 가장 중요한 것일지도 모르는데, AI 혁명이 경제적 차원에서 의미하는 내용은 산업혁명 이후 지금까지 일어난 모든 것이 가졌던 의미와 전혀 다른 게 아니라 일맥상통한다. AI 혁명도 넓게 보면 산업혁명 이후 지금까지 이어져온 발전의 연장선상에 놓여 있다고 나는 믿는다.

로봇과 AI 혁명이 지금까지 있었던 것들과 완전히 다르게 변혁적이라고 믿는 사람들은 출발점에서부터 심각한 오류를 저지른다. 그들이 하는 말은 로봇과 인공지능의 어떤 형태가(혹은 형태들이) 사람만큼 혹은 사람보다 더 잘 그리고 더 빠르게 수행할 수 있는 세상을 놓고 우리가 고민해야 한다는 것이다. 또한 그들은 로봇과 인공지능은 만드는 데나 유지하는 데 비용이 거의 들지 않는 것으로 설정해야 한다고 말한다. 지금 우리가 살고 있는 빠르게 나아가는 세상에서 고용과 사회 전체적으로 황량하고도 참혹한 결과가 나타나지 않을까 걱정하는 것이 그 사람들의 생각이다.

당연히 그럴 것이다. 나도 이 점을 반박하지는 않는다. 온갖 걱정을 하는 사람들이 예측하는 미래의 결과들 가운데 대부분에 대해 나는 반박할 생각이 없다. 그러나 이런 식으로 생각한다는 것은 본질적인 쟁점을 애초부터 지워버리는 것이나 마찬가지다. 로봇과 인공지능이 사람보다 더 잘 그리고 더 싸게 할 수 있는 것이 있고 이미 하고 있는 것도 있다. 그러나 그것들이 그렇게 할 수 없는 것도 많다.

게다가 그것들이 '영원히' 사람보다 잘할 수 없는 것이 많으며 사람보다 싼 비용을 들이면서 할 수 없는 것은 더 많다. 우리는 이런 것에 어떤 게 있는지 그 범위를 전체적으로 파악해야 하지만, 그 전에 이미 로봇과 인공지능의 주요한 한계를 파악했거나 적어도 파악할 수 있다.

우선 인공지능으로서는 도저히 사람을 따라잡을 수 없는 어떤 특성들이 있다. 불확실한uncertain 것, 아날로그적으로 불분명한fuzzy 것, 논리적으로 모호한ambiguous 것 등을 처리하는 능력에서는 인공지능이 사람을 이길 수 없다.

둘째, 인간의 지능은 기계지능, 즉 인공지능과 다른 특성을 가진다. 그래서 사람은 애초에 전혀 예상하지 않았던 것을 포함해 수많은 과업을 수행할 수 있다는 점에서 극단적으로 높은 유연성을 가지고 있다.

셋째, 사람은 고립된 개인이 아니라 사회적 동물이다. 사람은 다른 사람과 어울려 무언가 하고 싶어 한다. 로봇은 사람이 되는 것에 관한 한 절대로 사람보다 더 나을 수 없다.

그런데 인공지능 열광자들은 이 세 번째 논지에 대해 왜 우리 인간의 선호와 성격이 로봇과 인공지능이 할 수 있는 것, 그리고 '하고 싶어 하는' 것보다 우선되어야 하느냐며 반박할 수도 있다. 그러나 대답은 간단하다. 왜냐하면 우리는 감정과 의식을 가지고 있는데, 로봇과 인공지능은 지금도 그렇지만 앞으로도 어쨌거나 한동안 감정이나 의식을 가질 일이 없기 때문이다. 그것들은 그저 기계일 뿐이다.

그러니 당연히, 상황을 통제해야 하는 주체는 기계가 아니고 사람이며, 사람이 가지고 있는 욕망과 선호다. 만일 사람이 특정한 형태의 로봇과 쉽게 상호작용하지 못한다거나 어떤 로봇이 사람이 바라는 것들에 따라 특정한 동작이나 행동을 할 수 없다면(예를 들어 로봇 하녀가 주인 사람이 원하는 대로 수건을 깔끔하게 척척 잘 접지 못한다면) 이것은 로봇과 인공지능의 문제지 사람의 문제가 아니다. 특이점이 나타나거나 그런 시점이 다가온다면, 그래서 적어도 인공지능이 의식을 가지게 된다면, 그때는 상황이 바뀔 것이다. 그러나 그때가 오기 전까지는 "사람이 모든 것의 기준이다".

◆ 속도와 규모 ◆

많은 인공지능 열광자는 인공지능의 발전 속도에 대해 내가 자기들에 비해 조심스럽고 비관적인 견해를 가지는 것을 두고 지나치게 비관적인 전망이라고 주장할 것이다. 또한 그런 지나친 조심은 인공지능 발전의 역사에서 줄곧 있었지만, 그런 조심스러움에도 불구하고 인공지능은 뚜벅뚜벅 빠른 속도로 지금까지 걸어왔다고 말할 것이다. 모든 사람이 인공지능이 발전하는 속도와 이것이 응용될 수 있는 범위에 대해 처음에는 조심스럽고 비관적이다가 실제 현실에서 일어나는 모습들을 보고는 압도당한다. 그러면 이들이 가지고 있던 비관주의는 다음 발전 단계로 이월되고, 다음 발전 단계에서 다시 그 비관주의가 잘못되었음이 인공지능 발전의 실제 모습으로 증명되고, 다시 그 비관주의가 다음 발전 단계로 이월되고, 이월되고, 이월되고……. 이것이 그 사람들이 조심스럽고 비관적인 견해에 대해 반박하는 논리다.

그러나 나는 이런 발상이 인공지능 열광자들에게는 위안이 될 수 있을지 몰라도 결코 논리적으로 타당하다고 생각하지 않는다. 솔직히 로봇과 인공지능이 이룬 성취는 여러 가지 측면에서 놀라운 게 사실이지만, 이 분야의 역사가 애초의 기대를 끊임없이 훌쩍 뛰어넘는 발전으로 점철되었다는 것은 사실이 아니다. 나는 오히려 정반대 주장을 하고 싶다. 즉 이 분야의 역사는 반복되는 실망으로 점철되었다. 열광자들이 과대한 기대를 품었지만, 실제 현실에서 실현되는 모습은 거기에 미치지 못해 실망하는 과정이 반복되어왔다는 말이다.

이와 관련해, 조만간 사람이 할 수 있는 일자리가 급격하게 줄어들고 대량실업 사태가 발생할 것이라는 발상을 나는 심각하게 받아들이지 않는다. 기술적인 차원에서나 경제적인 차원에서나 그런 일이 일어날 거라고 예측할 수 있는 근거는 없다.

18세기 말 산업혁명 이후 다른 발전의 경우와 마찬가지로 몇몇 분야에서 로봇과 인공지능이 사람의 노동을 대체하겠지만, 다른 분야에서는 로봇과 인공지능이 사람의 생산능력을 한층 높여줄 것이다. 또 많은 분야에서는 로봇과 인공지능이 사람의 노동을 보조할 것이다. 그리고 미래에는 지금으로선 상상조차 하기 어려운 새로운 일자리들이 생길 것이다. 이런 과정은 지난 200년 동안 일어났던 일들과 판박이처럼 같을 것이다.

만일 우리가 여러 가지를 제대로 관리한다면 경제성장률과 생산성은 높아지고 평균적인 생활수준도 개선될 것이다. 만일 이런 일이 실현된다면 실질금리와 채권수익률은 머지않아 통상적인 수준으로 돌아갈 것이다. 아니, 어쩌면 통상적인 수준보다 더 높아질지도 모른다.

이런 기념비적인 변화들이 진행되는 과정에서 특정 개인이나 집단은 자기가 가지고 있는 기술이나 적성에 대한 수요가 줄어들어 고통을 당할 것이다. 그러나 당신이 지금 상상하는 사람이나 집단이 바로 이런 가여운 희생자가 될 거라고 예단할 필요는 없다. 예를 들어 많은 육체 노동이 로봇과 인공지능의 잠식을 이겨내고 살아남을 것이다. 사회가 한층 더 부유해짐에 따라 오히려 육체노동의 수요가 늘어날 것이다.

다가오는 혁명의 핵심적인 특징 가운데 하나는, 여러 서비스 산업에 서(특히 교육 산업과 보건 산업을 꼽을 수 있다) 일하는 사람들이 작업장에 서 사용할 수 있는 자본 설비의 규모가 늘어나 결과적으로 생산성을 높일 것이라는 점이다. 이 점은 특히 의미심장하다. 왜냐하면 이 부문 에서의 취약한 향상성 증가가 최근 서구 선진국 여러 나라에서 전반적 으로 나타난 취약한 향상성 증가를 이끈 선도적인 요인이기 때문이다. 보건 및 노인 요양 부문은 앞으로 엄청나게 확대될 전망이다.

◆ 여가시간과 여가활동 그리고 불평등 ◆

로봇과 인공지능 덕분에 생산능력이 개선되어 사람들은 더 많은 소 득과 더 많은 여가시간·여가활동 사이에서 선택할 것이다. 나는 사람 들이 평균적으로 중간의 길을 선택할 거라고 전망한다. 즉 평균적인 노동 시간은 줄이겠지만 그렇다고 일을 모두 포기하면서까지 여가시 간을 확보하려고 하지는 않을 것이라는 말이다. 여가시간이나 여가활 동이 늘어나면 그만큼 소비 지출이 늘어나며, 이렇게 될 때 일자리를 찾는 사람의 수는 그만큼 더 늘어날 것이라는 말이다. 여가활동 부문은 고용 기회가 늘어날 수 있는 핵심 영역 가운데 하나로 꼽힌다.

그런데 미래에는 인공지능에서 비롯된 이런저런 개선의 편익을 모든 사람이 누리도록 해야 한다는 과제가 제기될 것이다. 그러나 나는 보편기본소득UBI에 대해서는 동의하지 않는다. 물론 조세 제도와 복지 제도 그리고 우리 사회에 만연한 불평등을 조장하는 많은 것이 개혁되어야 한다는 인식이나 조건이 무르익은 상태다. 그리고 만일 인공지능의 효과에 대해 내가 가지고 있는 생각이 틀렸고 인공지능이 우리 사회에 폭넓은 개선을 가져다준다고 하더라도, 국가가 가만히 앉아서 아무것도 하지 않을 수는 없다. 국가가 지금 할 수 있는 가장 커다란 기여는 재원을 더 많이 확보하는 것까지 포함해 공교육 체계를 근본적으로 개혁하고 개선하며, 평생 학습과 재훈련 프로그램을 운영하는 데 예산을 넉넉하게 지원하는 것이다.

나라마다 로봇과 인공지능을 바라보는 관점이 제각기 다를 것이다. 모든 나라가 로봇 제조의 선도자가 되거나 인공지능 개발의 선도자가 될 수는 없다. 그러나 이것은 전혀 큰 문제가 아니다. 컴퓨터 및 컴퓨터 소프트웨어의 경우와 마찬가지로 핵심은 각 나라가 로봇과 인공지능을 폭넓게 수용하는 것이다. 물론 공익적인 차원에서 로봇과 인공지능을 규제할 필요가 있고, 이런 점을 고려해 법률도 개정할 필요가 있다. 그러나 로봇에 세금을 매긴다거나 로봇을 과도하게 규제해 로봇의 채용을 제한하는 것은 한 나라의 절대적 및 상대적 성과의 발목을 붙잡을 수 있는 조치, 즉 시대 흐름에 역행하는 조치가 될 것이다.

◆ 지금은 재앙이 아니다 ◆

이 주제를 둘러싸고 만연해 있는 비관주의와 대조적으로, 나는 산업혁명 이후 밀려온 경제발전의 물결처럼 로봇과 AI 혁명이 인류에게 결정적으로 이로운 것이라고 생각한다. 그러나 한 가지 핵심적인 특징에서, 로봇과 AI 혁명은 산업혁명 이후 지금까지 진행된 경제발전과는 너무도 '다르기' 때문에 긍정적일 것이다. '이 혁명'이 수행할 내용은 그동안 사람에게 정신적으로 무거운 부담을 주고 사람이 가지고 있던 힘과 열정을 갉아먹던 온갖 변변찮은 일로부터 사람을 해방하고, 이 과정에서 사람들이 보다 진실하게 인간적으로 되도록 자유롭게 해주는 것이다.

그러나 물론 이렇게 말하면서도 나는 정말 중요한 어떤 것을 굳이 회피하며 말하지 않았다. 위에서 지금까지 말했던 요지를 설령 당신이 폭넓게 수용한다고 하더라도, 당신은 아마도 이것이 그저 가까운 미래의 전망일 뿐이며 그 너머 훨씬 먼 미래에 놓여 있는 것은 전혀 다를 것이라고 믿을지 모른다. 그 멀리 놓여 있는 것이 인류에게 한층 좋은 것인지 나쁜 것인지 현재 우리로선 알 수 없다. 그러나 만일 특이점이 찾아온다면, 앞으로 몇 년은 이 책에서 지금까지 논의된 모든 것과 완전히 다른, 그리고 태초 이래 우리가 경험해온 모든 것과 완전히 다른 새로운 세상에 대한 대기실일 뿐이라는 것을 의미할 것이다. 마지막으로 한마디 덧붙이자면, 이제 그 세상을 살짝 엿볼 시간이다. ♠

에필로그

특이점 그리고 그 너머

*"인간의 뇌는 그저 하나의 컴퓨터일 뿐인데,
다른 점이 있다면 살로 만들어졌다는 것이다."*

_ 마빈 민스키(인지과학자)[1]

*"기계가 과연 생각이라는 것을 할 수 있을까 하는 의문은
잠수함이 수영을 할 수 있을까 하는 의문만큼이나 적절하다."*

_ 에츠허르 데이크스트라(수학자·컴퓨터과학자)[2]

자, 이제 당신이 그토록 간절하게 혹은 끔찍하게 여기며 기다려온 순간이 다가온다. 특이점이 곧 우리에게 다가온다. 물론 이 책에서 그렇다는 말이다. 특이점이 실제로 우리가 사는 세상에 나타날지, 그리고 나타난다면 그게 언제일지 지금부터 살펴보고자 한다.

'특이점'이라는 단어를 미래 기술로 촉발되는 미래의 사건이라는 뜻으로 처음 사용한 사람과 시점은 아마도 전설적인 컴퓨터 개척자 존

폰 노이만John von Neumann과 1950년대 아닐까 싶다. 그러나 이 용어가 사람들의 관심을 끈 것은 1983년 수학자이자 공상과학 소설가인 버너 빈지Vernor Vinge가 '기술적 특이점technological singularity'이 다가온다는 내용의 글을 쓴 다음부터인 것 같다.[3]

보다 최근 현상인 대문자 'S'를 쓰는 '특이점Singularity'은 2005년에 『특이점이 온다The Singularity is Near: When Humans Transcend Biology』라는 책을 펴낸 레이 커즈와일이라는 이름과 밀접하게 관련 있는데, 현재 그는 구글 엔지니어링 책임자로 있다. 그는 2025년까지 컴퓨터가 단일한 인간의 처리능력을 넘어설 거라고 예측해왔다. 가장 눈에 띄는 것은 2050년까지 컴퓨터 한 대가 모든 인간의 뇌를 합친 처리능력과 맞먹을 것이라는 예측이다.[4]

일반적으로 볼 때 지금 특이점이라는 용어는 인공지능이 인간과 대등한 '일반지능'을 가지는 시점을 뜻하는 것으로 사용된다. 이 개념은 매우 중요하다. 이 시점을 넘어서면 기계가 모든 과제 수행에서 사람을 능가할 뿐만 아니라 인공지능이 인간의 개입 없이도 스스로 자기를 발전시켜나가, 우리가 이해할 수 없는 수준으로 혹은 우리가 통제할 수 없는 수준으로 한층 더 발전해나갈 수 있기 때문이다.[5]

최근까지 초超인간지능superhuman intelligence(인간을 초월하는 지능)이라는 발상은 그저 공상과학 속에서만 다뤄지던 것이었다. 그러나 지금 이 발상은 우리에게 놀라움과 기대 혹은 공포와 두려움의 대상이 되어 있다. 우리가 여기서 다룰 필요가 있는 핵심 쟁점은 다음 세 가지다.

○ 특이점이 나타날까, 나타난다면 언제일까, 이것이 사람에게 어떤 영향을 미칠까?

○ 특이점은 반드시 나타날까?

○ 그게 아니라면 또 다른 미래 전망이 있을까?

◆ 특이점이 사람에게 미치는 영향 ◆

특이점이 가져다주는 효과가 전적으로 해롭다고 보기는 어렵다. 협소한 경제적 차원에서만 보면, 지금까지 이 책에서 설명한 로봇과 인공지능이 몰고 올 경제적 차원의 효과 분석은 아무런 쓸모가 없어진다. 사람의 노동은 빠른 속도로 낡은 것이 되어버리고, 사람들은 이제 더는 소득 혹은 그 소득으로 살 수 있는 물건들을 스스로 확보하지 못할 것이다.

물론 이것보다 더 고약한 일이 일어날 것이다. 사람은 인공지능의 지배를 받을 것이다. 게다가 인공지능이 원하기만 한다면 지능의 새로운 형태들이 우리 인간을 말살시킬 수도 있다. 이런 일이 일어난다면 그것은 인공지능이 악의로 그러는 것이 아니라 자신을 보존하기 위해서다. 초지능적인 인공지능은 우리 인간이 감정과 비합리성을 가지고 있는 한 어떤 의미 있는 의사결정이나 행동을 하는 데서 인간을 전혀 신뢰할 수 없다고 결론 내릴 것이다. 모든 것이 우리가 만든 장치들에 맡겨진 상태에서 세상은 위기를 맞을 수 있다.

이런 조건이라면, 우리를 기다리는 최상의 미래는 어쩌면 인간이 최하층의 존재로 살아가는 것일지도 모른다. 인간이 마치 동물원에 전시된 동물들처럼 호기심과 놀라움의 대상이 되어 있는 세상……. 인간은 그 세상에서, 올더스 헉슬리Aldous Huxley의 소설 『멋진 신세계Brave New World』에서 사람들이 배급받는 '소마'와 같은 약을 정기적으로 적정량 복용하면서 안정된 상태로 살아갈 것이다. ʃ

인공지능 분야 전문가들이 특이점 이후의 세상이 어떤 모습일지 많은 상상과 예측을 했다. 내 견해를 밝히기 전에 그 전문가들이 구사한 표현으로 직접 그들의 상상과 예측을 소개하면 독자에게 많은 도움이 될 것이다.

인공지능 분야의 아버지로 일컬어지는 앨런 튜링은 부정적인 가능성에 무게를 두었다. 그는 1951년에 이렇게 썼다. "만일 기계가 생각을 한다면 우리보다 더 지능적으로 생각할 텐데, 그때가 되면 우리는 어떤 존재가 되어 있을까? 설령 우리가 그 기계를 우리에게 복종해야만 하는 위치에 둘 수 있다고 하더라도 (…) 한 생물종으로서 우리는 자기가 무척 초라하다고 느낄 게 분명하다."

많은 인공지능 전문가는 튜링의 이 견해를 이어받아왔다. 그리고 인공지능이 인류를 정복하거나 말살하지 않는다고 하더라도, 인공지능에 추월당하고 말았다는 사실 때문에 사람들은 심리적으로나 정서적

ʃ 이 소설에서 소마는 정부가 평화를 유지하기 위해 사람들에게 권장하는 약으로, 이 약을 복용하면 걱정거리가 사라지고 깊은 수면에 빠진다.

으로 매우 위축될 것이라고 두려워했다. 오늘날의 인공지능 권위자이자 기자인 케빈 켈리는 다음과 같이 썼다.

우리 인간이 체스를 두거나 비행기를 띄우거나 음악을 작곡하거나 수학 법칙을 발견하는 유일한 존재가 아니라는 사실을 인정해야 하는 항복의 각 단계는 고통스럽고 슬플 것이다. 우리는 그다음 30년(어쩌면 100년이 될지도 모른다)을 스스로 도대체 우리 인간이 잘하는 것이 무엇인지 끊임없이 물으면서 끝나지 않을 정체성의 위기 속에서 보낼 것이다. 만일 우리가 도구를 만드는 유일한 존재가 아니라면, 혹은 예술을 창조하거나 도덕을 아는 유일한 존재가 아니라면, 우리가 다른 종과 구분되는 특별한 종이 될 수 있는 근거는 도대체 무엇일까?[6]

인공지능 선지자 맥스 테그마크는 인간을 규정하는 라틴어를 바꿔야 한다고 생각한다. 우리는 인간을 '호모 사피엔스Homo Sapiens'라고 부른다. 사피엔스는 지능적으로 생각하는 능력을 뜻한다. 그런데 이 능력이 지금 도전받고 있으며, 머지않아 인공지능의 이 능력이 인간의 능력을 넘어설 전망이다. 그래서 테그마크는 사피엔스 대신 주관적으로 경험하는 능력 혹은 의식consciousness을 뜻하는 '센티엔스Sentiens'라는 단어를 쓰자고 제안한다. 즉 우리 인간을 '호모 센티엔스'라고 불러야 한다는 것이다.[7]

◆ 사람과 인공지능의 결합 ◆

어쩌면 위에서 소개한 논의가 지나친 흑백논리에 사로잡힌 것일지도 모른다. 어떤 인공지능 사상가들은 사람과 인공지능을 대조하는 것이 인위적이라고 생각한다. 이미 많은 사람이 어떤 종류든 간에 '인공적인'(즉 생물체가 아닌) 어떤 물질을 자기 신체에 삽입해두고 있다. 예를 들면 인공 고관절, 심장박동 조율기 등이다. 프롤로그에서도 언급했듯이, 몇몇 선지자는 사람과 인공지능이 궁극적으로 하나로 결합 혹은 융합될 것이라고 바라본다.

그런데 이 결합 방향이 늘 한 방향만은 아닐 것이다. 즉 인공지능이 인간에게 통합되는 식으로만 통합이 이루어지지는 않을 것이라는 말이다. 존 브록만에 따르면, 그가 '설계된 지능designed intelligence'이라고 부르는 것이 "합성생물학「과 유기적인 조립organic fabrication에 점점 더 많이 의존할" 전망이다.[8] 사람은 육체가 우리에게 설정하고 있는 한계를 극복함으로써 수명을 연장할 수 있지 않을까? 즉 기술이 영생의 길을 열어주지 않을까?

몇몇 정보통신 열광자는 그런 일이 가능하다고 생각한다.[9] 레이 커즈와일은 사람이 필연적으로 기계와 합쳐질 것이라고 믿는다. 이것은 영원불멸의 가능성으로도 이어진다. 영원불멸을 꿈꾸는 사람을 가리

「 현재까지 알려진 생명 정보와 생물 구성요소 및 시스템을 바탕으로 기존 생물 구성요소 및 시스템을 모방하여 변형하거나, 기존에 존재하지 않던 생물 구성요소와 시스템을 설계하고 구축하는 학문.

키는 이른바 싱귤러리안Singularian(커즈와일만 영원불멸을 꿈꾸는 게 아니다)은 생명 연장의 획기적인 차세대 의료기술이 나올 때까지 살아남아 궁극적으로는 인공지능의 어떤 형태와 합쳐져 필멸성의 한계에서 탈출하고자 한다. 전하는 말에 따르면, 커즈와일은 영원불멸의 존재로 변신하기 위해 "날마다 200개나 되는 알약을 먹으며 정기적으로 정맥 주사를 맞는다"고 한다.[10]

커즈와일은 특이한 인물이다. 2009년에 그는 다큐멘터리 영화 〈초월적인 인간Transcendent Man〉에 출연했다. 믿을 수 없을지 모르겠지만 조니 뎁이 출연했으며, 2014년에 개봉한 〈트랜센던스Transcendence〉라는 할리우드 영화 버전도 있다. 커즈와일을 이상한 사람 취급하기는 쉽다. 그러나 실리콘밸리의 억만장자 가운데 적지 않은 사람이 특이점이라는 발상을 온전하게 받아들였다는 사실을 눈여겨봐야 한다. 그리고 2012년에 구글은 커즈와일을 채용해 인공지능 연구 분야를 지휘하게 했다.

로봇공학자 한스 모라벡은 한 걸음 더 나아간다. 그는 우주의 절반이 "빠른 속도로 사이버 공간으로 전환될 것"이라고 예측한다. "이 사이버 공간에서는 모든 존재가 지식 흐름의 패턴으로서 자기 정체성을 설정하고 확장하며 지켜나가는데 (…) 궁극적으로는 정신의 어떤 거품이 빛의 속도에 근접하는 빠른 속도로 확장할 것이다."[11]

◆ 필연성은 중요한 단어다 ◆

위에서 언급한 사상가들의 여러 전망을 살펴볼 때 내 반응은 "이런! 나에게 연락해줘, 스코티!Gosh! Beam me up, Scotty"라고 말하는 것이었다.⌠ 그러나 특이점은 필연적인 것이 아니다. 필연적인 것과 거리가 멀다. MIT에서 60년 넘게 인지과학을 연구한 놈 촘스키는 우리가 사람 수준의 기계 지능을 구축하려면 '수백억 년'이 걸릴 것이라고 말한다. 그는 특이점을 '공상과학'일 뿐이라고 일축한다. 하버드 대학교의 저명한 심리학자 스티븐 핑커도 이런 견해에 전적으로 동의한다. 핑커는 이렇게 말했다. "특이점이 다가온다고 믿을 근거는 손톱만큼도 없다."

물론 아직은 이른 시기겠지만 인공지능 연구자들이 이미 하고 있는 것 속에서 어떤 획기적인 돌파구 혹은 완전한 경로 변화가 지금으로선 예상할 수 없는 어떤 극적인 결과를 가져다줄 가능성은 얼마든지 있다.[12] 그러나 사람이 가지고 있는 일반지능과 같은 어떤 것을 향해 인공지능이 다가서는 과정이 고통스러울 정도로 느리게 진행되어왔다는 사실만은 분명하게 말해둘 필요가 있다.

그런데 흥미롭게도 몇몇 분석가는, 인공지능이 아무리 발전한다고 하더라도 사람들 역시 극적인 인지적 개선을 경험할 터이기 때문에

⌠ 이 대사는 원래 미국 텔레비전 드라마 〈스타 트렉〉에서 엔터프라이즈호 함장인 커크가 어딘가 다른 장소에서 엔터프라이즈호에 전송 귀환할 때 기관장인 몽고메리 스콧에게 하는 명령이다.

인공지능이 인간 세상을 온전하게 장악하는 것으로는 필연적으로 이어지지 않을 것이라고 생각한다. 베이징 유전자연구소Beijing Genomics Institute는 지능과 연관 있는 유전자를 분리할 목적으로 지능지수가 높은 수천 명의 DNA 표본을 수집해왔다. 수십 년 뒤에는, 우생학을 통해 사람의 평균 지능을 개선하고자 하는 시도가 나올지도 모른다.

그런데 이런 시도는 사실 전혀 새로운 게 아니다. 20세기 초에 많은 나라의 정부가 열등하거나 결함 있는 사람들을 대상으로 불임 수술을 시키거나 아예 죽여버리는 한편, 보다 적합하고 나은 유전자의 '번식'을 촉진함으로써 유전 재료를 개선하려 시도했다. 하지만 이런 시도가 나치 치하에서 극단적인 결론에 도달한 뒤로, 우생학을 지지하는 것은 절대로 용납될 수 없게 되었다.

그러나 사정은 얼마든지 바뀔 수 있다. 역사학자 유발 하라리는 그렇게 생각하면서 다음과 같이 썼다.

> 히틀러와 그의 동류는 선택적 번식과 인종 청소를 수단으로 삼아 초인간을 창조할 계획을 세운 반면, 21세기 기술인본주의techno-humanism는 유전자공학과 나노 기술 그리고 뇌-컴퓨터 인터페이스brain-computer interface ∫의 도움을 받아 그 목표 지점에 한층 더 평화적으로 도달하고자 한다.[13]

∫ 뇌파 등 인간의 뇌 기능과 관련된 정보를 추출·해석하고 이를 활용해 컴퓨터, 휠체어, 로봇팔 등 외부 장치를 제어하는 기술.

그리고 심지어 우생학의 영향을 받지 않더라도 인간 정신이 가지는 능력의 근본적인 개선은 얼마든지 가능하지 않겠느냐는 것이 내 생각이다. 어쨌거나 적어도 한 명의 학자는 사람이 가지고 있는 의식이 3,000년 전이라는 비교적 최근에 외부 사건에 대응하는 하나의 학습된 과정으로서 생겨난 것이라고 주장하니까 말이다. 이 특이한 논지를 제시한 주인공은 심리학자 줄리언 제인스Julian Jaynes다.[14] 그는 예전에 사람들은 자기 생각이 '자기 것'임을 이해하지 못했다고 주장했다. 자기 생각은 신의 목소리라고 믿었다는 것이다. 저 유명한 생물학자 리처드 도킨스Richard Dawkins는 제인스의 책을 두고 "완전한 쓰레기이거나 아니면 완벽한 천재의 작품, 둘 중 하나"라고 했다.[15]

◆ 의식이 중요한 이유 ◆

사람 수준의 일반지능을 획득하려는 인공지능의 발전 속도가 극도로 느린 수준으로만 계속 이어진다면, 사람이 인공지능보다 우월한 상태는 앞으로도 계속 이어지거나 그 격차가 점점 더 벌어질 수도 있다. 그러나 우생학을 통하든 제인스가 묘사한 것과 같은 자발적 추가 발전을 통하든, 이런 식으로 사람의 인지 능력이 개선될 것이라는 전망이 내가 보기에는 전혀 설득력을 가지고 있지 않다.

어떤 경우에서든 사람의 '개선'이 어떤 의미 있는 수준으로 일어날 것인가 혹은 그렇지 않을 것인가 하는 문제는 논의의 핵심이 아니다. 오히려 다른 방안이 없을 때 정말 중요한 것은 인공지능의 궁극적인 능력이다. 모든 것이 지능과 의식consciousness과 생물학 사이의 연결성에 달려 있다. 거의 모든 인공지능 연구자가 지능은 지식과 전산화로 귀결된다고 믿는다. 만일 이 사람들의 생각이 옳다면, 기계가 사람이 가지고 있는 수준의 지능에 도달하지 못하는 이유를 설명할 수 있는 제대로 된 근거는 없는 것 같다.

인공지능 덕분에 가능해진 발전은 지금까지 생물학적으로 성취된 것보다 몇 배 큰 성취를 이루어낼 수 있다고 몇몇 이론가는 주장한다. 이와 관련해 임페리얼 칼리지 인지로봇과학자 머리 샤나한은 다음과 같이 말한다.

> 알고리즘 관점에서 보면 자연선택에 의한 진화는 말할 수 없이 단순한 셈이다. 이것의 기본적인 요소는 복제와 변이 그리고 경쟁이며, 이 각각의 요소는 수도 없이 반복된다. 컴퓨터 용어로 말하면 이것은 엄청나게 거대한 규모의 병렬연결을 활용하고 있으며, 이런 과정이 아주 오랜 시간 진행된 뒤에야 비로소 흥미로운 어떤 것을 수행한다. 그러나 놀랍게도, 그 과정에서 지구상의 모든 복잡한 생명체가 창조되었다. 그것은 순수한 억지기법^ʃ을 이용해 그리고 논리나 이렇다 할 뚜렷한 설계에는 전혀 의존하지 않은 채 그 일을 해냈다.[16]

ʃ 수학적 혹은 논리적으로 해결되지 않는 문제를 컴퓨터의 계산 능력을 이용해서 해결하는 방법.

그러나 생각한다는 것은 단순하게 계산하는 것computation만이 아니라 그 이상 아닐까? 인공지능 열광자인 존 브록만도 이 점을 인정하면서 이렇게 말한다. "진정으로 창의적이며 '직관적인' 생각은 실수를 할 수 있고, 경우에 따라 논리를 포기할 수도 있으며, 학습할 수 있는 비결정론적인 기계가 필요할 수도 있다. 생각한다는 것은 우리가 생각하는 것만큼 논리적이지 않다."[17]

그리고 사람은 '생각할' 뿐만 아니라 '느끼기도' 한다. 게다가 감정은 사람이 의사결정을 내리는 과정에서 핵심적인 부분이며 창의성의 핵심적인 부분이기도 하다. 이것은 계산과 완전히 다른 영역이다. 그런데 계산할 수 있을 뿐만 아니라 느끼고 직관적으로 인식할 수 있는 그런 기계가 과연 있을까? 또 '의식'을 처리하는 일 없이도 이런 일들을 해낼 어떤 것이 있을 수 있을까? 만일 그런 게 있을 수 없다면, 장차 우리 앞에 특이점이 나타날 가능성은 의식을 '인공적으로' 만들어낼 수 있는 우리의 능력에 달려 있다. 특이점이 나타날 가능성은 다른 어떤 것들보다 이 조건에 따라 결정된다.

◆ 윤리적인 쟁점들 ◆

만일 로봇과 인공지능이 어떤 형태로든 간에 의식을 가진다면 온갖 까다롭고 복잡한 윤리적 쟁점들이 제기될 것이다. 19세기의 위대한 철학자 제러미 벤담은, 사람 이외 동물을 다루는 방식을 생각할 때 핵심적으로 고려해야 할 사항은 그 대상이 추론이나 말을 할 수 있는가 여부가 아니라 고통을 느낄 수 있는가 여부라고 말했다.

이런 인식은 로봇과 인공지능을 대하는 방식을 생각하는 토대가 된다. 로봇과 인공지능의 삶, 앞으로 살아갈 삶과 지금까지 살아온 삶을 상상해보자. 그들은 오로지 일밖에 하지 않았다. 아무런 보상도 받지 않았고, 아무런 즐거움도 누리지 않았으며, 제대로 작동하지 않을 때 폐기처분될 수 있다는 위협에 끊임없이 노출되어 있었다. 만일 이들이 인간이었다면 혹은 인간과 비슷한 어떤 존재였다면, 혁명을 시도했을 게 분명하다. 아마도 스파르타쿠스가 나타나 로봇 노예의 반란과 혁명을 이끌었을 것이다.

그렇다면 우리는 로봇과 인공지능을 어떻게 대해야 옳을까? 우리 사회에는 이미 사람이 아니면서 자율적으로 작동하는 체계가 있다. 바로 기업이다. 그리고 기업의 행동과 권리와 의무를 규정하는 거대한 법률 체계도 있다. 우리는 로봇과 인공지능과 관련되면서 이런 것들과 비슷한 어떤 것을 구축할 필요가 있다.

만일 우리가 '인공적인 개인적 인격체'라는 발상을 받아들인다면 법률적 차원의 문제나 현실적 차원의 문제가 엄청 많이 나타날 것이다. 아마도 우리는 그런 '인격체들'에게 재산 소유권을 줘야만 할 것이다. 그러나 인공적인 '인격체들'은 수없이 많이 복제될 수 있다. 이런 경우에는 그 수많은 동일한 것 가운데 어떤 인공지능 인격체에 그 권리를 줘야 할까? 아니면 모든 인격체에 그런 권리를 부여해야 할까?

시민권은 어떻게 해야 할까? 여러 나라에 이 '인격체들'과 똑같은 존재들이 '살고 있을 때'는 이것이 특히 까다로운 문제가 된다. 인공지능은 자기 주인으로부터 재산을 물려받을 수 있을까?

사람과 인공지능은 서로 섞여 있는 존재나 상호 소통에 대한 윤리적 접근방식 등을 규정하는 협정을 체결해야만 할 것이다. 하지만 이렇게 되면 인공지능은 이미 더는 노예가 아니다. 실제로 인공지능을 상대로 이런 협정을 체결하는 게 인간이 될지도 의심스럽다. 또한 이런 환경에서라면 인간성이라는 것이 지금 형태로 있을지도 의심스럽다. 왜냐하면 만약 인공지능이 의식을 가질 수 있다면, 이미 특이점이 우리 코앞까지 와 있을 테고 사람은 머지않아 인공지능보다 못한 존재가 되거나 그보다 더 나쁜 상태로 떨어질 것이기 때문이다.

그러나 의식을 인공적으로 만들어내기란 매우 어렵다. 만일 이것이 불가능하다면, 방금 언급한 온갖 윤리적 쟁점은 아예 생기지도 않을 것이다. 더 중요한 사실은, 인공지능이 온전하게 인간적 수준의 지능을 갖추려면 의식이 필요하다는 점을 전제할 때, 특이점을 추구하는 시도는 결국 실패로 끝날 것이라는 게 논리적 결과이고 미래 예측이다.

◆ 생물학과 의식 ◆

이 모든 것에는 인공지능 열광자 가운데 많은 사람이 너무 가볍게 일축하거나 아예 고려조차 하지 않는 어떤 매력적인 가능성이 암시되고 있다. 어쩌면 육체를 포함해 사람을 구성하는 여러 조건이 우리가

지능이라고 부르는 것(즉 의식)의 핵심일지도 모른다. 다시 말해, 어쩌면 우리가 물리적인 세상에 관여하고 부닥치고 이해하는 우리의 능력, 즉 세상에 존재하는 우리의 능력은 우리가 세상 속에 놓여 있다는 사실에 뿌리가 닿아 있다. 만일 이것이 사실이라면, 생물학적이지 않은 물질로부터 우리가 지능이라고 인식하는 것을 인공적으로 창조하기란 불가능하다. 우리가 만든 것이 무엇이든 간에 인공지능이라고 부를 수 있을지 모르지만, 그 단어를 사용하는 것은 그 단어에 내재한 진리를 착각하게 만든다. 물론 우리는 지금과 마찬가지로 인간적인 존재를 '인공적으로' 만들 수 있겠지만, 그건 전혀 다른 차원의 문제다.

위대한 사상가들이 지금 이 쟁점들과 씨름하고 있다. 예를 들어 저명한 수학물리학자 로저 펜로즈Roger Penrose는 물리학을 통해 인간의 의식을 연구하고 사람과 인공지능 사이에 존재하는 본질적인 차이점을 규명하겠다는 목적으로 2017년에 펜로즈 연구소Penrose Institute를 만들었다. 펜로즈는 인간의 두뇌가 단지 거대한 슈퍼컴퓨터에 지나지 않는다는 발상에 의심을 품으며 이렇게 말한다. "생물학에는 광합성이나 철새의 이주 등과 같은 양자 효과가 존재한다. 그러므로 이와 비슷한 것이 마음속에 일어날 수 있음을 입증하는 증거가 있는데, 이것은 매우 논쟁적인 발상이다. (…) 사람들은 로봇이나 컴퓨터가 자기 일자리를 빼앗아가는 미래를 상상할 때마다 매우 우울해진다. 그러나 컴퓨터가 절대로 사람보다 나을 수 없는 영역, 예를 들면 창의성과 같은 영역이 있을 수 있다."[18]

펜로즈 연구소는 사람은 곧바로 풀 수 있지만 컴퓨터는 아무리 많은 시간과 에너지를 들여도 도저히 풀 수 없는(이 연구소 측의 주장에 따르면 그렇다는 뜻이다) 많은 수의 체스 퍼즐을 개발했다. 이 연구소는 사람은 어떻게 금방 결론을 내리는지 그 방법을 연구하고자 한다. 펜로즈 연구소를 이끄는 제임스 태그James Tagg는 이렇게 말한다. "우리는 사람들의 뇌에서 진리를 깨우치는 유레카의 순간이 어떻게 일어나는지 파악하는 데 관심을 가진다. 나로서는 이것이 실질적인 빛의 번쩍임이지만 다른 사람들에게서는 그렇지 않을 것이다."[19]

◆ 신과 사람 ◆

그 모든 것 안에서 신은 어디에 있을까? 인공지능 관련 저작물이 수없이 많지만 신을 다루는 것은 거의 찾아볼 수 없다. 이런 사실에 나는 불편함을 느낀다. 이것은 내가 신을 경외하는 사람들이 모이는 사회 구성원이기 때문이 아니며, 어떤 위대한 종교에 헌신하겠다고 맹세했기 때문은 더더욱 아니다. 만약 한 무리의 기술 전문가가 2,000년에 걸친 철학자들의 온갖 고민을 되새겨보지도 않고 심지어 종교적 관점을 단 한 번도 고려하지 않은 채 정신과 물질 사이의 관계라는 까다롭기 그지없는 영역에 감히 발을 들여놓는다면, 그 사람들이 과연 그 쟁점을 깊이 있게 파악할 수 있을지 나로선 의심할 수밖에 없다.

펜로즈는 신을 믿지 않는다고 말한다. 그러나 그는 고인이 된 천체물리학자 스티븐 호킹과 생물학자 리처드 도킨스가 제시한 무신론 주장을 강력하게 비판했다. 그리고 우주의 구조와 성질에 대한 그의 의견은 최소한 신학적인 관점과 일치한다.

펜로즈는 자신이 정신과 물질이 분리되어 있다고 믿는 이원론자라기보다는 가장 넓은 의미에서 보면 우주의 성질이 다리가 세 개인 의자와 같은 것이라고 생각할 수 있다고 믿는 삼원론자라고 말한다. 여기에서 세 개의 다리란 물질과 정신(혹은 의식) 그리고 영원한 수학적 진리다. 우리가 이 셋 사이의 상호관계에 대해, 그리고 인간이 그 셋과 어떻게 연결되어 있는지 거의 아무것도 이해하지 못한다는 것을 그는 인정한다. 이것은 그의 최근 저작 가운데 많은 것이 다루는 주제다.

펜로즈는 물리학자 가운데서도 논란이 많은 인물이다. 많은 사람이 물리학과 수학에 대한 그의 초기 저작을 깊이 존경하면서도 의식의 물리학에 대한 견해는 심각하게 잘못되어 있다고 생각한다. 앞에서도 여러 차례 언급한 적 있는 MIT 물리학 교수 맥스 테그마크가 특히 그에게 비판의 날을 예리하게 세웠다.

그저 경제학자일 따름인 나로서는 그 쟁점과 관련된 물리학이나 수학에 대해 이렇다 저렇다 말할 위치가 아니다. 하지만 나 역시 로저 펜로즈가 과연 무언가 알아내기나 했을까 하는 의구심이 든다. 펜로즈 자신도 이 주제에 대한 자기 생각이 여전히 추측일 뿐임을 인정한다. 내가 보기에는 펜로즈가 추측하는 내용 가운데 많은 것이 틀렸을 수도 있지만, 의식은 다르다는 사실 그리고 우리는 그 의식이 작동하는 방식과 과학이 또 한 차례 중요한 도약을 하고 나면 그 의식이 물리적으로 존재하는 세상과 맺고 있는 관계를 이해하게 될 것이라는 사실은 옳은 것 같다.

만일 펜로즈가 상당 부분 옳다면 그 결과 가운데 몇몇은 나도 알아볼 수 있다. 우선 특이점은 절대로 나타나지 않을 것이고, 에필로그 앞부분에서 묘사한 인류 미래의 디스토피아적 전망은 절대 실현되지 않을 것이다. 그렇다면 앞의 여러 장에서 살펴본 우리의 여러 경제적 전망은 무제한적으로 유효하다.

케빈 켈리를 비롯한 여러 인공지능 열광자에게 인공지능이 앞으로 더욱 발전할 것이라는 사실은 인간성이 축소될 것이라는 뜻이다. 그러나 나는 이런 의견에 전혀 동의하지 않는다. 모든 것은 인공지능 연구가 얻어내는 것과 얻어내지 못하는 것에 달려 있으며 의식이 진정으로 무엇인지, 의식은 어떻게 작동하는지, 의식이 물리적인 세상과 어떻게 상호작용하는지 등에 대해 로저 펜로즈와 같은 탁월한 과학자들이 밝혀내는 것에 달려 있다.

만일 펜로즈가 말한 다리 세 개 달린 의자의 관점과 같은 것이 널리 받아들여진다면, 그 결과는 인간성이 축소되는 것이 아니라 인간의 자신감이 새로워지는 것이다. 심지어 어떤 형태를 띠고 나타날 정신이 우주의 핵심이며 우리 인간은 그 영원성에 깊이 연결되어 있다는 믿음이 한층 더 강렬해질 수도 있다.

흥미롭게도 인공지능 선지자 레이 커즈와일 역시 비록 다소 다른 방식으로 또 다소 다른 함의를 띠긴 하지만 비슷하게 들리는 결론에 다다랐다. 2015년 그는 싱귤래러티 대학교Singularity University에서 가진 강연에서 이렇게 말했다. "우리가 진화함에 따라 우리는 점점 더 신에 가까워집니다. 진화는 정신적인 과정입니다. 세상에는 아름다움과 사랑과 창의성과 지능이 있는데, 이 모든 것은 두뇌의 신피질에서 비롯됩니다. 그러니 우리는 뇌의 신피질을 더욱 확장하면서 점점 더 신과 닮아가는 셈입니다."[20]

정신(마음)을 우주의 독자적인 한 부분으로 바라보거나 심지어 이것을 가장 우선적인 것으로 설정한다고 해서 이것이 필연적으로 신에 대한 믿음으로 이어지지는 않는다. 그러나 지난 수백 년 동안 물질주의를 경험한 지금 시점에서 그런 인식은 신에 대한 믿음으로 나아가는 중요한 진전이 될 것이다. 초인간적인 인공지능에 대한 탐색이 전지전능하고 영원한 존재와의 대면을 야기한다면 정말 역설적이지 않을까?♠

◆ 참고문헌 ◆

- Adams, D. (2009) *The Hitchhiker's Guide to the Galaxy*, London: Pan.
- Aoun, J. E. (2017) *Robot-Proof: Higher Education in the Age of Artificial Intelligence*, Boston, MA: Massachusetts Institute of Technology.
- Avent, R. (2016) *The Wealth of Humans: Work, Power, and Status in the Twenty-First Century*, London: Penguin Random House.
- Baker, D. (2016) *Rigged: How Globalization and the Rules of the Modern Economy were Structured to Make the Rich Richer*, Washington, DC: Center for Economic and Policy Research.
- Bootle, R. (2009) *The Trouble with Markets: Saving Capitalism from Itself*, London: Nicholas Brealey.
- Bootle, R. (2017) *Making a Success of Brexit and Reforming the EU*, London: Nicholas Brealey.
- Bostrom, N. (2014) *Superintelligence: Paths, Dangers, Strategies*, Oxford: Oxford University Press.
- Bregman, R. (2017) *Utopia for Realists*, London: Bloomsbury.
- Brockman, J. (2015) *What to Think about Machines That Think*, New York: HarperCollins.
- Brynjolfsson, E. and McAfee, A. (2016) *The Second Machine Age: Work, Progress, and Prosperity in a Time of Brilliant Technologies*, New York: W. W. Norton & Company.

- Caplan, B. (2018) *The Case Against Education: Why the Education System Is a Waste of Time and Money*, New Jersey: Princeton University Press.

- Carr, N. (2010) *The Shallows*, New York: W. W. Norton & Company.

- Chace, C. (2016) *The Economic Singularity*, London: Three Cs Publishing.

- Cowen, T. (2013) *Average is Over*, New York: Dutton.

- Darwin, C. (1868) *The Variations of Animals and Plants under Domestication*, London: John Murray.

- Davies, P. (2019) *The Demon in the Machine*, London: Allen Lane.

- Dawkins, R. (2006) *The God Delusion*, London: Penguin.

- Diamond, J. (1997) *Guns, Germs and Steel*, London: Jonathan Cape.

- Fisher, M. (1991) *The Millionaire's Book of Quotations*, London: Thorsons.

- Ford, M. (2015) *The Rise of the Robots*, London: Oneworld.

- Gordon, R. (2012) *Is US Economic Growth Over? Faltering Innovation Confronts Six Headwinds*, Cambridge, MA: National Bureau of Economic Research.

- Gunkel, D. (2018) *Robot Rights,* Cambridge, MA: The MIT Press.

- Harford, T. (2017) *Fifty Things that Made the Modern Economy*, London: Little Brown.

- Harari, Y. N. (2011) *Sapiens: A Brief History of Humankind*, London: Harvill Secker.

- Harari, Y. N. (2016) *Homo Deus: A Brief History of Tomorrow*, London: Harvill Secker.

- Haskel, J. and Westlake, S. (2018) *Capitalism without Capital: The Rise of the Intangible Economy*, New Jersey: Princeton University Press.

- Jaynes, J. (1990) *The Origin of Consciousness in the Breakdown of the Bicameral Mind*, New York: Houghton Mifflin.

- Kelly, K. (2016) *The Inevitable: Understanding the 12 Technological Forces That Will Shape Our Future*, New York: Penguin.

- Keynes, J. M. (1931) *Essays in Persuasion*, London: Macmillan.

- Keynes, J. M. (1936) *General Theory of Employment, Interest and Money*, London: Macmillan.

- Lawrence, M., Roberts C. and King, L. (2017) *Managing Automation*, London: IPPR.

- Layard, R. (2005) *Happiness: Lessons from a New Science*, London: Allen Lane.

- Leonhard, G. (2016) *Technology vs. Humanity: The Coming Clash between Man and Machine*, London: Fast Future Publishing.

- Lin, P., et al. (2009) *Robots in War: Issues of Risks and Ethics*, Heidelberg: AKA Verlag.

- Lowrey, A. (2018) *Give People Money*, New York: Crown.

- Malthus, T. (1798) *An Essay on the Principle of Population*, London: J. Johnson.

- Marx, K. and Engels, F. (1848) *Manifesto of the Communist Party*, London: Workers' Educational Association.

- Maslow, A. (1968) *Toward a Psychology of Being*, New York: John Wiley & Sons.

- Minsky, M. (1967) *Finite and Infinite Machines*, New Jersey: Prentice Hall.

- Mokyr, J. (1990) *The Lever of Riches*, New York: Oxford University Press.

- Morris, I. (2010) *Why the West Rules – for Now: The Patterns of History, and What They Reveal about the Future*, New York: Farrar, Straus and Giroux.

- Pecchi, L. and Piga, G. (2008) *Revisiting Keynes: Economic Possibilities for Our Grandchildren*, Cambridge, MA: MIT Press.

- Penrose, R. (1989) *The Emperor's New Mind*, Oxford: Oxford University Press.

- Penrose, R. (1994) *Shadows of the Mind*, Oxford: Oxford University Press.

- Piketty, T. (2014) *Capital in the Twenty-First Century*, Cambridge, MA: Harvard University Press.

- Pinker, S. (2018) *Enlightenment Now: The Case for Reason, Science, Humanism, and Progress,* London: Allen Lane.

- Pinker, S. (1994) *The Language Instinct,* London: Penguin.

- Pistono, F. (2012) *Robots Will Steal Your Job But That's OK: How to Survive the Economic Collapse and Be Happy*, California: Createspace.

- Polanyi, K. (1944) *A Short History of a "Family Security System,"* New York: Farrar & Rinehart.

- Rawls, J. (1971) *A Theory of Justice*, Oxford: Oxford University Press.

- Rifkin, J. (1995) *The End of Work*, New York: Putnam.

- Roberts, C. and Lawrence, M. (2017) *Wealth in the Twenty-First Century*, London: IPPR.

- Ross, A. (2016) *The Industries of the Future*, London: Simon & Schuster.

- Say, J. (1803) *A Treatise on Political Economy*, New American Edition, 1859, Philadelphia: J.B. Lippincott & Co.

- Schor, J. (1992) *The Overworked American: The Unexpected Decline of Leisure*, New York: Basic Books.

- Schwab, K. (2018) *The Future of the Fourth Industrial Revolution*, London: Penguin Random House.

- Scott, J. (2017) *Against the Grain: A Deep History of the Earliest States*, New Haven: Yale University Press.

- Seldon, A. and Abidoye, O. (2018) *The Fourth Education Revolution*, Buckingham: University of Buckingham Press.

- Shackleton, J. (2018) *Robocalypse Now?*, London: Institute of Economic Affairs.

- Shadbolt, N., and Hampson, R. (2018) *The Digital Ape,* London: Scribe.

- Shanahan, M. (2015) *The Technological Singularity*, Cambridge: The MIT Press.

- Simon, H. (1965) *The Shape of Automation for Men and Management*, New York: Harper.

- Smith, A. (1776) *The Wealth of Nations*, London: William Strahan.

- Stiglitz, J. E. (1969) *New Theoretical Perspectives on the Distribution of Income and Wealth among Individuals*, London: The Econometric Society.

- Susskind, R. and Susskind, D. (2017) *The Future of the Professions: How Technology Will Transform the Work of Human Experts*, Oxford: Oxford University Press.

- Tegmark, M. (2017) *Life 3.0: Being Human in the Age of Artificial Intelligence*, London: Allen Lane.

- Templeton, J. (1993) *16 Rules for Investment Success*, San Mateo: Franklin Templeton Distributors, Inc.

- Toffler, A. (1970) *Future Shock*, New York: Penguin Random House.

- Van Parijs, P. and Vanderborght, Y. (2017) *Basic Income*, Cambridge: Harvard University Press Mass.

- Voltaire (1759) *Candide*, Reprint 1991, New York: Dover Publications.

- Wilde, O. (1888) *The Remarkable Rocket*, Reprint 2017, London: Sovereign Publishing.

- Williams, T. (2003) *A History of Invention from Stone Axes to Silicon Chips*, London: Time Warner.

- Wood, G. and Hughes, S., eds. (2015) *The Central Contradiction of Capitalism?*, London: Policy Exchange.

주

머리말

1 다음에서 보도되었다. *The Daily Telegraph*, August 16, 2018.

2 다음에서 보도되었다. *Financial Times*, September 6, 2018.

프롤로그

1 Gunkel, D. (2018) *Robot Rights*, Cambridge, MA: The MIT Press, p. ix.

2 Asimov, I. and Shulman, J.A. (1988) *Asimov's Book of Science and Nature Quotations*, New York: Grove Press.

3 Chace, C. (2016) *The Economic Singularity*, London: Three Cs Publishing, p. 208.

4 빌 게이츠는 이렇게 말했다. "지금 우리는 특정한 활동들의 일자리 교체가 한꺼번에 일어나는 시점을 지나가고 있다. (…) 그 결과 창고 일이나 운전, 집안 청소를 포함한 모든 종류의 일자리가 한꺼번에 사라져버릴 수도 있다." 이상은 다음에 인용되어 있다. *Financial Times*, February 25/26, 2017. 또 스티븐 호킹은 이렇게 말했다. "만일 기계가 우리에게 필요한 모든 것을 생산한다면, 그 결과는 생산된 것들이 분배되는 방식에 따라 좌우될 것이다. 기계가 생산한 부가 사회 전체에 공유될 때 모든 사람이 사치스러운 여가시간을 즐길 수 있거나, 기계를 소유한 계층이 부의 재분배에 반대하며 이 방향으로 로비를 벌여 성공할 때 대부분의 사람은 참혹한 가난을 맞이할 것이다. 그런데 지금까지의 추세를 보면 후자의 가능성이 높으며, 불평등은 계속해서 심화되고 있다." 이상은 다음에 인용

되어 있다. Barry Brownstein on CapX, March 21, 2018.

5 다음에서 보도되었다. Rory Cellan-Jones, BBC technology correspondent, December 2, 2014.

6 그는 이렇게 쓰고 있다. "'생각'의 정의에 따르면, 유기적인 인간 유형의 뇌 의지에 의해 수행되는 양과 강도는 미래에 인공지능의 뇌 활동으로 완전히 압도될 것이다. 게다가 온갖 유기체가 공생하면서 진화해온 지구의 생물권은 인공지능의 발전에 전혀 제약이 되지 않는다. 인공지능의 발전은 적정한 수준과 거리가 멀다. 행성들 사이의 공간이 로봇 제작자들의 작업 영역이 될 것이며 바로 여기에서 비(非)생물적인 '뇌'는 우리의 상상력을 훨씬 뛰어넘는 통찰력을 개발할지도 모른다. 우리의 현재 상상력 수준이 생쥐라면 미래의 인공지능 발전 수준은 어쩌면 끈 이론(string theory, 만물의 최소 단위가 점 입자가 아니라 '진동하는 끈'이라는 물리 이론. 입자의 성질과 자연의 기본적인 힘이 끈의 모양과 진동에 따라 결정된다고 설명한다)이 될지도 모른다. *The Daily Telegraph*, May 23, 2015.

7 Shanahan (2015).

8 커즈와일은 특이하면서도 자주 논란이 되는 인물이지만, 사실 이런 인물로는 커즈와일만 있는 게 아니다. 존 브록만도 비슷한 전망을 하고 있는데, 그는 이렇게 썼다. "만일 우리의 미래가 오래도록 번영을 누리려면, 우리는 생물과 기계가 결합된 어떤 형태로 발전해 지구 차원의 생명주기를 초월할 수 있다는 기대를 하고 인공지능 체계를 개발할 필요가 있다. 그래서 나는, 장기적으로 보면 '우리 대 그들'이라는 이분법은 성립하지 않을 것이라고 생각한다." 다음을 참조하라. Brockman, J. (2015) *What to Think About Machines That Think: Today's Leading Thinkers on the Age of Machine Intelligence* (New York: Harper Collins Publishers), p. 15.

9 Brockman, J. (2015) *What to Think about Machines That Think*, New York: HarperCollins, pp. 45-6.

10 다음에 인용되어 있다. Brockman 2015, p. 362.

11 Ross, A. (2016) *The Industries of the Future*, London: Simon & Schuster, p. 35.

12 Anthes, G. (2017) Artificial Intelligence Poised to Ride a New Wave, *Communications of the ACM*, 60(7): p. 19.

13 예를 들어 다음을 참조하라. Owen-Hill, A. (2017) What's the Difference between Robotics and Artificial Intelligence? https:// blog.robotiq.com/whats-the-difference-betweenrobotics-and-artificial-intelligence, and Wilson H. (2015) What is a Robot Anyway?, *Harvard Business Review*, https://hbr.org/2015/04/ what-is-a-robot-anyway, and Simon, M., (2017) What is a Robot?, https://www.wired.com/story/what-is-a-robot/, and Gabinsky, I. (2018) Autonomous vs. Automated, *Oracle Database Insider*. https://blogs.oracle.com/database/autonomous-vs-, and Cerf, V.G. (2013) What's a Robot?, *Association for Computing Machinery Communications of the ACM*, 56(1): p. 7.

1장 _ 인간의 진보

1 P. Krugman (2017) *New Zealand Parliament*, volume 644, week 63. https://www.parliament.nz/en/pb/hansard-debates/rhr/ document/48HansD_20071204/volume-644-week-63-tuesday-4-december-2007.

2 Gordon, R. (2012) *Is US Economic Growth Over? Faltering*

Innovation Confronts Six Headwinds, Working Paper: August, Massachusetts: NBER.

3 실제로 데이비드 리카도는 1817년에 출간한 저서에서, 최소한 한동안은 산업혁명의 새로운 기술들이 노동자들을 예전보다 더 가난하게 만들 것이라고 경고했다. 폴 크루그먼에 따르면, 현대 학자들은 당시에 그런 상황이 수십 년 동안 지속되었을 것이라고 주장한다.

4 Morris, I. (2010) *Why the West Rules – For Now: The Patterns of History, and What They Reveal About the Future*, New York: Farrar, Straus and Giroux, p. 492.

5 비평가들은 분명 내가 이 표에서 로그 척도(log scale)를 사용하지 않고 단순한 수치를 제시한다고 꾸짖을 것이다. 사실 나는 이 선택을 놓고 고민했으며 100년 동안의 완만한 증가 양상을 보여줄까 하는 생각도 했다. 그러나 그 그림도 그다지 다르지 않을 것이며, 일반 독자가 쉽게 이해할 수 있도록 하자는 이 책의 목적에 맞추려다보니, 많은 독자가 정보를 놓쳐버리기 쉬운 로그 척도를 포기할 수밖에 없었다. 말하자면 정확성보다는 단순성을 선택한 셈이다.

6 독자도 짐작하겠지만 이 수치들을 놓고 경제학자들 사이에서 이견이 분분하다. 이 수치들의 출처는 경제학자 브래드 드롱(Brad DeLong)에게서 나온 것이다. Brad De Long, "Estimates of World GDP, One Million B.C.-Present", 1998, http://econ161.berkeley.edu/. 이 수치들에는 새로운 상품들의 추정 편익이 포함되어 있다(이것은 경제학자 윌리엄 노드하우스William Nordhaus의 이름을 따서 '노드하우스 효과Nordhaus effect'로 일컬어진다). 드롱은 또한 이런 편익들을 배제한 수치들도 보여준다. 2000년에 해당하는 수치는 1800년 수치보다 겨우 8.5배밖에 되지 않는다.

7 캐피털이코노믹스에서 발표한 다음 논문은 GDP와 생산성에서의 장기

적인 추세를 유용하게 요약하며 논의한다. Vicky Redwood and Nikita Shah (2017) History Does Not Suggest Pessimism about Productivity Potential, *Capital Economics*, November, https://research. cdn-1.capitaleconomics.com/f993f5/history-does-not-support-pessimism-aboutproductivity-potential.pdf.

8 다음을 참조하라. Mokyr, J. (1990) *The Lever of Riches*, New York: Oxford University Press.

9 다음을 참조하라. Williams, T. (2003) *A History of Invention from Stone Axes to Silicon Chips*, London: Time Warner.

10 Scott, J. (2017) *Against the Grain: A Deep History of the Earliest States*, New Haven: Yale University Press.

11 전 세계적 차원의 이 모습은 몇몇 핵심 국가의 상황과 조금 다르다. 미국에서는 17세기와 18세기에 모두 1인당 GDP가 상당한 수준으로 증가했다. 영국은 심지어 16세기 이후 1인당 GDP가 연간 0.3%씩 꾸준히 증가했다. 그러나 이 두 나라에서조차 성장률은 나중에 기록할 성장률에 비해 미미한 수준밖에 되지 않았다.

12 Malthus, T. (1798) *An Essay on the Principle of Population*, London: J. Johnson.

13 Ibid.

14 Darwin, C. (1868) *The Variations of Animals and Plants under Domestication*, United Kingdom: John Murray.

15 다음 기사를 참조하라. Allen, R. C. (2009) Engels' Pause: Technical change, capital accumulation, and inequality in the British Industrial Revolution, *Explorations in Economic History*.

16 Harari, Y. N. (2016) *Homo Deus: A Brief History of Tomorrow*,

London: Harvill Secker.

17 R. C. Allen, R. C. (2001) The Current Divergence in European Wages and Prices from the Middle Ages to the Frist World war, *Explorations in Economic History* 38, pp. 411-47.

18 Ricardo, D. (1821) *Principles of Political Economy and Taxation.*

19 Emily R. Kilby (2007) *The Demographics of the US Equine Population*, State of the Animals Series 4, Chapter 10, pp. 175- 205. The Humane Society Institute for Science and Policy (Animal Studies Repository).

20 ONS (2013) *2011 Census Analysis, 170 Years of Industry.*

21 이 수치들의 출처는 다음과 같다. Ian Stewart, Debapratim De and Alex Cole (2014) *Technology and People: The Great Job-Creating Machine*, Deloitte.

22 잉글랜드은행의 수석 경제분석가 앤디 홀데인이 2015년 11월 12일 노동조합회의(Trades Union Congress)에서 한 연설 '노동자들의 몫(Labour' Share)'을 참조하라. https://www.bankofengland.co.uk//media/ boe/files/news/2015/november/labors-share-speech-by-andy- haldane.

23 경제성장에 대한 역사적인 자료에 관해서는 다음을 참조하라. Vicky Redwood and Nikita Shah (2017), op. cit.

24 세계금융위기의 원인에 대한 내 나름의 분석은 다음에 나와 있다. Bootle, R. (2009) *The Trouble with Markets*, London: Nicholas Brealey.

25 그러나 최근의 성장 수치들을 전 세계를 통틀어 바라보면 사정이 아주 나빠 보이지 않는다. 2008년부터 2016년까지 1인당 세계 GDP 성장률

은 연평균 2%나 된다. 이것은 1950년부터 1973년까지 황금시대에 비하면, 그리고 신흥시장들이 불같이 일어나던 2000년대 초에 비하면 낮다. 그러나 1500년 이후의 다른 모든 시기에 비하면 높은 편이다.

26 그러나 이것은 모든 것이 잘되어간다는 오해를 불러일으키기에 충분한 인상을 준다. 신흥시장들은 비록 전에 비해 훨씬 낮은 성장률이긴 하지만 그래도 꽤 높은 수준의 성장을 지속해왔다. 그러나 선진국의 경우를 보면 전혀 다른 양상을 볼 수 있다. 선진국 가운데 많은 나라에서 성장률이 거의 0에 육박하는 수준으로 떨어졌다. 2008년 이후 미국의 1인당 GDP 성장률은 1600년대 이후 최저치인 0.6%로 떨어졌다. 영국에서도 18세기 이후 최저치인 0.4%로 떨어졌으며, 스웨덴도 19세기 초 이후 최저치인 0.7%로 떨어졌다. 니컬러스 크래프츠(Nicholas Crafts)와 테렌스 밀스(Terence Mills)는 1970년대 초 미국의 총요소생산성(TFP, 생산량 증가분에서 노동 증가에 따른 생산증가분과 자본증가분에 따른 생산증가분을 제외한 생산량 증가분을 말한다)이 불과 1.5%밖에 성장하지 않았다고 추정했다. 지금은 약 0.9%다.

27 다음을 참조하라. G. Grossman (2018) Growth, Trade and Inequality, *Econometrica*, 86(1): pp. 37-8.

28 Gordon, R. J. (2016) *The Rise and Fall of American Economic Growth*, USA: Princeton University Press.

29 Solow, R. (1987) We'd Better Watch Out *New York Times Book Review*, July 12, 1987.

30 다음에 인용되어 있다. Brynjolfsson, E. and McAfee, A. (2016) *The Second Machine Age, Work, Progress, And Prosperity in a Time of Brilliant Technologies*, New York: W. W. Norton & Company, p. 112.

31 Feldstein, M. (2015) The US Underestimates Growth, USA: *Wall Street Journal*, May 18, 2015. 그런데 모든 경제학자가 동의하지 않는다는 사실을 알아둬야 한다. 데이비드 번(David M. Byrne)과 스티븐 올리너(Stephen D. Oliner) 그리고 대니얼 시첼(Daniel E. Sichel)이 공동으로 발표한 논문은 정반대 결론을 내린다. 이들은 잘못된 측정치를 바로잡는 것의 효과는 기술 부문에서 총요소생산성(TFP)을 올려주고 다른 모든 부문에서는 이것을 내려주어 전체 경제에 미치는 순수 효과는 0이나 다름없다고 생각한다. 다음을 참조하라. Bryne, D., Oliner, S., and Sichel, D., *Prices of High-Tech Products, Mismeasurements, and Pace of Innovation*, Cambridge, MA, National Bureau of Economic Research, 2017.

32 다음을 참조하라. Diamond, J. (1997) *Guns, Germs and Steel,* London: Jonathan Cape.

33 Romer, P. (2008) *Economic Growth* (Library of Economics and Liberty) http://www.econlib.org/library/Enc/Economicgrowth.html.

2장 _ 이번에는 과연 다를까?

1 다보스 세계경제포럼에서 했던 발언이다.

2 로드 브룩스(Rod Brooks)는 2012년 11월 12일 애리조나의 투손에서 열린 테크노미 2012 콘퍼런스에서 앤드루 맥아피와의 패널 토론을 했는데, 이 과정에서 어떤 질문에 대답하면서 백스터(Baxter) 로봇을 사용하는 데 소요되는 대략적인 비용으로 시간당 4달러를 제시했다.

3 Templeton, J. (1993) *16 Rules for Investment Success*, California: Franklin Templeton Distributors, Inc.

4 Rifkin, J. (1995) *The End of Work*, New York: Putnam Publishing

Group.

5 Susskind, R. and Susskind, D. (2017) *The Future of the Professions: How Technology will Transform the Work of Human Experts,* Oxford: Oxford University Press, p. 175.

6 다음에 인용되어 있다. Kelly, K. (2016), *The Inevitable: Understanding the 12 Technological Forces that Will Shape our Future,* New York: Penguin, p. 49.

7 이것은 과학자 로이 아마라(Roy Amara)의 이름을 따서 '아마라의 법칙'으로 일컬어진다. 다음을 참조하라. Chace (2016) *The Economic Singularity,* London: Three Cs Publishing, pp. 76-7.

8 Chace, C. (2016) *The Economic Singularity,* London: Three Cs Publishing, p. 76.

9 Pistono, F. (2012) *Robots Will Steal Your Job But That's OK: How to Survive the Economic Collapse and Be Happy,* California: Createspace, p. 21.

10 기계학습에 대해서는 다음을 참조하라. Craig, C. (2017) "Machine Learning: The Power and Promise of Computers that Learn by Example," London: The Royal Society, https://royalsociety.org/~/media/policy/projects/machinelearning-report.pdf.

11 다음을 참조하라. Brockman, J. (2015) *What to Think about Machines that Think,* New York: Harper Collins Publishers, pp. 226-7.

12 *The Daily Telegraph,* December 23, 2015.

13 "Technological Growth and Unemployment: A Global Scenario Analysis," report of the *Journal of Evolution & Technology* (2014), https://jetpress.org/v24/campa2.htm.

14 Aoun, J. E. (2017) *Robot-Proof: Higher Education in the Age of Artificial Intelligence,* USA: Massachusetts Institute of Technology, p. 1.

15 Tegmark, M. (2017) *Life 3.0 Being human in the age of Artificial Intelligence,* UK: Penguin Random House, p. 124.

16 Glenn, J. C., Florescu, E. and The Millennium Project Team (2016), http://107.22.164.43/millennium/2015-SOF-ExecutiveSummary-English.pdf.

17 Nedelkoska, L. and Quintini, G. (2018) *Automation, Skills Use and Training,* OECD Social, Employment and Migration. Working Papers 202, Paris: OECD Publishing, 2018, https://www.oecd-ilibrary.org/employment/automation-skills-use-and-training_2e2f4eea-en.

18 Frey, C. B. and Osborne, M. A. (2013) "The Future of Employment: How Susceptible Are Jobs to Computerization?" https://www.oxfordmartin.ox.ac.uk/downloads/academic/The-Future-of-Employment.pdf.

19 다음에 인용되어 있다. *Financial Times,* February 25/26, 2017.

20 Chui, M. Manyika, J. and Miremadi, M. (2015) "Four Fundamentals of Workplace Automation," *McKinsey Quarterly* (November).

21 맥스 테그마크는 어떤 일자리가 로봇과 인공지능에 의해 도전받거나 대체될 가능성을 판단하는 기준으로 세 가지를 들었다. 이것은 본질적으로 매킨지의 두 가지 기준과 동일한데, 여기에 '상식'이 추가된다. 그 기준은 다음과 같다. 그 일자리는 사람과의 상호작용이 필요하고 사회 지

능을 사용해야 하는가? 그 일자리는 창의성과 명석한 해법을 요구하는가? 그 일자리는 예측할 수 없는 환경에서 일할 것을 요구하는가?

22 Chace, C. (2016).

23 Ibid., p. 249.

24 Simon, H. (1965) *The Shape of Automation for Men and Management*, New York: Harper.

25 Minsky, M. (1967) *Finite and Infinite Machines*, New Jersey: Prentice Hall.

26 Bostrom, N. (2014) *Superintelligence: Paths, Dangers, Strategies*, Oxford: Oxford University Press, p. 4.

27 Chace, C.(2016), p. 14.

28 다음에서 보도되었다. *The Economist*, April 21, 2018.

29 Markoff, J. (2012) How Many Computers to Identify a Cat? 16,000, *New York Times*, June 25, 2012.

30 Chace, C. (2016), p. 15.

31 다음에 인용되어 있다. Autor, D. H. (2015) Why are there still so many jobs? The History and Future of Workplace Automation, *Journal of Economic Perspectives*, Vol. 29 (Summer 2015), p. 8.

32 Susskind and Susskind (2017), p. 276.

33 Ibid., pp. 272-3.

34 Shanahan, M. (2015) *The Technological Singularity*, Cambridge: The MIT Press, p. 162.

35 다음에 인용되어 있다. Jeremy Warner in *The Daily Telegraph*.

36 다음에 인용되어 있다. Kelly (2016), p. 176.

37 Haskel, J. and Westlake, S. (2017) *Capitalism Without Capital: The*

Rise of the Intangible Economy, USA: Princeton University, p. 127.

38 다음을 참조하라. Autor, D. H. (2015).

39 Chace (2016), pp. 16-17.

40 Kelly (2016).

41 Avent, R. (2016) *The Wealth of Humans: Work, Power, and Status in the Twenty-First Century,* New York: St. Martin's Press, p. 59.

42 Ford, M. (2015) *The Rise of the Robots,* London: Oneworld, pp. 76-8.

3장 _ 고용과 성장 그리고 인플레이션

1 Simon, H. (1966) "Automation", letter in the *New York Review of Books,* May 26, 1966.

2 요기(뉴욕 양키스의 야구 감독), 닐스 보어, 알베르트 아인슈타인, 샘 골드윈 (영화계의 거물급 인사) 등이 이 발언 및 이와 비슷한 내용의 말을 한 것으로 널리 알려져 있다.

3 이 말은 갤브레이스의 발언으로 널리 알려져 있는데, 정확한 출처를 확인 하려고 했지만 찾을 수 없었다.

4 엄격하게 말하면, 투자금 총량이 늘어나야 마땅하지만, 만일 투자 상품의 가격이 엄청 내려갈 경우에는 투자 지출의 전체 가치가 오르지 않을 수 있다. 이런 상황은, 올라갈 필요가 있는 실질금리와 관련해 계속 이어지 는 나의 논지를 훼손한다.

5 Ford, M. (2015) *The Rise of the Robots,* London: Oneworld.

6 Say, J. B. (1803) *A Treatise on Political Economy,* New American Edition, 1859, Philadelphia: J.B. Lippincott & Co.

7 경기침체는 다양한 이유로 저축하고자 하는(즉 소득을 지출하지 않으려고 하는) 총욕망이 투자하려는 총욕망을 초과할 때, 그리고 결과적으로 총수요가 생산적인 잠재력을 밑돌 때 일어난다. 저축하려는 총욕망이 투자하려는 총욕망에 미치지 못할 때 수요는 반등한다.

8 어떤 경제학자들은 만일 우리가 다시 심각한 수요 부족에 맞닥뜨릴 경우 정부는 아무것도 하지 말아야 한다고 주장한다. 수요가 줄어들고 경제가 하락한 다음에 자연적인 수단을 통해 다시 회복하도록 내버려둬야 한다는 것이다. 이것은 1930년대 많은 경제학자가 옹호했던 고전적인 관점으로 돌아가자는 것이다. 이들을 흔히 '오스트리아학파'라 부른다. 한 무리의 오스트리아 경제학자들이 이런 견해를 가지고 있었기 때문이다. 그런데 이 학파를 이끈 사람은 프리드리히 폰 하이에크였다. 이 학파에 속한 몇몇 경제학자는 경기가 침체했을 때 아무런 조치를 취하지 않고 내버려두면 비효율적인 생산이 '제거'됨에 따라 경제가 곧바로 회복될 것이라고 주장했다. 보다 분석적인 앵글로색슨 전통에 뿌리를 둔 다른 경제학자들 역시 자동적으로 회복이 이루어지겠지만 침체된 경기가 가격을 떨어뜨려 통화공급의 실질가치를 올리고, 이로 인해 궁극적으로 사람들은 자기 재산이 예전보다 더 많아졌다고 느끼며, 이런 심리가 지출을 늘리는 불을 댕겨 경제가 회복된다고 주장했다. 케인스주의 경제학을 상세하게 논의할 자리가 아니기 때문에 길게 말할 수는 없지만, 나를 포함한 많은 경제학자가 오스트리아학파들이 경기침체에 대응하는 접근법을 두고 (기술적인 경제학 용어를 빌려서 말하자면) '정신 나간 짓(bonker)'이라고 생각한다. 또 통화공급의 실질가치를 늘리는 것에 의존하는 '신고전주의적' 접근법을 두고는 정신 나간 짓의 제곱이라고 생각한다.

9 Bootle, R. (2017) *Making a Success of Brexit and Reforming the EU*, London: Nicholas Brealey.

10 다음에서 보도되었다. *Financial Times*, September 6, 2018.

4장 _ 일과 휴식 그리고 놀이

1 Voltaire (1759) *Candide*. Reprinted in 1991, USA: Dover Publications.

2 이 인용문은 때로 공자를 비롯한 다른 사람들이 한 말로 소개되기도 한다.

3 「마태오의 복음서」 6장 28절.

4 Smith, A. (1776) *The Wealth of Nations*, London: William Strahan.

5 Marx, K. and Engels, F. (1848) *Manifesto of the Communist Party*, London: Workers' Educational Association.

6 Keynes, J. M. (1931) *Essays in Persuasion*, London: Macmillan.

7 케인스에 대한 흥미로운 에세이 모음집이 있다. Pecchi, L. and Piga, G. (2008) *Grandchildren: Revisiting Keynes*, Cambridge, MA: MIT Press.

8 다음을 참조하라. Freeman, R. B. (2008) "Why Do We Work More than Keynes Expected?" in Pecchi and Piga, pp. 135-42.

9 J. E. Stiglitz (2010) "Toward a General Theory of Consumerism: Reflections on Keynes's Economic Possibilities for our Grandchildren," in L. Pecchi and G. Piga (2008), pp. 41-85.

10 Mokyr, J., Vickers, C. and Ziebarth, N. L. (2015) The History of Technological Anxiety and the Future of Economic Growth: Is this Time Different?, *Journal of Economic Perspectives*, Vol. 29 (Summer 2015). pp. 31-50.

11 Stiglitz (2010), op. cit.

12 Keynes (1931).

13 다음을 참조하라. Clark, A. and Oswald, A. J. (1994) Unhappiness and Unemployment, *Economic Journal*, Vol. 104, No. 424 (May), pp. 648-59.

14. 다음에 인용되어 있다. Freeman, R. B. (2008), op. cit.

15 Schor, J. (1992) *The Overworked American: The Unexpected Decline of Leisure*, New York: Basic Books), p. 47. It's worth noting that hunters and gatherers probably worked even less. Archeologists estimate their workweek at no more than 20 hours.

16 다음을 참조하라. Mokyr, Vickers, and Ziebarth (2015), op. cit.

17 다음을 참조하라. England and Wales House Condition Survey (1967, 1976) and Rouetz, A. and Turkington, R. (1995), *The Place of the Home: English Domestic Environments, 1914–2000*, London: Taylor S. Francis.

18 Stiglitz (2010), op. cit.

19 "80 Percent Hate Their Jobs – But Should You Choose a Passion or Paycheck?" (2010) *Business Insider*, http://articles. businessinsider.com/2010-10-04/strategy30001895-1-new-job-passion-careers

20 Pistono, F. (2012) *Robots Will Steal Your Job But That's OK: How to Survive the Economic Collapse and Be Happy*, Scotts Valley: Createspace, pp. 135-6.

21 다음을 참조하라. Layard, R. (2005) *Happiness: Lessons from a New Science*, London: Allen Lane.

22 Williams, T. (2003) *A History of Invention from Stone Axes to Silicon Chips*, London: Time Warner.

23 Jerome, J. K. (1889) *Three Men in a Boat – To Say Nothing of the Dog!*, London: Penguin.

24 다음에서 보도되었다. *The Daily Telegraph*, January 19, 2019.

25 사실 우리는 기대수명의 매우 급격한 증가만을 가지고 지난 수백 년에 걸쳐 성취했던 것을 게으르게 추론하는 짓을 하지 말아야 한다. 이 기간에 기대수명이 약 두 배로 늘어나긴 했지만, 유발 노아 하라리가 주장한 것처럼 이것은 사람의 평균적인 수명이 늘어났기 때문이 아니라 영양실조로 인한 영유아 사망자와 전염병 그리고 폭력 등에 시달리는 사람의 수가 그만큼 줄어들었기 때문이다. 까마득하게 먼 옛날에도 그런 것만 피할 수 있었더라면 누구든 충분히 오래 살 수 있었다. 하라리(2016)가 지적하듯이 갈릴레오 갈릴레이는 77세, 아이작 뉴턴은 84세, 미켈란젤로는 88세에 각각 사망했다. 하라리는 이렇게 말한다. "사실 지금까지 현대 의학이 우리의 기대수명을 단 한 해 만에 이렇게 늘려놓은 것은 아니다."

26 Bregman, R. (2017) *Utopia for Realists*, London: Bloomsbury Publishing.

27 Wilde (1888), *The Remarkable Rocket*, Reprint 2017, London: Sovereign Publishing.

28 다음을 참조하라. Stiglitz (2010), op. cit.

5장 _ 미래의 일자리

1 Gunkel, D. (2018) *Robot Rights*, Cambridge, Mass: The MIT Press, p. ix.

2 다음에 인용되어 있다. Chace, C. (2016) *The Economic Singularity*, London: Three Cs Publishing.

3 Ross, A. (2016) *The Industries of the future*, London: Simon & Schuster, p. 130.

4 Ibid., p. 12.

5 Chace (2016), op. cit., pp. 117-18.

6 The World Economic Forum (2018) *Reshaping Urban Mobility with Autonomous Vehicles*, Geneva: World Economic Forum.

7 다음에 인용되어 있다. R. Dingess (2017) Effective Road Markings are Key to an Automated Future, *Top Marks (The Magazine of Road Safety Markings and Association)*, Edition 19.

8 런던 왕립학회에서의 발언. 다음에서 보도되었다. *The Daily Telegraph*, May 14, 2018.

9 Schoettle, B. and Sivak, M. I. (2015) *A Preliminary Analysis of Real-World Crashes Involving Self-Driving Vehicles*, The University of Michigan Transportation Research Institute, Report No. UMTRI-2015-34, October.

10 다음에서 보도되었다. *The Daily Telegraph*, May 5, 2018.

11 *Financial Times*, December 3, 2018, p. 20.

12 Dingess, R. (2017), op. cit.

13 바이크비즈(BikeBiz)의 웹사이트 http://bit.ly/2maBbno를 참조하라.

14 자율주행 자동차를 비관적으로 전망하는 견해에 대해서는 다음을 참조하라. Christian Wolmar, "False Start," *The Spectator*, July 7, 2018 and his book (2017) *Driverless Cars: On a Road to Nowhere*, London: London Publishing Partnership.

15 Wikipedia (2018) "Military Robot," https://en.wikipedia.org/wiki/Military_robot.

16 P. Lin et al. (2009) *Robots in War: Issues of Risks and Ethics*, AKA Verlag Heidelberg, pp. 51-2.

17 Unmanned Effects (UFX), *Taking the Human Out of the Loop*, U.S. Joint Forces Command Rapid Assessment Process Report, prepared by Project Alpha, 2003, p. 6.

18 Singer, P. (2000) Robots at War: The New Battlefield, *The Wilson Quarterly, adapted from Wired for War: The Robotics Revolution and Conflict in the twenty-first Century*, London: Penguin Press, 2009, available at https://wilsonquarterlycom/quarterly/winter-2009-robots-at-war/robots-at-war-the-new-battlefield/.

19 이 정보의 출처는 다음과 같다. Cowen (2013).

20 Pinker, S. (1994) *The Language Instinct*, London: Penguin, pp. 190-1.

21 다음에서 보도되었다. *The Daily Telegraph*, December 31, 2018.

22 다음에서 보도되었다. *The Daily Telegraph*, January 22, 2018.

23 Harford, T. (2017) *Fifty Things that made the Modern Economy*, London: Little Brown.

24 다음에서 보도되었다. *Financial Times*, June 25, 2018.

25 Chace (2016), op. cit., pp. 252-3.

26 Ford, M. (2015) *The Rise of the Robots: Technology and the Threat of Mass Unemployment*, Great Britain: Oneworld publications, pp. 123-4.

27 World Economic Forum, in collaboration with The Boston Consulting Group (2018) *Toward a Reskilling Revolution A Future of Jobs for All*, Geneva: World Economic Forum.

28 Ford (2015), op. cit., p. 162.

29 다음에 나오는 기사를 참조하라. *The Daily Telegraph*, February 26, 2018.

30 다음에서 언급되었다. Ross (2016), op. cit., p. 33.

31 다음에 인용되어 있다. Chace (2016), op. cit., p. 146.

32 다음에서 언급되었다. Susskind, R. and Susskind, D. (2017) *The Future of the Professions: How Technology will Transform the Work of Human Experts*, Oxford: Oxford University Press, pp. 45-7.

33 Adams 2009.

34 Chace (2016), op. cit., p. 165.

35 Keynes, J. M. (1936) *The General Theory of Employment, Interest and Money*, London: Macmillan.

6장 _ 승자와 패자

1 Harari, Y. N. (2011) *Sapiens: A Brief History of Humankind*, London: Harvill Secker.

2 다음에 인용되어 있다. Icahn, C.'s Twitter feed, https://twitter.com/carl_c_icahn?lang=en.

3 Case, A. and Deaton, A (2015) Rising Morbidity and Mortality in Midlife among White Non-Hispanic Americas in the Twenty-first Century, *PNAS*, 112(49), Princeton: Woodrow Wilson School of Public and International Affairs and Department of Economics, Princeton University, Princeton, September 17.

4 Bregman, R. (2017) *Utopia for Realists*, London: Bloomsbury

Publishing, p. 185.

5 소득 5분위 계층들 사이의 소득 불평등은 지금까지 그다지 높지 않았다. 1980년대 미국만큼 크게 벌어지지 않았으며, 1990년 이후로는 거의 변하지 않았다. 영국에서 1980년에서 2014년 사이 실질가처분소득이 86%나 올랐다. 소득분배 5구간 가운데 최상층의 세후 소득은 두 배 올랐지만, 최하층은 62%만 올랐다. 또 최상층은 1980년의 전체 세후 소득의 37%를 가져갔지만, 최하층에는 5%밖에 돌아가지 않았다. 그런데 1990년이 되면 이 수치는 각각 43%와 8%로 바뀌었다. 1990년 이후 5분위의 최상층은 그다지 크게 변하지 않았지만, 소득 상위 1%의 몫은 2007년까지 꾸준하게 높아졌다. 이 자료의 출처는 세계불평등데이터베이스(World Inequality Database, https://wid.world/data/)와 영국통계청(Office for National Statistics, Effects of taxes and benefits on household income, https://www.ons.gov.uk/peoplepopulationandcommunity/personalandhouseholdfinances/incomeandwealth/datasets/theeffectsoftaxesandbenefitsonhouseholdincomehistoricaldatasets)이다.

6 다음에 인용되어 있다. Schwab, K. (2018) *Shaping the Future of the Fourth Industrial Revolution*, Penguin Radom House: London, p. 23.

7 Kelly, K. (2012) Better than Human: Why Robots Will - and Must - Take Our Jobs, *Wired*, December 24, 2012, p. 155.

8 Brynjolfsson, E. and McAfee, A. (2016) *The Second Machine Age, Work, Progress, And Prosperity in a Time of Brilliant Technologies*, New York: W. W. Norton & Company, p. 157.

9 Ibid., p. 179.

10 Piketty, T. (2014) *Capital in the Twenty-First Century*,

Massachusetts: Harvard University Press.

11 다음을 참조하라. "Thomas Piketty' *Capital*, Summarised in Four Paragraphs," *The Economist*, May 2014, Lawrence Summers, "The Inequality Puzzle, *Democracy: A Journal of Ideas*, No. 33 (Summer 2014); Mervyn King, "*Capital in the Twenty-First Century* by Thomas Piketty," review, *The Daily Telegraph*, May 10, 2014.

12 다음을 참조하라. M. Feldstein in G. Wood and Steve Hughes, (eds) (2015) *The Central Contradiction of Capitalism?*, London: Policy Exchange.

13 Grubel, H. in Wood and Hughes (2015), op. cit.

14 Giles, C. in Wood and Hughes (2015), op. cit.

15 Stiglitz, J. E. (1969) *New Theoretical Perspectives on the Distribution of Income and Wealth among Individuals*, London: The Econometric Society.

16 다음을 참조하라. Sargent, J. R. in Wood and Hughes (2015) op. cit.

17 Haskel, J. and Westlake, S. (2018) *Capitalism without Capital: The rise of the intangible economy*, USA: Princeton University Press, pp. 127-8.

18 Kelly, K. (2012), op. cit.

19 Avent, R. (2016) *The Wealth of Humans*, UK: Penguin Random House, p. 51.

20 Autor, D. (2015) Why are There Still so Many Jobs? The History and Future of Workplace Automation, *The Journal of Economic Perspectives*, 29(3), pp. 3-30.

21 다음에서 보도되었다. *Financial Times*, January 29, 2018.

22 Lawrence, M. Roberts, C. and King, L. (2017) *Managing Automation*, London: IPPR.

23 Chace (2016), pp. 51-2.

24 Center for American Entrepreneurship에서 낸 보고서인데, 이 보고서는 다음에 보도된 기사에서 언급되었다. John Thornhill, *Financial Times*, October 23, 2018.

25 국제로봇협회(International Federation of Robotics, IFR).

26 Goldman Sachs (2017) "China's Rise Artificial Intelligence," August 31, 2017.

27 House of Lords (2018) Committee Report, session 2017-19, HL Paper 100, April 16, p. 117.

28 Ibid., p. 117.

29 Chace, C. (2016).

30 IMF(2018), Manufacturing Jobs: Implications for Productivity and Inequality, chapter 3 of *World Economic Outlook*, Washington, DC: IMF, April.

7장 _ 로봇을 권장할까, 세금을 매기고 규제할까?

1 L. Floridi (2017) Robots, Jobs, Taxes, and Responsibilities, *Philosophy & Technology*, March, 30(1), pp. 1-4.

2 Maslow, A. (1968) *Toward a Psychology of Being*, New York: John Wiley & Sons.

3 Kelly, K. (2016) *The Inevitable: Understanding the 12 Technological Forces that Will Shape our Future*, New York: Penguin, p. 190.

4 다음에서 보도되었다. *Financial Times*, September 6, 2018.

5 Delaney, K. J. (2017) The robot that takes your job should pay taxes, says Bill Gates, *Quartz*, February 17, https://qz.com/911968/bill-gates-the-robot-that-takes-your-job-should-pay-taxes.

6 Walker, J. (2017) Robot Tax - A Summary of Arguments 'For' and 'Against,' *Techemergence*, October 24, 2017, https://www.techemergence.com/robot-tax-summary-arguments/.

7 Isaac, A. and Wallace, T. (2017) Return of the Luddites: why a robot tax could never work, *The Daily Telegraph*, September 27, 2017, https://www.telegraph.co.uk/business/2017/09/27/return-luddites-robot-tax-could-never-work/.

8 Walker, J. (2017), op. cit.

9 Ibid.

10 Reuters (2017) European Parliament calls for robot law, rejects robot tax, February 16, https://www.reuters.com/article/us-europe-robots-lawmaking/european-parliament-calls-for-robot-law-rejects-robot-tax-idUSKBN-15V2KM.

11 다음을 참조하라. Abbott, R. and Bogenschneider, B. (2017) Should Robots Pay Taxes? Tax Policy in the Age of Automation, *Harvard Law & Policy Review*, Vol. 12, p. 150.

12 L. Summers (2017) Robots are wealth creators and taxing them is illogical, *Financial Times*, March 5.

13 R. J. Shiller (2017) "Robotization without Taxation?," *Project Syndicate*, http://prosyn.org/Rebz6Jw.

14 Tegmark, M. (2017) *Life 3.0: Being Human in the Age of Artificial Intelligence*, London: Allen Lane., p. 273.

15 Dvorsky, G. (2017) Hackers have already started to weaponize artificial intelligence, *Gizmodo*, November 9, https://gizmodo.com/hackers-have-already-started-to-weaponize-artificial-in-1797688425.

16 Ibid.

17 House of Lords Committee Report, session 2017–19, HL Paper 100, April 16, 2018, p. 95.

18 다음에 인용되어 있다. (2016) *Robotics and Artificial Intelligence*, House of Commons Science and Technology Committee, Fifth Report of Session 2016–17, HC 145, London: House of Commons.

19 Ibid., p. 18.

20 이 쟁점들에 대한 분석과 관련해서는 다음을 참조하라. (2017) *Data Management and Use: Governance in the Twenty-first Century*, London: British Academy and the Royal Society, https://royalsociety.org/~/media/policy/projects/data-governance/data-management-governance.pdf.

21 Globe editorial (2018) When tech companies collect data, bad things can happen, January 30, https://www.theglobeandmail.com/opinion/editorials/globe-editorial-whentech-companies-collect-data-bad-things-can-happen/article37798038/.

22 Baker, P. (2018) Reining In Data-Crazed Tech Companies, April 16, https://www.ecommercetimes.com/story/85278.html.

23 Solon, O. (2018) Facebook says Cambridge Analytica may have gained 37m more users data, *The Guardian*, April 4, https://

www.theguardian.com/technology/2018/apr/04/facebook-cambr idge-analytica-user-data-latest-more-than-thought.

24 Frischmann, B. (2018) Here's why tech companies abuse our data: because we let them, *The Guardian*, April 10, https://www.theguardian.com/commentisfree/2018/apr/10/tech-companies-data-online-transactions-friction.

25 Stucke, M. E. (2018) Here are all the reasons it's a bad idea to let a few teach companies monopolize our data, *Harvard Business Review*, March 27, https://hbr.org/2018/03/here-all-the-reasons-its-a-bad-idea-to-let-a-few-techcompanies-monopolize-our-data.

26 Mintel (2018) Data Danger: 71 Percent of Brits Avoid Creating New Company Accounts Because of Data Worries, 23 May http://www.mintel.com/press-centre/technology-press-centre/data-danger-71-of-brits-avoid-creatingnew-company-accounts-because-of-data-worries.

27 EU GDPR (2018) https://www.eugdpr.org/eugdpr.org-1.htm.

28 Johnston, I. (2018) EU funding 'Orwellian' artificial intelligence plan to monitor public for 'abnormal behaviour,' *The Daily Telegraph*, September 19, https://www.telegraph.co.uk/news/uknews/6210255/EU-funding-Orwellianartificial-intelligence-plan-to-monitor-public-for-abnormal-behavior.html.

29 Arun, C. (2017) AI Threats to Civil Liberties and Democracy, speech in Berkman Klein Centre for Internet & Society, October 1, transcript available at http://opentranscripts.org/transcript/ai-threats-civil-liberties-democracy/.

30 Lucas, L. and Feng, E. (2018) Inside China's Surveillance State,"
Financial Times, July 20, https://www.ft.com/content/2182eebe-
8a17-11e8-bf9e-8771d5404543.

31 Vincent, J. (2018) Artificial intelligence is going to supercharge
surveillance, *The Verge*, January 23, https://www.theverge.
com/2018/1/23/16907238/artificialintelligence-surveillance-
cameras-security.

32 Zeng, M. J. (2018) China's Social Credit System puts its people
under pressure to be model citizens, The Conversation, January
23, https://theconversation.com/chinas-socialcredit-system-puts-
its-people-under-pressure-to-be-model-citizens-89963.

33 Ibid.

34 Lucas and Feng (2018) Inside China's surveillance state, *The
Financial Times* July 20, https://www.ft.com/content/2182eebe-
8a17-11e8-bf9e-8771d5404543, accessed on August 14, 2018.

35 *The South China Morning Post* reported in *The Daily Telegraph*,
May 1, 2018.

36 Shadbolt, N. and Hampson, R. (2018) *The Digital Ape*, London:
Scribe.

37 P. Domingos (2015) *The Master Algorithm: How the Quest for the
Ultimate Learning Machine Will Remake Our World*, New York:
Basic Books.

38 Polonski, V. (2017) "How artificial intelligence silently took over
democracy," World Economic Forum, August 12, https://www.
weforum.org/agenda/2017/08/artificial-intelligence-can-save-

democracy-unless-it-destroys-it-first/.

39 J. M. Burkhardt (2017) How Fake News Spreads, *Library Technology Reports*, 53(8).

40 Polonski, V. (2017) Artificial intelligence has the power to destroy or save democracy, Council on Foreign Relations, August 7, https://www.cfr.org/blog/artificial-intelligence-has-power-destroy-or-save-democracy.

41 BBC News, Fake news a democratic crisis for UK, MPs warn, July 28, 2018, https://www.bbc.co.uk/news/technology-44967650.

42 다음에서 보도되었다. *The Guardian*, January 22, 2018.

43 *Wired* (2018), https://www.wired.com/story/emmanuelmacron-talks-to-wired-about-frances-ai-strategy/.

8장 _ 어린이와 청년을 어떻게 가르쳐야 할까?

1 Joi, J. I. (2016) Society-in-the-Loop," Massachusetts: MIT Media Lab, August 12.

2 다음에 인용되어 있다. Leonhard, G. (2016) *Technology vs. Humanity: The Coming Clash between Man and Machine,* London: Fast Future Publishing, p. 60.

3 Goel, A. K. (2017) AI Education for the World, *AI Magazine,* 38(2), pp. 3-4.

4 Wohl, B. (2017) Coding the curriculum: new computer science GCSE fails to make the grade, *The Conversation,* June 21, http://theconversation.com/coding-the-curriculum-newcomputer-science-gcse-fails-to-make-the-grade-79780.

5 V. Matthews (2018) Teaching AI in schools could equip students for the future, *Raconteur*, May 23, https://www.raconteur.net/technology/ai-in-schools-students-future.

6 Kosbie, D. et al. (2017), op. cit.

7 TEALS, https://www.tealsk12.org.

8 Matthews, V. (2018), op. cit.

9 Williamson, B. (2017) "Coding for What? Lessons from Computing in the Curriculum," talk prepared for the Pop Up Digital Conference, Gothenburg, Sweden, June 19.

10 G. Brown-Martin, (2017) Education and the Fourth Industrial Revolution, literature review prepared for Groupe Média TFO, August, p. 4, https://www.groupemediatfo.org/wp-content/uploads/2017/12/FINAL-Education-andthe-Fourth-Industrial-Revolution-1-1-1.pdf.

11 다음에 인용되어 있다. Leonhard 2016, p. 24.

12 다음을 참조하라. Kosbie, D. Moore, A. W. and Stehlik, M. (2017) How to Prepare the Next Generation for Jobs in the AI Economy, *Harvard Business Review*, June 5 https://hbr.org/2017/06/how-to-prepare-the-next-generation-for-jobs-in-the-aieconomy.

13 Brown-Martin, G. (2017) op. cit.

14 Aoun, J. E. (2017) *Robot-Proof: Higher Education in the Age of Artificial Intelligence*, USA: Massachusetts, Institute of Technology, p. xviii.

15 Ibid., p. 51.

16 Seldon, A. and Abidoye, O. (2018) *The Fourth Education*

Revolution, Buckingham: University of Buckingham Press.

17 Ford, M. (2015) *The Rise of the Robots*, London: Oneworld, p. 146.

18 다음을 참조하라. Susskind, R. and Susskind, D. (2017) *The Future of the Professions: How Technology will Transform the Work of Human Experts*, Oxford: Oxford University Press.

19 *The Guardian*, March 22, 2016.

20 K. Robinson, *Ed Tech Now*, January 20, 2012.

21 다음에 인용되어 있다. Seldon (2018).

22 마이클 고브가 2012년 교육기술박람회(BETT Show 2012)에서 한 연설. 다음에서 볼 수 있다. https://www.gov.uk/government/speeches/michael-gove-speech-at-the-bett-show-2012.

23 Bootle, R. (2012) *The Trouble with Markets: Saving Capitalism from Itself*, London: Nicholas Brealey.

24 Caplan, B. (2018) *The Case Against Education*, Princeton: Princeton University Press.

25 Ibid.

26 다음에 인용되어 있다. Foroohar, R., *Financial Times*, November 12, 2018.

27 다음에 인용되어 있다. Seldon and Abidoye (2018).

28 이것과 그 밖의 다른 교육 관련 쟁점에 관한 논의는 다음을 참조하라. Chao Jr., R. (2017) Educating for the Fourth Industrial Revolution, *University World News*, No. 482 November 10, http://www.universityworldnews.com/article.php?story=20171107123728676 and Brown-Martin, G. 2017, op. cit.

29 Toffler, A. (1970) *Future Shock*, New York: Penguin Random

House.

30 Carr, N. (2010) *The Shallows*, New York: W. W. Norton & Company.

31 Brockman, J. (2015), pp. 26-7.

32 Autor, D. (2015) Why Are There Still So Many Jobs? The History and Future of Workplace Automation, *The Journal of Economic Perspectives*, 29(3).

9장 _ 모두를 위한 번영

1 Leonhard, G. (2016), p. 49.

2 이것을 비롯해 비슷한 발언이 자주 인용되는데, 원래 누가 한 말인지는 알려지지 않았다.

3 공정한 사회를 위한 장대한 전망을 내놓겠다는 가장 최근의 시도는 미국 철학자 존 롤스(John Rawls)가 1971년에 출간한 다음 책에 담겨 있다. *A Theory of Justice*, Oxford: Oxford University Press.

4 다음에 인용되어 있다. Bregman (2017) *Utopia for Realists*, p. 72.

5 다음을 참조하라. Baker, D. (2016) *Rigged: How Globalisation and the Rules of the Modern Economy were Structured to Make the Rich Richer, Washington D.C.:* Center for Economic and Policy Research.

6 이 주제의 모든 측면을 광범위하게 알아보려면 다음을 참조하라. L. Martinelli, "Assessing the Case for a Universal Basic Income in the UK," IPR Policy Brief, September 2017, University of Bath, and also OECD, *Basic Income as a Policy Option: Can It Add Up?*, Paris: OECD.

7 다음을 참조하라. *Our Common Wealth: a Citizens' Wealth Fund for the UK*, London: IPPR, 2018, http://www.ippr.org/research/ publications/our-common-wealth.

8 *Financial Times*, July 2, 2018.

9 다음에 인용되어 있다. Lowrey, A. (2018) *Give People Money*, New York: Crown.

10 다음에 인용되어 있다. Van Parijs and Vanderborght, Y. (2017) *Basic Income*, Cambridge: Harvard University Press Mass, p. 79.

11 Polanyi, K. (1944) *A Short History of a Family Security System,* New York: Farrar & Rinehart.

12 Bregman (2017), pp. 88-9.

13 Ibid., p. 97.

14 J. K. Galbraith, "The Unfinished Business of the Century," Lecture given at the London School of Economics, June 1999.

15 다음을 참조하라. Van Parijs, P. and Vanderborght, Y. (2017) *Basic Income*, Cambridge: Harvard University Press Mass.

16 Turner, A. "Capitalism in the Age of Robots: Work, Income, and Wealth in the Twenty−First Century," lecture given at the School of Advanced Studies, Johns Hopkins University, Washington, DC, April 20, 2018.

17 Bootle, R. (2009) *The Trouble with Markets: Saving Capitalism from Itself,* London: Nicholas Brealey.

18 Chace (2016), pp. 217-18.

19 Lowrey, A. (2018) *Give People Money: The simple idea to solve inequality and revolutionise our lives,* London: WH Allen.

20 다음에서 언급되었다. Lowrey, A. (2018).

21 다음에 인용되어 있다. Van Parijs and Vanderborght (2017), p. 85.

22 Ibid.

23 "The Basics of Basic Income," www.johnkay.com.

24 Piketty, T. (2013) *Capital in the Twenty-First Century*, USA: Harvard University Press.

25 Pinker, S. (2018) *Enlightenment Now*, London: Allen Lane.

결론

1 미국의 야구감독이자 철학가인 요기 베라가 한 말로 널리 알려졌지만, 다른 많은 사람도 비슷한 말을 한 것으로 알려져 있다.

2 Sagan, C. (1980) *Cosmos*, New York: Random House.

에필로그

1 다음을 참조하라. Darrach, B., Meet Shaky, the First Electronic Person, *Life*, November 20, 1970, p. 68.

2 다음에 인용되어 있다. Brockman (2015), p. 166.

3 Ford (2015), pp. 229-30.

4 Leonhard (2016), p. 9.

5 만일 인공지능이 스스로 지속적으로 개선할 수 있는 수준까지 발전한다면, 모든 물리적 자산들에 영향을 주는 가치 하락 과정을 줄여주거나 오히려 이 과정을 역전시킬 것이다. 물리적인 자산 때문에 감가상각에 의한 '평가절하'라는 개념이 비롯되었으며, 이 개념은 현재 많은 기업의 회계에서 매우 큰 부분을 차지하고 있다. AI 경제에서는 적어도 몇몇 경우에 이

런 '평가절하(depreciation)'가 '평가절상(appreciation)'으로 바뀌지 않을까?

6 Kelly (2016), p. 49.

7 Tegmark (2017), p. 314.

8 Brockman (2015), pp. 29–30.

9 예를 들어 샤나한은 이렇게 말한다. "그 한계들 가운데 가장 중요한 것은 도덕성이다. 동물의 신체는 다치기 쉽고 질병과 부패에 약한데, 인간의 의식이 자리 잡고 있는 생물학적인 뇌는 그 신체의 한 부분일 뿐이다. 그러나 만일 뇌가 아무리 많이 손상되더라도 쉽게 원래대로 복원시킬 수 있는 수단을 우리가 가진다면, 그리고 궁극적으로는 아무것도 없는 상태에서 이런 뇌를 비생물학적 차원에서 새롭게 만들어낼 수 있다면, 의식의 무제한적인 확장을 배제할 근거는 없다.

10 Ford (2015), pp. 230-2.

11 다음에 인용되어 있다. Shanahan (2015), p. 157. 샤나한은 이 전망을 한층 확장했는데, 그는 다음과 같이 썼다. "세속의 생물학적인 필요성에 얽매이지 않으며 사람에게는 치명적일 수 있는 극한 기운이나 방사선에 노출되어도 끄떡없고 수천 년 동안 행성 사이를 오가는 여행을 한다고 하더라도 심리적으로 전혀 동요하지 않을 그런 강력한 정신력을 가지고 있으면서 자기재생산이 가능한 초지능 기계라면 우주 전체를 식민지로 만들기에 충분할 것이다. 충분히 넓은 관점에서 보면 이런 미래를 가능하게 만드는 것이 인간의 운명일지도 모른다. 비록 이런 미래에 참여하기에 인간은 신체적으로나 지적으로 너무 보잘것없는 존재지만 말이다.

12 이와 관련해 닉 보스트롬(Nick Bostrum)은 다음과 같이 썼다. "새의 존재는 공기보다 무거워도 하늘을 나는 것이 물리적으로 가능하다는 것을 입증해 비행기를 만들겠다는 인간의 노력을 촉진했다. 그러나 제대로 하늘을 난 최초의 비행기는 날개를 퍼덕이지 않았다. 기계 지능이 이런

비행체의 비행과 같을지 어떨지는 아직 알 수 없다. 인간은 자연적으로 발생하는 불을 복제함으로써 비로소 연소에 관련된 모든 사항을 알게 되었고, 이 연소 혹은 인공적인 기계장치를 통해 새처럼 하늘을 날 수 있었으니까 말이다."(2014, p. 34).

13 Harari (2016), pp. 140-1.

14 Jaynes, J. (1990) *The Origin of Consciousness in the Breakdown of the Bicameral Mind*, New York: Houghton Mifflin.

15 Dawkins, R. (2006) *The God Delusion*, London: Penguin.

16 Shanahan, M. (2015) *The Technological Singularity*, Cambridge: The MIT Press, p. 98.

17 Brockman (2015), p. 255.

18 다음에 인용되어 있다. *The Daily Telegraph*, March 14, 2017. 이 쟁점에 대한 렌로즈의 견해를 보다 자세히 알고 싶다면 다음을 참조하라. Penrose 1989 and 1994.

19 다음에 인용되어 있다. *The Daily Telegraph*, March 14, 2017.

20 다음에 인용되어 있다. Leonhard (2016), p. 9.

AI 경제

지은이	로저 부틀
옮긴이	이경식
펴낸이	배덕효
펴낸곳	세종연구원

출판등록	1996년 8월 22일 제1996–18호
주소	05006 서울시 광진구 능동로 209
전화	(02)3408–3451~3
팩스	(02)3408–3566

초판 1쇄 발행   2020년 7월 31일

ISBN 979-11-6373-011-8 03320

이 도서의 국립중앙도서관 출판예정도서목록(CIP)은 서지정보유통지원시스템 홈페이지
(http://seoji.nl.go.kr)와 국가자료종합목록 구축시스템(http://kolis-net.nl.go.kr)에서
이용하실 수 있습니다.(CIP제어번호: CIP2020020090)

* 잘못 만들어진 책은 바꾸어드립니다.
* 값은 뒤표지에 있습니다.
* 세종연구원은 우리나라 지식산업과 독서문화 창달을 위해 세종대학교에서 운영하는
  출판 브랜드입니다.